KB073965

강좌총서 3

강좌한국철학

사상·역사·논쟁의 세계로 초대

강좌총서 3

강좌 한국철학 — 사상, 역사, 논쟁의 세계로 초대
Guide to Korean Philosophy

지은이   한국철학사상연구회
펴낸이   오정혜
펴낸곳   예문서원

편 집   이홍용 · 김경희 · 정은미
인 쇄   ㈜ 상지사P&B
제 책   ㈜ 상지사P&B

초판 1쇄 1995년 9월 1일
초판13쇄 2010년 8월 20일

주   소 서울시 동대문구 용두2동 764-1 송현빌딩 302호
출판등록 1993. 1. 7 제6-0130호
전화번호 925-5913~4 · 929-2284 / 팩시밀리 929-2285
Homepage http://www.yemoon.com
E-mail   yemoonsw@empas.com

ISBN 89-7646-032-4 93150

YEMOONSEOWON 764-1 Yongdu 2-Dong, Dongdaemun-Gu Seoul KOREA 130-824
Tel) 02-925-5914, 02-929-2284 Fax) 02-929-2285

값 12,000원

강좌

한국철학

사상, 역사, 논쟁의 세계로 초대

한국철학사상연구회 지음

예문서원

책머리에

    한국 철학을 전공하는 사람들의 오랜 숙원 가운데 하나가 고대부터 현대까지를 하나로 잇는 완결된 철학사를 서술하는 일이다. 개인 집필이든 집단 저작이든 이제까지 나온 한국 철학사 관련 저작들이 모두 근대에서 끝나 있다는 사실은, 역설적으로 근대 이후를 정리하는 작업이 얼마나 어려운지를 잘 보여 주는 것이다.

    물론 한국 철학사를 서술하는 작업은 전통 철학 연구자들이 주축이 될 수밖에 없다. 왜냐하면 근대 이전의 철학은 모두 한문으로 기술되어 있는 전통 철학이기 때문이다. 하지만 전통 철학 부분에서도 바람직한 철학사 서술을 위해서는 유교·불교·도교 등 다양한 전공자들이 모두 참여해야 한다. 그런데 근대 이후로 들어서면 서양 사상의 유입 문제가 제기된다. 천주교가 들어온 뒤로는 서구 계몽 사상, 사회 진화론, 마르크스주의, 그리고 서양 부르주아 철학에 이르기까지 다양한 서양 사상들이 전통 철학과 복잡하게 얽혀 있다. 따라서 이 부분에서는 서양 철학 전공자가 함께 참여하지 않는다면 작업 자체가 어려워진다. 그리고 전통 철학에서 서양 철학의 유입으로 넘어가는 과정도 그 양자가 단선적으로 이어지거나 또는 단절 상태로 서로 무관하게 놓여 있는 것이 아니라, 전통 철학의 변형과 해체라는 과정을 겪고 있기 때문에 이를 서술하기란 결코 단순한 문제가 아니다. 하지만 우리는 지금 우리가 가진 역량을 바탕으로 이러한 어려움을 최대한 넘어서려고 하였다. 그런 점에서 볼 때 이 책은 남북을 통틀어 고대부터 현대까지를 서술한 최초의 책인 셈이다.

    이 책에는 기존의 철학사 서술과 다른 몇 가지 특징이 있다. 첫째는, 「사상별로 본 한국 철학」·「시대별로 본 한국 철학」·「논쟁별로 본 한국 철학」
이라는 세 부분으로 구성한 점이다. 제1부 「사상별로 본 한국 철학」은 한국
철학사에서 가장 많은 부분을 차지하는 유교·불교·도교 등이 중국 또는 인
도에서 어떻게 발전·변화했으며, 한국 철학으로는 어떻게 받아들여져 발전
해 왔는지를 총괄적으로 서술한 부분이다. 이 부분을 앞에 둔 까닭은 기존의
철학사들처럼 중국 철학이나 인도 철학에 대한 이해 없이 한국 철학사를 서
술할 때 생기는 문제를 보완하려는 이유 때문이다. 제2부 「시대별로 본 한국
철학」은 철학사를 시기별로 나누고 다시 그 속에서 사상별로 나누어 서로의
연관에 유의하면서 사적으로 개괄하고 있는 부분이다. 제3부 「논쟁별로 본
한국 철학」은 한국 철학의 흐름 가운데 중요한 철학 논쟁을 사적으로 정리
한 것이다. 일부 빠진 논쟁이 있기는 하지만, 여기에서 다루어진 것들이 논
쟁과 논쟁 사이의 연관 또한 철학사의 발전에 중요한 역할을 했다는 점에서
이는 다른 각도에서 본 또 하나의 철학사인 셈이다.

　이 책이 지니는 두 번째 특징은 근현대에 대한 비중을 크게 높였다는 점이
다. 전체 철학사의 흐름에서 본다면 근현대에 대한 서술이 있어야만 한국 철
학사가 완결된 모습을 보일 수 있다. 그러나 이제까지 근현대에 대한 철학계
의 연구가 부족했던 것이 사실이다. 그 속에는 분단에 기초한 남한 내부의
사상적 갈등으로부터 연구자들의 서술이 자유로울 수 없었다는 요인도 있
고, 오늘날 우리의 철학계가 일제하 철학계의 흐름과 무관하지 않았다는 요
인도 있다. 하지만 우리는 집단 연구를 바탕으로 근대에 대한 서술을 해냈으
며, 현대에 들어와서는 한반도의 철학을 다 아울러야 한다는 생각에서 북한
의 전통 철학과 주체 철학에 대해서도 서술하였다. 특히 주체 철학을 한국
철학사의 한 부분으로 인정해야 하는가 하는 논란이 있을 수 있지만, 오늘날
한반도에서 논의되는 철학을 모두 포괄해야 한다는 의미에서 평가보다는 객
관적 서술에 치중하였다.

　세 번째 특징은 시대 구분이다. 우선 크게 보면 고대·중세·근대·현대의
네 부분으로 나누었다. 그 가운데 고대를 고조선에서 삼국 시대까지로 하였
고, 중세는 남북국 시대부터 개항 이전까지로 잡았다. 또한 중세에서는 남북

국 시대에서 고려 중기까지를 중세 사상의 형성·확립기로 보았고, 고려 말부터 임진·병자 양란 이전까지를 재편기로 하였으며, 양란 이후부터 개항 이전까지를 해체기로 보았다. 근대는 개항기부터 3·1 운동기와 3·1 운동기부터 해방 이전까지의 두 부분으로 나누었으며, 해방 이후는 현대 부분에 넣었다.

네 번째 특징은 몇 가지 문제 제기가 들어 있다는 점이다. 여기에는 제3부「논쟁별로 본 한국 철학」의 '돈점 논쟁'과 '현대한국철학 논쟁'이 해당한다. '돈점 논쟁'은 고려 말의 지눌과 현대의 성철을 주된 논점에 놓고 이 두 사람의 견해에 대한 다른 학자들의 논의를 함께 아우르고 있다. 또한 '현대한국철학 논쟁'은 먼저 남한과 북한의 주된 관점을 비교하면서 양자의 문제를 지적하고 있으며, 이어서 한국 철학의 실체에 대한 논의에서 시작하여 연구 방법에 이르기까지 다양한 문제를 제기하고 있다. 하지만 전체 틀에서 본다면 제2부「시대별로 본 한국 철학」에 들어 있는 3·1 운동기부터 해방 이전까지의 근대 부분과 해방 이후 현재까지의 현대 부분을 처음으로 정리한 철학사라는 점이 가장 큰 문제 제기인 셈이다.

다섯 번째 특징은 집단 연구의 성과가 반영되어 있다는 점이다. 이 책의 집필에 참여한 사람은 모두 25명인데, 대부분 3,40대의 소장 연구자들로서 유학·불교·도교·서양 철학 등 다양한 전공자들이다. 또한 집필자들은 현재 대학에 적을 두고 있는 전임교수 10명을 포함하여 전원 박사과정 수료 이상의 대학 강사들로서, 모두 한국철학사상연구회 회원들이다. 따라서 지방 대학에 재직하는 교수들 일부를 제외하고는 대부분 한국철학사상연구회의 여러 분과들에서 활발하게 활동해 왔다. 특히 그 가운데 11명은 3년 동안 근현대사상사분과에서 근대 이후의 철학 사상을 다루어 왔다. 이러한 연구들이 근현대 서술에 큰 힘이 되었다.

집필 자체는 나누어 맡았지만 집필 결과를 놓고 편집위원회를 중심으로 서술 방향과 내용 등을 검토하여 책임 집필자가 다시 보완하는 과정을 거쳤다. 이 책의 집필에 참여한 사람들이 각자 맡은 부분은 다음과 같다.

서설은 김교빈이 썼고, 제1부「사상별로 본 한국 철학」에서 '1. 유학이란 무엇인가'는 이해영, '2. 신유학이란 무엇인가'는 윤천근, '3. 실학이란 무엇인가'는 김문용, '4. 불교란 무엇인가'는 이효걸, '5. 도교란 무엇인가'는 조민환이 썼다.

제2부 「시대별로 본 한국 철학」에서 '1. 역사 개관'은 홍원식, '2. 고대의 사상' 가운데 고유 사상·도가·화랑도 부분은 황성만, 유학 부분은 박정심, 불교는 최유진이 썼다. '3. 중세의 사상' 가운데 형성·확립기에서 유학 부분은 박정심, 불교 부분은 최유진, 도가 부분은 황성만이 썼고, 재편기에서 주자학은 김홍경, 불교는 최유진이 썼다. 해체기에서 주자학 부분 가운데 예학의 발달·주자학의 절대화·기호 학파는 조남호가, 영남 학파는 권인호가 썼으며, 반주자학 가운데 양명학은 김수중, 경학은 안병걸이 썼고, 실학 부분은 이현구, 도가 부분은 조민환이 썼다. '4. 근대의 사상' 가운데 전기에서 '척사위정 사상'은 홍원식, '개화 사상'은 이종란, '민중 사상과 종교'는 이철승, '불교'는 최유진이 썼다. 그리고 후기에서 전통 철학 부분은 홍원식, 서양 철학 부분은 이병수가 썼다. '5. 현대의 사상' 가운데 남한의 전통 철학 부분은 홍원식, 남한의 서양 철학과 북한의 주체 철학은 이병수, 북한의 전통 철학은 김교빈이 썼다.

제3부 「논쟁별로 본 한국 철학」에서 '1. 교선 논쟁'은 유흔우, '2. 유불 논쟁'은 박경환, '3. 태극 논쟁'은 김교빈, '4. 사단칠정 논쟁'은 전호근, '5. 인심도심 논쟁'은 권인호, '6. 인물성동이 논쟁'과 '7. 서학 논쟁'은 김형찬, '8. 심설 논쟁'은 이상호, '9. 돈점 논쟁'은 이효걸, '10. 현대한국철학 논쟁'은 손영식이 썼다.

우리는 이 책을 완성으로 보지 않는다. 앞으로도 더 많은 연구를 바탕으로 수정·보완해 갈 것이다. 끝으로 기획 단계부터 완성에 이르기까지 2년 넘게 걸린 작업 동안 불평 없이 기다려 준 예문서원 오정혜 사장과 이홍용 편집장, 그리고 편집부원 여러분들께 감사 드린다.

1995년 8월 17일
집필진을 대표해서 김교빈 씀

차례

책머리에 4
서설/ 김교빈 13

1. 사상별로 본 한국 철학

1. 유학이란 무엇인가 ·· 27
2. 신유학이란 무엇인가 ·· 41
3. 실학이란 무엇인가 ·· 61
4. 불교란 무엇인가 ··· 71
5. 도교란 무엇인가 ··· 89

2. 시대별로 본 한국 철학

1. 역사 개관 ··· 105
2. 고대의 사상/ 고조선 - 삼국 시대 ······························ 110
   1. 고유 사상 ·· 110
   2. 유학 ·· 115
   3. 불교 ·· 118
   4. 도가 ·· 123
   5. 화랑도 ·· 125

3. 중세의 사상 ······ 128

1. 형성·확립기/ 남북국 시대 - 고려 중기
1. 유학 ······ 128
2. 불교 ······ 133
3. 도가 ······ 146

2. 재편기/ 고려 말 - 양란 이전
1. 주자학 ······ 149
2. 불교 ······ 165

3. 해체기/ 양란 - 개항기 이전
1. 주자학 ······ 169
2. 반주자학 ······ 183
3. 실학 ······ 196
4. 도가 ······ 207

4. 근대의 사상 ······ 219

1. 전기/ 개항기 - 3·1 운동기
1. 척사위정 사상 ······ 219
2. 개화 사상과 서구 사상의 유입 ······ 228
3. 민중 사상과 종교 ······ 245
4. 불교 ······ 257

2. 후기/ 3·1 운동기 - 해방 이전
1. 전통 철학 ······ 262
2. 서양 철학 ······ 266

5. 현대의 사상/ 해방 이후 - 현재 ······ 279
1. 남한의 전통 철학 ······ 279
2. 남한의 서양 철학 ······ 283
3. 북한의 전통 철학 ······ 293
4. 북한의 주체 철학 ······ 301

3. 논쟁별로 본 한국 철학

1. 교선 논쟁 ··· 317
2. 유불 논쟁 ··· 332
3. 태극 논쟁 ··· 349
4. 사칠 논쟁 ··· 361
5. 인심도심 논쟁 ··· 373
6. 인물성동이 논쟁 ·· 388
7. 서학 논쟁 ··· 400
8. 심설 논쟁 ··· 413
9. 돈점 논쟁 ··· 427
10. 현대한국철학 논쟁 ·· 439

부록

1. 주요 철학자의 호 및 저서 일람 ························· 455
2. 찾아보기 ·· 465

서설

1. 한국 철학이란 무엇인가

어느 민족이나 민족의 존립 근거는 주체성이다. 주체성은 민족 내부의
동질성을 보장하는 기반인 동시에 다른 민족과의 차별성을 드러내는 근거
이기 때문이다. 물론 민족 또는 국가간의 협력과 조화가 강조되는 오늘날
의 국제화 시대에는 특수성에 기반을 둔 민족 주체성보다는 인류의 보편
성이 중심 과제인 것처럼 보인다. 하지만 국제화도 민족의 존립이 없다면
모래 위에 지은 집과 같다. 민족의 존립에 근거하지 않은 국제화는 강대국
의 이익만을 보장하는 허구에 지나지 않기 때문이다. 이것은 약소국, 약소
민족의 평화에 대한 보장 없이 세계 평화를 논하는 것과 같다.

민족 주체성을 구성하는 요소는 다양하다. 고유 언어와 관습, 같은 경험
을 토대로 한 오랜 역사, 동일한 사회 체제 등이 여기에 해당한다. 하지만
그 가운데 빼놓을 수 없는 것이 민족의 고유한 철학 사상이다. 철학이란
그 민족의 보편적인 사유 체계이며 세계관이다. 그 속에서 그 민족 나름대
로 인간을 보는 눈, 자연을 보는 눈, 사회를 보는 눈이 나오기 때문이다.
그러므로 고유한 사유 체계를 지니지 못한 민족은 더 이상 민족으로서 존
립 근거를 잃게 된다.

그렇다면 우리 민족의 고유한 철학 사상은 무엇인가? 일찍이 식민지 시

대 일본 학자들은 한국에는 고유한 철학 사상이 없다는 논리를 펴기도 하였다. 전통 철학의 핵심인 유교·불교·도교가 모두 중국에서 들어온 철학이므로 한국만의 고유한 사상은 없다는 것이 그들의 주장이었다. 그 대신 그들은 한국인들이 삼국 시대부터 고려 시대까지는 불교에만 집착하였고 조선 시대에는 유교에만 집착하였듯이, 새로운 외래 사상이 들어오면 거기에만 몰두하는 고착성과 더불어, 오랜 역사를 통해 중국 문화에 맹종해 온 사대성이 한국 사상의 특징이라고 규정하였다. 하지만 이것은 자신들의 조선 지배를 합리화하려는 억지에 불과하였다.

그 뒤 이 같은 견해에 반대하는 새로운 주장들이 나왔다. 그 가운데에는 유교·불교·도교는 우리의 고유 철학이 아닌 외래 사상이므로 이러한 사상을 제외한 단군 신화와 무속 신앙, 그리고 화랑도만이 우리 철학 사상이라고 보는 견해도 있다. 또 이와 달리 비록 유교·불교·도교가 밖에서 들어온 철학이기는 하지만 오랜 세월을 거치면서 우리 것이 되었기 때문에 우리 철학 사상으로 보아야 한다는 견해도 있다. 그리고 마지막으로 철학은 보편을 추구하는 작업이므로 서양과 동양으로 나누거나 한국·중국·일본으로 가를 것이 아니라는 주장을 바탕으로, 한국 철학이란 한국에서 하는 철학 정도의 의미로서 이 땅에서 한국 사람이 한국말로 하는 철학은 모두 한국 철학으로 보아야 한다는 견해도 있다.

위의 세 견해 가운데 첫 번째 견해는 편협한 국수주의에 머물기 쉽다. 또한 이 견해는 한국의 고유한 철학이라고 주장하는 단군 신화와 무속 신앙, 화랑도 등에 대한 객관적인 자료를 찾기 어려우므로 자료의 한계를 넘어서기 위한 추상화 과정이 지나치기 쉬우며, 이러한 공간을 메꾸는 역할을 신빙성 없는 자료에 맡김으로써 신비주의에 빠질 우려가 생긴다. 또한 세 번째 견해는 뿌리가 없는 보편론이 되기 쉽다. 물론 철학이 올바른 삶을 추구하기 위한 것임은 어떤 철학이나 마찬가지이다. 하지만 넓게 보면 동양과 서양은 삶의 경험과 사유 체계가 다르며, 좁게는 한국·중국·일본의 삶의 경험과 이를 바탕으로 한 사유 체계가 다르다. 철학사를 비교해 보아도 이러한 차이는 서로 다른 경향성으로 나타난다. 그러므로 이러한 구체적인 토대를 무시하는 논리는 허구일 수밖에 없다.

그렇다면 우리는 무엇을 한국 철학이라고 규정해야 할 것인가? 앞에서 말했듯이 어느 민족이나 그 민족만의 사유 체계를 갖는다. 그것은 그 민족이 오랜 역사 속에서 자신들이 몸담고 살아온 자연 조건과 사회 상황 속에서 겪은 체험들을 추상화하고 체계화해 낸 것이다. 그 과정에서 독자적인 사유 체계를 만들어 내기도 하고, 외래 사상을 받아들여 자신들의 사상으로 만들어 가기도 한다. 사실 인간은 고대부터 오늘날까지 누구나 자기가 살고 있는 체험 세계, 즉 삶의 세계에 나타난 여러 문제들을 안고 고민하면서 나름대로 답을 구해 왔다. 하지만 이러한 고민들은 결코 개별 인간의 문제로만 그칠 수 없다. 따라서 개개인의 고민과 해석이 오랜 기간을 거치면서 민족 범주의 보편적 공감대를 구성하게 되고, 궁극적으로는 하나의 사유 체계를 이룬다. 이와 같은 과정을 거쳐 한국 민족이 만들어 낸 보편적 사유 체계가 바로 한국의 철학 사상인 셈이다. 이러한 점을 좀더 나누어 한국 철학이 무엇인지 살펴보면 다음과 같다.

첫째, 한국적 특징을 지니는 것이어야 한다. 한국적 특징이란 밖으로부터 똑같은 사상을 받아들이더라도 다른 나라가 받아들인 모습과 구별되는 특징이다. 예를 들면 불교는 오랜 기간을 거쳐 한국적 특징을 지닌 철학 사상으로 자리 잡았다고 평가된다. 그래서 우리는 이런 평가를 기반으로 인도 불교·중국 불교·일본 불교·한국 불교를 구분하며, 그 과정에 기여한 인물들을 한국 철학사에서 중요한 역할을 한 사상가로 다루는 것이다. 이 점은 유학의 경우에도 마찬가지이다. 한국 유학은 일본 유학이나 중국 유학과 다른 발전 과정을 거쳤으며, 그 결과 독특한 사상 체계를 구축하면서 나름대로 역사적인 역할을 했던 것이다. 이런 관점에서 볼 때 오늘날의 서양 철학이나 기독교도 오랜 과정을 거치면서 한국적 특징을 띠게 된다면 한국 철학 사상의 범주에 들게 될 것은 당연한 일이다.

둘째, 앞의 전제를 충족시키기 위해서는 한국인의 삶에 기초한 것이어야 한다. 아무리 뛰어난 철학 사상이 이 땅의 지식인들에게 널리 퍼져 있다 해도 그것이 이 땅의 삶과 관계가 없는 한 한국의 철학 사상이 될 수는 없다. 그 사상이 뛰어난 중국 철학이라면 여전히 우리가 아는 중국 철학 가운데 하나에 지나지 않으며, 독일 철학이라면 마찬가지로 독일의 다양한 철학 가운데 하나에 지나지 않는다. 하지만 그러한 철학 사상이 우리 사회를 고민하고 우리의 삶을 개선시키기 위한 도구가 된다면, 그때 비로소 그것은 우리 철학 사상으로 되는 길에 들어서는 것이다. 즉 우리 사회의 문제를 인식하는 도구인 동시에 그 모순을 해결하기 위한 대안이 될 수 있을 때 우리의 철학 사상으로 기능하게 되는 것이다. 과거 불교나 유학이 토착화하는 과정도 이런 과정이었으며, 앞으로 기독교나 서양 철학 들이 걸어야 할 길도 이러한 과정이다.

셋째, 과거의 철학이든 오늘날 우리가 받아들인 외래 사상이든 현시점에서 또는 앞으로 우리 철학의 한 부분이 되기 위해서는 민족의 삶에 발전적으로 작용해야만 한다. 예를 들어 과거 우리 철학의 한 부분이었던 전통 철학도 오늘 우리의 삶과 무관하다면 더 이상 우리 철학이 될 수 없다. 물론 그 경우 과거 역사 속에서 그 전통 철학이 가졌던 철학사적 기능 자체가 부정되는 것은 아니다. 하지만 오늘 우리의 삶과 무관할 때는 그러한 철학의 역할이 오늘 우리의 삶을 개선시키기보다는 오히려 사회 발전을 가로막는 역기능으로 작용하기 쉽기 때문에, 과거의 긍정적 역할이 오늘의 역할로 아무런 제약 없이 이어지는 것은 아니라는 사실이다.

이제까지 무엇을 한국 철학이라고 할 것인가를 검토해 보았다. 어느 민족이나 그 민족의 고유성은 고대로부터 시작한다. 그러므로 민족의 고유한 사유 체계는 그 출발점을 고대 신화에서 찾게 마련이다. 고대 신화는 각 민족의 정신적 고향이며, 삶의 세계에서 이루어 낸 체험의 본질이기 때문이다. 그러나 긴 역사를 지내 오는 동안 오로지 자기 민족의 독자적인 사상만을 발전시켜 온 나라는 없다. 어떠한 나라든 이웃 나라들과 끊임없이 영향을 주고받아 왔으며, 근대 이후부터는 모든 국가들이 엄청난 사상과 문화 교류를 겪었다. 따라서 우리 민족의 고유한 철학 사상을 살피는 일도 일정 부분은 반드시 외래 사상과의 관련 속에서 파악해야 한다. 특히 우리는 중국과 밀접한 연관을 지녀 왔으며, 근현대에 이르러서는 서양 사상과 많은 관계를 맺어 왔다.

그렇다면 외래 사상들은 어떠한 과정을 거쳐 우리 철학사의 범주에 들어오게 되는가? 어떠한 경우든 사상은 주입되어서는 안 된다. 주입된 사상의 경우 주입시키는 쪽은 주체가 될 수 있지만, 받아들이는 쪽은 주체가될 수 없기 때문이다. 그러므로 모든 사상은 반드시 주체적 입장에서 섭취되고 수용되어야 한다. 모든 철학 사상은 그 생명이 모방이 아닌 창조에 있다. 물론 역사에서 볼 때 강제적으로 주입된 경우도 있고 모방으로 그친경우도 있다. 일제 강점하의 상황이 바로 그러한 예이다. 그러나 이러한 경우 주입되거나 모방된 사상은 외적 조건이 없어지면 생명을 잃고 만다. 그러므로 그런 것을 두고 한국 사상이라고 할 수 없을 것이다. 외래 사상을 창조적으로 우리 토양에 맞게 주체성 있게 변화시켜 수용하는 것은 현대 서양 철학과의 관계에서도 예외일 수 없다.

2. 어떠한 방법으로 한국 철학을 연구해야 하는가

연구자들 가운데 동양 철학과 서양 철학은 연구 방법이 다르다는 점을 앞세우는 사람들이 있다. 그들은 그 근거로 서양 철학이 역사적으로 존재론이나 인식론적 경향이 강했던 것과 달리, 동양 철학은 수양론에 관심을 두었다는 점을 들기도 한다. 또는 서양 철학이 분석적이고 논리적인 방법을 강조했던 것과 달리, 동양 철학은 직관이나 체득을 중시했다 하여 구별하기도 한다. 이와 달리 어떠한 철학이든 보편성의 원칙에서 본다면 군이 방법을 구별할 필요가 없다는 주장도 있다. 이 같은 두 가지 주장은 한국 철학 연구에서도 같은 연장으로 나타난다. 한국이라는 특수한 조건에 근거한 연구 방법이 있다는 주장도 있고, 철학의 보편성에서 볼 때 그러한 주장은 편협한 국수주의적 사고라는 지적도 있다. 하지만 이러한 주장들 속에는 연구자 자신의 입지를 강화하려는 의도가 들어 있기도 하다.

중요한 것은 방법론의 차이가 아니다. 어떠한 철학에만 유용한 연구 방법 같은 것은 없다. 다만 어떠한 연구 방법이 다른 방법에 비해 한 사상을 분석하는 도구로서의 역할에서 비교 우위에 놓인다고 말할 수는 있을 것이다. 어떤 방법을 선택할 때 정말 중요한 것은, 그 방법이 연구 목적에 들어맞는 결과를 얻는 데 얼마나 유용한가, 한국 사회의 문제를 새롭게 볼 수 있는 틀을 만드는 데 얼마나 효과적인가 하는 데 있으며, 나아가 그것이 한국에 적합한 사유 체계를 바람직한 발전 방향으로 이끌 수 있는 방법인가, 또 이를 과연 대다수 한국인들이 동의하고 받아들이겠는가 하는 것이 관건이 된다. 그러므로 훈고학적 방법이든 고증학적 방법이든, 또는 해석학적 방법이든 현상학적 접근이든 위의 전제를 충족할 수 있다면 모두 유용하다. 유물론적 방법 또한 유용하다면 받아들이면 될 뿐이다.

본래 한국 철학 사상을 탐구하는 근본 목적은 한국 사람다운 삶을 살기 위한 것이다. 따라서 한국 철학을 연구하는 방법은 이 목적을 실현하기 위한 것이 되어야 한다. 그러기 위해서는 근본적으로 어떠한 자세가 필요할지 크게 세 가지로 나누어 이야기해 보자.

첫째, 우리 자신이 살고 있는 현실에 대한 역사 의식·시대 의식·사회 의식을 가져야 한다. 우리에게는 과거에 어떠한 철학 사상이 있었으며 그 사상들이 역사적으로 어떠한 기능을 했는지, 그리고 그 구체적인 내용이 무엇인지를 아는 일도 중요하다. 하지만 우리가 과거부터 오늘까지 이어지는 철학 사상을 탐구하는 목적이 단순히 과거를 회상하기 위한 것이나 지적인 호기심을 채우기 위한 것은 아니다. 그러한 것을 바탕으로 해서 오늘 우리가 안고 있는 문제를 해결하는 힘으로 창조적인 전환을 이룰 수 있어야 한다. 그러기 위해서는 오늘 우리가 사는 현실을 분석하고 설명할 수 있는 눈을 가져야 한다. 그렇다면 전통 철학 사상으로부터 오늘의 현실 문제를 해결할 힘을 얻을 수 있는 눈이란 구체적으로 무엇을 말하는가? 그 눈이란 바로 시대 의식·역사 의식·사회 의식이다. 더 구체적으로는 시대 적 요구와 역사적 사명, 그리고 사회가 안고 있는 모순을 짚어 낼 수 있는 눈을 의미한다.

둘째, 우리 사상에 대한 자긍심이 전통 철학 사상 연구의 출발점이 되어야 한다. 이 말은 우리의 철학 사상을 지나치게 높이고 무조건 따르라는 것이 아니다. 그러한 자세는 자긍이 아니라 자만이 될 뿐이다. 자만은 언제나 자기 철학 사상 안으로 움츠리는 폐쇄성을 낳고, 그 결과는 국수주의나 허위 의식으로 나타난다. 그렇다고 우리의 철학 사상을 스스로 낮추어서도 안 된다. 이것은 자기 비하일 뿐이다. 전통 철학 사상에 대한 자기 비하는 우리 민족의 사유 체계 속에 담긴 선조들의 고유한 성과를 무시하는 민족 허무주의를 낳고, 그 결과 남의 것을 무조건 추종하는 외래 사상 의존 태도를 가져 온다. 하지만 자긍심은 그렇지 않다. 자긍심은 주체 의식을 바탕으로 하면서도 열린 마음을 갖는 것이다. 따라서 우리 철학 사상에 굳건한 토대를 두고 있으면서 외래 사상 가운데 도움이 될 만한 것들을 긍정적인 자세로 수용하게 만든다. 이러한 자세를 가질 때에만 우리의 철학 사상을 비판적으로 계승해 낼 수 있을 것이며, 아울러 우리 사상에 도움이 될 외래 사상들을 무시하고 지나쳐 버리지 않게 된다.

셋째, 창의적인 자세가 필요하다. 대체로 한국의 철학 사상은 근대 이전에 만들어진 것이 대부분이며, 근대 이전과 오늘 우리가 사는 현대는 많은 차이가 있다. 근대 이전의 철학 사상을 만들어 낸 사회적 토대와 오늘 우리가 사는 사회적 토대 사이에는 큰 차이가 있으며, 그에 따라 철학 사상을 실현하는 방법과 주체도 많이 다르다. 그러므로 과거의 철학 사상이 아무리 좋다고 해도 오늘의 현실에 그대로 옮겨 심을 수는 없다. 근대 이전의 철학 사상을 만들어 낸 것은 군주가 기준으로 작용하던 봉건제라는 사회적 조건이었다. 하지만 오늘날 우리는 민중이 기준인 민주 사회에 살고 있으며, 자본주의적인 사회 조건 속에서 생활하고 있다. 물론 우리 역사 속에는 약하기는 하지만 봉건제에서 자본주의로 넘어가는 과도기가 나타나기도 한다. 하지만 이처럼 다른 사회 조건 속에서 한국 철학 사상의 전통들을 의미있게 계승해 내기 위해서는 그 전통들을 철저히 비판하고 개조해 낼 수 있는 창의적 자세가 요구된다.

그렇다면 우리는 이러한 자세를 바탕으로 구체적으로 어떤 방법으로 한국 철학을 연구해야 하는가? 첫째는 정치·사회·경제적 배경과 연관하여 철학을 이해하는 것이다. 어떤 철학이든 그 철학이 나온 시대 상황에서 동떨어질 수 없다. 봉건 시대에 나온 철학은 군주와 양반 관료가 중심이 된 정치 제도와 지주-전호제에 입각한 봉건적 토지 경제 및 차별적인 사회 신분 제도를 그 배경으로 하고 있다. 따라서 그 시대의 철학이 언급하는 인간이나 사회에 대한 견해 또는 세계관이나 자연관 속에는 그 같은 배경이 반영되어 있다. 예를 들어 고려 중기 선종禪宗이 활발하게 일어났던 현상의 배후에는 양반 관료와 무신 정권의 대립이 감추어져 있고, 조선 중기 예학이 발달했던 배경에는 정치를 문벌 중심으로 고착화시켜 가던 당쟁이 숨어 있다. 그러므로 이와 같은 토대 분석을 그냥 지나쳐 버리면 과거의 사상이 지닌 한계에 대한 지적 없이 그것이 오늘날에도 그대로 유용하다는 몰역사적인 주장을 하게 된다. 이러한 주장은 구체적 상황에 대한 구체적 분석이라는 과학성을 상실한 주장이며, 일종의 종교적 신념이 될 수는 있어도 철학이 될 수는 없다.

둘째는 다른 학문 분야가 이루어 낸 성과와 연관하여 이해하는 것이 필요하다. 철학의 발전은 사회 여러 분야의 발전과 무관하지 않다. 특히 중세 과학의 발전이 가져 온 세계관의 확대는 일정하게 철학적 세계관의 확장으로 나타나게 된다. 또 외세와의 관계가 주요 모순으로 작용하는 근대 이후의 철학을 이해하려면 정치학계나 역사학계의 성과를 검토하지 않으면 안 된다. 이런 노력 없이 철학의 발전 과정만을 문제삼는다면 그 결과는 관념 일변에 치우친다는 평가를 면할 수 없다.

셋째는 철학사의 흐름을 제대로 평가하기 위해서는 일정한 기준이 있어야 한다. 철학사에 나타난 모든 철학이 우리 민족의 사유 체계를 발전시키는 데 긍정적으로 작용한 것은 아니다. 물론 아무리 부정적인 철학도 발전 과정에서 본다면 반대 급부로 더 나은 철학을 끌어 내는 추동력으로 작용하는 경우도 있었고, 반대로 아무리 긍정적인 철학도 시대적 한계를 뛰어넘지 못한 채 그대로 스러져 간 경우도 있었다. 하지만 철학사 서술에서 개별 철학에 대한 평가는 필수적이다. 만약 평가가 제대로 이루어지지 못한다면 바람직한 철학의 미래를 이끌어 낼 수 없기 때문이다. 그렇다면 그 철학을 판가름하는 기준은 무엇인가? 철학의 역할은 시대의 성과를 종합해 들이면서 총체적인 설명을 하기도 하고, 때에 따라서는 그 시대를 넘어 새로운 시대를 열어 가기도 한다. 그러므로 가장 중요한 기준은 그 시대의 문제점을 얼마나 정확히 짚고 있는가 하는 것이다. 다음으로 중요한 것은 그렇게 인식한 시대의 문제를 얼마나 논리적인 체계로 설명하고 있는가 하는 것이다. 그리고 마지막으로 그러한 논리 체계를 바탕으로 다시 시대에 대한 실천으로 돌아오고 있는가 하는 것이다. 이러한 평가는 객관적으로 이루어져야 한다. 그러기 위해 자료 선택의 문제도 중요한 일이다.

3. 한국 철학이 한국인에게 주는 의미는 무엇인가

한국 철학이 한국 사람들에게 주는 의미는 무엇일까? 물론 한국 사람만이 한국 철학을 배우고 연구하는 것은 아니다. 외국 사람들도 얼마든지 한국 철학을 배우기도 하고 연구하기도 한다. 이것은 우리들이 여러 나라의 다양한 철학을 연구하거나 배우는 것과 마찬가지이다. 그렇다면 한국 사람이 한국 철학을 연구하는 것과 외국 사람이 한국 철학을 연구하는 것은 무엇이 다른가? 외국 사람이 한국 철학을 연구할 때는 그 목적이 한국 철학을 발전시키려는 데 있지 않다. 이것은 한국 사람이 외국 철학을 아무리 열심히 연구하더라도 궁극적으로 연구의 목적이 그 나라의 철학 발전에 이바지하려는 것이 아닌 것과 같다.

사실 이런 점에서는 모든 학문 분야가 마찬가지이다. 우리가 어떤 외국의 문학을 공부하더라도 그 목적이 그 나라의 문학을 발전시키는 데 있는 것은 아니다. 외국 문학 공부를 통해 그 문학이 지닌 다양하고 풍부한 성과를 배움으로써, 좁게는 그 나라의 문학과 문화를 이해하고 나아가 그 나라와의 교류에 중요한 힘을 얻으려는 것이며, 크게는 그러한 성과를 바탕으로 우리 문학이나 문화 발전에 기여하고자 하는 것이다.

이와 마찬가지로 다른 나라 사람이 한국 철학을 탐구하는 까닭도 한국 철학의 핵심을 이해함으로써 한국인의 사유 구조와 의식을 알려는 것이며, 궁극적으로는 자기 나라의 이익에 보탬이 되게 하려는 것이다. 따라서 그 경우는 아무리 좋게 평가하더라도 수단으로서의 연구라는 성격을 벗어날 수 없다. 물론 한국 철학과 외국의 철학 사이에 보편성도 있을 수 있다. 하지만 그러한 탐구의 궁극 목적이 자기 나라 철학과 남의 나라 철학 속에 들어 있는 보편성을 확인하기 위한 것은 아니다.

그렇다면 한국 사람이 한국 철학을 탐구하는 의미는 어디에 있을까? 우리에게는 우리 철학의 탐구가 수단이 될 수 없다. 우리는 우리 철학을 탐구하여 한국 철학 사상의 본모습을 찾아 내고, 외국의 철학 사상들이 탐구한 결과를 들여다가 우리 철학 사상을 풍부하게 만들며, 우리의 철학 사상 가운데 재현이 가능한 것들을 오늘 우리 사회의 발전을 위해 새롭게 재구성해 내기도 한다. 그러므로 한국 사람에게 한국 철학 사상 탐구의 의미는 수단이 아니라 목적인 것이다. 이처럼 한국 철학 사상을 주체적으로 탐구할 수 있는 사람은 한국 사람밖에 없다. 한국 사람의 한국 철학 사상 탐구는 바로 우리 스스로를 우리 눈으로 보는 것이며, 우리의 삶을 주체적으로 변화·발전시키려는 노력이다.

한국 철학 사상은 오랜 역사를 지니고 있다. 숱한 과거 철학사의 흐름이 고대부터 오늘까지 이어지고 있다. 물론 오늘의 철학도 새로운 미래로 이어질 것이다. 사실 어떠한 경우든 과거에 뿌리를 두지 않은 현재는 없으며,

어떠한 현실도 고정된 상태로 있지는 않다. 현실은 언제나 과거의 전통 위에 서 있으며, 지금 현실도 머지않아 새로운 현실에 대해 전통으로 작용하게 될 것이다. 물론 전통 철학 가운데에는 버려야 할 것도 많다. 그러나 동시에 계승해야 할 것도 있다. 그러므로 언제나 비판적 태도와 함께 열린 마음으로 우리의 철학사를 보아야 할 것이다.

오늘을 사는 우리들 가운데에는 전통 철학의 중요성을 강조하는 사람들이 많이 있다. 그들이 전통 철학을 강조하는 까닭은 전통 철학에 대한 애정 때문이기도 하지만, 한편으로는 외래 문화가 범람하는 현실에서 새롭게 우리 모습을 되돌아보게 하려는 뜻이 담겨 있기도 하다. 이 경우에 속하는 사람들은 좋은 의미에서는 주체 의식이나 민족 의식이 강한 사람들일 수도 있으며, 나쁜 의미에서는 전근대적 사고 방식을 가진 보수주의자들일 수도 있다. 또 어떤 사람들은 전통 철학을 전면 거부하기도 한다. 그들은 전통 철학의 고수는 시대 착오적인 생각이며 전통 철학을 부정하지 않고는 미래가 밝지 못하다고 본다. 이 경우에 속하는 사람들을 좋게 평가하면 현대적 사고를 가진 미래 지향적인 사람들이라 할 수 있지만, 나쁘게 말하면 외래 문화 의존적이고 따라서 민족 의식이 약하다고도 할 수 있다. 또 다른 사람들은 전통 철학과 현대를 절충하려는 경우도 있다. 이들은 전통 철학 가운데 부정적인 요소를 버리고 긍정적인 점만을 계승하자고 하며, 아울러 외래 문화 가운데서도 우리에게 도움이 될 만한 것만을 받아들이자고 한다. 하지만 그들 가운데서도 그 중심축을 전통 철학에 놓는 경우도 있고 외래 문화에 놓는 경우도 있다. 이 경우에 속하는 사람들은 좋게 보면 비판적인 입장을 지닌 합리적인 사람들이라고 할 수도 있지만, 나쁘게 말하면 기회주의적이라고 할 수도 있다. 하지만 이러한 평가가 도식적으로 적용되어서는 안 된다. 중요한 것은 주체적인 입장을 견지하면서도 열린 마음으로 우리의 철학을 보아 가는 일이다.

1

사상별로 본 한국 철학

1. 유학이란 무엇인가

　우리는 유학(또는 유교)이라고 하면 대부분 충효니 조상 숭배니 하는 단어를 떠올린다. 아울러 유학은 보수적이고 권위주의적인 봉건 시대의 산물이어서 현대에는 걸맞지 않는 사상이라고 생각한다. 이것이 유학의 일면임은 물론 부인할 수 없다. 그런 가운데서도 많은 사람들이 도덕의 회복을 주장하면서 유교적 가족 윤리를 주장하는 것은, 그것이 아직도 무언가 현대 사회에서 기능할 면이 있다고 믿는 사람이 적지 않다는 것을 말해 준다. 오랜 기간 생명력을 유지해 온 유학이 현대의 산업 사회에서도 우리 사회 의식의 밑바탕에 남아 무언가 요구한다는 것은, 유학이 단순히 구시대의 유물에 그치지 않고 역사 속에서 각 시대의 상황에 적절히 대응해 왔으며, 궁극적으로는 시대를 뛰어넘는 보편성을 자기 안에 지니고 있음을 보여 준다.

1. 유학의 성립

　유학은 중국 고대의 위대한 사상가인 공자孔子가 창시하여 이미 공자 당대에 기본 골격이 갖추어졌다. 그러나 유학은 시대 상황의 변천에 따라 그 시대의 요구에 맞게 이론을 보완하고 수정하면서 중국 전통 사상의 주류로서 자리를 차지해 왔다. 아울러 유학은 중국으로부터 문화적 영향을 받은 동아시아의 여러 나라, 특히 한국과 일본에 커다란 영향을 끼쳤다.

유학은 비록 공자가 창시하였다고는 하지만, "옛것을 조술했을 뿐 창작하지 않았다"는 공자 자신의 말대로 그가 독창으로 만들어 낸 것은 아니다. 공자는 이전의 여러 사상들, 예컨대 은대의 종교적인 상제上帝 관념, 주대의 천명天命 사상과 조상 숭배 사상 그리고 인륜 질서인 예禮의 제도 등 전통 문화를 계승, 이를 종합적으로 정리하여 유교를 성립시켰다. 그러나 이것은 단순히 종합해서 정리한 것이 아니다. 그는 인간의 도덕적 자각과 실천의 자율성이라는 관점을 가지고 기존의 여러 관념들에 새로운 의미를 부여하고, 교육을 통해 이를 널리 알리고자 하였다. 그러므로 공자의 가르침이 바로 유학의 기본적이고 핵심적인 내용이라고 보아도 별 무리는 없다.

유학은 유교를 학문이라는 관점에서 이름 붙인 말이다. 그런데 유교라고 했을 때 이를 불교나 기독교와 똑같은 종교로 볼 것인가 하는 문제에 대해서는 여러 견해가 엇갈리고 있다. 그렇지만 비록 유교에 종교성이 전혀 없는 바는 아니라 하더라도, 그 주안점이 이들 종교와는 달리 철저히 현세의 윤리 도덕에 있다는 점에서, 이 유교는 공자를 중심으로 한 유학자의 가르침이라 보는 것이 훨씬 설득력이 있다.

공자의 가르침은 인간의 자각에 기초하고 있다. 그러한 자각은 바로 인간성에 대한 믿음이라고 표현할 수 있다. 인간은 서로 믿으면서 살아가는 것이므로 서로 돕고 서로 사랑해야 한다는 것이다. 이러한 믿음은 물론 상호성을 지니지만, 자신이 남을 사랑하거나 남으로부터 사랑받는 일 모두가 실은 바로 자신의 일이다. 즉 인간의 문제는 인간의 자각을 통하여 스스로 해결해야 한다는 것이다.

이는 매우 중요한 의미를 지닌다. 공자 이전 은대에는 종교적인 관점에서 상제라는 인격신을 숭배하는 경향이 강하여 모든 문제를 신의 손 안에 있는 것으로 파악하였다. 그러므로 상제의 뜻을 헤아리는 일이 무엇보다도 중요하였고, 따라서 상제의 뜻을 헤아리는 방편으로 점을 치는 일이 매우 중요시되었다. 주대에 이르러 인간의 의식이 점차 각성되면서 부분적으로 인간의 자주성이 확보되는 것과 함께 통치자의 도덕성이 요구되었다. 그러나 주대의 천명 사상에 보이는 인간의 자각과 자율성은 보편적 인간의 자각을 의미하는 것은 아니었다. 이른바 통치자 계층의 자각에 지나지 않았던 것이다. 도덕적 자각과 실천의 자율성을 보편적 인간한테까지 확대시킨 이는 바로 공자였다. 여기에 공자의 위대한 공로가 있는 것이다.

물론 공자의 사상에 전통적인 신앙의 측면이 엿보이지 않는 것은 아니다. 하지만 공자 사상의 핵심은 인간의 자각과 자율성에 대한 믿음, 즉 인간의 자주성에 대한 확신에 있었기 때문에, 미지의 영혼적인 것이나 죽음의 문제보다는 어떻게 사는 것이 바른 삶인가, 어떻게 해야 인간과 인간의 관계를 올바르게 세워 가는가 하는 문제가 가르침의 중심을 차지하였다. 제자인 자로子路가 죽음과 귀신 섬기는 일에 대해 물었을 때, 공자는 "어떻게 사는 것이 바르게 사는 것인지도 알지 못하는데 어찌 죽은 뒤의 일을 알겠느냐? 살아 있는 사람도 잘 섬기지 못하면서 어찌 귀신을 섬길 수 있겠느냐?"고 하여, 미지의 세계, 귀신의 영역에 대한 관심 이전에 인간의 현실적 삶에 대한 바른 태도와 성실성을 강조한 데서 이 점은 아주 잘 드러나고 있다. 그것은 한 마디로 삶에 대한 경건성을 나타내는 것이었다.

공자는 인간의 자각과 자율성을 강조하였지만, 그러한 강조는 개인에게만 한정되는 것이 아니었다. 개인의 각성과 실천의 자율성이 개인적 차원에 머무르지 않고 남과 나 사이의 관계를 통해 함께 나아가야 할 길을 구하는 것이라 할 때, 공자가 구하는 사람의 길(求道)이란 바로 어지러운 세상을 구하고자 하는(求世) 의지가 된다. 공자는 구도에 대한 정열과 구세에 대한 의지를 지니고 있었다. 그것은 바로 현실적 삶의 과정 속에서 내가 나아가야 할 길이자 모든 사람이 함께 나아가야 할 길이었다. 이것이 보편적 인간의 완성을 목표로 하는 유학의 기본 가르침이다.

구도의 길은 인仁의 길이며 사람이 가야 할 길이다. '인'이라는 글자의 뜻은 사람과 사람을 의미한다. 그러므로 인이란 인간의 개인적 각성 및 관계 속에서의 실천을 가리킨다고 할 수 있으며, 다른 말로 인간다움이라 할 수 있다. 그 핵심 내용은 바로 인간에 대한 사랑이다. 그러나 공자가 인에 대하여 구체적으로 정의를 내리고 있는 것은 아니다. 그는 "인이란 사람을 사랑하는 것이다", "효제孝悌가 인을 실천하는 데 근본이 된다", "얼굴빛을 꾸미고 말을 교묘하게 하는 사람 치고 어진 사람은 드물다" 등등의 짤막짤막한 말로 인의 모습을 다양하게 묘사하여, 현실 생활 속에서 인이란 무엇이며 또 어진 사람이란 어떤 사람인가를 파악할 수 있도록 하였을 뿐이다. 그의 가르침은 딱딱한 이론이 아니라, 인간에 대한 신뢰를 바탕으로 각자의 각성과 실천을 끌어 내는 현실 속의 산 교훈이다.

인간 관계에서 가장 기본적인 것은 부모와 자식의 관계이다. 그래서 공자는 효를 지극히 강조하였다. 효란 인간이 지니는 가장 근원적인 정감에 기초한다. 기본적 인간 관계의 근원적 정감을 바탕으로 삼아 그것을 확대해 가면 사회 전체의 질서도 바르게 된다는 것이 공자의 생각이었다. 그러므로 효가 인간의 근원적인 정감에 기초하고 있다는 주장은, 인간 관계 속의 올바른 실천에 대단한 힘을 지니게끔 하는 것이었다. 중국 특유의 종족 관념과 관련 지어 볼 때 가족 도덕으로서 효를 강조하는 것은 당시의 사회 질서인 종족적 봉건 신분 질서를 안정적으로 유지한다고 하는 정치적 측면에서도 유효한 것이었기 때문이다. 나중에 효의 관념은 충효라는 관념으로 확대되었으며, 이는 신분 질서를 나타내는 예禮와 더불어 근대에 들어 봉건 신분 질서가 무너질 때까지 오랫동안 유학의 생명력을 유지시켜 준 원천이 되었다.

이 인을 실천하는 과정에서 꼭 필요한 것이 예이다. 예란 인간의 질서와 관습을 모아 놓은 것이다. 그러나 공자의 예는 인의 실천 과정에 있는 것이므로, 예는 인이 바탕이 되어야 비로소 바르게 이루어질 수 있다. 따라서 공자가 말하는 예란 인간의 도덕적 각성을 바탕으로 올바른 인간 관계를 나타내는 형식이라고 할 수 있다. 그런데 당시의 신분 질서는 예로 표현되었기 때문에, 예를 강조한 공자의 입장은 위정자의 도덕적 각성과 실천을 통해 각 개인을 교화시켜 도덕성을 제고한다는 것으로 나타난다. 그 결과 이 세상은 도덕으로 가득하게 되고 천하는 평화로이 다스려진다는 것이다. 이는 곧 철인 정치의 이상과 연결되는데, 이것이 바로 덕치주의이다. 덕치주의는 뒤에 맹자의 왕도 정치로 이어지고, 이 후 유교 정치 철학의 근본 입장이 된다.

유학이 강조하는 덕치주의는 도덕적으로 뛰어난 위정자가 백성을 교화한다는 발상에서 나온 것이니만큼 통치자는 정치의 주체가 되고 피치자인 민중은 정치의 대상이 된다. 하지만 이러한 입장은 이전에 민중을 오로지 생산의 한 수단에 지나지 않는다고 보아 도덕이나 예와는 아무런 관련도 없다고 여기던 입장에 비하면 진보적인 것임에는 틀림없다.

유학이 중국의 역사에서 봉건 사회 구조를 지지하는 기능을 수행하면서도 다른 한편으로 그것을 뛰어넘는 보편적 가르침으로서 역할을 잃지 않을 수 있었던 것은, 공자의 가르침인 유학이 바로 보편적 인간의 완성을 목표로 하는 구도의 길을 제시하는 것이었기 때문이다. 공자가 세운 유학의 세계는 정밀한 이론적 체계라기보다는 생활 속의 실천 윤리라는 측면이 강하다. 공자의 유학을 나름대로 해석, 어느 정도 이론적 체계를 갖추어 세상에 널리 알린 사람은 공자보다 100여 년 후에 활동한 맹자孟子와 그보다 50년쯤 뒤늦게 활동한 순자荀子였다.

맹자는 공자를 성인으로 숭상하고 인을 인의仁義로 확대 해석하였다. 또 공자의 덕치를 바탕으로 어진 정치(仁政)인 왕도王道를 구상하고, 왕도는 민중을 근본으로 한다는 민본 사상을 제시하였다. 이 민본 사상, 왕도의 이상은 그 후 중국 봉건 사회의 갖은 제약 속에서도 민중을 위하는 정신으로서 긍정적인 기능을 하게 되었다. 한편 맹자는 도덕 실천의 이론적 근거를 마련하기 위하여 인간에게는 천부적으로 선한 도덕심이 고유하고 있으며 그것이 인간의 본질이라고 주장하였다. 그는 이 천부적인 도덕심을 '사단지심四端之心', '본심', '양지양능良知良能' 등의 여러 말로 설명하였다.

인간의 본질이 선하다는 맹자의 성선설은 인간에 대한 공자의 신뢰에 근거하고 있다. 인간의 선한 행위란 내면의 각성을 통하지 않고서는 진정한 의미의 선이 되지 못한다는 점을 생각해 본다면, 맹자의 성선설이란 공자가 말한 인간의 각성 가능성을 이론적 근거로 해서 마련되었음을 알 수 있다. 그 후의 유학자들은 맹자가 공자의 가르침을 이론화했다고 여겨 맹자의 학설을 계승하였다. 특히 송대의 성리학자들은 맹자의 학설, 특히 성선설을 자신들의 인간론으로 받아들여 맹자를 공자 사상의 정통 계승자로 자리 매김하였으며,『맹자』를 사서四書의 하나로 규정하여 경전으로 격상시켰다.

맹자의 유학 이론화 작업은 당시의 제자백가들과의 사상 논쟁의 과정에서 더욱 다듬어진 것이다. 맹자의 이론은 공자의 도덕주의를 발전시킨 것이지만, 그의 이론은 당시의 현실에 비추어 지나치게 이상적이라는 결함이 있었다. 이에 당시의 현실에 맞추어 유가의 학설을 정비한 사람은 순자였다. 순자도 공자의 가르침을 계승하는 것을 자기의 임무로 삼았다. 그러나 순자는 공자의 학설을 맹자처럼 이상주의적으로 해석하지는 않았다. 그는 근본적인 부분에서는 유가의 학설을 따랐지만 법가法家나 도가道家 등 다른 사상의 장점을 받아들여 독자적인 관점에서 유학을 해석하였다. 순자는 개인의 도덕적 각성이라는 측면보다는 공동체의 전체적 질서와 조화라는 측면에서 유가의 학설을 발전시켰으며, 그 질서와 조화가 곧 예禮라고 이해하였다. 순자는 단순히 인간의 도덕적 각성이 관계 속에서 바르게 드러나는 형식을 예라고 이해하는 대신, 인간의 개인적·사회적 생존이라는 측면에서 그 기능을 밝힘으로써 유교의 예설을 합리적으로 구성하였다.

순자는 공자 이래 내려온 전통에 따라 인간이 자주적인 존재이며 자연적으로 고유의 정신(心)을 갖는다는 신조를 지니기는 하였지만, 그것이 바로 도덕심이며 인간의 본질이라 보았던 맹자와 달리, 욕망이야말로 더욱 근원적인 인간의 본질이라고 규정하였다. 그는 욕망을 무제한 추구한 결과가 사회적으로는 악이 되어 나타나기 때문에, 인간의 본질인 성이 악하다고 하는 성악설을 주장하였다. 그런데 성악설은 인간의 본질이 악하다는 것을 강조하기 위하여 주장되었던 것은 아니다. 인간이 주체적으로 분수에 맞게 욕망을 충족하거나 극복하는 것이 인간의 올바른 도리임을 강조하기 위해서 성악설을 말했을 뿐이다. 그 올바른 도리가 바로 순자가 말하고자 한 예였다.

2. 유학의 전개

유학은 그것이 지닌 이상주의적 성격 때문에 진秦이 천하를 통일하는 데는 이념으로 기능하지 못하였다. 그 당시 현실은 국력을 극대화할 수 있는 엄격한 법가적 전제 질서를 요구하였다. 따라서 천하 통일의 이념으로는 법가의 현실론이 차지하였다. 그러나 유가의 도덕주의적 이상은 현실에서는 비록 패배하였을망정, 오랜 중국의 역사에서는 오히려 유학이 생명력을 지닐 수 있도록 만든 원동력이 되었다. 유학이 다시 등장하는 것은 진의 뒤를 이어 한이 정치·사회적으로 새로운 질서를 성립시키던 시기였다.

한대 초기의 유학자 동중서董仲舒는 유학을 한의 지도 이념으로 삼도록 하였을 뿐 아니라, 유학적인 소양을 인재 선발의 기준으로 삼는 데도 앞장섰다. 그는 유학에 음양오행설陰陽五行說을 받아들여 천인감응설天人感應說과 재이설災異說을 주장, 전제 왕권을 절대화하는 데 이론적으로 기여하였다. 그러나 이러한 주장들은 이후 전제 왕권을 견제하는 역할을 하기도 했다. 한 무제가 오경박사五經博士를 둔 이후 유학은 점차 한의 국교로 자리 잡았으며 이에 따라 경학經學이 확립되어 갔다. 유학이 국교가 되었다는 것은 유학이 국가의 보호를 받는 대신에 전제 권력을 이론적으로 뒷받침한다는 상호 공존 관계를 이루었음을 말한다.

그러나 한 멸망 후 위진남북조에서 수·당에 걸친 시기에는 비록 훈고학적인 유학 경전의 연구나 사장학적 유학이 없었던 것은 아니지만, 전반적으로는 불교와 도교가 번성하고 유학은 침체되는 양상을 보였다.

당 말에서 송 초에 이르는 기간 동안에는 이전의 문벌 귀족 지배가 끝나고 황제를 정점으로 하는 관료제적 중앙 집권 체제가 구축되는 등 중국 역사에서 가장 두드러진 변혁기 가운데 하나에 속한다. 송대 사회의 담당자들은 사대부 관료였다. 그들 중 개인적으로는 학문과 수양을 통하여 성인聖人의 경지에 이르고자 하고, 정치적으로는 왕도王道의 실현을 목표로 한 이들이 이룬 학문이 바로 성리학性理學(리학理學, 정주학程朱學, 주자학朱子學이라고도 한다)이다.

성리학은 원시 유학의 실천 윤리적 입장이나 한당의 훈고 사장학에 비하여 사색적이고 철학적이었다. 성리학은 유학의 형이상학적 이론을 확립하고 인륜의 실천을 명확히 하고자 하였다. 성리학자들은 도교와 불교의 학설이 현실적이지 못한 공허한 이론이라고 배척하였으나, 실제로는 유학적 관점에서 도교와 불교를 종합·지양하고자 하였다. 성리학은 유학의 이론을 보완하여 형이상학적 근거를 마련하는 등 새로운 해석을 내린 학문이라는 뜻에서 신유학이라 말하기도 한다.

주돈이周敦頤, 장재張載, 정호程顥, 정이程頤와 같은 여러 성리학자들의 사상을 종합하여 집대성한 사람이 주희朱熹이다. 주희는 태극太極을 리理로 규정하고 이 리를 인간과 자연의 보편적 근거로 삼았다. 이것이 이른바 '성즉리性卽理'라는 것이다. 태극은 형이상의 리로서 주체와 존재의 근거이며, 형이하인 현실 세계의 모든 운동과 현상은 기의 움직임으로 설명되었다. 이것을 리기론理氣論이라 한다. 이 리기론을 인간에 적용하면 바로 심성론이 된다. 주희의 리기심성론에 따르면 우주만물을 성립·생성시키는 리가 모든 인간에게 보편적으로 관통되어 흐르기 때문에 사람이 사람다울 수 있다고 한다. 주희의 인성론은 사람은 누구나 태어나면서부터 리, 즉 구체적으로 인의예지仁義禮智 등 도덕적 본성을 부여받고 있으며, 그 본성을 바르게 구현하는 것이 인간이 살아가야 할 길이라는 도덕주의를 본질로 한다. 이는 사람은 누구나 성인이 될 수 있다는 주체의 강렬한 도덕적 각성을 주안점으로 하는 것이다. 주희는 만물의 근원인 유일하고 보편적인 리는 지적 탐구와 개인적 수양을 통해서만 체득될 수 있다고 이해하였다. 그것이 '거경궁리居敬窮理'라고 하는 학문 방법이다.

주희는 또 이른바 사서四書(『대학』·『논어』·『맹자』·『중용』)를 확립하여 새로운 경학을 완성하였다. 그는 사서의 이론적 관계를 통일적으로 이해하고, 그것을 자기의 사상 체계 안에서 재구성하였다. 그 후 주자학자와 양명학자는 물론이고 그 밖의 학자들한테도 사서는 중요한 경서가 되었다. 사서오경에 대한 주희 및 그 학파의 주석서는 원대에 이르러서는 관리 등용 시험에 필수적인 교과서가 되고, 명대에는 『영락대전』·『성리대전』이 편집되어 주자학은 관학으로서 확고한 지위를 수립하게 되었다.

명대의 학자들은 점차로 리를 구명하기보다는 실천을 중시하는 쪽으로 나아갔는데, 이러한 경향을 대표하는 인물이 왕수인王守仁이다. 왕수인과 그 학파의 학설을 양명학이라고 하는데, 양명학의 실천성은 자기 자신의 내적 각성을 출발점으로 하고 있다. 그것은 주자학의 '성즉리'에 대하여 '심즉리心卽理'라 표현된다. 그런 점에서 양명학은 본질적으로 주희의 사상과 크게 다르지 않다. 다만 이는 주자학의 영역 가운데 내적 수양 부분을 근본으로 삼고, 주자학에서 내적 수양과 동시에 강조했던 지적 탐구 부분, 즉 학문의 의의는 약화시킨 것이다. 그러나 양명학이 실천 문제에서 주체를 강조하는 점은 주자학의 규범성에 질곡되어 있던 주체를 해방시킨다는 진보적인 의미를 띤다.

청대 초기 황종희黃宗羲, 고염무顧炎武, 왕부지王夫之를 비롯한 유학자들은 성리학의 관념적이고 이념적인 성격을 비판하면서, 한편으로는 경서經書의 의의를 밝히는 데 힘을 기울이고 다른 한편으로는 경세치용經世致用의 실학을 추구하였다. 그러나 그 후 청대 유학의 일반적 경향은 널리 자료를 수집해서 정리하고 문자 용어의 고의古義나 고제古制 등을 구명하는 경학과 사학 등 이른바 고증학이 학계의 주류를 이루는 모습을 보였다. 청의 통치가 약화되고 서구의 침략이 노골화되면서는 이러한 정세에 맞추어 학문의 개혁을 통해 서구 사상에 대처하고자 한 초기의 금문경학今文經學의 전통을 이어받은 공양학公羊學이 나타났다.

중화민국이 성립된 후 5·4 신문화 운동을 거치면서 봉건 체제의 이념으로서 역할하던 유학은 철저한 비판의 대상이 되었다. 그 후 장개석의 국민당 정부는 중국 공산당의 유학 비판에 대한 반동에서 유학의 이념을 부활시키기도 하였다. 모택동毛澤東의 사회주의 이념에 의해 통일된 뒤 중국에서 유학은 철저한 비판의 대상이 되었다. 그 극치를 이룬 시기는 1960년대에서 1970년대 중반에 걸친 문화대혁명 기간이었다. 문화대혁명의 구호는 바로 '비공批孔', 즉 공자로 대표되는 유학에 대한 비판이었다. 그러나 모택동 사후 중국의 개방화가 진행되면서 유학은 그 끈질긴 생명력으로 다시 논의의 대상이 되기에 이르고 있다.

3. 유학의 한국적 전개

유학이 언제 우리 나라에 전해졌는가 하는 문제에 대해서는 여러 견해가 있으나 그 정확한 시기는 확실히 알 수 없다. 단지 원시 유학의 실천 윤리는 한자의 전래와 더불어 전래되었을 것으로 추정할 수 있다. 한사군 설치 이후에는 경학 중심의 한대 유학이 들어오게 되었다. 그러나 본격적으로 유학이 전해진 것은 삼국 시대부터이다. 고구려, 백제, 신라 각국에는 원시 유학에 나타나는 효제충신의 윤리와 경학 그리고 전장典章 제도로 기능화된 한대 유학이 들어와 정치의 이념 및 교육 제도 등 여러 방면에서 기능하였다. 특히 신라는 우리의 고유 정신에 원시 유학의 도덕 실천 정신과 불교 및 도교를 접목시켜 화랑도를 탄생시켰다.

후기신라의 유학은 원시 유학의 인의仁義·효제충신孝悌忠信 등 도덕 정신과 중국의 한대 이후 이어온 경학 사상에 당대唐代의 사장학까지 곁들여진 대단한 규모의 유학이었다. 유학의 도덕 이념은 국학國學의 설치와 독서삼품과讀書三品科의 실시 등을 통해 국가 이념의 바탕으로 발전하였다.

주자학 도입 이전의 고려 유학은 건국 초기에는 국가의 기틀을 세우는 데 작용하는 동시에 왕도 정치의 정신으로 발휘되기도 하였다. 고려 태조의 「훈요십조訓要十條」는 불교·유교·도교·토속 신앙을 모두 조화시키고 있으나, 그 중 5개조에 걸쳐 유교적 정치 이념이 반영되어 있다. 광종에서 성종에 이르는 기간은 유학이 고려에서 틀을 잡은 때였다. 유학 경전을 시험 과목으로 하는 과거제를 실시한 것이라든지 최승로崔承老가 「시무28조」를 올린 것 등은 유교적 정치 이념을 현실에 구현하고 유교적인 방식으로 국가의 체제를 정비하려는 의도에서 나온 것들이었다.

고려 중기에는 최충崔冲을 비롯한 사학 12도가 나와 유학 경전을 위주로 학생들을 교육하였다. 그 후 사학이 쇠퇴하고 관학이 다시 흥성하면서 예종, 인종, 의종 때에는 경전에 대한 이해가 심화되었다. 그리하여 유학적인 역사 의식을 기초로 쓰어진 김부식金富軾의 『삼국사기』 등 학술 서적이 간행되기도 하였다. 그러나 그 후 유학은 사장학으로 기울면서 부화에 빠져 의종 때 발생한 무신의 난과 함께 이윽고 침체에 빠지고 말았다.

고려 말기에 이르자 주자학이 수입되었다. 주자학은 고려 충렬왕 때에 원으로부터 안향安珦이 들여 온 것으로 기록되어 있다. 고려 말에는 불교의 말폐로 말미암아 사회가 혼란과 침체를 면하지 못하고 있었다. 따라서 국가적 차원에서 새로운 학풍의 진작이 요구되었다. 이 후 백이정白頤正, 권부權溥, 이색李穡, 정몽주鄭夢周, 길재吉再와 같은 뛰어난 유학자들이 연이어 나와 주자학을 발전시켰다. 이들 유학자들은 불교에는 현실의 인간 윤리를 도외시하는 약점이 있다고 보았다. 주자학은 점차 고려 말 사대부들의 이념이 되었으며, 조선 왕조가 개국하면서 조선 왕조 500년의 역사·문화·정치·교육을 이끄는 원동력이 되었다.

고려 말 주자학자들은 불교를 비판하고 유학을 숭상하는 점에서는 같았지만, 새 왕조의 창업과 관련해서 이 새 왕조의 창업에 참여하는 세력과 구왕조를 중흥하려는 세력으로 나뉘어 대립을 빚었다. 전자는 혁명론을 강조하고, 후자는 의리론을 주장하였다. 의리파의 대표적 인물이 정몽주와 길재이다. 그러나 조선 왕조 건국 이후 정몽주와 길재에게는 의리의 정당성이 부여되었다. 의리론의 흐름은 유학적 이념 집단인 사림파士林派로 이어져 조선조 도학파道學派, 의리학파의 정맥으로 굳어졌다. 그 반면 혁명론자인 정도전鄭道傳의 맥은 권근權近으로 이어져 조선 왕조 초기의 훈구파 학자들에게 지대한 영향을 미치게 되었다.

조선 왕조는 유학을 정치 이념으로 삼아 불교를 배척하였다. 유학의 입장에서 불교에 대한 비판을 체계적으로 전개한 사람은 정도전이었다. 이는 그 당시 정치 상황에 맞추어 유학을 숭상하도록 하기 위한 하나의 과정적 수단이라고 할 수 있다. 조선 초기의 대표적 주자학자인 권근은『입학도설入學圖說』및『시경천견록詩經淺見錄』등의 오경천견록五經淺見錄을 지어 주자학의 이론을 체계적으로 소개하였는데, 특히『입학도설』은 조선 왕조 중기의 성리설에 지대한 영향을 미쳤다.

태조에서 성종에 이르는 기간 유학자들은 조선 사회를 주자학적 질서로 재편하기 위하여 노력하였다. 그 결과 유학적 정치는 정치적 안정과 더불어 민생의 안정도 가져 왔다. 특히 성종 때부터 중앙에 진출하기 시작한 사림파 유학자들은 주자학적 순수성을 강하게 지니고 있었다. 그들은 도학道學 정치를 주장하였는데, 이 도학 정치는 정몽주의 의리 정신과 연결된다고 평가받고 있다. 정몽주의 의리 정신은 사육신, 생육신 등의 행위로 나타났고, 이어 조광조趙光祖의 도학 정치를 통해 정치의 전면에 등장하였다. 도학 정치를 표방하는 사림파와 기존의 훈구 세력 사이의 갈등은 수차례 사화士禍를 불러오지만, 사화기를 거치면서 유학은 오히려 사상적으로 성숙 단계로 접어들 수 있었다. 서경덕徐敬德과 이언적李彦迪을 거쳐 이황李滉과 이이李珥에 이르러 주자학적 사유는 조선에 탄탄한 뿌리를 내리게 되었다.

이황과 이이는 조선 유학의 쌍벽을 이루는 인물들로 후세에 지대한 영향을 끼쳤다. 조선의 주자학은 자연이나 우주의 문제보다는 인간 내면의 성정과 도덕 가치의 문제를 추구한 것이 특징이다. 이황과 기대승奇大升, 이이와 성혼成渾간의 사단칠정四端七情, 인심도심人心道心에 관한 논쟁은 리기성정론에 대한 논의를 심화시켰다. 이 후 조선의 학계는 이황을 따르는 퇴계 학파와 이이를 따르는 율곡 학파라는 양 학파를 형성하여 발전하게 되었다. 그에 반해 이 시기에 들어온 양명학은 이단시되어 배척당하였으며, 이에 따라 공공연한 연구가 불가능하였다. 그 후 17세기에 이르러서야 조선의 대표적인 양명학자로 평가되는 정제두鄭齊斗가 양명학을 본격적으로 연구하였다.

주자학의 내면적 도덕 원리를 탐구하는 인성론은 정구鄭逑, 김장생金長生, 박세채朴世采, 허목許穆 등에 의하여 유학의 행위 규범인 예에 관한 상세한 학설로 발전하였다. 이 시기 주자학계에서는 인간의 본성이 사물의 본성과 같은가 다른가 하는 이른바 인물성동이人物性同異 논쟁이 일어나기도 하였다. 이것은 주자학 이론이 심화 발전된 것이었다.

거의 같은 시기에 주자학적 경전 해석의 독존적 지위를 비판하고 자주적으로 유학의 경전을 해석하려는 학풍이 나타났다. 그것이 바로 윤휴尹鑴, 박세당朴世堂 등의 학문이다. 이들이 일으킨 학풍은 아울러 주자학의 이론 지향적인 경향에 맞서 실천적인 경향을 띠기도 하였다. 이들의 학문은 조선조 실학자들의 사상 경향과 내재적인 맥락을 갖는다고 본다. 이들의 실천적 경향은 곧 실학자들의 경세론으로 나타났다.

17세기 중기에서 19세기 초기까지 이어진 조선의 학풍이 실학이다. 실학자들은 주자학이 강조하는 내적 수양이나 도덕 이념보다는 현실의 구체적인 민생 문제에 관심을 집중하였다. 그들은 주자학의 교조적인 이념 추구보다는 원시 유학이 지니는 실천성, 즉 도덕의 실천과 민본주의의 현실적인 실천이라는 경세적 측면에 관심을 집중시켰다. 이와 동시에 주자학의 권위화된 이념에서 벗어나 자유로이 양명학, 서학, 고증학 등의 학문을 받아들이는 개방적인 태도를 취하였다.

이러한 경향과는 달리 주자학의 이론적 탐구를 심화시켜 가는 경향도 이어졌다. 이현일李玄逸, 이항로李恒老, 기정진奇正鎭 등의 리 중심의 철학과 임성주任聖周 등의 기 중심의 철학이 그것이다. 이들의 공통점은 일원론적인 경향을 보인다는 점이다. 리 중심 철학의 철저한 이념 지향을 바탕으로 한 이항로, 기정진 등 개항을 전후로 한 의리 학파의 이론은 척사위정론으로 나타났다. 그 뒤 양명학을 바탕으로 하면서 주자학적 이념 지향에 반대한 박은식朴殷植의 유교 구신 운동이 일어나기도 하였다.

현대에 유학이 기능할 수 있느냐 없느냐 하는 것은 깊이 따져 보아야 할 문제이다. 유학이 무엇인지도 잘 알지 못하면서 유학은 낡은 것이라고 무조건 배척하는 태도는 잘못이다. 그러나 현대의 산업 사회가 빚어 내는 모든 문제를 단지 유학의 봉건적이고 가부장적인 가족 윤리로 해결하려는 태도도 그에 못지 않은 잘못이다. 인간이 인간다운 삶을 누려야 한다는 것은 인류의 이상이다. 도덕이란 인간다운 삶을 만드는 데 가장 중요한 것 가운데 하나이고 사람들 사이의 관계를 아름답게 맺어 주는 끈이다. 그러므로 도덕적 각성은 시대를 초월하여 필요한 것이다. 한편 가장 가까운 인간 관계는 가족이다. 그러므로 삼강오륜 등 봉건적 사고를 과감히 벗어 버리고 도덕적 인간 사랑이라는 유학의 보편적 의의를 밝히는 방향으로 새로운 가족 윤리를 정립해 나아간다면, 유학이 무언가 현대에도 공헌할 수 있는 길이 열릴 것이다.

■ 더 읽어 보아야 할 책들

한국동양철학회, 『동양철학의 본체론과 인성론』 (연세대학교 출판부, 1982)

勞思光, 『중국철학사』, 정인재 옮김 (탐구당, 1986)

張岱年, 『중국철학사방법론』, 양재혁 옮김 (이론과 실천, 1988)

夏乃儒, 『중국철학문답』, 황희경·황성만 옮김 (한울, 1991)

중국철학연구회, 『논쟁으로 보는 중국철학』 (예문서원, 1994)

2. 신유학이란 무엇인가

흔히 우리는 송명 시대의 유학을 성리학이라는 개념으로 지칭한다. 그러한 지칭은 우리 나라의 문화적 정서에서는 어느 정도 합당한 일면이 있음을 부인할 수 없다. 왜냐하면 우리 나라에서 송명 시대의 유학은 성리학적 맥락 위에서 수용되고 발전되었기 때문이다. 고려 말기부터 조선 말기까지 600여 년의 역사 속에서 우리 나라의 지식계를 장악한 사상은 성리학이라 할 수 있는 것이다. 그러나 우리 나라에서 전개된 송명 시대 유학이 성리학과 동일시될 수 있다 해서, 그것을 일반화해서 송명 시대 유학은 성리학이라고 한 마디로 말할 수는 없다.

1. 송명 시대 유학의 여러 명칭

송명 시대의 유학을 총체적으로 지칭한다면 가장 적절한 용어는 말할 것도 없이 '송명 유학'이 될 것이다. 이 명칭은 '한당漢唐 유학'이나 '선진先秦 유학'이라는 말처럼 시대적 구분을 전제로 하는 것인 만큼, 송명 시대에 전개된 모든 유학적 실험과 분파를 다 싸안는 개념이라 하겠다. 그러나 이 개념은 다만 시대적 제한을 통하여 유학사의 한 부분을 재단해 주는 데 지나지 않으므로, 이 시대 유학의 특성을 반영하는 개념이라 보기에는 어럽다.

이 시대 유학의 성격을 반영하면서도 이 시대 유학의 모든 분파를 총체적으로 포괄하는 용어는 '신유학新儒學'이 될 것이다. 신유학이란 명칭은 이 시대의 유학이 이념적으로나 내용적으로 선진 시대나 한당 시대의 유학과는 다른 특징을 지닌다는 의미에서 나온 말이다. 이러한 특징은 대체로 북송 시대부터 명대까지 그대로 유지되므로, 이는 이 시대의 유학을 가리키는 명칭으로서 가장 합당한 것이다. 그러니까 송명 유학이라는 개념과 신유학이라는 개념은 범위를 같이하는 총체적 개념이면서도, 전자는 시대적 문맥 위에 서는 개념이라면 후자는 사상적 문맥 위에 서는 개념이라는 차이를 가질 뿐이다.

이 두 개념이 총체적 의미를 지니는 것이라면 송학宋學이나 명학明學, 주자학朱子學이나 양명학陽明學, 도학道學, 리학理學, 심학心學 같은 개념들은 이 두 개념의 범주 속에 드는 부분적 개념이라고 하겠다. 송학이나 명학은 시대적 제한을 갖는 것이므로 그 개념이 한정하는 바가 명료하게 드러나며, 따라서 이 두 개념에 대해서는 굳이 설명을 달 필요가 없을 것이다. 주자학이나 양명학 역시도 주희朱熹의 사상적 경향이나 왕수인王守仁의 사상적 특징을 계승한다는 문맥을 담고 있으니만치 그 개념에 대한 특별한 설명이 필요하지 않다. 다만 도학이나 리학, 심학과 같이 그 범주가 명확하지 않은 개념들에 대해서는 간단히 언급할 필요가 있을 것이다.

도학이란 이 세 개념 중에서 가장 넓은 외연을 갖는다. 도학은 북송 초기에 나타난 세 가지 유학적 입장 가운데서 호원胡瑗·손복孫復·석개石介 등으로부터 비롯되어 주희와 왕수인에게 이어지는 사상적 흐름을 가리키는 개념이다. 그러므로 이 도학이라는 개념은 당시의 신법新法 계열이나 촉학蜀學 계열에는 적용되지 않는다. 실제적으로도 신법 계열이나 촉학 계열은 남송 이후부터는 미미해지기 때문에, 도학이라는 개념은 송명 유학이나 신유학이라는 개념과 그다지 범주적 차이를 갖지 않는다고 할 수 있다. 흔히 신유학이니 송명 유학이니 하는 개념을 쓸 때에도 북송 초기의 세 선생으로부터 주희와 왕수인까지 이어지는 사상적 흐름을 대상으로 한다. 다만 도학이라는 개념은 도리를 파악해서 몸소 실천으로 옮기고자 하는 이들 입장의 특성에 중점을 두는 표현일 뿐이다.

그 반면에 리학은 이치(理)를 통하여 세계를 파악하는 사상적 입장과 연계되는 개념이다. 이는 '이치'라는 개념을 실체적으로 발견해 낸 정이程頤에 의해 구체화되며, 이 후 주희에 의해 계승되고 발전된다. 그러므로 리학은 정이-주희 계열의 신유학, 즉 정주학 또는 주자학을 가리키는 개념이라 하겠다. 우리가 좁은 의미로 '성리학'이라는 개념을 쓸 때 그 성리학이 가리키는 것이 바로 주자학 또는 리학이라 생각한다면 거의 틀림이 없을 것이다.

심학은 "내 마음이 곧 이치"(心卽理)라고 보는 사상적 입장을 가리키는 개념이다. 이 입장은 사실 리학의 "성품이 곧 이치이다"(性卽理)라는 선언을 비판적으로 전제하고 나타난 사상적 경향이었다. 주희 당시 주희에게 가장 강력한 경쟁자였던 육구연陸九淵이 이 입장을 선도했으며, 이 후 왕수인에게 이어져 명학의 가장 기본적인 사상적 바탕이 되었다. 그러므로 심학이라는 개념은 육구연-왕수인 계열의 사상적 특징과 연계되어 나타난 것이라 하겠다.

2. 신유학 형성의 시대적 배경

유학은 중국 한대에 관학으로 등장하여 언뜻 보기에는 그 위상이 높아진 것 같지만, 실제로는 그 이후의 역사 속에서 그 위상과 역할이 많이 약화되어 갔음을 부인하기 어렵다. 춘추전국 시대의 한 시기가 어떤 점에서 유학의 시기라고 할 수 있다면, 그것은 이 시기의 유학이 지식과 생활, 행위와 이념을 선도하는 중요한 역할을 담당했기 때문이다. 그러나 이러한 역할도 한당 시대에 이르러서는 많이 약화되었던 것이다. 유학은 점점 지식과 생활의 일부, 특히 기예적인 측면을 담당하는 것으로 자신의 범주를 한정시켜 갔고, 행위와 이념의 주체로서 하던 기능과 역할도 다른 종교들, 구체적으로 말하면 도교나 불교, 특히 위진 시대 이후 그 세력을 급신장시켜 간 불교에 내주게 된다. 그러므로 한당 시대의 유학은 문학적 유학이라는 면모를 띠며, 그 실천적 측면, 즉 생활과 시대를 장악하던 사상적 유학으로서의 모습은 상실했다고 말하기도 하는 것이다.

그렇다고 해서 한당 시대가 유학의 암흑기라고 할 수는 없다. 한당 시대에도 많은 유학자들이 활동했으며, 그들의 학문적 업적 또한 무시할 수 없다. 그럼에도 우리는 이 시기의 유학이 그 장점의 많은 부분을 상실한 불구였다는 점을 지적하지 않을 수 없다. 유학의 본령은 행위와 실천의 영역 속에 놓여 있다. 생활에 대한 실제적인 장악력이야말로 유학이 갖는 본질적인 부분이다. 한당 시대의 유학은 이러한 기능을 수행하지 못하고 있다. 한당 시대의 유학은 지식의 모습을 띨 뿐, 행위와 실천, 생활을 총체적으로 이끌어 가는 사상적 유학이라 하기는 어려운 것이다.

유학이 생활에 대한 총체적인 장악력을 가지는 시대의 중심 사상으로 기능하기 위해서는 송명 시대를 기다리지 않으면 안 되었다. 송명 시대가 되면 유학은 지식의 범주로부터 벗어나 행위와 생활의 영역에까지 확장되었으며 생활과 시대에 대한 장악력도 회복하여, 시대의 중심 사상으로 기능하게 되는 것이다. 송명 시대의 유학은 춘추전국 시대의 유학이 가지고 있던 여러 가지 특징들을 회복하는 것이다.

송명 시대의 유학은 어떤 점에서는 복고적인 측면을 갖는다. 그것은 일차적으로는 공자와 맹자로 대표되는 원시 유학의 부활이라는 의미를 갖는 것이다. 그렇다고 해서 송명 시대의 유학과 춘추전국 시대의 유학이 완전히 일치한다는 말은 아니다. 송명 시대의 유학은 춘추전국 시대의 유학보다는 더 철학화되고 더 체계화된 것이라 할 수 있다. 그것은 춘추전국 시대의 유학을 기본 골격으로 하여 불교와 도교의 여러 특징들을 복합해서 새롭게 빚어 낸 사상 형식이다. 이러한 까닭에 그것을 신유학이라고 부르는 것이다. 신유학의 형성과 그것이 한 시대의 독점적 사상으로서 위치를 갖추게 되기까지는 여러 전제적 조건들이 확충될 필요가 있었다.

무엇보다도 신유학이 형성되어 한 시대의 주도적 사상으로 부상할 수 있기 위해서는 이를 담당할 새로운 계층의 등장이 필연적으로 요청되었다. 시대 의식의 변모라는 것은 그것을 뒷받침해 줄 수 있는 새로운 피의 수혈을 전제로 해서만 가능하기 때문이다. 한당 시대로부터 송명 시대로의 이행은 사상적 측면에서 혁명적인 변모를 드러내는 만큼, 그러한 변화를 떠맡은 주체들은 정치적·사회적 또는 문화적으로 새로운 배경을 갖는 사람들일 수밖에 없는 것이다.

위진 시대 이래로 중국은 정치적 측면에서는 여러 번 변모를 거듭하지만, 사회 계층의 차원에서는 그 상층 구조에 별다른 변모 없이 오래도록 흘러 내려왔다. 그러한 역사는 당대 중후기까지 이어져 나갔다. 위진 시대에 형성된 상층의 귀족 집단은 문벌화되고 세족화되어 경제적·정치적·문화적 이익을 독점하며 당대까지 이어져 온 것이다. 이들 문벌 세족은 대대로 권력을 세습하여 독점한 세력으로서 한당 시대에 문학적 지식을 펼쳤던 주인공들이었으며, 수당 시대 불교의 번영을 가능하게 했던 후원자들이었다.

그러나 여러 대를 거듭하면서 독점적으로 상속시켜 나갔던 이러한 계층적 구도는, 당대 중후기에 이르면서 서서히 와해되어 가기 시작하였다. 강성했던 당 왕조는 그 왕조를 확장하고 유지하기 위해서 끊임없이 변방 이민족과 투쟁을 벌여야 했으며, 왕조의 독점적인 권력과 상층 귀족 계층의 배타적인 이익에 저항하는 하층민들의 반란을 평정하기 위해서도 끊임없이 싸워야 했다. 이러한 이유 때문에 당 왕조는 변방에 절도사를 두고, 그 절도사에게 힘을 나누어 주는 분권적 체계를 운용하지 않으면 안 되었다. 이 절도사들은 임지에서 거의 절대적인 권력을 행사할 수 있었으며, 점차로 독자적인 힘을 쌓아 소규모의 무인 독점적 권력 체계를 만들어 내었다. 이것을 번진藩鎭이라고 한다.

절도사들은 초기에는 주로 변방에 임명되었으나, 중기 이후로는 내지에도 임명되었다. 이러한 추세는 안녹산의 난 이후로 더욱 가속되었다. 당의 멸망은 이 절도사 체제로부터 야기되었다고 할 수 있다. 상층 귀족 세력의 번영을 위해 마련된 이 절도사 체제가 소규모의 무인 국가 체제로 발전되면서 거꾸로 왕조를 허약하게 만들고 상층 귀족 세력의 이익을 침탈하는 위협 요소로 등장하였던 것이다. 특히 이 무인 독점 체제는 상층 귀족 세력에게는 치명적인 위협이 되었다. 무인 독점 체제 속에서 상층 귀족 세력이 세습적으로 가지고 있던 특권이나 이익이 보장될 수 없었기 때문이다. 이로써 상층 귀족 세력은 점차적으로 몰락해 갔다. 이와 같은 당대 후기의 번진 체계는 결국 당의 멸망을 가져 왔다. 이와 함께 외부적으로 변방 세력의 발호 또한 당의 멸망을 촉진시키는 한 요인이 되었다. 그러나 번진 체계이든 변방 세력이든 문벌 세족의 특권과 이익을 보호해 주는 데는 아무 관심도 없는 세력들이라는 점에서는 차이가 없었다.

당이 멸망한 후 송이 등장하기까지 50여 년은 실제로는 변방 세력들의 시대였다. 변방 세력들은 새로운 왕조를 세우기도 하고 신흥 왕조를 무너뜨리기도 하면서 이 시기의 역사를 주도하였다. 이 50여 년 동안 다섯 왕조가 들어섰다가 사라지는 등 무수한 번진 체계들이 할거하였다. 이 과정을 통해 문벌 세족은 완전히 몰락하고, 역사의 무대에는 새 시대를 이끌어 가는 새로운 세력이 등장하였다. 이들이 바로 신진 사대부 계층이다. 이 신진 사대부 계층은 당대 중기 이후 역사의 전면에 나서서 서서히 세력을 키워 오다가 송대에 들어서 주도 세력으로 등장한 것이다.

신진 사대부 계층이란 지방에 거주하는 중소 지주 계층을 가리킨다. 그 가운데서도 번진 체계에 맞설 필요성 때문에 새로이 개발되기 시작한 강남 지방의 중소 지주 계층이 이들 세력을 대표한다. 번진 체계의 발호로 정치적 측면에서는 물론이고 경제적 측면에서도 심각한 타격을 받은 당 왕조는 왕실 재정을 충당하기 위해서라도 새로운 재원을 확보할 필요가 있었고, 이에 눈을 돌린 곳이 광활하고 비옥한 양자강 유역, 즉 강남 지역이었던 것이다. 집중적으로 개발되기 시작한 양자강 유역은 당대 말기에 이르면 황하 유역을 능가하는 경제의 중심축으로 떠오르게 되었다. 그리하여 강남 지방은 중소 규모의 지주들을 숱하게 배출하기에 이르렀고, 이들은 상층의 문벌 세족들이 몰락한 공백을 메꾸면서 시대의 중심 세력으로 등장하게 된 것이다.

이 새로운 세력은 혼란한 시대를 살아가면서 스스로의 힘만 가지고 사회적·정치적·경제적 입지를 확장해야만 했던 만큼 현실적인 문제에 커다란 관심을 가졌다. 그들은 세습 권력을 상속받은 사람들은 아니었지만, 어느 정도 경제적 여건을 갖추고 있던 사람들이었다. 그렇다 하더라도 처음에는 이들에게 최상층 권력으로 뛰어들 수 있는 통로가 봉쇄되어 있었다. 최상층 권력은 번진 체계의 절도사들과 이민족 정권의 수장들이 차지하고 있었다. 그렇기 때문에 이들은 작더라도 스스로의 힘으로 확보할 수 있는 권력을 추구하였다. 그것은 바로 하층 관리가 되는 것이었다. 따라서 이들은 지방의 향시를 통하여 하층 관리로 등장하기도 하고, 번진 체계나 이민족 정권에 진출하여 하급 무관이나 막료 등이 됨으로써 조금씩 자신들의 입지를 확장해 나갔다. 과거 제도는 특히 이들에게 매력있는 것이었다. 과거에 급제하면 단숨에 사회적·정치적·경제적 입지를 마련할 수 있었기 때문이었다. 따라서 그들은 자식들을 유학적 지식인으로 교육하는 데에 온 열정을 기울였다.

유학적 지식을 습득해서 과거에 통과, 입신하고자 했던 이들 재지 신진 사대부 계층은 송의 등장과 함께 빠르게 힘을 결속해 나갔다. 송은 당의 멸망 원인을 절도사 체제에서 찾았고, 그런 까닭에 무력보다는 문치를 표방하였다. 아울러 당의 과거 제도가 지니고 있던 부정적 측면을 보완하여 좀더 공정한 과거 제도의 틀을 갖추었다.

한편 신진 사대부 계층이 유학적 지식을 습득했다고 하더라도, 이들이 학습한 유학은 송대 초기 얼마 동안은 신유학적 특징을 갖춘 유학이 아니었다. 이들이 받아들인 것은 한당 시대의 유학이었다. 그러나 이들이 현실

속의 구체적인 삶에 관심을 갖는 새로운 유형의 사람들이라는 사실은, 조만간 이들이 선택한 유학도 현실과의 연계 속에서 훨씬 더 기능적이고 실제적인 모습을 띠는 쪽으로 변모될 것임을 암시한다.

3. 신유학의 형성 ── 유학의 새로운 변용

물론 유학이 변모하도록 만든 요인을 설명하기에는 이것만으로 충분하지 않다. 앞서 말한 것이 유학을 변모하게 한 현실적 요건에 해당한다고 한다면, 또 다른 요인은 그 이념적 요건에 해당한다고 할 수 있다. 이것은 중국인의 문화적 자존심과 연계된 것이다. 당대 말기부터 5대 시대를 거쳐 송대로 나아가는 동안의 역사는 중국인에게 자존심을 손상시키기에 충분한 것이었다. 당 왕조는 늘 변방 세력의 위협에 시달려야 했고, 이 점에서는 송 왕조 역시 마찬가지였다. 더욱이 송 왕조는 출발부터 변방 세력의 위협에 직면해 있던 허약한 왕조였다. 특히 북방 세력의 위협 앞에서 중국인들은 중국적인 것의 파괴에 대한 위기 의식을 느끼지 않을 수 없었다.

이러한 상황은 수당 시대에 정점에 이르렀던 불교를 외래적인 것, 비중국적인 것으로 의식하게 만들었다. 그리하여 한유韓愈 이래로 몇몇 유학자들이 선도해 온 불교에 대한 비판 의식이 더욱 고조되는 한편, 유학에 대해서는 적극적인 친애감을 나타내면서 마침내 시대적인 사상으로 발전시키게 된 것이다. 다시 말해서 유학이 시대를 이끌어 가는 중심 사상으로서 기능해야 한다는 명제가 중국인의 자존심과 연계되어 표면화된 것이다.

이렇게 해서 선택된 유학은 시대를 내려갈수록 점점 더 이념적 색채를 뚜렷히 갖추게 되었다. 유학자들은 선언적인 측면에서는 이단에 대한 배척 의식을 강하게 표출시켰으며, 내용적인 측면에서는 유학의 강력한 적이 되는 불교나 도교의 사상에 대응하여 유학을 훨씬 더 철학적이고 체계적인 모습으로 탈바꿈시켰다. 이러한 유학의 사상적 전개는 불교 사상과 도교

사상이 갖는 장점과 특징을 자기 속에 용해하여 새로운 모습으로 유학을 탄생시킨 것이라 하겠다.

그러나 유학의 변용은 일조일석에 이루어진 것이 아니다. 송대 초기만 하더라도 이와 같은 움직임은 아직 나타나지 않았다. 이 때에는 다만 현실 지향적인 세력이 새롭게 등장하면서 이들의 사상적 도구로서 유학이 선택되는 정도에 그쳤다. 그런데 유학에 부여된 책무, 즉 유학이 총체적으로 사회의 모든 문제에 대해 책임을 져야만 한다는 의식이 커 가면서 서서히 한당 시대의 유학으로부터 송명 시대에 걸맞는 유학으로의 변화가 일어났던 것이다.

이러한 변화는 북송 시대 초기의 고문古文 운동에서 단초가 발견되다가 정학正學 운동에 이르러 본격화한다. 범중엄范仲淹이 주도했던 정학 운동은 한당 유학과는 다른 송명 유학의 특성이 구체화되는 시점이 된다고 할 수 있다. 송대를 통틀어 전개되는 유학의 새로운 양상은 학파의 모습을 띠고 나타난다는 데 있다. 이 시대의 유학은 학파들 사이의 대립과 논쟁을 통하여 구체적인 모습을 세밀히 갖추어 나간다. 이 때 등장하는 학파들은 크게는 세상을 어떻게 경영해 나갈 것인가 하는 관점의 차이로 분화와 대립을 보이기도 하고, 작게는 신유학의 철학적 개념들을 어떻게 이해하고 실천해 나갈 것인가 하는 점에서 서로 갈라져 나가는 경우도 있었다. 초기에는 주로 앞의 특성이 나타나다가, 후기에 들어서는 주로 뒤의 특성이 나타난다.

4. 북송 초기의 세 학파

송대 초기에 나타나는 학파들의 분화는 정학 운동 기간 동안에 뿌려진 씨앗의 결과라고 할 수 있다. 정학 운동은 유학자들 사이에 유학의 책임과 기능에 대한 광범한 논의를 촉발시킨 사상적 용광로라 할 만하다. 정학 운동은 기본적으로 개혁의 당위성을 전제로 하면서, 시대를 개혁할 수 있는 도구가 되기 위해서 유학이 어떠한 사상적 구조를 갖추어야 하는가 하는 점에 큰 관심을 기울이고 있다. 북송 시대에는 이러한 관심의 방향에 따라 크게 세 학파가 등장하여 논란을 벌였다. 도학 계열과 신법 계열 그리고 촉학 계열이 바로 그것이다. 이들은 조금씩 그 사상적 입각점을 달리하면서 서로 경쟁적인 관계에 놓여 있었다.

도학 계열은 정치적 측면에서는 수구적인 입장을 가지며 점진적 개혁을 통하여 사회 문제를 다하고자 하는 유파이다. 이들은 기본적으로 도덕이 사회의 치란 여부를 결정한다는 입장을 갖는다. 이들은 군왕의 도덕적 성품을 근간으로 하여 도덕 사회를 구현해 내고자 한다는 점에서 전통 유학의 문법을 그대로 계승한다고 말할 수 있다. 한유와 유종원柳宗元 등 신유학 이전 시기 선각적 유학자들의 의식을 계승 발전시킨 사람들이 바로 이들로서, 호원·손복·석개 등을 시발로 하여 주돈이周敦頤·소옹邵雍·장재張載·정호程顥·정이程頤 등이 여기에 속한다.

신법 계열은 정치적으로 혁신적 입장을 가지며 급진적 개혁을 통해 사회적 책임을 다하고자 하는 유파이다. 이들은 세상이 바뀌면 도덕도 바뀌어야 한다고 주장하며, 사회의 치란 여부를 도덕의 문제로 파악하지 않고 훨씬 더 실제적인 측면에서 보고자 하였다. 즉 법제를 완비함으로써 사회의 문제를 해결해 나갈 수 있다고 믿는다는 점에서 이들은 법가적 전통과 연결되어 있는 사람들이었다. 따라서 이들은 도덕을 말하기보다는 공리를 표방한다는 특징을 지닌다. 이 계열의 대표적 인물은 왕안석王安石이다.

촉학 계열은 소식蘇軾·소철蘇轍 등으로 대표되는 소씨 일가를 가리킨다. 이들은 사회 문제를 해결하는 입장에서는 점진적 개혁 쪽에 기울어 있으며, 군왕의 도덕적인 마음이 도덕 사회를 구현해 내는 바탕이 된다는 점을 인정한다. 이러한 점에서 이들의 입각점 역시 전통 유학의 맥락 위에 놓인다고 할 수 있다. 하지만 이들은 유학의 당파적 특징으로부터는 멀리 떨어져 있었다. 유학의 당파성은 송명 시대에는 이단 배척의 논리로 나타났다.

이 논리는 후기의 도학 계열에서는 신앙과 같은 의미를 지닐 정도였다. 그러나 촉학 계열에서는 이러한 당파성 논리가 별 의미를 지니지 못했다. 이들은 유학 경전을 해석하면서 도교와 불교를 원용하기까지 하는 모습을 보였다. 이러한 성격 때문에 이들은 뒤에 주회에게서 선학禪學이라는 비판을 듣기도 하였다. 송명 시대 신유학의 역사에서 차지하는 이들의 위상은 사상적 측면보다는 오히려 문학적 측면에서 두드러졌다.

이와 같은 사상적 분기가 일어나던 무렵은 이미 송대의 지배 집단 내에서 계층적 분화가 시작되던 때였다. 당대 말기부터 새롭게 떠오르기 시작한 신진 사대부 계층 가운데 일부는 관인으로 등장하면서 정치적·경제적 이익을 독점해 나가는가 하면, 일부는 대지주나 대상인으로 등장하기도 하였다. 이러할 때 왕안석의 집정은 이러한 독점으로 인한 불균형을 시정하고자 한다는 의미를 지니는 것이었다. 왕안석의 신법新法은 이들 대지주와 대상인들의 이익을 억제하고 소지주와 소상인들을 보호하려는 의도를 담고 있었기 때문이다. 그러나 왕안석은 자신의 경전 주석을 교본으로 하여 과거를 치르게 하는 등 사상적으로 독점을 행하여 이내 도학 계열과 갈등을 일으키게 되었다. 그리하여 도학 계열과 신법 계열 사이에는 격렬한 투쟁이 일어나는데, 이는 마침내 도학 계열이 대세를 장악함으로써 끝이 나며, 남송 시대에 들어가면 신법 계열은 거의 몰락하는 것을 볼 수 있다. 신법 계열이 소지주와 소상인 들의 이익을 보장해 줌으로써 균등한 관계의 새로운 질서를 구현해 내려는 입장을 가졌다고 한다면, 도학 계열은 이미 틀을 잡고 있던 사회 질서를 안정시키고 강화시키는 데 더 주목했다고 할 수 있다.

5. 주회와 신유학

도학 계열은 남송 시대로 들어가면서 금의 침략 행위에 맞서 주전파와 강화파로 다시 갈라졌다. 국왕을 포함한 권신들은 주로 강화파에 속했다. 그러나 주전파든 강화파든 남송 초기의 학자들은 대부분 정호·정이 형제, 특히 정이의 학통을 계승한 사람들이었다. 정이의 학통은 정권측에서는 남송 초기에 정권을 장악한 진회秦檜에 의하여 장려되었고, 학파적 측면에서는 양시楊時·윤돈尹焞·사량좌謝良佐 등에 의하여 수많은 문도들이 배출되었다. 그 후 정호·정이의 학통은 호안국胡安國·호굉胡宏·장식張栻으로 이어졌다. 이와 같이 번성했던 정호·정이의 학통은 마침내 주희朱熹에 의해 계승되면서 획기적인 발전을 이루게 되었다.

주희는 양시·나종언羅從彦·이동李侗으로 이어지는 학통을 계승하며, 남송 중기의 신유학을 대표하는 사람이다. 남송 중기의 유학계는 동남東南 3현이라고 불리던 장식과 여조겸呂祖謙 그리고 주희로 대표된다. 장식은 호안국·호굉 부자에 의해 개창된 호상湖湘 학파를 계승 발전시켰다. 주희로부터 높은 평가를 받기도 했던 그의 사상은 정호의 심학적 입장과 정이의 리학적 입장이 복합되어 있는 것이었다. 그러나 남송 초기에 가장 흥성했던 호상학은 장식 이후로는 단절되고 말았다. 여조겸은 주희와 육구연陸九淵의 대립 사이에서 절충적인 입장을 보였다. 특히 그는 중국의 제도와 문물에 많은 관심을 갖고 역사 연구에 열중하는 모습을 보여 준다. 이 때문에 여조겸의 입장은 주희에 의해 "넓지만 혼잡스럽다"는 비판을 받았다.

주희가 계승한 학통은 정호와 정이의 사상적 특징이 혼재되어 있는 것이었다. 그러나 주희는 '심心' 속에 초월적인 '성性'의 체體가 존재함을 깨달은 40세 이후로는 정호의 심학보다는 정이의 리학을 발전적으로 계승하는 쪽으로 나아갔다. 정이는 "성품이 곧 이치이다"는 명제를 주장하여 송명 시대 신유학이 전개되는 데 새로운 경지를 개척해 낸 사람이다. 그러한 정이의 입장은 마침내 주희에게 계승되어 완정된 체계를 갖추게 되었다. 주희는 송대 유학을 대표하는 사람이고, 남송 중기 유학의 사상적 지평을 확장하고 제고시킨 사람이다. 주희에 의해 성리학이라고 이름 붙은 신유학의 한 형태가 일차적으로 완성을 이루게 되는데, 이후의 유학사는 주희의 사상을 계승 발전시키거나 비판 극복하는 과정이었다고 해도 과언이 아닐 만큼 유학사 속에 그가 차지하는 위치는 지대하였다.

주희는 자기 주장을 개진하는 데 적극적이었으며 이단을 배척하는 데는 단호한 면모를 보였다. 그는 논쟁을 통해 자신의 학문적 입장을 확정해 나가면서 남송 중기의 학술계를 이끌어 갔다. 그는 여조겸의 주선으로 아호사에서 육구연을 만나 학문 방법에 대한 논쟁을 벌였으며, 진량陳亮하고도 왕도와 패도, 의義와 리利에 관한 문제를 두고 5년 여 동안 논쟁을 벌였고, 육구연 형제들과 무극無極과 태극太極에 관한 논쟁을 벌이기도 하였다. 육구연이 주희와 같은 도학 계열에 있으면서 학문하는 방법 및 신유학적 개념에 대한 시각 차이를 드러내는 정도의 미세한 차이점을 갖는다면, 진량은 주희의 도학 계열과는 완전히 다른 의식을 가졌다. 진량은 주희와 달리 왕도와 패도, 의와 리를 완전히 통합시켜서 바라보며, 도를 세계 내의 모든 사물 및 인간 사회의 여러 일들 속에 존재하는 것으로 간주하였다.

주희의 학문은 그가 생존할 당시 권신인 한탁주韓侂胄에 의해 거짓된 학문이라 하여 금지되는 수모를 겪기도 하였지만, 명실 공히 남송 말기를 대표하는 학문으로 지위를 굳건히 하였다. 송이 망하고 원이 중국을 통일하자, 주희의 학문은 북방 지역에까지 전파되어 나아갔다. 원의 학술계를 좌우하였던 조복趙復·요추姚樞·허형許衡 등에 의해 주희의 학문은 관학으로 자리를 잡게 되었다. 원대 유학은 하기何基·왕백王柏·김이상金履祥·허겸許謙 등으로 이어지는 금화金華 학파, 조복·허형 등으로 대표되는 북방 리학, 오징吳澄을 대표로 하는 강우 리학 등으로 구분될 수 있다. 원대 유학은 전체적으로 정이·주희 계열의 리학적 특징을 강화시켜 나가면서 점차 육구연의 심학하고도 조화를 추구하는 경향을 띤다고 하겠다.

원에 이어 명이 들어선 다음에도 주희 계열의 학문은 관학으로서 위상을 그대로 유지하였다. 그러나 주희 계열의 학문은 그 사회적 위상은 높아졌음에도 학문적 발전은 오히려 그 때문에 정체되지 않을 수 없었다. 그것은 학문 자체가 형식적으로 되면서 생명력을 상실하고 화석화되어 갔기 때문이다. 이 점은 명대 초기 과거 시험 문체로 정착된 팔고문八股文의 형식적인 모습에서 웅변으로 증명된다. 이처럼 주희의 학문은 이미 명대 사회의 시대적인 모순에 적절하게 대응할 만한 탄력을 잃고 말았던 것이다. 그 결과 주희의 학문은 시대와 겉돌면서 단지 과거를 치루는 유생의 시험 답안에서만 고고한 형체를 유지할 뿐이었다. 그러므로 사람들은 시대적 고민을 담아 내는 좀더 활기 있고 새로운 사상의 출현을 갈망하였다. 그와 같은 요구에 대응하여 나온 사상가가 왕수인王守仁이다.

6. 왕수인과 신유학

왕수인은 육구연이 제창하였던 심학적 입장을 자기 학문의 토대로 삼았다. 이 때문에 흔히 육구연과 왕수인의 사상을 하나로 묶어서 육왕학 또는 육왕 심학이라고 부르는 것이다. 이는 정이와 주희의 사상을 묶어서 정주학이라 부르는 것과 대비된다. 그러면 주희 계열의 학문과 왕수인 계열의 학문 사이에는 어떤 차이가 있는가? 첫째, 주희 계열에서는 성품이 곧 이치(性卽理)라고 말하는 데 반해, 왕수인 계열에서는 마음이 곧 이치(心卽理)라고 말한다. 둘째, 주희 계열에서는 이치가 객관 사물 속에도 있다고 말하는데, 왕수인 계열에서는 이치는 마음이 사물을 인식하는 작용을 통하여 드러난다고 말한다. 셋째, 학문하는 방법에서 주희 계열에서는 덕성을 함양하는 존덕성尊德性 공부와 아울러 지식을 추구하는 도문학道問學 공부를 똑같이 중시하는 데 반해, 왕수인 계열에서는 존덕성 공부만을 중시한다. 넷째, 주희 계열에서는 지식과 행위를 일단 구분한 뒤 이 양자의 합일을 추구한 데 반해, 왕수인 계열에서는 지식과 행위는 애당초 분리되어 있는 것이 아니라고 말한다.

그러나 이러한 차이들만 가지고는 왕수인이 육구연의 심학을 받아들여 발전시켜야만 했던 필연적인 이유가 충분히 설명되지 않는다. 그 필연성을 살피기 위해서는 다시 시대적인 문맥을 찾아보아야 한다. 주희 계열의 학풍이 이미 화석화되어 시대 사조로서 책임을 다하지 못한 이유에 대해, 왕수인은 주희의 학문이 추상적인 이치 안에 숨어 인간이 지니고 있는 생기를 상실하고 말았으며, 지식을 중시한 나머지 진실한 수양과 노력의 측면을 소홀히 했기 때문이라고 생각하였다. 따라서 그는 살아 있는 인간의 마음과 행위, 지식, 이치 등을 일체로 간주하는 심학 체계를 구축해 냈던 것이다.

송학이 주희로 대표된다면, 명학은 왕수인으로 대표된다. 왕수인의 후예들은 왕수인이 언급한 '사구교四句教'를 어떻게 받아들이느냐에 따라 좌파, 우파 등으로 나누어진다. 한편 이들은 양지에 대한 이해를 중심으로 현성파現成派, 귀적파歸寂派, 수증파修證派로 나누어지기도 한다. 이 중 좌파에 해당하는 현성파는 돈오적 문맥에서 양지를 자연 생명체의 자연스러운 발현이라고 받아들이는 계열이다. 명 말에 이르기까지 가장 활발한 활동을 보여 주는 것은 이 현성파이다. 현성파의 한 갈래에 서 있는 왕간王艮은 태주 학파를 개창하는데, 이 계열에서는 도덕을 부정하는 데까지 나아간다. 이러한 측면은 이지李贄에 이르면 극단적인 양상을 드러낸다.

송명 시대 신유학은 지식과 사상을 통하여 인간과 사회를 지도해 나가고자 한 지식인의 의지를 바탕으로 전개된 유학의 한 형태였다. 그러한 점에서 신유학은 유학의 건강한 측면을 드러낸 사상이었다고 할 수 있다. 물론 실제로 신유학이 인간과 사회에 대한 책임을 효과적으로 수행했느냐 하는 논의는 다른 차원의 문제이다. 신유학도 그 형식을 완성하여 한 시대의 의식을 대변하는 학문 체계로 굳어진 다음에는 화석화되고 말았기 때문이다. 하지만 이러한 측면은 비단 신유학에서만 나타나는 모습이라고 하기는 어렵다. 모든 사상은 처음에는 인간 자체를 위한 발언을 하다가 결국에는 자기 자신을 옹호하는 역사의 전철을 밟게 마련이다. 그러니 만큼 여러 시대를 통하여 살아남는 것은 다만 어떤 사상을 배태하기까지의 내적인 고뇌와 그 고뇌를 촉발시키던 건강한 양심일 뿐이고, 그 고뇌의 구체적 결과로서 표현되는 사상은 항상 그것의 껍질로서 역사의 부침에 따라 달라질 수밖에 없다는 사실을 깊이 새겨야 할 것이다.

7. 주자학의 특성

일반적으로 성리학은 주자학과 양명학을 아울러 가리킨다. 그러나 엄밀한 의미에서 보면 성리학이란 앞서 말한 바와 같이 정이-주희 계열의 성리학, 즉 주자학을 가리킨다고 할 수 있다. 특히 이 주자학은 조선 철학에 절대적인 영향을 미치므로 그 특성에 대해 상세히 살펴볼 필요가 있다. 그러면 이 주자학의 특성은 과연 무엇인가?

첫째, 주자학은 "성품이 곧 이치이다"는 명제를 바탕으로 하여 전개되는 송명 유학의 한 유형이다. "성품이 곧 이치이다"라는 명제는 "세계는 이치와 기질의 오묘한 조화로 이루어졌다"는 명제, 그리고 "마음은 이치와 기질의 오묘한 조합이다"라는 명제와 서로 상관되어 있다.

둘째, 주자학이란 정이와 주희 계열의 사상적 입장을 바탕으로 하여 전개된 사상적 유형을 말한다. 이미 말했듯이 신유학의 역사는 여러 가지 사상적 실험을 복합적으로 내재하면서 전개되었다. 북송 초기 송학은 세계와 인성人性을 존재론적으로 설명하는 데 기론적 바탕을 상속으로 받아 이루어진 것이었다. 북송 초기 신유학의 역사에 나타나는 주돈이·소용·장재·정호 등은 세계와 인성이 기질로 이루어졌다는 입장을 갖고 있었다. 이에 반해 세계와 인성을 이루는 존재론적 개념으로서 기질 이외에 이치가 있다는 주장을 펴기 시작한 사람은 정이였다. 주희는 이러한 정이의 입장을 상속받아 송학의 완성된 형태로 발전시켰던 것이다. 그러므로 주자학이란 정이로부터 시작된 신유학적 실험이 주희에 의해 완성된 것으로, 이 후 조선 주자학이나 일본 주자학에까지 이어져 나가는 사상적 흐름이라 하겠다.

셋째, 주자학은 송명 유학 또는 신유학의 사상적 중심에 놓이는 사상의 한 형태이다. 송명 유학은 새로운 사상적 화두를 갖는데, 그것은 바로 유학을 혁신시켜 내야 한다는 것이었다. 원래 유학은 일상적 삶 속에서의 바른 행동과 실천을 추구하였던 학문이었다. 그런데 일상적 삶이란 구체적이고 상황적인 것이지, 논리적 문맥을 따르는 것은 아니었다. 따라서 유학은 세계를 논리적으로 설명해 낸다거나 형이상학적인 구조를 갖추는 데에는 그다지 적극적일 수가 없었다. 하지만 송대에 들어서 유학이 놓인 환경은 다른 사상들과의 경쟁 속에서 살아나야 한다는 치열한 것이었다. 유학자들은 그것을 시대적 소명으로 여겼고, 불교나 도교와 같은 사상적 적들을 이겨 낼 수 있는 무기로서 자신들만의 특징을 단련해 낼 필요가 있었다.

유학의 특징은 바로 그것이 일상적 삶 속에 뿌리를 두고 바른 행동과 삶을 추구한다는 점이었지만, 이러한 특징들을 원형 그대로 원용해서는 이미 웅대한 형이상학적 구조와 정밀한 논리적 체계를 갖춘 불교나 도교의 사상을 이겨 낼 수는 없었다. 따라서 새로운 유학은 이들 도교 사상이나 불교 사상의 어느 부분을 상속받아서라도 스스로를 논리적 체계 속에 세우고 자신 안에 형이상학적 문맥을 갖추기 위해 노력하지 않을 수 없었다. 이러한 노력은 필연적으로 세계의 존재 방식을 해명하려는 것에서 시작되었다. 초기 신유학사에서 나타나는 『주역』에 대한 열정적인 관심은 바로 이러한 노력의 구체적 발현이었다.

이 노력은 처음에는 객관적으로 전개되어 가지만, 일단 어느 정도 역량을 축적한 다음부터는 주관적으로 또 이념적으로 추구되기 시작했다. 즉 유학적 세계 속에 놓여 있는 도덕주의라는 이념이 세계 해석에 적극적으로 관여하는 시기로 마침내 들어서게 된 것이다. 그러나 존재 세계를 해명하고자 하는 열정과 도덕주의라는 이념의 결합은 존재로부터 도덕을 발견해 내는 데 만족하지 않고, 거꾸로 도덕을 존재화시켜 내려는 태도로 역전되기에 이르렀다. 이리하여 신유학은 마침내 '이치'를 세계 구성의 근본적인 요소로 받아들이게 되는 것이다. 이것이 바로 정이-주희 계열의 사상적 입장이다. 그러니까 정이-주희 계열의 철학, 즉 주자학은 이념으로서 기능하는 유학적 도덕주의가 송대의 사상적 환경 속에서 도달할 수밖에 없었던 필연적 결과라고 하겠다. 그것은 송대 초기 도학 계열의 사상적 실험들을 발전적으로 계승하며, 아울러 명대 신유학을 배태해 낸 바탕으로서 기능하였다.

넷째, 주자학이란 인간을 이원적 구조를 통해 바라보는 태도를 가진 사상의 유형이다. 주자학에서 세계는 '이치'와 '기질'이라는 두 요소를 바탕으로 구성되며, 인간의 마음도 이치와 기질이라는 두 요소의 복합으로 이루어진다. 주자학은 이와 같은 기본 구조 위에서 도덕주의라는 이념을 구현해 나가는데, 이 때 특히 이치의 권능에 의존하며 기질에 대해서는 상대적으로 부정적인 역할을 부여한다. 그런데 문제는 구체적 인간은 기질의 작업을 통해서만 현실 세계 속에 놓일 수 있다는 것이요, 구체적인 인간의 마음도 역시 마찬가지라는 것이다. 즉 기질이 주자학적 구조 속에서 세계와 인간을 구성하는 존재론적 원소임에 틀림없다 하더라도, 도덕적인 문맥에서는 오히려 부도덕 따위를 야기하는 부정적인 원인으로 기능하기 때문에, 기질을 통해서 드러나는 현실적 인간이나 현실적 인간의 마음도 부정적으로 간주될 수밖에 없다는 것이다.

주자학에서 도덕의 구현이란 어떤 측면에서는 현실적 인간과 현실적 인간의 마음으로부터 떠나서, '이치' 자체 또는 마음속에 깃들어 있는 '이치'로서의 '성품' 자체로 회귀하는 것을 의미한다고 할 수 있다. 그러므로 "인욕을 버리고 천리를 보존한다"는 주자학적 수양을 주장하는 명제는 유학의 가장 건강한 특성 중 하나인 '현실적이고 구체적인 인간의 도덕'에 상처를 입힌 채 '창백한 이성주의'를 낳고 말았던 것이다.

다섯째, 주자학이란 유학의 역사에서 전개된 지식론적 흐름 속에서 하나의 새로운 입장을 제출한 사상 형식이다. 이 점은 말할 것도 없이 주희의 공적이다. 유학사에서 지식론이 독립되어 적극적으로 탐구되기 시작한 것은 주희부터였다. 그것은 주희의 『대학』 해석을 통해 구체적으로 드러난다. 『대학』에 대한 해석의 차이가 왕수인의 학문을 정립시키는 데 기여했다고 할 때, 명대의 유학 역시 지식론과 결코 무관할 수는 없다. 그런데 주희가 독자적인 지식론의 성립을 가능토록 하는 틀을 제시했다고 한다면, 왕수인은 주희에 의해 마련된 지식론적 틀을 해체시키는 쪽으로 기여했다고 할 수 있다.

주희가 지식론을 독립시켜 보았던 것은 '이치'를 실재하는 것으로 보았던 그의 입장과 무관하지 않다. 그는 이치란 인간의 마음을 떠나서 객관적으로 존재한다고 보았다. 따라서 그는 객관 사물을 궁구함으로써 이치에 도달할 수 있다고 믿었다. 물론 주희는 이치에 이르는 통로를 이것만으로 한정한 것은 아니다. 그의 체계에서 이치는 이미 내 마음의 성품 속에 들어와 있는 것이기도 하기 때문이다. 이 점에서 주희는 '존덕성'과 '도문학'이라는 두 가지 통로를 다 승인하고 있다. 이 점은 주희뿐만 아니라 왕수인 등 여타의 유학자들도 다 승인하는 바이므로 결코 특별한 것은 아니지만, 주희의 경우 이치가 객관 사물을 통해 드러나는 것이기 때문에 이 두 가지 측면은 한결 실제적인 의미를 갖게 되었다. 이처럼 주자학에서는 객관 사물에 대한 탐구를 중요하게 여겼다. 그렇다고 해서 주자학이 객관 사물 그 자체에 탐구의 목표를 둔다는 말은 아니다. 주자학 역시 유학적 도덕주의의 반경 안에 있는 만큼, 이 때의 객관 사물에 대한 탐구라는 것은 결국 객관 사물 속에서 드러나는 '이치'를 포착하고자 하는 것임을 알아야 한다. 이런 점에서 주희가 제출한 지식론은 유학적 한계를 가질 수밖에 없는 것이다.

여섯째, 주자학은 이념성이 강조되는 유학의 역사 속에서도 더욱 강력한 이념성으로 무장되어 있는 전투적인 유학이다. 유학은 원래 스스로가 인간과 세상을 구원할 수 있는 절대적인 이치를 가지고 있다고 생각한다. 이러한 이치는 주희 계열의 성리학에 이르면 훨씬 실제적인 모습을 갖추게 되며, 이치의 순결성도 더욱 강하게 주장된다. 주희 계열에서는 이치의 순결성에 대한 주장을 유학 외적인 것을 대상으로 말하는 데서 그치지 않고, 유학 내적인 것을 대상으로도 강도 높게 말한다. 이미 말했듯이 주희는 격렬한 논쟁을 통해 스스로의 학설을 확정해 간 사람이다. 그의 논전은 주로 신유학 내부의 인물들을 대상으로 행해졌다. 따라서 불교나 도교에 대한 비판 외에도 육구연이나 진량 등에 대한 비판도 격렬히 행했던 것이다. 이와 같은 것들은 스스로의 학설과 입장을 절대적인 이념으로 받아들인 결과라고 하겠다. 이러한 이념성 때문에 주희 이후의 주자학도 그 철학적 순결성을 크게 주장하게 되었던 것이며, 이 점은 조선의 주자학에서 더욱 분명하게 드러났다.

한 마디로 주자학은 기존의 유학에 비해서 훨씬 체계화되고 이념화된 유학이며, 유학의 도덕주의를 적극적으로 강화시켜 낸 사상이었다고 할 수 있다. 그러나 진리로서의 이치의 순결성과 절대성을 강도 높게 주장하다 보니 인간의 따뜻한 숨결을 도외시하는 경향을 띠게 되었으며, 그 체계가 완성된 이후에는 그 체계와 논리를 수호하려는 노력이 너무나 강해 시대와 인간의 삶에 적극적으로 대처하는 능력을 오히려 상실하고 말았다.

■ 더 읽어 보아야 할 책들

島田虔次, 『주자학과 양명학』, 김석근 외 옮김 (까치, 1986)
최근덕 외, 『원대성리학』(포은사상연구원, 1992)
周桂鈿, 『강좌중국철학』, 문재곤 외 옮김 (예문서원, 1993)
중국철학연구회, 『논쟁으로 보는 중국철학』 (예문서원, 1994)
侯外廬, 『송명이학사』, 박완식 옮김 (이론과 실천, 1995)

3. 실학이란 무엇인가

중국에서 비롯된 유학은 인근의 여러 민족·국가로 전파되면서 동아시아 전통 사회의 학술과 문화의 근간을 이루었다. 특히 한국과 일본은 중국과 더불어 오랜 동안 유학의 영향을 받으며 사회 체제와 문화의 발전을 이루었다. 그리하여 세 나라의 역사는 각각의 독자성 못지않게 동아시아 역사 전체의 일반적 성격을 강하게 띨 수밖에 없었다. 그러한 과정에서 유학은 방대한 규모와 강인한 탄력성을 갖추었다. 이로 인해 유학은 매 역사 시기마다 사회·문화를 광범위하게 장악하고, 필요에 따라서는 스스로를 갱신하면서 오래도록 유지·발전해 갈 수 있었다.

주자학은 동아시아 사회 체제의 변동기에 형성된 유학의 한 형태로서 오랜 동안 동아시아의 사회 문화를 지배하였다. 그러나 주자학도 사회 체제가 다시금 격동하면서 그 지배력을 차차 상실하게 되었고, 이에 따라 유학의 새로운 갱신이 다시 한 번 요구될 수밖에 없었다. 더구나 17세기를 전후로 하여 시작된 사회 체제의 변동은 중세로부터 근대로의 이행의 조짐을 보이고 있었던 만큼, 유학의 갱신 역시 그에 상응하는 획기적인 것이 요청되고 있었다. 이렇게 해서 나타난 것이 바로 실학實學이었다.

1. 실학이 발생하게 된 역사적 배경

중세 말기 동아시아 각국은 내재적인 계기를 통해 그 토대부터 변화·발전하는 양상을 드러내었다. 중국의 경우 명대 중기에 이르면서 수공업이 발전하고 고용 노동이 증대하며 상업이 발전하고 고리대업이 홍기하는 등 자본주의의 맹아가 나타나기 시작하였다. 여전히 농업 위주의 낮은 생산력 단계를 크게 벗어날 수는 없었지만, 전통적인 자급자족적 자연 경제 체제가 와해될 기미를 보인다는 측면에서 이는 주목할 만한 변화였다.

이러한 사정은 어느 정도 시차와 구체적인 양상의 차이는 있었지만 조선이나 일본에서도 크게 다를 바 없었다. 조선은 임진·병자 양란으로 인한 피폐를 극복하면서, 18세기에 이르러서는 농업 부문의 생산력 발달을 바탕으로 수공업과 상업 부문의 사영화私營化가 진행되었다. 그 결과 사회 신분의 변동이 발생하여 신분제가 동요하기 시작하였다. 한편 지리적 조건으로 말미암아 중국으로부터 영향을 상대적으로 덜 받았던 일본은 각 지역(藩)마다 정치적·경제적 독립성이 비교적 강한 독특한 체제를 형성하였다. 이러한 체제하에서 상업이 발달하고, 마침내 18세기에 이르러 이른바 전기적前期的 상인 자본이 출현하여 산업의 발전을 선도하게 되었다.

이렇듯 내재적인 발전의 계기를 마련해 가는 과정에서 동아시아는 외부로부터 충격을 받기에 이르렀다. 유럽 각국은 16세기 후반기에 이르러 대외 무역을 통해 생산력의 발전을 도모하는 단계에 다다랐다. 무역 전쟁으로 표출되기도 하였던 그들 사이의 각축은 급기야 무대를 동아시아로까지 확대하기 시작하였다. 16세기 말 기독교 선교사들의 출현은 종교적 사명 이외에, 유럽 각국의 경제적·문화적 팽창 의지를 반영하는 것이었다. 그들은 거의 단절된 채 발전해 오던 동서양 양 세계를 잇는 역할을 담당하였는데, 동아시아의 입장에서 보자면 그들은 서양 문물의 전달자였다. 그들이 선교의 도구로 가져 온 과학 기술과 세계 지리에 관한 정보는 동아시아 지식인들에게 커다란 문화적 충격을 안겨 주었다. 특히 일본은 비록 제한적이기는 하지만 17세기 중엽부터 네덜란드와의 교역을 공식화하여, 18세기 말에는 난학蘭學이라는 서양 학문을 형성하기도 하였다.

요컨대 동아시아는 사회의 토대로부터 발전이 이루어지는 가운데 유럽 문화와 접합하게 되었고, 그로부터 일정한 영향을 받게 되었다. 이것은 유럽의 경우에도 마찬가지였다. 볼테르나 라이프니츠와 같은 유럽의 근대 사상가들은 선교사들을 통해 동양의 사회상과 사상을 접하게 되었고, 일정하게 그 영향을 받았다. 이렇게 볼 때 하나의 단위로서 세계의 역사는 19세기 말 제국주의의 출현과 더불어 본격화되었지만, 이미 17세기부터 동아시아와 유럽은 더 이상 서로 고립된 세계가 아니었다. 동아시아 각국의 역사 발전은 이제 동아시아사의 영역을 넘어 세계사의 영향 아래 놓이기 시작하였다.

2. 주자학 비판과 새로운 학문의 태동

주자학은 전시대 역사 발전의 산물이었다. 주자학의 핵심은 사회 문제를 도덕 문제 위주로 파악하고, 도덕 문제를 본성(天理)의 회복이나 마음의 수양을 중심으로 해서 해결하려는 데 있었다. 주자학의 체계 속에는 경세론 등 유학의 전통 분야들이 그대로 담겨 있었지만, 주자학을 주자학이게끔 하는 본질은 그 도덕주의적·내면주의적 사고 방식에 있었다. 리기심성론理氣心性論은 그러한 사고 방식의 대표적인 표현 양식이었다. 이 리기심성론은 세계를 추상하는 고차원의 이론 도구로서, 자연과 인간 및 사회에 관한 사람들의 통일적인 이해를 한 단계 고양시키는 데 기여하였다. 그러나 주자학은 동아시아 사회가 새로운 변동에 직면하자 이에 더 이상 적극적인 기능을 발휘하기 힘들었고, 오히려 역사 발전에 질곡이 되었다. 그리하여 주자학을 대체하는 유학의 새로운 갱신이 동아시아 각국에서 진행되었다.

명대의 양명학은 주자학에 대한 반성과 비판으로 제기된 것이었다. 그것은 도덕의 원리인 천리를 주관화함으로써 그 상대화의 길을 트고, 그리하여 일부에서는 오륜·오상 위주의 전통적 도덕 규범을 부정하는 데까지 이를 수 있도록 기여하였다. 그러나 양명학은 기본적으로 도학의 내면주의적 성격이 더 강화된 것이었고, 도덕주의적 성격 또한 근본적으로 벗어나기 어려운 것이었다. 그리하여 명의 멸망과 청의 중국 지배로 표출된 사회 변동의 과정에서 양명학은 오히려 불교의 선학과 유사한 것으로 인식되어 비판의 대상이 되었다. 지식인들은 좀더 실용적이고 객관적인 학문 방법을 모색하게 되었는데, 다음의 세 사람은 그 대표적인 인물이었다.

황종희黃宗羲는 처음에 양명학을 공부했지만 곧 양명학적 폐단의 시정과 사회적 실천을 학문의 목표로 삼았다. 그에게서 사회적 실천이란 개인의 도덕적 수양과 실천을 넘어서 구세제민을 위주로 하는 것이었다. 그리하여 그는 역사학·경학·천문·역법 등 광범위한 영역에 걸쳐 연구를 진행하였고, 그 결과 군주 전제를 비판하고 군민공치君民共治를 제기하는 등 초기적인 계몽 사상가의 면모를 갖추었다. 고염무顧炎武 역시 양명학에 대한 비판을 학문의 출발점으로 삼았다. 그는 양명학의 범람이 명조 멸망의 근본 원인이라 파악하고, 경전을 객관적 준거로 삼아 거기에서 치세의 방법을 찾으려고 노력하였다. 그리하여 음운학·경학·역사지리학 등의 영역으로 확장된 그의 학문은 도학을 벗어나 고증학이라는 청대 학술의 새로운 영역을 개창하는 결과를 가져 왔다. 왕부지王夫之는 고대부터 이어져 온 기 일원론을 집대성한 사람이었다. 그는 경학·사학·천문·역법 등에 연구를 집중하여 명청 교체기의 새로운 학풍을 철학 이론적 측면에서 뒷받침하는 인물이 되었다.

이들은 모두 경세학·고증학·기철학이라는 서로 다른 학문 경향에도 불구하고 공통된 지반을 가지고 있었다. 그것은 주자학으로부터 양명학으로 이어진 도학적 전통을 부정하거나 약화시키고, 사회 현실의 실질적인 문제에 학문적 관심을 쏟았다는 사실이다.

조선에서는 관학으로서의 지위를 굳힌 주자학이 비교적 일찍부터 양명학에 대한 경계심을 강하게 드러내었다. 이황李滉의 양명학 비판이 대표적인 예의 하나인데, 그 이후 양명학은 정제두鄭齊斗 등 몇 사람의 연구자가 나타나기는 하였지만, 성리학에 대한 대안으로서의 기능을 시험할 기회를 얻지는 못하였다. 따라서 17세기 이후 사회 현실의 변화에 사상을 조응시키기 위한 모색은 경세치용經世致用이나 이용후생利用厚生 등 유학의 전통적 교의에 입각하여 새로운 방향으로 이루어졌다.

　이러한 모색은 학파에 따라 약간의 경향성의 차이를 드러내었는데, 대표적인 두 학파는 남인 계열의 성호星湖 학파(경세치용 학파)와 노론 계열의 북학파北學派(이용후생 학파)였다. 이익李瀷으로부터 비롯되어 정약용丁若鏞으로 이어지는 성호 학파는 경전에 대한 재해석을 주자학 비판의 유력한 무기로 삼는 등 비교적 경학적 전통을 유지하고 있었다. 그 반면에 북학파는 홍대용洪大容과 박지원朴趾源으로부터 비롯되는데, 그들은 대체로 리기론과 경학적 전통으로부터 벗어나 자연 과학적·문학적 소양을 새로운 학문 형성의 유력한 무기로 삼는 경향이 있었다. 그러나 이러한 학파간의 차이에도 불구하고 그들은 서양의 자연 과학 등 새로운 지식에 개방적이고 성리학으로 상징되는 낡은 사고에 비판적이었다는 점에서 공통점과 유대를 나누어 갖고 있었다.

　일본의 경우도 주자학이 비판의 대상이 되기는 마찬가지였다. 17세기 초에 도쿠가와(德川) 막부幕府는 주자학을 관학으로 제정하고 장려하였지만, 곧이어 이에 대한 반발이 발생하였다. 그 반발은 대체로 세 갈래로 이루어졌는데, 하나는 일본의 전통적 신도神道를 선양하는 국학파이고, 다른 하나는 양명학파이며, 또 다른 하나는 공맹 유학의 회복을 주장하는 고학파古學派였다. 이 세 학파의 사상은 서로 뒤얽히면서 전개되다가 19세기 중엽에 이르러 개국론을 비롯한 근대적인 제 개혁론으로 이어졌다.

　특히 야마가 소코(山鹿素行)·이토 진사이(伊藤仁齋)·오규 소라이(荻生徂徠) 등의 고학파는 주자학자들이 자아의 내면에 관심을 쏟았던 것과는 달리 외부 세계, 즉 자연과 사회 문제로 눈을 돌렸다. 그리하여 그들은 자연 경제와 화폐 경제 사이의 모순 문제와 같은, 경제를 중심으로 하는 경세 문제를 중시하기도 하였다. 결국 이들이 중심이 되어 마련한, 세계를 바라보는 합리적인 안목은 18세기에 들어 양학洋學과 결합되고 19세기 중엽에 이르러서는 개국론과 결합되면서 중세 말기 일본의 위기를 타개하는 주된 사고 방식으로 자리를 잡았다.

이와 같이 동아시아 삼국에서는 17세기를 경과하면서 주자학 위주의 학문 풍토에 대한 비판이 대대적으로 진행되었다. 이것은 당시의 사회 상황을 반영하는 것이었던 만큼, 결코 우연적인 것이 아니라 역사 발전의 필연적인 산물이라고 할 수 있다. 그러한 측면에서 학문 사상의 구체적인 전개가 나라마다 차이가 날 수밖에 없었음에도, 역사 발전의 일반 법칙에 따르는 사상 전개 양상의 공통된 경향성 또한 존재하게 마련이었다.

그 공통적 경향성의 하나로 지적할 수 있는 것이 바로 학문 사상에서의 실용성과 객관성의 제고이다. 실용성과 객관성이야말로 주자학을 위시한 종래의 낡은 학문 사상을 비판하고 그것을 대신하는 새로운 학문 사상을 확립하는 데 소용되는 유력한 무기이자 준거였다. 우리는 이렇듯 17세기 이후 동아시아 세 나라에서 실용성과 객관성을 기치로 내걸고 새로이 출현한 학문 사조를 실학이라 지칭한다.

3. 실학의 전개와 내용

전통적으로 실학이라는 용어는 '실사구시지학實事求是之學'의 준말로 이해되어 왔다. '실사구시'라는 말은 동한의 반고班固가 『한서漢書』에서 서한 경제景帝의 아들인 유덕劉德의 학문 태도를 칭찬하며, "학문을 닦는 데 옛것을 좋아했으며, 실사實事에서 옳음을 구했다"(修學好古, 實事求是)고 한 데서 비롯되었다. 이 말은 유덕이 허와 무를 숭상하는 황로학과 신비주의적인 도참설을 배척하고, 수신·제가·치국의 도와 예악형정의 법을 숭상하였다는 의미이다. 결국 실사구시라는 말은 학문의 방법과 내용 및 지향을 담고 있는 말로서, 구체적으로는 유학의 방법과 내용 및 지향을 지칭하는 것이었다. 다시 말해 실사구시의 학문을 의미하는 실학은 본래부터 유학을 지칭하는 것이었다.

이러한 의미의 '실학'이 두드러지게 부각된 것은 주자학이 확립되면서부터이다. 당대의 한유韓愈는 당시 사회 현실에서 나타나는 문제점을 전통유학의 쇠퇴에서 찾고, 노장학과 불교를 비판하면서 유학의 도통론을 제기하였다. 성리학은 바로 유학의 도통을 계승하는 과정에서 확립된 이른바 신유학이었다. 성리학자들은 유학을 갱신하여 성리학을 확립하는 과정에서 자신들의 학문을 노장학 및 불교와 비교 분리하는 데 힘을 기울였는데, 그들에게 노장학과 불교는 한 마디로 '무군무부지학無君無父之學'이라 지칭할 수 있는 것이었다. 노장학은 문명으로부터 초탈하여 자연으로 회귀할 것을 주장하고, 불교는 일체의 인간사를 실체로 파악하지 않는다는 의미에서 각각 허와 무를 숭상하는 것이라고 보았다. 그런 반면에 유학은 각종의 문물과 제도, 그 중에서도 핵심을 차지하는 도덕과 윤리를 긍정적인 것으로 파악하는데, 이것이야말로 허와 무에 대비되는 유학의 실實이라고 보았던 것이다.

그런데 '실학'의 용례는 여기에 한정되지 않았다. 성리학은 노장학 및 불교와의 차별성뿐만 아니라 종래의 유학 전통과도 일정한 차별성을 유지해야 할 필요가 있었다. 한당 시대의 유학은 경학의 한 방법론인 훈고학이 주류를 이루어 왔다. 훈고학은 자구 하나하나를 중시한다는 측면에서 장구지학章句之學으로도 불렸고, 주석을 붙여 해설하는 이외에 그것의 암송을 중요한 방법으로 삼는다는 측면에서 기송학記誦學이라고도 불렸다. 그리고 그것은 도의 본의를 벗어나 문장의 수사를 중시하는 사장학詞章學이나, 학문을 입신 출세의 수단으로 전락시키는 과거지학科擧之學 등과 가까운 것으로 인식되었다. 주자학자들은 이러한 학문들이 모두 경전을 통하여 도덕을 체득하고 그것을 사회에 실현한다는 유학 본래의 취지로부터 벗어난 것이라고 생각하였다. 따라서 그들에게는 노장학이나 불교와 같은 이단뿐만이 아니라 훈고학, 사장학, 과거지학 등도 허학의 범주에 드는 것이었다.

조선 시대 주자학자들이 사용한 실학이라는 개념은 주로 이러한 것이었다. 이이李珥를 비롯한 몇몇 주자학자들의 경우, 그들의 실학이 도덕학의 범위를 넘어 경세학의 함의를 다분히 포함하고 있기도 하였지만, 그것은 그다지 명확하지도 않았고 일반적이지도 않았다. 실학이라는 용어는 17세기를 경과하고 18세기에 이르면서 비로소 새로운 차원의 의미를 획득하게 되었다.

17세기 이후 조선 후기 실학자들의 실학론 가운데 가장 대표적인 것은 박지원의 실학론이다. 그는 사농공상士農工商 사민四民의 역할과 관계를 새로이 규정하는 과정에서 실학에 대한 자신의 견해를 드러냈다. 그에 따르자면 사士의 학문적 대상은 농·공·상업의 이치를 포괄하는 것이어야 한다. 농·공·상인은 사의 이러한 연구 결과를 발판으로 각각의 업을 성취할 수 있는데, 농·공·상인이 업을 잃는다면 그것은 사에게 실학이 없기 때문이라고 하였다. 말하자면 그에게서 실학이란 농·공·상업 등 생산과 유통의 원리를 탐구하는 것을 의미하는 것이었다.

박지원의 이 언급이 조선 후기 실학의 모든 영역을 포괄적으로 규정하고 있다고 볼 수는 없다. 산업의 분야와 더불어 실학자들의 중요한 관심의 대상이었던 것에는 자연 과학을 더 꼽을 수 있다. 그 대표자 중의 하나가 바로 홍대용이다. 그는 비록 스스로 실학이라는 용어를 자연 과학에 한정하여 사용하지는 않았지만, '실학'을 지향했던 그의 학문에서 자연 과학 분야의 비중은 매우 높았다. 특히 천문학은 그에게서 사상적 전환의 중요한 매개물이었다.

실로 조선 후기 실학자들에게 실학의 중심 내용은 자연 과학과 생산 및 유통의 문제였다. 그들 역시 유학자인 점에서 결코 윤리 도덕의 문제를 경시하지는 않았지만, 그것을 문제의 중심으로 설정하고 그 문제의 해결을 위하여 번잡한 이론을 세우는 데 매진하지는 않았다. 이 점이 바로 그들을 주자학자들과 구별케 하는 요소이고, 그들의 학문만을 특별히 실학이라고 통칭할 수 있는 이유이다. 그들의 실학, 즉 조선 후기 실학이야말로 '실학'이라 칭하는 데 손색이 없는 것으로, 그것은 당대의 역사 발전에 기여했다는 역사적 평가의 차원을 넘어, 낡은 전통에 대한 비판 작업의 훌륭한 모범으로서 끊임없이 되새겨질 필요가 있다.

근래에 중국의 모택동은 실학의 실사구시 원칙을 새로이 해석하여 자신의 사상적 지침의 하나로 삼은 바 있다. 그는 '실사'가 인식 주관으로부터 벗어나 있는 모든 객관 존재를 의미하고, '시'는 객관 사물의 내부적 연관, 즉 법칙성을 의미하며, '구'는 사람들의 탐구 행위를 의미한다고 풀이하였다. 이렇게 보자면 실사구시란 객관적 존재로부터 그 법칙성을 탐구하는 것을 의미한다고 하겠다. 그것은 결국 인식 주관의 상상이나 의지로부터 자유로운 객관적인 인식, 그리고 종래의 낡은 전통으로부터 자유롭고 새로운 인식에 도달하기 위한 방법론적 지침으로 재해석된 것이다.

실사구시는 결코 이론 일반의 배척을 요구하는 것이 아니다. 모든 학문 사상은 세계에 대한 추상을 기본으로 하고, 추상은 곧 이론으로 귀결되게 마련이다. 조선 후기 실학이 주자학과 비교하여 이론적 포괄성이나 치밀성이 약했던 것은, 그것이 충분히 무르익고 체계화될 여유를 갖지 못했기 때문이지, 이론 자체를 경시했기 때문이라고 할 수 없다. 실학은 다만 리기론이나 예학이 가지는 비실용적이고 비객관적인 측면, 즉 공리공담만을 배척하고자 하였던 것이다. 오늘날의 우리에게 실사구시는 주관적인 억측이나 낡은 인습으로부터 벗어나 세계에 관한 객관적이고 실용적인 이론을 확립하기 위한 지침으로서 새로이 음미될 필요가 있다.

■ 더 읽어 보아야 할 책들

역사학회 편, 『실학연구입문』 (일조각, 1973)
윤사순, 『한국의 성리학과 실학』 (열음사, 1987)
최익한, 『실학파와 정다산』 (청년사, 1989)
정성철, 『실학파의 철학사상과 사회정치적 견해』 (한마당, 1989)

4. 불교란 무엇인가

    불교는 인류 역사상 가장 긴 역사를 가진 종교의 하나이며, 관련된 문헌도 가장 많이 보유하고 있다. 불교는 대립되는 사상이나 이질적 문화와 광범위하게 접촉하면서 다양하게 변화해 왔으며, 아울러 그러한 변화를 끊임없이 자기화하여 그 폭과 깊이를 더해 오는 등 연속적인 발전의 역사를 가졌다. 심지어 상호 모순되어 보이기까지 하는 여러 다양성을 폭 넓게 껴안으면서도 불교로서의 자기 정체성을 잃지 않고 있다.

    불교의 정체성은 석가釋迦의 언설로 여겨지는 『아함경阿含經』의 내용을 근거로 한다. 흔히 근본 불교라 불리는 이 부분의 사상 내용은 연기, 사성제, 팔정도, 중도 사상 등의 교설로 대표된다. 그러나 불교사의 전개 과정에서 근본 불교의 이러한 중심 사상은 부파 불교와 대승 불교의 단계를 거치면서 엄청난 변화를 겪는다. 입장을 달리하는 불교권 내의 분파적 대립과 다른 종교의 비판에 대응하면서 이론의 논리성과 조직성이 훨씬 치밀해졌던 것이다. 그뿐 아니라 매우 정제된 새로운 개념을 계발하여 그 철학적 사색을 진작시키기도 했다. 더구나 인도의 불교가 서역과 중국에 전파되면서 그 지역 문화와 접촉하여 다양한 변증을 시험하고, 마침내 성공적인 자기 사상의 확대 재생산을 다각도로 입증했던 것이다. 이러한 과정에서 불교의 정체성을 보증할 만한 초기의 중심 사상은 외견상 사라진 것처럼 보인다. 그러나 석가에 의해 제시된 초기의 이론들이 후기 불교에서 직접적인 논의의 대상이 되지 않았다 하더라도, 그에 내재된 근본 정신과 목표만은 더욱 세차게 추구되었다 할 수 있다.

따라서 우리는 불교의 전체적 모습과 본질을 알아보기 위해 근본 불교의 중심 사상을 먼저 살펴볼 것이다. 그리고 그것이 부파 불교, 대승 불교, 중국 불교를 통해 어떻게 계승 발전되었는지를 함께 고찰해 볼 것이다. 그래야만 한국 불교가 어떻게 수용되고 어떻게 발전했으며 한국 사상사에 어떠한 역할을 했는가를 짐작할 수 있고, 나아가 한국 불교의 독특한 모습을 그려 낼 수 있을 것이다.

1. 근본 불교의 중심 사상

기원전 6세기 석가가 창도한 불교는 전래된 일반적 관념을 그대로 받아들인 것도 없지 않지만, 전반적으로 이는 당시의 인도의 전통 사상에서 볼 때 매우 획기적인 가르침이었다. 전래된 관념을 그대로 받아들인 부분으로는 윤회설과 업설業說, 그리고 해탈을 목표로 삼고 있는 인생관 등이라고 할 수 있다. 여기에 비해 불교의 새로운 주장이며 획기적 가르침이라 할 수 있는 것은 다음과 같다. 즉 불평등한 계급적 인간관을 평등한 인간관으로, 신 중심의 세계관을 인간 중심적인 연기緣起의 세계관으로, 고행을 중심으로 하는 수행관을 중도中道의 수행관으로, 내세적 해탈관을 현세적 해탈관으로 전환시킨 부분이다. 그러나 전통적 관념을 수용한 전자의 부분도 후자의 새로운 사상이 그 내용으로 들어감으로써 많은 면에서 의미가 변화되었다. 그러니까 불교의 본질은 어디까지나 후자의 사상이며 전자는 그 전제 혹은 설명의 수단으로 기능한다고 할 수 있다.

석가에 의해 새롭게 제기된 가르침 중에서도 중심적인 것은 연기관인데, 이것은 석가의 깨달음 그 자체이기도 하다. 흔히 인과응보로 말해지는 이 연기관은 두 측면으로 해석할 수 있다. 하나는 불교의 목표인 해탈에 직결되어 나타나는 연기적 인간관과 수행관이고, 다른 하나는 궁극적으로는 해탈에 연결되지만 직접적으로는 세계의 존재를 규명하는 연기적 세계관 혹은 연기적 존재론이다.

먼저 연기적 인간관과 수행관을 살펴보자. 초기 불교 경전에 자주 등장하는 12지연기설도 바로 해탈을 시급한 과제로 삼는 삶의 문제에서 나타난 것으로, 그 해결을 위해 삶의 현실적 구조를 연기로 해석하고 있다. 무명無明에서 시작하여 노사老死로 매듭되는 12지연기의 각 과정은 존재에 관한 일반적 논의가 아니라, 인간이 자신의 고유한 틀을 통해 세계와 어떻게 관계하고 있는가를 체계적으로 서술하고 그 속에서 현실적 인간의 삶이 어떻게 왜곡되고 있는지를 밝히는 이론이다. 즉 이것을 통해 불교는 현실의 인간이 본래적 삶에서 벗어나 있다는 소외론적 인간관을 그리고 있는 것이다. 그리고 12지연기설은 동시에 왜곡된 삶의 구조에서 어떻게 벗어날 수 있는가를 밝혀 주기도 한다. 말하자면 소외된 삶으로부터 본래적 삶으로 환원해 가는 수행의 방법을 인간의 생래적 틀과 관련 지어 체계적으로 제시하는 연기적 수행론이기도 한 것이다.

한편 연기론이 존재 일반에 적용되어 해석될 때, 모든 존재는 다만 조건적으로 연계된 한 현상일 뿐이고 또 그것들의 상호 관계도 결코 우연적이 아니라는 관점이 형성된다. 이와 같이 존재의 실체성을 전면적으로 부정하는 독특한 연기적 세계관(존재론)은 근본 불교에서 주로 '제법무아諸法無我'(초기에는 개체의 실체성을 부정하는 의미가 강조)로 표현되다가, 대승 불교에 오게 되면서 존재론의 측면이 더 강하게 부각된 '공空' 개념으로 재해석되어 광범위하게 쓰임으로써 불교적 세계관 자체를 확대 심화시켰던 것이다. 연기적 존재론에서는 세계가 어떠한 정점에서 시작한다는 창조론적 해석이나 혹은 정점으로 환원시키려는 환원주의적 해석과 같은 유한론적 사고 방법 자체가 불가능하다. 따라서 그 정점의 위치에 반드시 신격神格을 배치할 필요도 없다. 존재의 연속을 담보해 주는 것은 존재 외적인 제삼의 힘이 아니라 존재 내적인 법칙임을 강조하며, 연기론적 존재론의 당연한 귀결로서 무한 우주관을 권유한다. 시공간적으로 무한히 확장되고 또 무한히 순환하는 이러한 우주론에서는 생명의 의미마저 무한 세계 속에 해체시켜 버리기 쉽다. 그러나 불교는 바로 이러한 우주론적 무대에서 생명의 진정한 의미를 재정립하고 있다. 불교는 생명의 유한성 때문에 현생에 의미를 두는 것이 아니라, 무한적으로 반복하는 악순환의 구조에서도 탈출할 수 있고 또 어느 시점에서도 그러한 탈출이 가능하기 때문에 의미 있다는 것이다. 특히 대승 불교에서는 생명의 재탄생(해탈)이 순간에서의 질적 전환(깨달음)에서 오는 것이지, 양적인 시공간의 축적(예컨대 여러 생을 거듭한 수행 결과)에서 오는 것이 아니라는 말이다.

그러나 불교 사상의 중핵적 위치에 놓여 있는 연기론이 가진 진정한 의의는 이 연기적 세계관을 업설業說과 연계시켜 새로운 인간관을 제시한 점에 있다. 인도의 전통적 인간관에 따르면 사람은 자기 삶의 주체가 될 수 없었다. 한 개체로서의 인간은 그를 에워싼 거대한 자연의 힘이나 그것을 관리하는 신의 힘에 비하면 보잘것없는 것이다. 따라서 인간은 그의 삶에 나타나는 문제를 자신의 결정과 의지와 노력보다는 신의 힘에 의존하여 해결할 수밖에 없었다. 그러기 위해서는 갖가지 종교적 행위를 통해 먼저 신의 뜻을 움직여야 했다. 연기적 세계관에 기초한 불교의 업설은 바로 이러한 전통의 인간관을 거부한 것이다. 인간의 삶에서 일어나는 모든 현상은 당사자가 행한 것에 정확히 상응하여 결과를 얻을 뿐이라는 것이다. 여기에는 타자의 행위가 효과를 미치지도 않으며, 효과의 정도는 행위한 것만큼만 나타나지 결코 그 이상도 그 이하도 아니다. 그것도 우연이 아니라 반드시 그리고 예외 없이 상응한다는 것이다. 인간은 자신의 문제를 해결하는 데 자신의 힘 이외에 어떠한 다른 힘도 기대해서는 안 되며 기대할 필요도 없다. 인간은 자기 삶의 완벽한 주인이며 유일한 책임자이다.

이러한 불교의 새로운 인간관은 자연의 거대한 위력 앞에 인간의 한계를 냉엄한 논리로 철저하게 인식시켜 인간을 왜소하게 만들어 버린 것 같다. 하지만 불교 인간관의 핵심은 오히려 그 반대에 있다. 인간에게 부가되는 온갖 문제도 그리고 그것을 해결할 해결책도 외부에 있는 어떤 것을 획득해서 이루어지는 것이 아니라 모두 인간 자신에게 있다는 것이다. 나아가 이 힘은 거대한 우주와 하나가 될 수 있는 놀라운 힘이기도 하다. 석가는 이러한 능력를 두고 "정말로 기이하고 기이하다. 오직 인간만이 가지고 있다(唯我獨存)"고 탄성을 발했다.

마지막으로 근본 불교의 중도 사상을 알아보자. 석가는 출가 이전 왕궁에서의 쾌락적 삶과 출가 초기 고행주의적 수행을 함께 경험했다. 그러나 그 어느 것도 깨달음을 얻는 데 도움이 되지 않는다는 것을 알았다. 비록 정신적 부문과 육체적 부문이 유기체로서의 인간 안에서 상응하면서 일어나는 현상이라 하더라도, 깨달음이라는 정신적 성취는 결코 육체적 변화의 연장선에 존재하는 것이 아니라는 사실을 알았던 것이다. 석가는 대립적 현상은 대립하고 있는 대상 그 자체의 성격에서 비롯되는 것이 아니라, 대상에 대한 인간 마음의 작용 양식에서 비롯된다는 것을 깨달았다. 인간의 마음은 대상을 향해 언제나 극단까지 치달리며, 또 그러는 동안 자기의 노선에 강력하게 집착되어 버린다는 점을 간파했던 것이다. 즉 깨달음이란 마음의 문제인데 극단화된 마음의 작용에서는 불가능하다는 것이다. 불교의 중도 사상이란 결국 대상화된 양 극단의 적절한 균형을 지향하는 것이 아니라, 극단으로 치달리지 않는 안정된 마음을 유지하는 데서 깨달음이 올 수 있다는 것을 말한다. 석가는 이것이 깨달음을 얻는 과정에서 가장 중요한 원칙이 되어야 한다고 생각했다.

2. 부파 불교 ── 불교의 체계적 발전

석가의 입멸 후 불교는 여러 사정으로 입장을 달리하는 다양한 교파가 발생하게 되었다. 각 교파는 석가의 가르침을 서로 다르게 해석하면서 다른 교파를 비판하고 자기의 입장을 정당화하는 데 심혈을 기울였다. 이 과정에서 각 교파들은 서로 비판과 반비판을 하면서 마침내 논리성과 체계성을 가진 교리를 갖추게 되었고, 또 용의주도한 갖가지 불교 개념을 계발하게 되었다. 이 시기를 이른바 부파 불교 시대라고 한다. 이 시기에는 석가 자신의 가르침인 경經과 율律을 문자화시키는 작업 이외에도 경률에 내재한 이론을 체계화시킨 논서까지 정비하였다. 이러한 논서들도 처음에는 석가의 가르침을 충실하게 해석하는 이론에 치중하다가, 나중에는 경전과 직접적 관계 없이 그들 나름의 이론을 자유롭게 구성해 가는 단계로 발전해 갔다.

다양한 교파가 각기 독립적으로 존속한다는 것은 독자적인 기반과 이론적 정당성을 그만큼 확보하고 있었음을 뜻한다. 이러한 현상은 대외적으로는 분열적이지만 대내적으로는 경쟁을 통한 자기 발전을 의미한다. 부파적 분열의 가장 빛나는 결과는 불교가 사색과 토론의 방법면에서나 체계적인 이론면에서나 철학적 면모를 완전하게 가지게 되었다는 점이다. 거기에는 인식론과 우주론, 혹은 형이상학이나 윤리학 등 철학의 어떤 영역도 모두 상당한 수준으로 다루고 있었다. 이 후에 나타나는 어떠한 성격의 불교 교리도 궁극적으로는 부파 불교 시기에 발전시킨 개념이나 이론에 근거한다는 점에서 부파 불교는 불교 역사상 매우 큰 의미를 지니고 있다. 특히 세계의 현상을 인간의 인식 주체(心)와 인식 작용(心所), 그리고 대상적 존재(色) 등으로 영역화시켜 놓고 매우 치밀하게 분석하고 그 관계를 체계화시키는데, 주로 인식론적 측면보다는 존재론적 측면에서 접근하고 있다. 그렇기 때문에 부파 불교를 그들의 공통된 특징에 빗대어 '존재의 분석학파'(아비달마 불교)라고 일컫기도 한다.

그러나 존재의 분석을 주로 하는 부파 불교란 결국 실천적 수행보다는 이론 중심의 불교이며, 또한 일상 생활에 기반을 둔 대중보다는 출가한 사제들을 위주로 하는 불교가 되었음을 말한다. 이것은 나에 대한 믿음보다는 진리 그 자체를 믿고, 타력에 의존하기보다는 자기 스스로의 힘으로 해탈을 얻으라는 석가의 유훈을 경직되게 받아들여 석가의 삶을 부처적 삶의 전형으로 보지 않는 결과이기도 했다. 그들은 다만 법法(진리)에 대한 분석을 통하여 법을 이해하고 그것을 바탕으로 출가 수행하는 것만이 해탈의 길이라고 믿었던 것이다. 말하자면 석가의 삶에서 나오는 역동적 생기와 그 인격에서 나오는 훈훈함을 배제시킨 채, 그의 가르침을 형해화시킨 메마른 이론과 엄정한 출가 수행주의만이 불교를 지키는 뼈대로 생각했던 것이다. 요컨대 근본 불교로부터 부파 불교로의 발전은 종교로서의 발전이라기보다는 철학으로서의 발전이었다고 할 수 있다.

3. 보살도의 대승 불교

이론 중심적이고 출가 중심적인 부파 불교는 결국 재가 신자들의 구제 문제(해탈)를 봉쇄시키고 있는 셈이다. 부파 불교의 구제론에 따르면 해탈을 얻으려면 일단 출가 수행을 해야 하며, 또 참된 수행을 위해서는 부처의 가르침(법)을 정확하게 이해해야 할 것이다. 그러나 이러한 구제론은 번쇄한 법을 이해할 수 있는 지적 엘리트에게만 가능하였다. 이러한 한계와 문제점은 결국 불교 개혁 운동을 불러일으키지 않을 수 없었다. 재가 신자들과 기존 불교권 내 진보적 출가 비구들이 서로 호응하면서 부파 불교의 폐쇄적이고 경색된 태도를 신랄하게 비판하는 대대적인 개혁 운동이 발생했던 것이다. 기원 전후 무렵에 일어난 불교의 이러한 개혁 운동은 마침내 성공을 거두어 불교를 새로운 면모로 발전시켰다. 이를 대승 불교라 한다.

대승 불교는 먼저 부파 불교의 기본적 이념을 문제삼는다. 불교의 근본 목적인 해탈을 성취할 가능성은 출가 비구들로 제한되어 있는가? 그리고 해탈의 방법에서도 법을 이해하는 것이 그 필요 조건인가? 그들이 이제까지 해왔던 부처에 대한 믿음이란 과연 어떤 의미를 지니는 것인가? 대승 불교의 주체 세력들은 이와 같은 의문을 제기하면서 불교의 본질적 문제를 다시 검토하기 시작했다. 원점에서 다시 시작한다는 그들의 태도는 곧 부처로 돌아가자는 입장을 취하게 된다.

여기에서 그들이 주목한 것은 '석가의 삶' 그 자체였다. 부처가 되기 전에 석가는 그들과 같은 한 인간이었다는 사실과 부처가 된 석가의 삶은 부처적 삶의 내용이라는 사실을 주목했고, 이것을 불교 개혁 운동의 출발지로 삼았던 것이다. 기존 불교의 구제론으로부터 소외되어 있던 재가 신자들의 입장에서 볼 때, 전자는 곧 자신들의 해탈 가능성을 확인하는 근거가 되었다. 그들은 이제 자신들이 해탈의 주체임을 발견하였고 이를 '보살'이라 선언하면서, 오히려 자기들만의 해탈만을 추구하는 기존 교단의 출가 비구들을 신랄하게 비판하였다. 또 부처가 된 다음의 석가의 삶(중생 구제)에서 볼 수 있듯이 부처가 부처다울 수 있는 진정한 이유는 '타인 구제에 힘쓰는 삶'(利他行)에 있다는 후자의 사실은 보살이 부처로 전환할 수 있는 '보살의 길'(菩薩道)을 내보이고 있다고 생각했다. 깨달음을 내용으로 하고 그 실현으로서 타인 구제에 힘쓰는 주체적 삶이야말로 불교의 본질이며, 이것이 바로 부처로서의 석가의 삶에 들어 있는 참된 의미요 보살의 길이라는 것이다.

기존 교단에 대한 비판과 개혁으로 나타난 대승 불교는 한 마디로 부처가 된 석가의 삶으로 돌아가자는 일종의 원형 회귀 운동이며 부처 중심의 불교 운동이기도 했다. 또한 불교적 이념의 중심축이 변한 것은 출가 중심주의에서 벗어나 재가의 입장을 적극적으로 고려한 것이라는 사실을 간과해서는 안 될 것이다. 이것은 곧 해탈의 보편화를 의미한다. 또 이에 따른 부처관과 구제론도 변화하게 되었으며 그 의미도 확대되었다. 해탈의 보편화란 해탈 가능성의 일반화, 즉 불성의 문제를 말하는데, 이것은 부처관과 관련되면서 나중에 "일체 중생이 모두 불성을 가지고 있다"(一切衆生悉有佛性)는 가장 확장된 결론으로 귀결된다.

부처를 보는 관점도 애초의 석가불로부터 이를 시공간적으로 점점 확대시켜 삼세제불三世諸佛 및 일체불一切佛 혹은 이를 조직적으로 개념화시킨

법신·응신·보신의 삼신관三身觀으로 정리되는가 하면, 다른 한편으로는 부처를 내재화시켜 여래장如來藏 사상으로 발전되기도 하였다. 구제론(수행론)도 부파 불교에서처럼 주로 법의 이해를 통한 해탈의 방법보다는 부처와의 일체를 통한 수행론이 강조되었다. 이를테면 부처에 대한 믿음이나 타인 구제에의 서원誓願이라든지, 부처에 대한 염원(稱佛, 念佛)과 명상(觀佛) 그리고 부처로부터의 보증(授記) 등과 같은 새로운 구제론이 등장했던 것이다. 이와 같은 대승 불교의 새로운 수행론에 들어 있는 핵심은 타인 구제의 이념과 부처와의 관계를 중시한 것이다. 대승 불교는 이러한 입장에서 그 구체적 실천 강령을 보시布施·지계持戒·인욕忍辱·정진精進·선정禪定·반야般若 등 소위 '육바라밀'로 새로 조직해 내었다. 언뜻 보면 부파 불교에서 거론하는 삼학(戒·定·慧의 三學)의 내용과 크게 다를 것이 없어 보이지만 의미상으로 차이가 많다.

어쨌든 대승 불교는 큰 성공을 거두어 중국·한국·일본 등 주로 북방 불교권을 장악하였다. 그러나 대승 불교의 성장과 발전이 하나의 구심점을 가지고 일사불란하게 진행된 것은 아니었다. 부파 불교에 대한 비판이라는 점에서 이념적 공통성을 가졌다 해도 대승 불교 운동을 추진해 간 주도 세력의 지역별 차별성만큼 대승 운동의 내부적 속성도 여러 갈래가 있었다. 이를테면 반야계 대승 운동, 정토계 대승 운동, 화엄계 대승 운동, 법화계 대승 운동 등 매우 다양한 갈래로 성장해 나갔던 것이다. 또 약간의 시차를 두고 유식계 대승 운동이나 여래장계 대승 운동과 같이 선행했던 대승 불교 운동의 종합적 지양 혹은 그 극복의 대안으로 일어난 것도 있었다.

이들 각 대승 운동이 나름대로의 지지 기반을 얻어 다른 대승 운동과 경쟁적으로 발전하기 위해서는 자신의 이론적 기반을 다시 정립해야 했다. 역설적이게도 부파 불교의 이론적 번쇄함을 비판하면서 시작했던 대승 불교 운동이 이제 그들 자신의 이론 정립을 위해서 다시 부파 불교의 이론과 개념을 도입하지 않을 수 없었다. 그러나 대승 불교의 이론과 개념은 대승의 이념을 입증하고 있는 것이므로 그 폭과 깊이에서 부파 불교의 그것과 확연히 구별된다고 할 수 있다.

대승 불교의 아비달마화, 즉 대승 불교의 체계적 이론화 작업에서 성공한, 대승 불교의 대표적인 학파는 반야계 대승 불교의 중관 학파와 유식계 대승 불교의 유식 학파이다. 전자의 학파를 형성한 자가 용수龍樹(Nāgārjuna)와 제바提婆(Āryadeva)이고, 후자의 학파를 형성한 자가 미륵彌勒(Maitreya)과 무착無著(Asaṅga) 그리고 세친世親(Vasubandhu)이다.

용수가 저술한 『중론中論』을 기초로 한 중관 학파의 사상은 부파 불교의 중심 개념인 '법'(존재)에 대하여 그 실체성을 허물어 버리고 존재와 인식을 통일하는 '공空' 개념을 통하여 세계를 총체적으로 설명해 내고 있다. 우리는 이 세계를 총체적으로 설명하려 할 때 존재를 기반으로 해서 인식의 문제까지 설명해 내거나, 아니면 인식을 기반으로 존재의 문제까지 설명해 나가거나 하는 이원론적 대립의 한쪽을 선택할 수밖에 없다. 중관 학파는 깨달음(般若)의 정점에서는 이러한 모순이 존재하지 않는다는 사실을 전제로 하여 이것을 개념 파괴적인 개념, 즉 '공'의 개념으로 접근해 나가고 있다. 실체론적 의미를 필연적으로 수반하는 개념적 언어를 통해서는 반야의 지혜에 원천적으로 접근할 수 없다는 문제 때문에, 이 학파의 논리는 개념 파괴적이고 논리 파괴적이다. 이것은 중관 학파의 기본 취지가 불교의 핵심인 깨달음과, 그 깨달음에 기초한 세계의 참모습이 언어의 세계를 뛰어넘는 저편의 문제라는 점을 드러내 보이고자 했기 때문이었다. 그러나 중관 학파는 그들의 입장을 드러냄에 있어서 철학적 태도를 결코 배제하지 않았다는 데서 불교 사상사의 금자탑과도 같은 위치에 선다고 할 수 있을 것이다.

한편 무착과 세친에 의해 형성된 유식 학파는 중관 사상에 대한 비판적 극복의 대안으로 나타났다고 할 수 있다. 유식 학파는 우선 중관 학파의 논리 파괴적인 논리와 개념 파괴적인 개념이 엄청난 오해를 가져 오고, 나아가 깨달음에 이르는 과정 자체를 더욱 혼란스럽게 만들 수 있다고 보았다. 이들은 중관 학파가 자기 파괴적 논리와 개념을 사용할 수밖에 없는 이유가 본체론적 측면을 기준으로 삼았기 때문이라 여겼다. 즉 공空이라는 말이 부정하고 있는 것은 명칭을 통해 임시로 설정된 사물을 실체인 양 보는 일에 대해서이다. 가설架設된 것은 무無이다. 그러나 사물의 세계는 가설된 것과 똑같은 의미에서 무는 아닌 것이다. 그렇기 때문에 유식 학파는 가설된 것과 그 기반이 되는 사물의 세계를 존재론적으로 명확히 구별하고, 공空이라는 말이 부정하는 의미가 적용되는 범위를 가설된 것에 한정함으로써 사물적 세계의 존재를 확보하였다. 그리하여 그 세계를 '식識'이라는 말로 치환하여 세계를 통일적으로 설명하였다. 현상에 대한 실체론적 접근 태도를 부정적 논리로 설명하는 중관 학파와 달리, 미리 현상 세계의 한계를 설정하고 그것을 긍정적으로 설명하는 유식 학파는 식일원론識一元論을 취하는 일종의 불교 현상학이라 할 수 있다.

4. 불교의 중국적 변용

중국의 본격적인 불교 수용은 정치적 혼란기이자 사상적 과도기인 위진남북조魏晉南北朝 시기이다. 인도와 사상적 전통이 매우 다른 중국의 정신적 풍토에 수용된 초기 불교는 그와 유사한 도가 사상이 매개된 이른바 '격의格義 불교'였다. 이어 수와 당이라는 통일 왕조가 등장하자 초기 불교도 역사 정황에 상응하여 새로운 모습을 띠게 되었다. 또 위진남북조 시기에서 통일 왕조의 등장까지 비교적 짧은 기간에 인도에서 오랜 시간을 거쳐 형성된 다양한 갈래의 불교 사상이 거의 동시적으로 중국에 소개되었다. 요컨대 중국 불교의 독특한 모습을 연출시킨 주요한 요인은 통일 왕조의 등장, 다양한 갈래의 대·소승 불교를 동시에 수용했다는 사실, 그리고 불교와 중국 전통 사상과의 만남 등이라고 할 수 있다.

이러한 여건에서 수용된 중국 불교의 특징은 다음 두 가지로 요약된다. 즉 형태적으로는 종파 불교이고, 이론적으로는 교판 불교라는 점이다. 물론 인도의 부파 불교나 대승 불교의 여러 계열도 일종의 종파 불교라 할 수 있지만, 중국 불교의 종파적 전개 형태에 나타나는 특성은 인도의 경우처럼 다른 갈래의 불교와 대립적이지 않고 모든 갈래의 불교 사상을 자기 종파의 내부에 유기적으로 통합시키고 있다는 점이다. 다양한 불교 사상의 갈래를 하나의 구심점에 유기적으로 통일하려는 각 종파의 교판 이론은 비록 비역사적이고 낙관적이기는 하지만, 불교 사상의 새로운 영역을 개척한 중대한 성과라 할 수 있다. 예컨대 중관 학파와 유식 학파의 이론적 통일이라는 문제 제기와 그 해결 문제는 중국 불교의 새로운 영역이었고, 그것은 결국 교판 이론을 추구했던 중국 불교의 중대한 성과였던 것이다.

그러나 이보다 더 중요한 사실은 불교 사상과 중국 전통 사상과의 만남에서 나타난 인도 불교 사상의 중국적 변용이다. 유학과 도가 등 중국 전통 사상에도 여러 계보가 있지만, 어느 사상을 막론하고 모두 현실주의를 추구한다는 데 중국 사상의 공통된 특징이 있다. 더구나 중국의 현실주의는 결국 '천하가 왕토王土'라는 전제를 기반으로 하는 전제 군주제적 국가관 혹은 그들의 전통적 세계관에서 비롯된 것들이다. 따라서 중국적 사유 체계에서는 종교적 영역의 배타적 권위와 고유성이 어떤 형태로든 용납되지 않았다. 중국에 수용된 불교도 불교의 목적을 훼손하지 않는 한 '현실의 국가'에 어떻게든 적용하지 않을 수 없었다. 불교가 중국에 수용될 당시의 지배 권력이 그들의 정치 현실을 긍정할 것을 불교에 요구할 때, 불교의 대응 방식은 현실의 권력에 대한 적응이 아니라 고통 속에 살아가는 개체의 현실적 삶에 대한 문제로 바꾸어 놓고 보았다. 왜냐하면 이러한 대응 방식이야말로 중국의 현실주의와 불교 본래의 목적을 다 충족시킬 수 있었기 때문이다. 이러한 역사적 과제를 성공적으로 해결한 대표적인 중국 불교가 천태종과 화엄종 그리고 선불교였다고 할 수 있다.

그 결과 일찍이 중국적 사유 속에 존재하지 못했던 인간 및 세계의 치부를 끈질기게 파헤치는 논리의 치밀함이라든가, 현상계의 저편으로 무한히 뻗어가는 세계관이라든가, 인간을 근본적으로 재정립시키려는 정신 분석

등을 통해 중국적 사고에 입체적 깊이를 경험하게 했던 것이다.

예를 들어 천태의 '번뇌즉보리煩惱卽菩提' 사상이나 화엄의 '사사무애事事無碍' 사상, 선불교의 "무명無明은 본래 없다"는 사상 등에는 철저히 현실에서의 해탈이 강조된다. 고통받는 '지금의 삶' 저편에 있는 해탈을 위해 지난한 수행적 삶의 과정을 거쳐야 한다는 논리의 저변에는 이미 '현실의 삶'으로부터 도피한다는 것이 암묵적으로 전제되는 것이다. 또 그것은 '지금의 삶'을 미래로 흘러가는 객체화된 시간에 맞추어 언제나 그 '지금의 삶'을 파편화시키며 살아야 한다는 것을 의미한다. 중국 땅에 성공적으로 안착한 중국적 불교의 과제와 그 해결의 논리는 바로 이 문제에서 흘러나왔다. 즉 객체적 시간선상에 나열해 있는 추상적 삶들을 역전시켜 그것을 실재하는 '지금의 삶' 안으로 회귀시켜 놓고, 바로 이 '지금의 삶'에 들어 있는 중층적 의미를 발견하여 살아가는 것이 해탈이라고 하였다. 특히 선불교는 일체의 이론적 그물을 걷어 내고 한 개체의 실존에서 직각적으로 해탈의 삶을 구현해 내는 실천적 방법을 계발한 점에서 인도 불교의 발전 계통으로 볼 때 완전히 새로운 모습이라고 할 수 있다.

어쨌든 중국에 수용된 인도 불교는 중국 사상사에서 볼 때 가장 심대한 충격이었다. 그리고 그에 대한 성공적인 응전으로 결실된 중국 불교는 이후 중국 사상사에 일대 전환을 불러 왔다. 중국은 이질적인 불교를 수용함으로써 변방의 이민족을 통합하여 자기를 확대 재생산할 수 있었고, 경험적 현실을 기반으로 한 현실 위주의 사유 방식에 입체적 깊이를 더할 수 있었다. 송대 이후로 나타난 신유학이 거시적으로는 세계와 인간을 총체적으로 아우르려 하는 한편, 인간의 내적 깊이를 세밀히 점검하여 현실적 행위의 근거로 삼으려 했던 것은 잘 알려진 사실이다. 이러한 사유 방법은 결국 불교를 성공적으로 수용할 수 있었던 능력이 전통 유학에 유감없이 발휘된 명백한 증거라 할 수 있을 것이다. 요컨대 중국에 수용된 불교가 중국 사상사에 남긴 가장 큰 공헌은 인간과 세계에 대한 치밀한 사색과 철학적 태도를 형성시켜 준 데에 있다고 말할 수 있다.

5. 한국 불교의 자주적 모색

　4세기 경 한반도의 정세는 훨씬 이전부터 고대 국가를 형성했던 대륙의 정치 세력에 억눌리다가 마침내 이를 극복한 몇 개의 정치 세력이 등장했던 시기였다. 새로운 정치 세력들은 이제까지의 부족 연맹체적 국가 형태를 지양하고 지배력이 훨씬 조직적으로 강화된 국가를 만들기 위해 부족 연맹체 국가의 기반이 되는 토착 관념과 그 유제를 효과적으로 전환시키지 않으면 안 되었다. 한국 불교는 이러한 역사적 조건에서 부상하는 새로운 정치 세력의 새로운 지배 이념으로 수용되었다.

　한국 불교의 주요한 특징인 호국적 성격은 이처럼 불교의 수용부터가 역사적 요청에 부응하여 처음부터 국가적으로 전개된 데 기인한다고 볼 수 있다. 한국 불교의 국가적 전개는 또한 국가 통합 이념을 제공하기에 앞서 불교 내부의 통합을 선행해야 했다. 중국 불교가 역사적인 발전 과정에서 나타난 인도 불교의 종적인 다양성을 공시적인 관점에서 통합하여 교판 논리를 근거로 종파적으로 전개한 것이 특징이라면, 한국 불교는 중국 불교의 교파적 대립을 한 단계 더 지양시켜 하나의 불교를 추구하려고 했다는 데 특징이 있다. 한국 불교의 이러한 모습을 우리는 흔히 '회통 불교'라고 말한다.

　불교 수용 시기의 역사적 기능에서 비롯된 한국 불교의 호국적이고 회통적인 성격은, 그 이후 한반도에서 일어나는 갖가지 역사적 사건들의 중요한 원인이자 동시에 그것을 해결하는 대안으로 작용하는 과정에서 더욱 굳어져 갔다고 할 수 있다. 예컨대 신라의 통일 이념이나 고려의 건국 이념 또는 외세에 대응하는 국난 극복의 정신적 구심력 등은 모두 불교가 국가적 차원의 통합적 이데올로기로서 기능하기 바라는 역사적인 요청이었고, 이러한 요청에 한국 불교는 각 시기마다 적절한 이념을 끊임없이 재생산하면서 독특한 성격을 더 강화하게 되었던 것이다.

　그러나 호국적이고 회통적인 한국 불교의 독특한 성격을 형성시켜 준 것은 단지 객관적인 역사적 조건 때문이라고만 할 수 없다. 오히려 그러한 조건들에 주체적으로 응전해 가는 선각자들의 빛나는 노력이 계속되었다는 데서 더욱 근본적인 이유를 찾아야 한다. 신라 시대의 원효元曉와 의상義湘 그리고 원측圓測, 고려 시대의 의천義天과 지눌知訥, 조선 시대의 휴정休靜(서산대사), 근대의 한용운韓龍雲 등은 한국 불교의 정신적 맥을 이어 준 사상가들이었다. 각 시대마다 이들의 역할과 성과를 개괄하면 다음과 같다.

삼국을 통일한 신라는 더욱 확대된 통일 국가를 다스리기 위해 삼국의 이질성을 아우르는 통일 이념이 필요했다. 이러한 시대적 요청에 부응하여 원효와 의상은 중국의 사정을 충분히 고려하고 그 바탕 위에 한국 실정에 맞는 이론을 구성하면서 그에 상응하는 실천적 노력을 기울였다. 원효의 빛나는 업적은 두 가지로 요약할 수 있다. 하나는 당시 불교 사상계의 최대 과제인 중관 학파와 유식 학파의 이론적 대립을 극복할 대안을 「대승기신론소大乘起信論疏」를 통해 선도적으로 제시했다는 점이고, 다른 하나는 그때까지의 국가적 불교를 민중의 구체적 삶에서 구현해 내려고 노력했다는 점이다. 특히 후자의 노력은 불교를 본래 모습으로 되돌리는 것일 뿐 아니라 통일 국가가 지향해야 할 새로운 지침이기도 했다. 왜냐하면 실질적 통일은 지배 권력의 통일이 아니라 민중들 각각이 참다운 삶을 회복하여 상호 교감하는 것을 의미하기 때문이다.

의상의 경우에서도 그 본질은 원효와 다를 바 없으나 원효보다는 확실히 후기신라 정부의 지배 정책과 관련되어 있다. 그러나 의상에 의한 한국 화엄종의 개창은 중국 화엄종의 단순한 이식이 아니었다. 그에 전파한 한국 화엄종은 민중적 지향성을 가진 정토론적 화엄종이라는 사실에서 한국 불교의 자신감과 그 자주성을 충분히 엿볼 수 있는 것이다.

이 시기 중국에서 새로운 학풍으로 불교계를 풍미했던 유식 학파의 경우에도 그곳에 유학하고 있던 원측은 제자를 통해 신라의 유식 학파에 거의 절대적 영향력을 미치고 있었다. 원측의 유식 이론은 이른바 중국의 정통 유식 이론(현장과 규기의 이론)과 달랐다. 그것은 이 이론과 대립하고 있던 중관 학파의 입장을 긍정적으로 받아들여 중관학적 유식 이론을 모색하려고 했던 것이다. 사실 이러한 원측의 노력은 그 뒤 인도 불교학계의 발전 방향에서 볼 때 선구적이었다고 평가할 수 있고, 우리의 입장에서 볼 때도 한국 불교의 자주성이 이론적 근거를 가지고 드러난 것이라고 평가할 수 있다.

한국 불교에서 초기 사상가들의 이 같은 자주성은 고려 시대의 보조국사 지눌에 와서도 유감없이 발휘되었다. 사실 고려 시대 전반에 걸쳐 가장 중요한 불교의 과제는 선禪과 교敎의 관계를 정립하는 문제였다. 잘 알다시피 고려 건국의 주체 세력은 호족 연합 세력이었고 그들의 입장을 뒷받침하는 이념은 선불교였다. 신라 말 호족들은 이미 해체되어 가는 신라 지배 세력의 이념적 근거지였던 교종敎宗, 특히 화엄종에 대해서 새로 도입된 선종禪宗을 지원하면서 이념적 공세를 취했던 것이다.

그러나 고려를 건국하자 다분히 해체적 성격을 지닌 선종을 가지고 새로운 국가를 구성하는 논리로 쓰기에는 부족했다. 여기에 고려 지배 세력은 한 사회를 구성하고 체계화하여 효과적으로 관리하기 위한 논리로 다시 교종을 수용하지 않을 수 없었다. 그러나 선종의 본질이 교종에 대하여 반명제적이라는 데 문제의 심각성이 있었다. 고려 초기 이 과제를 극복하기 위한 노력이 먼저 의천에 의해 시작되었다. 의천은 교종이긴 하지만 그 자체에 선종적 요소가 많이 들어 있는 천태 사상에 주목하고 교선의 관계를 연결시키고자 하였다. 의천의 이러한 시도는 고려 불교의 근본 과제를 정면에서 극복하려는 돌파구를 열었다는 점에서 긍정적이지만, 거기에는 여전히 이론적 결함이 남아 있었다.

교선의 일치 관계에 대한 이론적 정비와 그에 대한 실천적 검증의 문제야말로 고려 불교의 최대의 과제이자 지눌에게 맡겨진 역사적 사명이었다. 지눌은 소위 '돈오점수설'과 '정혜쌍수설'로 그 해결의 대안을 제시했고, 또 수선사 결사 운동을 통해 그것을 실천적으로 검증했다. 지눌의 돈오점수설은 논리적 정합성에서나 선종이 일어나게 된 역사적 맥락에서나 파격적인 발상이었다. 그러나 논리와 개념을 뛰어넘는 자유 정신의 실제적 체험을 구현한다(이것은 불교 그 자체의 본질이자 선종의 존재 이유이기도 하다)는 면에서 지눌의 이론과 그 실천성은 파격적이 아니라 오히려 본래적이라 할 수 있다. 그리고 이러한 정신은 초기 한국 불교의 위대한 유산이 다시 한 번 드러난 것이라 할 수 있다.

조선은 고려 왕조를 극복한다는 면에서 배불 이념을 표면에 내세우면서 주자학을 국가 이념으로 표방하였다. 불교의 입장에서 보면 조선 시대는 완전한 암흑기라 할 수 있다. 따라서 조선 불교에 나타나는 가장 중요한 특징은 현실적 압박에 맞서 자기 존립을 유지하는 문제와 주자학의 이념적 공세에 대해 존재 이유를 변호하는 문제로 나타났다. 그러나 비록 지배 권력으로부터는 멀어졌지만 민중의 생활과 그 정서 속에는 이미 끈끈한 뿌리를 내리고 있었기 때문에 명맥을 유지하는 데 큰 문제는 없었다. 오히려 민중의 생활이 더 피폐하면 할수록 그들의 정서는 반주자학적이고 또 그 도피처로서 그들은 더욱 친불교적으로 되어 갔다.

어쨌든 배불숭유의 정책적 기조 속에 조선 불교는 점점 더 위축되어 갔다. 그러나 바로 이러한 이유 때문에 조선 왕조가 위기에 처했을 때 불교로서는 오히려 자기 존립의 정당성을 확인시킬 수 있는 호기가 될 수 있었다. 조선 왕조 최대의 위기였던 임진왜란 때 휴정은 실천적 활동을 통해 역사에 임하는 불교의 역할을 변증했고, 불교 내부적으로는 호국적 전통을 재확인시켰다. 그러나 더욱 중요한 것은 억압적 역사 조건 속에서 불교가 존립할 수 있는 방향과 그 이론적 근거를 새롭게 구성하는 문제였다.

휴정은 억압적 조건 속에 선종이 위주가 된 조선 불교가 나아가야 할 방향을 다각도로 모색하였다. 이에 따라 그의 문하는 몇 개의 방향으로 나뉘어 발전하였다. 즉 특수한 선문의 순수성을 고수하는 방향, 그때까지 발전된 다른 문파의 선문을 수용하고 종합하려는 방향, 대중성을 획득하기 위해 염불선으로 나아가는 방향, 교종, 특히 화엄 사상과 결합하려는 방향,

심지어 유학에 대해서도 개방적 태도를 가지는 방향 등으로 나타났다. 그러나 이러한 경향들의 각개 약진에도 불구하고 조선 불교는 대중과 불문佛門이 유리된 채 겨우 명맥을 유지하다가, 조선 왕조의 멸망과 더불어 불문 나름대로의 존재 방식마저 해체당하고 말았다.

일제 식민 시대의 조선 불교는 일제의 식민 통치에 유효한 방식으로 재편되었다. 말하자면 일본 불교에 종속되어 일본식 불교 전통이 이 땅에 이식되는 데 기여하는 등 일제의 한반도 통치에 일익을 담당할 수 있도록 만들어졌던 것이다. 그러나 다른 한편으로 민족적 억압을 은폐시키는 일제의 불교 정책의 기만성을 폭로하고 민족의 자주 독립을 역설하는 동시에, 봉건 왕조의 틀을 깬 근대적 국가를 꿈꾸면서, 궁극적으로는 인간 해방이라는 불교의 가르침을 이 땅에 실현하고자 불교의 근대화 운동에 전념한 선각자들이 한 줄기를 이루고 있었다. 특히 한용운은 근대 불교로의 지향을 시도한 이 시대의 대표적 사상가라고 할 수 있다.

■ 더 읽어 보아야 할 책들

平川彰 외, 『대승불교개설』, 정승석 옮김 (김영사, 1986)

후지타코오타츠 외, 『초기부파불교의 역사』, 권오민 옮김 (민족사, 1989)

上山雄一 외, 『아비달마의 철학』, 정호영 옮김 (민족사, 1989)

梶山雄一 등, 『중관사상』, 정호영 옮김 (민족사, 1989)

다케무라 마키오, 『유식의 구조』, 정승석 옮김 (민족사, 1989)

E. 후라오봐르너, 『원시불교』, 박태섭 옮김 (고려원, 1991)

칼루파하나, 『불교철학』, 최유진 옮김 (천지, 1992)

E. 콘즈, 『한글세대를 위한 불교』, 한형조 옮김 (세계사, 1992)

金子大榮, 『불교교리개론』, 고명석 옮김 (불교시대사, 1993)

金岡秀友, 『대승불교총설』, 안중철 옮김 (불교시대사, 1993)

5. 도교란 무엇인가

　도교의 용어인 '옥황상제'라는 말은 모르는 사람이 거의 없을 정도로 우리 사회에서 일반적인 용어로 쓰여 왔다. 그뿐 아니라 건강을 위해 환약을 먹는다거나 단전 호흡이나 기공, 도인導引 등을 하는 것도 모두 도교와 관련이 있다. 한의학도 도교의 발달된 모습이라고 할 수 있다. 이처럼 도교는 우리와 매우 가까운 곳에 있다. 그런데 도교란 무엇인가 하는 질문에 답하기는 매우 어렵다. 도교라는 말에 내포된 의미가 일정하지 않기 때문이다.

　그러므로 도교가 무엇인지를 정확히 알기 위해서는 먼저 '도교'라는 용어에 대한 이해부터 하고 넘어가지 않으면 안 된다. 이제 이러한 개념에 대한 이해로부터 시작하여 종교로서 도교의 모습을 전반적으로 살펴보기로 하자.

1. 도가와 도교

　우리는 도교 이외에 또 '도가道家'와 '노장老莊'이라는 말을 자주 혼용하여 쓰고 있다. 도가라는 말은 전한 시대에 만들어진 것으로 『사기史記』 「태사공자서太史公自序」와 『한서漢書』 「예문지藝文志」에서 볼 수 있다. 「태사공자서」에서는 도가를 "음양의 큰 순리에 따르며, 유가와 묵가의 좋은 점을 채용하고, 명가와 법가의 요체를 취하며, 때에 따라 움직이며 사물에 응하여 변화한다"고 설명하고 있다. 이 말로 볼 때 도가는 당시의 다양한 학파를 종합해서 성립된 것임을 알 수 있다.

우리는 일반적으로 도가는 철학, 도교는 종교라는 식으로 도식적인 이해를 한다. 그러나 이렇게 도식적으로 이해하기에는 많은 문제점이 있다. 도가와 도교의 관계는 다음과 같이 구분하여 말할 수 있다.

첫째, 도가의 철학과 도교의 사상 사이에는 아무런 정합성도 없고, 도가의 철학이 도교의 사상들 안에 아무런 무리 없이 포함될 수 있다고 보는 견해가 있다. 주로 전통적인 도교인들의 주장으로서 양자가 동질적이라는 관점이다. 둘째, 양자는 전혀 이질적인 요소로 구성되어 있다는 견해가 있다. 도가는 '순자연順自然'의 사상이고, 도교는 '역자연逆自然'의 사상이라는 것이다. 셋째, 도가와 도교는 서로 이질적일 뿐만 아니라, 후대의 도교에서 노장 사상을 어떤 틀에 억지로 꿰맞추어 원용해 왔을 뿐이라는 견해가 있다. 이런 것들은 도가와 도교를 이분법적으로 이해한다든지 도교의 역사 발전을 부정한다는 점에서 각각 문제가 있다.

마지막으로 가장 문제가 없는 견해로서 도교가 도가의 철학 및 다양한 요소들을 그 안에 포함하고 있기는 하나, 그것은 단순한 절충이나 혼합이 아니라 거기에 어떤 일관성이 흐른다고 보는 견해가 있다. 이것은 도가와 도교가 불연속적인 것이 아니라 연속선상에서 존재하는 것이라는 관점이다. 이 관점을 주장하는 사람들은 다음과 같이 주장한다. 즉 종래의 중국 철학사에서 도가라고 하면 선진 시대의 노장 사상을 서술하는 것이 보통이지만, 도가는 선진 때에만 존재한 것이 아니라 한대에 들어서도 '술術'의 측면을 중시한다든가 노자老子를 신선화·신격화한다든가 하는 역사를 가지고 있다. 양梁의 유협劉勰은 「멸혹론滅惑論」에서 도가의 삼품三品을 논하였는데, "상은 노자를 표방하고, 중은 신선을 좇으며, 하는 장릉張陵의 교敎를 따른다"고 하고 있어 이른바 도교를 도가라 부르고 있다. 또 당을 창업한 이연李淵은 노자의 성명이 이이李耳로 같은 이성李姓이라는 데서 노자를 극도로 숭상하였고, 특히 당 현종은 도가 사상을 신봉하는 열의가 대단하여 742년에 노자를 현원황제玄元皇帝라는 존호를 붙여 친묘親廟에서 몸소 배향하는가 하면 장자莊子를 남화진인南華眞人, 열자列子를 충허진인沖虛眞人이라 하여 노자에 배향한 바 있다.

결국 도가 중 어떤 부분은 단순히 이론 집단으로 그치지 않고 종교화의 길을 걸어 왔으며, 특히 육조六朝 이후에는 도가와 도교라는 말이 동의어로 사용되었음을 알 필요가 있다. 이러한 관점에 입각하여야 도가와 도교의 철학 사상적 발전과 전개 과정이 궁극적으로 해명될 수 있을 것이다.

2. 도교의 개념과 도교 신앙의 형성

노장 사상이 귀족 지식인을 중심으로 유행하던 무렵 그것과 평행하여 민간 신앙을 모체로 하면서 급속히 교의를 정돈, 이윽고 유·불에 견줄 정도로 성장한 종교가 도교이다. 도교라는 말은 본래 도道, 즉 진리에 관한 가르침이라는 뜻의 보통 명사이다. 이것이 하나의 종교의 명칭으로 나타나게 된 것은 5세기 무렵 남북조 이후의 일로 기록되어 있다.

도교라는 용어가 문헌에 최초로 나타난 것은 『묵자墨子』로 여기에 보면 "유자는 도교라고 생각한다"(儒者以爲道教)는 말이 있다. 여기서의 도교란 유가의 가르침, 성인 및 선왕의 도에 대한 가르침, 성인이 도를 설한 가르침이라는 뜻이다. 동진 초 갈홍葛洪이 쓴 『포박자抱朴子』에서는 "도교가 마침내 융성하였다"(道教遂隆)고 하였는데 이 때의 도교라는 것도 도를 설한 가르침이라는 뜻이다. 또 『모자이혹론牟子理惑論』이라는 책에서는 오경五經을 도교라고 부르고, 오경 즉 도교의 입장에서 도가의 신선, 장생 사상을 비판하는 것을 볼 수 있다.

때로는 불교를 도교라고 한 것도 있다. 양梁의 『고승전高僧傳』「구나발마전求那跋摩傳」에는 "송에 가서 도교를 유행시키기를 바란다"는 글이 보인다. 이 때의 도교는 불교를 의미한다. 5세기 북위의 구겸지寇謙之 때에는 훗날의 이른바 도교가 도교라고 불렸고, 동시에 불교도 도교로 불렸다. 그리고 『위서魏書』「석로지釋老志」에서는 도교란 도가 쪽에서 보면 도교이고, 불교 쪽에서 보면 불교가 된다고 하여 두 가지 의미로 전하고 있다. 이러한 예증을 통해 볼 때 도교라는 말이 원래는 단지 도교 자신뿐 아니라 유교와 불교까지도 의미했음을 알 수 있다.

이상 논한 도교를 편의상 다음과 같이 정리해 볼 수 있다. 첫째 도교는 일반적으로 고대의 민간 신앙을 기반으로 하여 신선설을 그 중심에 두었고, 둘째 거기에다 도가·역리·음양·오행·참위·의술·점성 등의 논법 또는 이론과 무술적인 신앙을 보태었으며, 셋째 그것을 불로장생을 주요한 목적으로 삼아 불교의 체제와 조직을 흉내 내어 뭉뚱그렸고, 넷째 현세의 이익을 추구하는 것을 특징으로 한 자연 발생적인 종교로서 매우 복잡한 내용을 가지고 있다는 것이다. 막스 베버는 도교는 유교와 마찬가지로 중국인 및 중국 사회의 문화 복합체로서, 거기에는 철학·사상·미신·종교·민중의 생활·관행·도덕·문학·예술·과학 등의 요소가 들어 있다고 본다.

이러한 도교는 방기가方技家의 일파인 신선가를 통해 발달되었으며, 생명의 참된 본원을 보존하고 방외方外의 세계에 소요하는 것을 중심 강령으로 삼았다. 따라서 이들은 뜻을 넓게 하고 마음의 평정을 유지함으로써 삶과 죽음을 초월하고 마음의 두려움을 없애는 데 주안점을 두고 수련하였다. 이러한 도의 수련자, 즉 선인에 관한 기록이 예부터 전해 온다. 『한비자韓非子』등에도 불사약의 기사가 실려 있다. 진 시황과 한 무제에 이르면 사람들이 이를 믿는 마음은 더욱 깊어지는데, 역사에 보면 한대에서 위진 시대에 걸쳐 수많은 선술가들이 배출되는 것을 볼 수 있다.

한대 초기에 이르러 노장 사상을 받아들이는 사회 분위기는 커다란 변화를 보이기 시작하였다. 그러한 분위기는 주로 신선가가 도가에 접근하여 노장 학설의 몇몇 신비주의적인 요소를 종교적으로 이용하기도 하고 해석하기도 하면서 나타났다. 본래 현재의 하북성 북부와 요녕성 남부 일대에 해당하는 연燕과 현재의 산동성 북부 및 하북성 동남부 일대에 해당하는 제齊의 해안선 일대에서 활동한 신선가들은 방술만 행했지 이론은 부족하였다. 그들은 선진 시대 추연鄒衍의 음양오행술을 받아들이기도 하였으나 그 학설로는 신선학의 이론적 근거를 이뤄 낼 수 없었다. 게다가 추연의 인물됨이나 학설은 노자의 높은 명성에 전혀 미치지 못하였다. 그래서 점차로 신선가는 노자에 빌붙게 되었고, 이런 이유로 노자는 일반인의 마음속에서도 점차 신비적인 모습으로 비치게 되었다. 왕충王充의 『논형論衡』에 나타난 바와 같이 후한 중엽에 이미 도가 사상은 장수를 추구하는 신선가와 혼동되었다.

역사서의 기록에 따르면 최초로 도가의 문을 두드린 방술사는 후세에 하상공河上公이라고 불린 사람이다. 한대의 방술사는 하상공이 남긴 가르침에 근거하여 『노자하상공장구老子河上公章句』를 지었고, 『노자』는 몸을 수양하여 선인이 되는 데 꼭 필요한 수양 경전이 되었다. 그 뒤 신선이 되고자 하는 방술사들은 『노자하상공장구』를 근거로 자신들의 사상을 계발하였으며, 더욱이 그것을 확대 해석하고 견강부회하여 자신들의 교를 꾸미기도 하였다.

동한 시대에 나타난 『태평경太平經』이나 『노자상이주老子想爾注』같은 책은 초기 도교와 아주 밀접한 관계를 가지고 있다. 『태평경』에서는 이미 노자를 지고의 천신으로 높이고 있으며, 노자 사상의 내용을 바탕으로 태평도의 신학 이론을 구성하였다. 동한 말 장로張魯는 『노자상이주』를 지어 노자의 말에 의탁하여 오두미도를 창시하였다. 이리하여 동한 말기에 『노자』는 간길干吉(또는 우길于吉이라고도 한다)과 장도릉張道陵 등에 의해 태평도太平道와 오두미도五斗米道의 경전으로 받들어지게 되었다.

이러한 도교의 근본 신앙은 노자가 말한 '도道'와 '덕德'에 있다. 도교 신도가 말하는 수련은 한 마디로 "도를 닦고 덕을 기르는" 것이라고 할 수 있다. 노자 사상에서 도는 비물질적인 우주의 근원이며 우주의 주재자이다. 노자 사상의 핵심은 바로 이 도에 있다. 도교에서는 이 도를 인격화하여 '태상노군太上老君'이라 불렀다. 그러면 무엇을 덕이라 하는가? 이른바 "도를 닦고 덕을 기른다"는 것은 바로 태상노군을 공경히 제사 지내고, '노군'의 자연지도自然之道를 체득하여 행하는 것을 말한다. 선한 일을 행하고 공덕을 쌓아 신명의 도움을 얻게 되면 마침내 도를 얻어 신선이 된다는 것이다.

이처럼 도교가 노자에 귀의한 까닭은 무엇인가? 여기에는 노자를 추켜 세워 유교의 공자, 불교의 석가와 대등한 지위를 갖게 하려 했다는 점도 지적할 수 있지만, 이와 함께 『노자』 자체가 그들과 필적할 만한 심오한 사상을 지니고 있었다는 점도 간과해서는 안 된다. 그뿐 아니라 『노자』에 이미 종교에서 원용할 만한 신비주의 사상의 요소가 포함되어 있다는 것도 지적할 수 있다. 특히 그 가운데 우주의 본체를 해명하는 유심주의적 내용과, 불로장생의 도와 같은 신선 신앙, 양생이라든지 수도 등을 말하는 인생 철학 등은 모두 도교가 흡수해서 펼칠 수 있는 사상적인 요소들이었다. 『노자』의 구절구절은 정밀하고 간결하면서 뜻이 심오하고 복잡하게 얽혀 있어 후세 사람들한테는 신비스럽게 느껴지기에 충분하였다. 이런 점들이 뒷날 방술지사方術之士들이 견강부회하여 종교화할 수 있는 조건을 제공하였다. 이렇게 해서 신선 신앙을 핵심으로 하면서 노자의 학문을 외부에 장식한 도교의 구성 체계가 완성된 것이다.

그렇다면 후세의 도교라는 말은 어떤 과정을 거쳐 유·불·도 삼교 중 도교만을 의미하게 된 것일까?

3. 도교 신앙의 전개

도교가 성립하는 과정에서 노장이 떠받들어졌다 하더라도, 그 내실에서 도교는 이른바 주술적인 오두미도에 의해 성립되었다는 사실을 간과할 수 없다. 도교의 원류는 보통 후한 말기인 2세기 무렵 순제 때에 잇따라 나타난 태평도와 오두미도라는 두 종교 교단에서 구할 수 있다. 즉 태평도와 오두미도에 의해 비로소 성전에 의거한 교법과 교단을 갖춘 종교로서 모양을 갖추게 된 것이다.

먼저 장도릉의 오두미도를 보자. 병을 고치거나 배우기 위해 장도릉을 찾는 자들은 모두 오 두의 쌀을 헌납하였으므로 이들을 오두미도라고 불렀다. 어떤 병에 걸린 사람이라도 장도릉의 가르침을 믿고 그가 규정한 규율과 의식에 따르면 부수符水에 의해 반드시 낫는다고 하였기 때문에, 이 오두미도는 크게 위세를 떨치게 되었다. 장도릉은 그를 따르는 사람들을 가르칠 때 『도덕경』, 즉 『노자』를 읽고 암송하게 하였다. 『도덕경』을 경전으로 삼은 것은 다음과 같은 이유 때문이었다. 『도덕경』의 문장은 간단하고 압운이 많으므로 외우기에 편리하였다. 더욱이 『도덕경』에 엿보이는 사회주의적인 요소(제75장, 제77장)는 장도릉이 무료 여관을 지어서 운용한 것과 상통하였다. 거기에다 『도덕경』은 인과응보적인 도덕적인 요소(제79장, 제73장)를 지니기도 하였다. 『도덕경』은 또 섭생(제50장)이라든지 장수(제33장, 제59장)를 귀하게 여겼다. 이런 요인들 때문에 장도릉은 오두미도를 연 초창기부터 노자를 교주로 여겨 '태상노군'이라 높여 불렀으며 간단히 '노군老君'이라 부르기도 하였다. 오두미도는 2대 장형張衡, 3대 장로張魯를 거치면서 20년 동안 섬서와 사천 지방에서 종교와 정치 그리고 군사적 지배권을 가진 종교 교단을 형성하였고, 184년에는 "창천蒼天(후한을 가리킴)은 죽었다. 황천黃天(새 왕조를 가리킴)이 곧 살아날 것이다"라고 말하면서 그 유명한 황건적의 난을 일으키기도 하였다.

장도릉의 오두미도로부터 도교가 비롯되었지만, 도교가 종교로서 성립하기 위해서는 도교의 목적이라 할 장수와 행복을 획득하는 데 필요한 방법 따위를 설명해 줄 이론적인 뒷받침이 필요하였다. 그때까지는 어쨌든 황금을 만들기 위해 단사丹砂를 변화시킨다든지, 장수하기 위해 복령茯苓을 복용한다든지 하는 여러 방술이 있긴 하였지만, 아직 이를 질서있게 정리한 사람은 없었다. 또 신선은 과연 존재하는가, 또는 보통 사람이 신선이 될 수 있는가 등등의 문제에 관해서도 의문이 제기될 수밖에 없었다. 이에 누구라도 선인이 될 수 있다는 것을 명백히 하여 세인들의 의문을 풀어 주지 않으면 안 되었다. 위백양魏伯陽과 갈홍은 그 임무를 수행한 사람들이었다. 그들은 신선술의 이론적 근거와 방법 따위를 제공하고, 누구나 신선이 되어 방술을 부릴 수 있다고 단언함으로써 종교로서 도교의 튼튼한 기초를 세웠다.

갈홍은 도교의 중요한 요소인 신선 방술을 집대성하여 교의면에서 기반을 제공하였다. 그가 지은 『포박자』의 내편은 신선 방술에 관한 일을 기술하고 있다. 이 책에서는 불사의 신선이 실재한다고 인정할 뿐 아니라, 이 신선은 보통 인간과 다르지 않으며 누구나 신선이 될 수 있다고 주장하고 있다. 그리하여 그때까지의 신선도가 진 시황이나 한 무제와 같은 한정된 특권자에게만 점유되던 것과 달리, 누구나 다 신선이 될 수 있다고 하여 이 신선도를 만인에게 널리 개방하였다.

북조에서 천사도를 개혁하여 도교를 최초의 국가 종교로 삼은 사람은 북위의 구겸지였다. 그는 신천사도新天師道를 세워 스스로 '천사天師'가 되었으며, 태상노군이라는 명칭을 이용하여 도교의 정화에 착수하였다. 이때의 태상노군이란 한낱 존칭으로 상정된 것이 아니라, 교무敎務를 친히 다스리는 명실상부한 교주로 묘사되었다. 도교가 중국 사회에서 확고한 기초를 세울 수 있었던 것은 바로 구겸지가 기울인 노력의 결과였다. 그때까지 도교는 단지 민간들 사이에서 신앙되는 데 불과하였지만, 이제는 조정의 존경과 신망을 얻게 되어 불교를 압도하게 되었다.

남조에서는 송의 육수정陸修靜이 갈홍에 이어서 도교의 교의를 정리하고 체계화하는 데 기여하였다. 육수정에 의해 착수된 도교 교의의 정리는 제齊·양梁대의 도홍경陶弘景에 의해서 대성되었다. 도홍경은 당시 사회의 봉건 등급 제도와 관계官階 제도를 도교에 끌여들여 허구적인 「진령위업도眞靈位業圖」에 신선의 계보를 배열하였다. 여기에도 '태상노군'과 '노담老耼'의 존호는 높은 위치에 자리하였다. 도홍경이 이끈 도교의 계통을 상청파上淸派라고 하는데, 이들은 수당 시대에 크게 융성하였다.

당대에 이르러 도교는 한때 극성하였다. 노자는 당 황제에 의해 당 왕조의 선조로 받들어졌으며, 그에 대한 신격화도 더해져 그 지위가 더욱 상승되었다. 『구당서舊唐書』에는 당 고종 원년에 노자를 '태상현원황제太上玄元皇帝'로 추존했다는 기록이 있다. 당 이후에는 '노군老君'에 관계된 종교적 전설이나 전기·경서·예술 작품 등이 나날이 늘어나서 노자를 더욱더 과장되게 꾸미기 시작했으며, 도교의 교주 및 우주 최고의 천신으로서 노자의 지위는 의심의 여지가 없을 만큼 되었다.

또 당 고종 3년(678)에 『도덕경』을 상경으로 한다는 조령이 내린 이후부터는 관리 등용 시험을 보려는 사람은 『도덕경』에 정통하지 않으면 안되었다. 당 현종 21년(733)에는 일반 가정에서도 『노자』 한 권은 반드시 갖추고 있어야 한다는 명령이 내렸고, 매년 관리 등용의 시험 과목에서도 유학 경전인 『상서』·『논어』 등의 비율을 줄이고 그 대신 『도덕경』을 더하라는 명령이 내렸다. 현종 29년(741)에는 또 현학을 숭상할 것과 국립대학의 학생에게 『노자』와 『장자』를 학습할 것 등을 내용으로 하는 조치가 취해졌다. 노자는 이미 '현원황제玄元皇帝'로 추앙되었다. 그 다음해(742)에는 이어 장자를 '남화진인南華眞人'이라 하였고, 당 현종은 친히 도교에 입문해 도사황제가 되었다. 도교는 황실의 종교로 되었기 때문에, 『노자』도 따라서 성전이 되었고, 『도덕진경道德眞經』으로 추앙되었다.

후한 시대는 도교의 발전 과정에서 중요한 시기이다. 이 시대는 본격적인 의미에서의 도교, 즉 민간 도교 혹은 교단 도교가 형성되었다는 점에서 중요한 특징을 보여 주는 시기이다. 이보다 앞선 시기의 도가, 무속 신앙, 신선 사상은 아직도 적극적인 의미의 도교가 아니었다. 본격적인 의미에서 도교라고 이름 붙일 수 있는 것은 후한의 오두미도나 태평도이다. 이것들은 도가나 그 변형인 황로 사상과 민간의 무속, 신선 사상 등 여러 요소들이 결합하여 도교화된 것이다. 이 시점에서 『태평경』은 태평도나 오두미도에 사상적 뿌리를 제공하며, 또 원시 교단 도교의 형성에 결정적인 영향을 미친 것으로 간주된다.

중국 사상의 2대 지주는 유학과 도교이다. 유학이 정부나 왕조 안의 관료 지성인을 중심으로 하는 교학이라면, 도교는 대체로 농민과 일반 백성의 신앙을 가리킨다. 도교는 백성들의 신앙을 기초로 하는 종교적 집단 결사 혹은 왕조가 공식적으로 인정하는 교단을 가리킨다. 일반 백성을 중심으로 사회적 집단을 형성하였던 도교를 민중 도교라 하며, 그 뿌리는 이미 후한 시대에 형성되어 송대 이후 크게 번성하게 되는 것이다. 송대 이후 도교는 유·불·도 삼교의 합일을 특징으로 하며, 왕중양王重陽의 전진교全眞教, 유덕인劉德仁의 진대도교眞大道教, 소포진簫抱珍의 태일교太一教 등이 여기에 속한다. 또한 도덕적 선행을 강조하는『선서善書』등을 근간으로 하는 삼교합일적 집단과 민중의 도교적 결사 운동 등도 여기에 포함된다고 할 수 있다.

4. 도교의 경전

도교의 최초 경전은『태평경』이라고 한다. 경전 목록의 성격을 띠고 있는 것으로서 최초의 것은 갈홍의『포박자』내편이다. 도교 총서로서는『도장道藏』과『도장집요道藏輯要』가 있다. '도장'이란 도교의 모든 경이라는 뜻으로 불교의 대장경에 상응하는 것이다. 현재의『도장』은 명대 1445년에 480함 5,305권의 도교 경전을 수집한 것이다. 이것을 정통 도장이라고 부른다. 그 후 1607년에 정일교正一教 제50대 천사 장국상張國祥이 명을 받아 32함 180권의 도교 전적을 수집하였는데, 이것을『속도장續道藏』이라고 한다. 오늘날 간단히 줄여서『도장』이라고 하면 대개 정통 도장과『속도장』을 가리킨다.『도장집요』는 청의 가경嘉慶 연간(1796~1820)에 장원정蔣元庭이 편집한 것이 최초의 것이다. 도교와 관련된『노자』의 주석서로 유명한 것은『노자하상공장구』와『노자상이주』이다.

이 밖에 도교의 중요한 경전에는 『상청경上清經』, 『참동계』, 『황정경黃庭經』, 『운급칠첨雲笈七籤』, 『음부경陰符經』 등이 있다. 그런데 도교가 중국 사회 일반에 걸쳐 신앙화된 까닭은 그와 같이 난해한 경전 덕분이 아니라, 실제로는 『태상감응편太上感應篇』, 『음즐문陰騭文』, 『공과격功過格』 등 세 책의 힘이 매우 컸다. 이 세 책은 송대 이후 널리 중국 전체에 유포되어 사회 일반의 도덕을 유지시키는 데 커다란 공헌을 하였다. 그 내용은 일상 생활에 직결되는 도덕적 교훈이었지 결코 고상하고 유현한 철리는 아니었다.

특히 위백양魏伯陽은 『주역참동계周易參同契』를 지어 리학자들에게 많은 관심거리를 제공하였다. '참동계'란 말에서 참은 잡雜, 동은 통通, 계는 합습이라는 뜻이다. 그 사상이 『주역』과 같은 원리이고 뜻이 통하며 대의가 합한다는 것이다. 우리 나라의 노장 철학에 영향을 주었을 뿐만 아니라 학문적인 입장에서 도교에 대한 연구에 일조를 담당한 사람은 바로 주희朱熹였다. 그는 위백양의 『주역참동계』에 주를 달았는데 조선의 유학자들은 이것을 인용해 자신의 입장을 밝혔다.

5. 도교·도가의 한국적 전개

우리 나라에서 도가와 도교 사상의 흔적은 매우 일찍부터 나타난다. 단군이 신선이 되었다는 단군 신화의 내용은 도가 사상이 우리 민족에게 얼마나 커다란 영향을 미쳤는가 하는 것을 상징적으로 보여 주는 예라 하겠다. 문헌상으로 볼 때도 삼국 시대의 막고해나 을지문덕 등과 같은 무장들이 『노자』의 문장을 인용해 적을 격퇴하였다는 기록이 나온다. 『노자』의 병가兵家적 성격을 참조한다면 이 당시 이미 많은 사람들이 도가 사상에 관심을 가졌으리라는 것을 짐작할 수 있다.

우리 나라에 종교로서의 도교가 전래된 연대는 연개소문의 건의에 의해

당에서 수입했다는 643년이다. 고려 예종은 우리 나라 최초의 본격적인 도관道觀인 복원궁福源宮을 건립하였다. 이러한 도교는 이후 조선 시대에 들어 주자학이 세력을 잡기 이전까지, 때로는 무속적인 요소와 결합하고 때로는 지리도참 사상과 결합하면서 정치적인 측면에서 많은 영향력을 발휘하였다. 조선에서는 소격서昭格署가 혁파된 이후로 유학에 밀려 사상적으로는 지식인들에게 그다지 영향을 끼치지는 못하지만, 건강 관리라는 측면에서 수련 도교의 양생술은 적지 않은 영향을 미치는 것을 볼 수 있다. 이황李滉과 같은 유학자도 도교적인 양생술에 매우 깊은 관심을 보였고, 허준許浚의 『동의보감東醫寶鑑』과 같은 의술서에서 그 의학적인 진면목이 나타나기도 하였다.

도교와 관련된 인물 중 유명한 사람은 신라의 경우 최치원崔致遠과 김가기金可紀, 고려의 경우 강감찬姜邯贊과 한유한韓惟漢 등을 들 수 있다. 조선의 경우 남궁두南宮斗·김시습金時習·홍유손洪裕孫·정렴鄭磏·전우치田禹治·곽재우郭再祐·권극중權克中 등이 유명하다. 전우치 등은 백성들에게 초인적인 인간으로 여겨져 많은 추앙을 받기도 하였다. 이 가운데 학문적으로 도교를 가장 깊게 연구한 사람은 『참동계參同契』에 대한 주해서를 낸 권극중이다. 이 밖에 비록 도교인이라고 부를 수는 없지만 도교에 많은 관심을 가진 학자로 허목許穆·서명응徐命膺·이규경李圭景 등을 들 수 있다.

역사의 기록으로 볼 때 『도덕경』이 중국에서 우리 나라에 정식으로 들어온 것은 당대 초기의 일이다. 고구려 영류왕 7년(624)에는 당의 고조가 보내 온 도사가 『노자』를 강론하였고, 보장왕 2년(643)에는 당 태종이 『도덕경』을 왕에게 보내 왔다. 이 두 가지 일은 모두 도교의 전래와 동시에 이루어진 것이다. 우리 나라에서 역사서에 기록된 도가서를 강해한 최초의 사례는 고려 예종 3년(1118)에 한안인韓安仁에게 『노자』를 강론하게 한 것이다.

노장 사상은 조선에서는 이단으로 지목되어 비판을 당하지만, 수용하는 입장은 시대에 따라 다르게 나타나는 것을 볼 수 있다. 유학자들이 볼 때 가장 대표적인 이단 사상은 노장 사상과 불교 사상이었다. 그러나 조선 시대 유학자들은 불교 사상은 강상윤리를 철저하게 부정한다는 점에서 전혀 용납하지 않았지만, 노장 사상은 강상윤리를 완전히 부정하지 않을 뿐 아니라 수기치인이라든지 수기치국의 측면을 말하고 있다는 점에서 약간의 예외를 두었다.

조선 초기 정도전鄭道傳, 권근權近 등이 노장 사상을 이단으로 여겨 학문적으로 비판을 가하였지만, 이이李珥가 『순언醇言』이라는 『노자』 주석서를 낸 이후부터는 학자에 따라 노자 사상을 달리 이해하는 모습을 보이기도 하는 것이다. 이 후 박세당朴世堂·서명응·홍석주洪奭周 등도 『노자』를 수기치인의 책이라 본 이이와 같은 맥락에서 『노자』를 주석하고 있다. 『장자』의 경우 한원진韓元震은 부분적으로는 부정하고 부분적으로는 긍정하는 모습을 보이지만, 박세당은 매우 긍정적으로 이해하는 모습을 보였다. 이러한 유학자들의 노장 이해에서 공통적인 면은 "유학의 입장에서 노장을 이해한다"(以儒釋老)는 것이었다.

문학적인 측면에서 보면 노장 사상은 삼국 시대부터 조선 시대에 이르기까지 학자들에게 많은 영향을 끼쳤다. 시인 묵객 치고 노장을 읽어 보지 않은 사람이 없을 정도라 해도 지나친 말이 아니다. 유학자의 경우도 문학에 관심이 있는 사람은 이 점에서 예외가 아니었다. 노장 사상을 문학에 이용해 시대를 비판한 학자도 나타나는데, 허균許筠이나 박지원朴趾源 등이 그 대표적인 학자이다.

도교는 비록 유학을 바탕으로 한 위정자들에게는 때로는 혹세무민하는 위험한 사상으로, 때로는 개인의 안위만을 꾀하는 사상으로 여겨져 비판받기도 하였고, 또 실제로 그러한 면이 전혀 없다고 할 수도 없다. 특히 무속과 결합된 도교는 그러한 면이 더욱 강하다고 할 수 있다. 그러나 여기에서 우리가 간과해서는 안 되는 것은 이런 도교가 백성들에게는 자신의 한과 억울함을 풀어 주는 심리적 기제로 작용하기도 하였고, 때로는 그것이 강한 응집력을 보여 기존의 체제를 부정하는 사상으로 표출되기도 하였다는 점이다. 중국의 오두미도를 바탕으로 한 황건적이 바로 그 한 예이고, 조선 후기 일제의 침탈에 눈에 보이지 않는 저항을 하게 만든 원동력이 바로 이것이었다. 이런 점은 왜 일제가 우리의 무속을 없애기 위해 혈안이 되었던가를 생각하면 잘 알 수 있다.

　　노장 사상도 때로는 몰락한 지식인들에게 현실 도피처로서 역할하기도 하였지만, 다른 한 측면으로는 그 자신이 살고 있는 시대의 문제점을 비판적인 시각으로 바라본 인물들에게 학적 기반을 제공하기도 하였고, 나아가 이상 사회를 꿈꾸었던 사람들의 근간 사상이 되기도 하였다. 도교와 도가 사상에 깃들어 있는 이런 저항 정신과 비판 정신을 정확하게 이해할 때 오늘날 그것들이 우리에게 무엇을 줄 수 있는가 하는 문제에 대한 간략한 해답을 찾을 수 있을 것이다.

■ 더 읽어 보아야 할 책들

이능화,『조선도교사』, 이종은 역주 (보함문화사, 1977)

차주환,『한국도교사상연구』(한국문화연구소, 1978)

송항룡,『한국도교철학사』(성균관대학교대동문화연구원, 1987)

한국도교사상학회,『한국도교와 도가사상』(범양사, 1988)

이강수,『도가사상의 연구』(고려대학교민족문화연구원, 1990)

한국도교사상학회,『한국도교와 도가사상』(아세아문화사, 1992)

酒井忠夫 외,『도교란 무엇인가』, 최준식 옮김 (민족사, 1993)

문영오,『연암소설의 도교철학적 연구』(태학사, 1994)

한국도교사상학회,『도교의 한국적 수용과 전이』(아세아문화사, 1995)

한국도교사상학회,『노장사상과 동양문화』(아세아문화사, 1995)

김충열,『김충열교수의 노장철학강의』(예문서원, 1995)

2

시대별로 본 한국 철학

1. 역사 개관

한반도와 남만주 일대에는 기원전 1000년 무렵 청동기 사용이 보편화되면서 잉여 생산물이 발생하고 사적 소유가 생겨남에 따라 원시 공동체 사회가 붕괴하고 고대 국가가 등장한다. 대체로 고조선과 부여 등이 고대 사회 성립기에, 고구려·백제·신라의 삼국은 고대 사회 발전기에 나타난 국가로 볼 수 있다. 고대 사회에서는 개별 가호家戶 단위의 농업 경영이 거의 이루어지지 않은 채 생산자층은 수장층에 전적으로 종속되어 있었다. 따라서 강도 높은 인신적人身的 지배가 가능했다. 고대 사회 초기 각 지역에서 형성된 다수의 읍락邑落 사회는 상호 불균등한 발전을 배경으로 지배 복속 관계를 맺어 가게 되었으며, 빈번한 전쟁은 이를 더욱 급속히 추동하여 중앙 집권적 고대 국가 형성을 가속시켰다. 고대 사회 초기 지배자의 권력은 종교적 권위에 크게 의존하고 있었다. 우리 나라 고대 사회의 신화는 대부분 '시조 신화' 또는 '건국 신화'의 내용을 담고 있는데, 이것은 바로 신화를 통한 지배 이데올로기의 형성이란 의미를 갖는다. 한편 삼국 시대로 접어들면서 중국으로부터 받아들인 유학과 불교 등은 고대 국가 체제를 정비하고 왕권을 강화하는 데 적극적으로 쓰인다. 곧 유학과 불교는 이전 종교나 신화가 지녔던 기능과 권위를 대신해 갔던 것이다.

우리 나라의 중세 봉건 사회는 지주제와 신분제를 바탕으로 한 중앙 집권적 정치 형태가 특징이다. 지주제는 대토지 소유자인 지주와 그 토지를 빌려 경작하는 전호 농민 사이에 맺어지는 경제 제도로서, 우리 나라 봉건 사회의 기본적인 생산 관계를 이루고 있다. 신분제는 경제 외적 강제를 통해 봉건 사회를 지탱시켜 주는 또 하나의 제도적 장치이다. 이러한 지주제와 신분제를 바탕으로 정치적으로는 중앙과 지방 및 군사 제도에서 방대한 중앙 집권 체제가, 사상적으로는 보편적 세계관과 지배 질서의 논리를 제공해 주는 유학과 불교가 발달하였다.

우리 나라 중세 봉건 사회는 크게 형성·확립기와 재편기 및 해체기로 나눠 볼 수 있다. 후기신라와 발해의 남북국 시대에서 고려 중기까지, 고려 말에서 임진왜란과 병자호란이 발생한 양란 이전까지, 그리고 양란 이후로부터 19세기 중엽 개항 이전 시기까지가 각각 여기에 해당한다.

우리 역사에서 봉건적 특성이 지배적인 형태로 자리 잡기 시작한 시기는 7, 8세기 무렵이다. 이 시기에 이르면 중앙 집권적 국가 체제가 발전하면서 지배층에 대한 경제적 급부가 식읍食邑의 분급에서 수조권收租權의 지급으로 나타났다. 지배 방식도 노예나 하호下戶에 대한 인신적 지배에서 토지를 매개로 한 방식으로 변화하였다. 고려에 오면 전시과田柴科 제도가 실시되어 이전보다 훨씬 체계적이고 일원적인 수조권 분급 제도가 갖추어지면서 중세적 토지 제도의 토대가 발전·강화되었다. 사상적으로 불교가 일생 생활을 지배하였던 반면, 유학은 통치 제도와 정치 이념을 확립시키는 역할을 하였다.

고려 말에서 조선 전기에 이르면 휴한 농법이 극복되고 연작 상경 농업이 일반화되어 소유권에 입각한 토지 지배가 한층 발달하면서 수조권에 입각한 토지 지배가 극복되기에 이른다. 농민의 경영상 자립을 바탕으로 양천제良賤制가 확립되어 양인 안에서 법제적인 평등이 인정되는가 하면, 과거제 실시가 일반화되면서 과거를 통한 재지 중소 지주층의 중앙 정계 진출이 눈에 두드러지게 되었다. 흔히 이들을 신진 사대부라고 부르는데, 이 시기에는 이들의 양반 지배 체제가 공고히 되었다. 사상적으로는 신진 사대부들이 원에서 들여 온 주자학이 통치 체제나 정치 이념에서뿐만 아니라 일상 생활에서도 불교를 대신하여 지배적인 위치를 차지하였다.

임진왜란과 병자호란을 거쳐 17세기 후반에 이르면, 봉건 사회는 토대로부터 해체 과정을 밟게 되면서 새로운 사회의 싹이 자라나는 것을 볼 수 있다. 상품 화폐 경제의 발달에 따라 농촌 사회의 계급 분화가 촉진되는데, 농민층 가운데 일부는 새로운 농업 경영을 통해 부농층으로 성장하는 한편 대다수의 농민은 빈농이나 임노동자로 점차 몰락해 갔다. 이에 따라 신분제가 전면적으로 동요하고 봉건적 부세 제도의 모순도 심화되었다. 이처럼 봉건 사회의 위기가 심화됨에 따라 이에 대한 수습 방향을 둘러싸고 붕당 사이에 노선이 대립하면서 정치적 갈등이 격화되었다. 사상적으로는 주자학을 통해 흐트러져 가는 봉건 사회 체제를 유지시키려 하지만, 도리어 주자학은 경화되고 각질화되면서 이미 당시 문제를 해결할 수 있는 사상적 탄력성을 잃어가게 되었다. 한편으로 이러한 주자학적 지배 이념에 맞서 실학, 양명학, 경학과 같은 새로운 사상이 대두하는데, 이에 맞서 집권층의 사상 통제가 강화되기도 하였다.

조선은 무력을 앞세운 일본과 1876년 2월 '조일수호조규朝日修好條規'(병자수호조약)를 맺고, 7월에 그 내용을 구체화한 '조일수호조규부록'과 잠정적 통상 협정인 '조일무역규칙'을 조인하였다. 이 조약으로 조선은 세계 자본주의 질서 속에 강제로 편입되면서 왜곡된 자본주의의 길을 걷게 된다. 곧 우리 나라의 근대는 자주적인 형태가 아니라 강제되고 왜곡된 형태로 맞게 된 것이다. 따라서 대내적으로는 봉건적 잔재가 청산되지 않은 채 근대 속에 온존한 결과 계급 모순이 첨예하게 일어났고, 대외적으로는 일본과 서구 열강이 중첩적으로 압박을 가해 와 민족 모순 또한 심각한 양상을 띠었다.

이러한 위기를 극복하기 위하여 다양한 형태의 운동이 등장하였다. 먼저 비교적 반침략·반외세에 철저했던 계열로 재야 유생들이 중심이 된 척사위정斥邪衛正 운동이 있다. 이들은 정통 주자학을 더욱 강화함으로써 현실의 위기를 벗어나고자 하였다. 다음은 비교적 반봉건에 철저했던 계열로 재경 집권 노론층이 중심이 된 개화 운동이 있다. 이들은 그들간 다소의 편차는 있지만 서구 열강의 선진 문물을 적극적으로 받아들여 부국강병을 꾀하고자 하였다. 이런 가운데 서구의 근대 계몽 사상과 진화론 등에 귀기울이기도 하였다. 마지막으로 계급 모순과 민족 모순을 이중적으로 담지하고 있던 민중들의 운동이 있다. 동학과 갑오농민전쟁이 대표적이다. 이들은 전통의 유·불·도 삼교와 고유 사상 등을 결합시켜 다양한 형태의 근대 민중·민족 종교를 만들어 냈다. 한편 이 시기에는 미국으로부터 기독교가 전래해 오기도 하고, 불교의 근대적 개혁 운동이 일어나기도 하였다.

자주적 근대화를 이루기 위한 민중 운동과 부르주아 개혁 운동이 모두 좌절됨에 따라, 우리 나라는 일본 제국주의의 독점적 반식민지를 거쳐 1910년 마침내 식민지로 전락하고 만다. 이 후 해방에 이르기까지 일제의 강점에 의한 식민지 지배 체제가 전사회적으로 공고히 된다. 일제는 지배와 수탈에 적합한 범위에서 우리 나라의 사회·경제 구조를 자본주의적으로 개편해 갔다. 이로 말미암아 우리 나라는 일본 자본주의에 더욱 예속되었고, 민족 경제는 한층 더 왜곡·파괴되었다. 한편 이렇게 왜곡된 형태로나마 자본주의적 관계가 확대됨에 따라 노동자 계급이 형성·확대되기도 하였다. 일제는 강점 초기 강압적인 방법을 통해 식민지 지배 체제를 강화시켜 나가다가, 마침내 3·1 운동이라는 전민족적 저항에 부닥치자 일종의 유화 정책이라고 할 수 있는 문화 정책을 일시적으로 쓰기도 하였다. 그러나 일제는 1930년대 이후 침략 전쟁을 수행하면서 한반도에 대해 대륙 침략을 위한 군수 기지화 정책을 추진함에 따라 자본주의적 관계는 급속히 확대되지만, 민족 경제의 왜곡과 파괴가 한층 강화되었다. 이 과정에서 창씨 개명과 조선어 사용 금지 등의 민족 말살 정책이 병행되었다.

결국 일제 강점기중 학술 사상의 전개는 3·1 운동 이후, 그것도 제한적인 형태로 잠시 동안만 가능했던 것이다. 이 시기에는 먼저 유학을 중심으로 한 전통 사상에 대한 반성과 비판 및 근대 철학으로 변모하려는 노력이 돋보이는 한편 경성제국대학을 중심으로 강단 동양 철학이 등장한다. 아울러 경성제국대학 졸업생이 배출되고 해외 유학생들이 귀국하면서 서구 부르주아 철학이 수용·전개되며, 국내 노동자 계급의 형성과 러시아의 사회주의 혁명 수출에 따라 마르크스 철학 또한 수용·전개된다.

1945년 해방은 일제 강점 아래 국내외에서 계속된 민족 해방 운동의 성과이자, 미국과 소련에 분할 점령당하는 불완전한 해방, 곧 분단의 시작을 의미한다. 따라서 해방으로부터 시작된 우리 나라의 현대는 '분단 시대'라는 역사적 특징을 깊이 간직하게 되며, 분단의 극복을 통한 민족 통일 국가의 건설이 역사적 과제로 남게 된다. 미국과 소련의 한반도 분할 점령으로 성격을 달리하는 두 개의 정권이 남과 북에 각각 수립되었으며, 1950년 한국전쟁은 민족의 분단과 남북의 이질화를 더욱 심화시키고 체제의 경색과 권력의 독점을 더욱 강화시켰다. 북한은 정권 수립 후 독자적인 사회주의 건설을 추진하였으며, 중·소 대립 후인 1960년대로 접어들면서부터 주체 사상을 전면에 내세우기 시작하였다. 반면 남한은 국가 권력의 강력한 주도 아래 종속형 자본주의를 발전시켰다. 그 결과 남한 사회는 경제의 양적 성장을 이룩하긴 했지만 대외 의존과 계급적 불평등이 심화되었고, 한편으로는 이러한 상황을 극복하기 위하여 1980년대 이후부터 광범위한 대중을 중심으로 민족민주 운동이 활발히 전개되기도 하였다.

이처럼 남북한이 체제 경쟁에 몰입하면서 그것이 철학 방면에 미친 파장은 심대하였다. 곧 이념적인 편향에 따라 제한적이고 기형적인 연구가 이루어져 나갔다. 남한은 관념론의 길을, 북한은 유물론의 길을 따라갔던 것이다. 그나마 1980년대 남한에서 민족민주 운동이 일어나면서 이념의 벽을 넘나들며 이론과 실천 방면에서 활발한 토론을 전개한 것은 우리 현대 철학사에서 귀중한 경험이 될 것이다.

2. 고대의 사상

고조선 — 삼국 시대

1. 고유 사상

단군 신화의 내용과 의의

신화란 역사 이전부터 구전되어 오던 신의 이야기를 담은 것이다. 따라서 거기에는 다소 신비적이고 비합리적인 내용이 담겨 있게 마련이다. 그러나 여기에는 또한 고대인의 삶과 사회적 경험이 녹아 있기도 하다. 따라서 이를 적절히 해석한다면, 이는 고대인의 사유 방식과 세계관을 밝힐 수 있는 중요한 자료가 될 수 있다. 우리의 가장 오랜 신화인 단군 신화도 이 점에서 예외가 아니다.

단군 신화를 기록하고 있는 가장 오래된 문헌인 『삼국유사』는 다음과 같이 적고 있다.

『위서魏書』에 말하기를, "지금으로부터 2천 년 전 단군왕검檀君王儉이 있어 아사달에 도읍을 세우고 나라를 여니 이름이 조선이다. 요 임금과 같은 시대이다"라고 하였다.……『고기古記』에 이르기를, "옛날에 환인桓因의 아들인 환웅桓雄이 자주 세상에 뜻을 두어 인간 세상을 탐내므로, 아버지가 아들의 뜻을 알고 삼위태백三危太伯을 내려다 보니 널리 인간을 이롭게 할 만했다. 이에 천부인 3개를 주고 가서 다스리게 하였다. 환웅이 무리 3천을 이끌고 신단수 아래 내려왔으니…… 바람·비·구름을 주관하는 신하를 거느리고 곡식·생명·질병·형벌·선악 등을 다스렸으며, 인간 세상의 온갖 일을 맡아 세상을 다스리고 교화하였다. 이때 곰 한 마리와 호랑이 한 마리가…… 인간이 되기를 원하였다.…… 곰과 호랑이가 그것(쑥과 마늘)을 얻어 먹고 세 이레를 금기하여 곰은 여자가 되었지만, 호랑이는 참지 못하여 여자가 되지 못하였다.…… 환웅이 거짓 변하여 결혼하여 아들을 낳았으니 곧 단군왕검이다.…… 평양성에 도읍을 정하고 비로소 조선이라 불렀다.…… 1,500년간 다스렸는데…… 산신이 되었으니 나이가 1,908세였다”고 하였다.

단군 신화의 내용을 통해 미루어 볼 수 있는 특징은 다음과 같다. 첫째는 현세주의적 사고이다. 단군 신화는 다른 나라의 신화와 달리 세계의 기원에 대한 설명이 없다. 게다가 내세에 대한 언급도 없다. 다만 중시되는 세계는 현재하는 인간 세계일 뿐이다. 둘째는 인간 중심 또는 인간 존엄의 가치관이다. 하늘의 신도 인간 세계를 탐내고 땅의 동물도 인간이 되기를 바란다. 아울러 신의 관심은 어떻게 하면 인간을 이롭게 하느냐에 집중된다. 셋째는 조화 지향적인 세계관이다. 서양의 신화에서 볼 수 있는 신들의 투쟁, 신과 인간 혹은 동물간의 갈등이 없다. 오히려 신과 동물이 결합함으로써 하늘과 땅의 조화를 상징적으로 보여 준다.

단군 신화는 고대 민간 신앙, 특히 무속과 깊은 관련이 있다. 내용 가운데 태백산 등의 산은 ‘높은 데’를 숭배하는 무속과 관련된다. 특히 높은 산은 신단수와 더불어 우주의 축을 상징한다. 우주의 축이란 세계의 중심으로 샤먼(巫)이 하늘의 신(영혼)과 교감할 수 있는 장소이다. 우리 나라의 민간 신앙 혹은 무속에서도 높은 산이나 오래된 나무 혹은 이를 인위적으로 본뜬 솟대를 중심으로 의례를 행하였다. 또 곰이 동굴(자궁을 상징함)에서 금기한 후 인간으로 환생한다는 내용은 지모신地母神의 숭배나 터부 등의 무속적 요소와 일치하는 것을 볼 수 있다.

무속의 신앙과 사상

무속은 우리 고유의 것이지만, 우리만의 독자적인 신앙은 아니다. 그것은 중국·만주·시베리아 등지에 퍼져 있는 종교 현상인 샤머니즘의 일종이다. 샤머니즘으로서의 무속은 신령神靈의 매개자인 무巫(샤먼)를 통해 복을 빌고 앞날을 예언하고 병을 물리치며 죽은 자의 영혼을 다른 세계에 보내는 등의 역할을 수행한다. 이런 역할은 굿이라는 형식을 빌려 이루어지는데, 오늘날의 개인굿과는 달리 고대에는 집단굿이 원형이었다. 이 집단굿을 통해 풍성한 수확이나 공동체의 안녕을 빌고 신의 의사를 묻곤 하였다. 여기에는 유일신이 아닌 범신이 숭배 대상이 되고, 나름의 세계관과 역사 의식 등이 가로놓여 있었다.

우리 고대의 신화에는 무속적 요소가 풍부하다. 단군 신화뿐만 아니라 주몽 신화, 박혁거세 신화 등도 그런 점에서는 마찬가지라고 할 수 있다. 또한 「구지가龜旨歌」, 「처용가處容歌」 등의 고대 가요 속에도 무속적 함의가 들어 있다. 부족 국가 시대의 제천 행사(하늘굿), 즉 부여의 영고迎鼓라든지 예의 무천舞天, 고구려의 동맹東盟 등은 집단굿의 원형이다. 이 때 행해진 가무와 음주, 놀이 등은 무속의 특징인 '푸는' 의식이나 '놀이' 기능과 관련된다.

민간 신앙은 문서화된 경전이나 체계적인 조직을 갖는 인위적인 종교와는 다른 자연 발생적 종교이다. 무속도 크게 보아 민간 신앙의 범주에 들 수 있으나, 그렇다고 하여 경전이나 조직 등을 전혀 갖추지 않은 것은 아니다. 초월적인 존재인 신령을 믿고, 특정 제사장(巫)에 의해 의식이 치루어지며, 오늘날 무속에서 기록된 경문經文을 읽는 행위, 그리고 이 경문 혹은 주문呪文에 천지 창조, 신들의 역사 등이 포함되어 있다는 사실은 무속이 나름의 조직과 체계가 있음을 보여 준다. 나아가 이 같은 조직성, 체계성은 여기저기 산재한 민간 신앙을 아우르면서 확장하고 변화하였다.

특히 무속은 외래 종교가 도입되면 그것에 섞여 들어 무속화의 방향으로 내용을 변질시켰다. 불교의 무속화를 비롯하여 고려의 도교, 근대의 신흥 종교 등이 바로 그러한 경험을 하였다. 이는 무속이 우리 민족의 의식 구조 깊은 곳에 자리 잡고 있으면서 외래 종교나 사상을 자기화하였음을 말해 주는 것이다.

무속의 영향

외래 종교와 사상의 유입이 우리 고유의 무속을 약화시켰음은 틀림없다. 특히 불교라는 외래 종교는 국가 종교로서 무속의 역할을 이미 대신하였다. 그러나 외래 종교나 사상이 무풍巫風을 쉽사리 잠재울 수는 없었다. 무속은 민간 깊숙히 뿌리 내리고 있었으며, 정책적으로 채택된 외래 종교가 민간에 뿌리 내리기 위해서는 무속과의 결합을 거치지 않으면 안 되었기 때문이다. 따라서 무속은 자신의 요소를 외래 종교에 투영함으로써 외래 종교의 토착화에 기여하였다.

한국 불교가 기복적인 성격을 갖게 된 것은 무속의 영향 때문이다. 또 현세에서 불국토佛國土를 이루겠다는 정토종의 확산이나 자신이 미래불인 미륵의 현신이라고 주장한 궁예의 등장 배경도 고대 신화로부터 이어지는 무속의 현세주의적 입장과 결코 무관하지 않다. 특히 신라 이후 고려 때까지 성행한 팔관회는 고대의 제천 의례를 불교의 형식을 빌려 행한 것으로 술·노래·춤을 곁들인 무속적인 행사였다. 이처럼 무속은 외래 종교인 불교와 결합하면서 그 생명력을 유지하였다.

여러 종교의 공존이라는 고려 시대의 종교적 상황에 적응하여 무속은 다시 국가적 종교로서의 면모를 찾을 수 있었다. 앞서 말한 팔관회 외에도 무속은 기우제나 국가적인 복을 빌기 위한 행사를 주도하였다. 한편 민간 차원에서 무속은 광범위한 지지를 받았다. 고려 인종 때 일시에 동원된 무당이 300여 명이었다는 기록은 무속의 세력이 만만치 않았음을 보여 준다. 아울러 무속이 지나치게 성하므로 무당을 도성 밖으로 쫓아내야 한다는 유학자들의 상소가 적지 않았던 것이나, 고려 말 안향安珦의 시에서 불교와 더불어 푸닥거리가 성행함을 한탄한 내용에서도 무속이 민간에 번성하였음을 보여 주는 것들이다.

한편 조선 시대로 넘어오면서 무속에 대한 탄압은 더욱 거세어졌다. 그러나 탄압의 강도가 심하면 심할수록 무속이 그만큼 성행하고 있었다는 사실을 역설적으로 드러낸다고 할 수 있다. 왕실의 부녀자와 민간에서 성행한 무속은 성균관의 대성전 뜰에서 굿판을 벌인다거나 도성 밖으로 쫓겨난 무당들을 다시 불러들일 정도의 위세는 여전히 유지하고 있었다. 그런가 하면 무당의 치병 기능도 어느 정도 인정을 받아 활인원活人院이라는 국가적인 의료 기관에서 전염병의 치료를 담당하기도 하였다.

그러나 성황당에서 행해지던 무속적 의례 활동이 유교적 의례로 변형되는 과정 등을 거치면서 조선 중기 이후 무속은 어느 시기보다도 더 침체하게 되었다. 또한 무속은 임진왜란과 병자호란 이후 유입된 도교적 관제關帝 신앙과 결합하면서 그것의 조화 지향성을 보여 주기도 하지만, 그와 동시에 그것의 변질을 겪기도 하였다. 그럼에도 근대 민족주의의 성립 시기에 신흥 민족 종교에 영향을 끼치면서 무속은 다시금 생명력을 발휘하게 된다. 이는 물론 무속의 독자적인 발전이 아니라 고려 시대의 경우처럼 여러 종교의 공존이라는 방식으로의 부활을 의미하는 것이다. 동학·증산교·대종교 등에서 보이는 신비적 체험, 단군 신앙의 부활, 해원解冤 사상 등은 신흥 민족 종교에서 무속이 어떤 역할을 했는지를 가늠케 하는 것들이다.

근대 이후 일제와 기독교의 선교사들에 의해 무속은 미신으로 낙인 찍히면서 오늘날까지 쇠퇴의 길을 걸어왔다. 아울러 무속의 의례는 간소화되고 세속화되면서 타락하는 양상도 보여 주고 있다. 그러나 종교 현상으로서의 무속에만 주목하지 않는다면, 오늘날에도 여전히 간직하고 음미해 볼 문화적 가치를 무속으로부터 발견해 낼 수 있다. 맺힌 한을 풀어 내는 정화의 기능, 여러 사상 체계를 폭 넓게 수용할 수 있는 조화 지향의 정신, 음울함보다는 밝음을 지향하는 태도 등은 종교 의례로서의 굿은 쇠퇴하였지만 여전히 우리 의식 구조의 한 켠에 자리 잡은 무속의 중요한 영향력을 짐작하게 하는 것이다.

2. 유학

유학의 전래와 수용

유학의 한국 전래 시기에 관한 문제는 한국 유학사의 첫장에 해당한다. 그런데 유학 전래에 대해서는 견해가 다양하다. 이이李珥를 비롯한 조선 시대 유학자들은 기자동래설箕子東來說을 바탕으로 기자가 동쪽 한반도로 왔다는 은·주 교체기(기원전 12세기 무렵)를 유학의 전래 시기로 믿었다. 이는 공자에 의해 유학이 완성되기 전에 이미 유학이 우리 나라에 전래되었다는 의미이다. 더욱이 구한말 장지연張志淵은 유학이 비록 공자에 이르러 집대성되긴 했지만, 그 이전에 이미 유학의 근본이 되는 '홍범구주洪範九疇'가 기자를 통해 전해졌으니 우리 나라가 유학의 종주국이라고 주장하기까지 하였다.

그런가 하면 유학이 진한 시대에 유입되었다는 이병도李丙燾의 설이 있다. 그는 진나라 사람들이 진역秦役을 피해 진한辰韓에 들어옴으로써 유교 예속이 우리 나라에 광범하게 전해졌으며, 특히 유학 사상은 한사군이 설치되면서부터 우리 나라에 전해졌다고 주장하였다. 이 밖에도 한반도와 접경을 이루고 있던 연나라와의 빈번한 접촉을 바탕으로 기원전 4세기 무렵에 유학이 전해졌다고 보는 김충열金忠烈의 견해 등이 있다.

일단 학술 사상으로서 유학은 공자로부터 시작되었다고 할 수 있다. 따라서 공자 이전의 중국 문화를 곧 유학으로 이해하는 방식에는 문제가 있다. 이것은 공자 이후도 마찬가지이다. 유학이 중국 사상의 주류가 되는 것은 동중서董仲舒의 건의로 한 무제가 유학을 국교화한(기원전 136년) 뒤의 일이다. 그렇다면 그 이전 중국 문화와의 접촉이 곧 유학의 전래와 단순히 일치한다고 보기에는 어려움이 따른다. 특히 사상으로서 유학은 더욱 그러하다. 이러한 의미에서 유학이라기보다 중국 문화의 전래 시기를 한대 이전으로 소급해 볼 수는 있겠으나, 유학의 본격적인 전래는 아무래도 유학이 국교로 채택되었던 한 무제 이후의 일이라고 보아야 할 것이다.

그러나 단순히 유학의 전래 시기가 언제이냐 하는 것보다 더 중요한 것은 그 수용과 성격의 문제일 것이다. 유학 수용의 성격은 무엇보다도 고대 국가의 체제를 정비하는 데서 분명히 나타난다. 삼국은 각각 유학을 바탕으로 율령을 제정하고 국사를 기록하기 시작했으며, 또 태학 등 국립 교육 기관을 설립하여 귀족 자제들에게 유학적 교양을 가르치면서 고대 국가의 틀을 세워 나갔던 것이다.

삼국 시대의 유학

삼국 시대에는 원시 유학인 공맹 사상과 함께 한대의 경학 사상에서 많은 영향을 받았다. 이러한 유학 사상은 정치 원리·예속·법제·교육 제도 등 삼국 시대의 사회 생활에 폭 넓게 영향을 미쳤다. 또 개인 윤리와 사회·국가 윤리에서도 삼국이 당면한 사회 국가 질서를 정비하고 체계화하는 데 필요한 원리를 유학 사상으로부터 원용하였다. 특히 삼국이 공통으로 유학 사상을 활용한 것은 정치 이념과 교육 제도였다.

고구려는 소수림왕 2년(372)에 교육 기관으로서 태학을 건립하고 그 이듬해에 율령을 반포하여 통치 체제를 재정비하였다. 이것은 고대 국가 체제를 수립했다는 면에서뿐만 아니라 유학을 정치 이념으로 하여 인재를 길러 냈다는 점에서도 매우 중요하다. 동명왕이 "도로써 다스리라"고 후왕에게 유언한 내용과 형식은 유학의 가르침을 따른 것으로서, 힘으로 백성에게 군림하는 것이 아니라 이치에 맞게 왕도 정치를 하라는 것이었다. 또 진흥왕 순수비에 "몸을 닦아 백성을 편안하게 한다"는 기록이 있는데, 이는 『논어論語』에 나오는 공자의 말로서 유학적 정치 이념의 근본이라고 할 수 있다. 신라 경덕왕 때 충담사忠談師가 지은 「안민가安民歌」에도 애민 사상과 민본 사상이 잘 나타나 있다. 「안민가」 중에 "임금은 임금, 신하는 신하, 백성은 백성 구실을 다할 양이면 나라는 태평에 먹감으리라"고 한 것은, 『논어』의 "임금은 임금다워야 하고, 신하는 신하다워야 하며, 백성은 백성다워야 한다"는 정명正名 사상과 부합하는 것이다.

유학은 정치 원리로서뿐만이 아니라 윤리 사상과 생활 습속에도 큰 영향을 미쳤다. 유학의 윤리 가운데서도 개인·사회·국가를 연계시킬 수 있는 행동 원리인 효와 충이 특히 강조되었다. 효에 대한 관념은 조상 숭배를 더욱 성하게 하였으며, 유학의 예법에 따른 국사國社와 종묘를 새로이 세워 받들게끔 하였다. 신라의 세속오계에서는 충효·신의·도의 등 유학적 내용을 볼 수 있는데 여기에서는 효보다 충을 우선시한 것이 특징이다. 이는 신라 사회가 직면한 시대적 요구와도 깊은 관련이 있다고 하겠다. 이와 같이 삼국은 유학 사상을 수용하고 고대 국가 체제를 재정비하였을 뿐만 아니라 이를 사회 규범으로 체계화하였다.

또 백제의 경우에는 『구당서舊唐書』에 "그 서적에는 오경五經과 제자서 諸子書 및 역사서가 있으며, 표表나 소疏는 중국의 법식에 의거하였다"고 한 데서 유학이 백제에 미친 영향을 알 수 있다. 백제에서는 일찍부터 '박사' 칭호가 보이는데, 『서기書記』를 쓴 고흥高興과 일본에 『천자문』과 『논어』를 전한 왕인王仁이 역사 기록에 보이는 박사들이다. 중국 한 무제때 성립된 오경 박사 제도가 그대로 백제에 전해졌는데, 백제에서는 이런 제도를 통해 유학을 나름대로 체계화했음을 알 수 있다. 백제의 여러 박사들은 일본에 초빙되어 일본 고대 문화의 발전에 크게 공헌하기도 하였다. 백제가 한자와 유학을 중국으로부터 수용하여 독자적인 유학으로 토착화시킨 뒤 이를 다시 일본에까지 전파, 일본의 고대 문화를 발전시켰다는 것은 매우 큰 의의를 지닌 것이다. 일본 학자들은 왕인 박사를 일본 문화의 시조로 꼽고 있다.

3. 불교

불교의 전래와 발전

우리 나라에 불교가 처음 들어온 것은 고구려 소수림왕 2년(372)이라고 한다. 전진前秦의 왕 부견符堅이 순도順道와 불상, 불경 등을 보냈다는 것이다. 이것은 공식적인 전래 시기이지만, 이보다 먼저 불교가 이미 고구려에 알려져 있었고 상당한 수준의 승려까지 있었음을 기록을 통해 확인할 수 있다. 공식적인 기록보다도 먼저 일반 사람들에게 알려져 있었던 것이다. 백제는 이보다 조금 뒤인 침류왕 원년(384)에 동진東晉으로부터 불교가 전래되고, 신라는 고구려를 통해 5세기 경부터 변방을 통해 전래되다가 법흥왕 때인 서기 527년에 이차돈異次頓의 순교 사건 등을 거치면서 힘들게 공인되었다.

처음에 전래된 불교의 성격은 확실하게 알기가 쉽지 않다. 기록이 별로 남아 있지 않기 때문이다. 다만 당시의 중국 불교가 도가의 개념을 이용해서 불교를 이해하는 격의格義 불교였으므로, 그러한 연구 방법을 채용했으리라 짐작할 뿐이다. 전래된 불교는 인도 본래의 불교라기보다는 어느 정도 중국적인 영향을 받은 불교로 보아야겠다. 불교가 전래된 당시의 우리 나라의 상황은 어떠했는가? 일반적으로 지방과 부족에 따라 다른 토착적인 여러 종교들이 있는 가운데 보편적인 이념을 내세우는 불교가 들어옴으로 해서 전체적인 이념의 통일을 하는 데 도움을 줄 수 있었기 때문에, 주로 지배 계층에서 불교를 받아들였다고 설명되고 있다. 그러나 그러한 정치적인 이유가 아니라 하더라도 불교는 종교적인 갈망을 높은 차원에서 해소시켜 주는 역할을 했으므로, 빠른 시일 내에 퍼져 나갔다고 해석할 수 있을 것이다.

이 후 우리 나라 불교는 부분적으로는 인도와 직접 접촉하기도 하지만 대부분은 중국과 접촉하면서 중국 불교의 영향을 받으면서 다른 한편으로 중국 불교에 영향을 끼치기도 하면서 발전해 나갔다.

고구려에서의 불교가 어떤 것이었는지는 현존하는 문헌이 없어서 자세한 사정을 알 수 없다. 전래 초기의 기록으로는 391년에 광개토왕이 즉위하여 교教를 내려서 불교를 숭상하여 복을 구하라고 하였다는 기록과, 다음 해에 평양에 아홉 개의 사찰을 짓게 했다는 기록이 있다. 395년에는 진晉의 승려 담시曇始가 경經·율律 수십 부를 갖고 고구려에 왔다는 등의 기록이 있다. 전래된 지 200여 년 후인 576년에 의연義淵은 전제前齊로 가서 『십지경론十地經論』·『대지도론大智度論』·『금강반야론金剛般若論』·『보살지지경菩薩地持經』 등 매우 중요한 대승 불교 문헌의 저술자와 저술의 동기 및 그 영험 등에 관하여 자세한 것을 배워 가지고 돌아왔다. 대승 불교의 중요한 문헌들이 들어오기 시작하는 것을 알 수 있다. 그러나 이러한 중요한 경론들에 관한 연구가 고구려에서 본격적으로 행해졌다는 기록은 없다.

고구려에서 주로 연구된 것은 삼론종 계통의 불교로 일반적으로 알려져 있다. 기록에서 삼론종 승려들의 이름을 확인할 수 있고 해외에서 활약한 고구려 출신의 승려들 중에 삼론종 계통의 승려가 많기 때문이다. 그 밖에 고구려 불교를 말할 때 빠뜨릴 수 없는 것은 해외에서 활약한 승려들이다. 고구려 요동 출신의 승랑僧朗이 중국 남조南朝에서 삼론을 개척하여 삼론종의 선구자로 추앙받고 있고, 일본으로 건너가서 활약한 승려들로는 혜편惠便·혜자惠慈·승륭僧隆·담징曇徵·혜관惠灌·도등道登·도현道顯 등이 있다.

다음으로 백제의 불교에 대해서 알아보자. 앞에서도 말했듯이 백제에서 불교가 시작된 것은 침류왕 원년인 384년에 호승胡僧 마라난타가 동진에서 왔을 때부터라고 한다. 마라난타 이후 초기의 백제 불교가 어떤 변천을 겪었는지는 기록이 없어서 알 수 없고, 성왕 대에 이르러서 불교가 활발한 활동을 전개하는 것이 기록에 나타난다. 성왕 4년(526)에 겸익謙益이 인도에서 배달다倍達多라는 인도 승려와 함께 돌아와서 율律을 번역하였다. 이로써 겸익은 백제에서 율종의 선구자가 되었다. 겸익의 활약과 아울러 성왕 시대 이후로는 많은 승려들이 일본으로 건너가 활약하는 것을 알 수 있다. 백제 불교의 특징을 확실하게 알 수는 없지만, 계율에 관해서는 매우 정통한 이해가 있었던 것으로 생각된다. 인도의 율전 원전을 직접 들여와 번역한 정도의 수준이니 그렇게 말할 수 있다. 또 백제에서는 불교의 예술적 표현력이 탁월하였다.

신라에서의 불교 사상은 어떠했는가? 신라에도 고구려나 외국의 승려들이 일찍부터 들어와 활동하였으나 신라에서 불교가 실질적으로 중요한 위치를 차지하게 되는 것은 불교가 공인된 법흥왕 때부터의 일이다. 신라의 초기 불교는 왕실과 결합하여 발전하였다. 법흥왕과 진흥왕 두 왕이 계속 출가할 정도로 왕실의 불교 신앙은 대단하였다. 이 때 이후 7세기 초반부터는 유학승留學僧들의 왕래가 잦아졌다. 원광圓光과 자장慈藏이 그 대표적인 인물인데 원광은 그가 지은 세속오계世俗五戒로도 알 수 있듯이 불교를 전파할 뿐 아니라 사회 윤리의 정립을 위해서도 힘썼다. 자장은 계율 사상의 시조로 유명하다. 선덕여왕과 진덕여왕 대에는『승만경』과『유마경』등 재가 신도의 중요성을 강조하는 경전이 중시되었다.

삼국 시대의 승려들 중에서 사상적으로 중요한 승랑僧朗의 사상을 다음에 좀더 알아보도록 하자.

승랑

승랑은 고구려 요동성 출신이라 하나 그 정확한 생존 연대는 알 수 없다. 중국 남조 제齊나라 말의 건무建武(494~497) 무렵에 하북에서 강남으로 내려왔다고 전하므로 5세기 말에서 6세기 초에 활약한 인물임을 알 수 있다. 승랑은 후대에 삼론종의 중흥조로 기림을 받는다. 삼론종은 보통 5세기 초엽에 중관中觀 학파의 저서를 구마라습鳩摩羅什이 번역하면서 형성되었다고 볼 수 있는데 그 이후로 연대가 오래되면서 거듭된 사회 경제적 혼란 등으로 인하여 관심을 집중하지 못한데다가 연구도 드물게 되면서 승랑의 시대에는 이 방면의 이해가 희미하게 되었다. 이러한 때에 새롭게 삼론학의 교의를 연구하고 그것을 드높인 이가 승랑이다.

승랑은 당시에 유행하던 『성실론成實論』을 공의 올바른 의미를 잘 이해하지 못하였다고 비판하였다. 그는 사물을 계속 나누어 가면 결국 공과 같은 상태에 이르므로 모든 것이 공이라는 식으로 공을 설명하는 성실파를 공격하고 삼론학의 정통을 드러내었던 것이다. 이 삼론종은 승랑 이후로 승전僧詮을 거쳐 법랑法朗에 이르고, 이 법맥을 다시 길장吉藏이 이어받아 대성하기에 이른다. 승랑이 초당사에 있을 때 주옹이라는 사람이 그에게서 삼론의 근본 사상을 배워 그것을 토대로 『삼종론三宗論』이라는 책을 써서 "이제二諦는 중도를 체體로 함"을 밝혔다고 한다. 우리는 이제의 체를 중도로 하는 승랑의 근본 사상을 『삼종론』에서 엿볼 수 있다.

그런데 주옹이 승랑의 가르침을 받아 이 기록을 저술하였다는 사실은 길장이 그와 같이 전한 바에 따른 것인데 여기에 이의를 제기하는 학자도 있다. 즉 『삼종론』은 승랑이 초당사에 오기 전에 씌어졌다는 주장이 있는 것이다. 그러나 길장이 사실을 틀리게 썼을 것 같지는 않으며 길장의 기록 외에 다른 결정적인 문헌이 없으므로, 우리는 주옹이 승랑에게서 삼론학을 배워 『삼종론』을 썼다는 길장의 기록을 받아들이기로 한다. 또 설령 승랑이 주옹의 『삼종론』의 내용을 직접 가르치지 않았다 하여도 『삼종론』 외에도 길장에 의해서 승랑의 학설이라고 인용되는 것이 많으므로 우리는 그것에 의해서 승랑의 사상을 더듬어 볼 수 있다. 승랑의 삼론 관계 저술은 현재 전해지는 것이 없다. 삼론 계통이 아닌 저서로 승랑의 저술로 인정하기에는 의문점이 없지 않은 『대반열반경집해大般涅槃經集解』가 남아 있을 뿐이다.

승랑 사상의 특징은 이제二諦를 가르침으로 한다는 것인데, 그것은 이제는 그 자체가 절대적인 진리가 아니라 그것을 통해서 깨달음에 도달하게 하기 위한 수단이라는 것이다. 따라서 진제라고 하여 거기에 집착해서는 안 되는 것이다. 이제의 체가 무엇이냐 하는 다양한 논의에 대하여 승랑이 중도가 이제의 체라고 주장하는 것은 그런 연유에서이다. 속제俗諦(세속적 일상적인 진리)와 진제眞諦(궁극적인 진리)의 두 제諦를 합론함으로써 중도를 밝히는 이른바 이제합명중도설二諦合明中道說에 그 특징이 잘 나타나 있다. 이것은 삼중의 절차를 밟아 전개된다.

제일(초중初重) ┌ 속제 — 유를 설함
             └ 진제 — 무를 설함

제이(양중兩重) ┌ 속제 — 유와 무가 둘임을 설함(有無二)
             └ 진제 — 유도 아니고 무도 아니라 하여 유무가 둘이
                 아님을 설함(非有非無不二)

제삼(삼중三重) ┌ 속제 — 유와 무가 둘이 아니고 비유와 비무가 둘이
             │   아님을 설함
             └ 진제 — 둘도 아니요 둘이 아닌 것도 아님을 설함(非
                 二非不二)

이것을 다시 설명하면 첫째 단계는 세속적인 차원에서는 유를 진리로 보나 사실은 무(쏘)가 진리라고 가르치는 것이다. 그러나 세속적인 차원의 유가 아니고 무가 진리라고 가르치는 이유는 유에의 집착을 버리게 하는 데 있는 것이지, 무 그 자체가 진리임을 말해서 거기에 집착하라는 것은 아니다. 따라서 속제와 진제를 말함으로써 집착을 버린 중도에 도달하게 하려는 것이다. 그러나 또 이렇게 말하고 나면 사람들은 유무 모두에 매달리므로 유무 모두가 세속적인 진리일 뿐임을 말하는 것이 둘째 단계이다. 그리고 유도 아니고 무도 아니라 하는 것이 진제가 되는 것이다. 이 또한

진제인 비유비무가 진리 그 자체라는 것은 아니다. 그러므로 셋째 단계로 올라가게 된다. 유무의 이二나 비유비무의 불이不二를 통틀어 속제로 하고, 이二도 아니고 불이不二도 아닌 것을 진제로 하는 것이다. 이것이 승랑에서 시작된 '이제를 합쳐서 중도를 밝히는 방법'(二諦合明中道)이다.

이제를 합쳐서 밝힘은 유와 공의 두 변을 떠나 어느 쪽에도 치우치지 않는 것이므로 중도라고 하는 것이다. 그러나 또다시 생각해 보면 변邊이 있어야 중이 있으므로 변이 없다면 중 또한 없다. 그러므로 유무라고 할 수 없음과 마찬가지로 중이라고도 할 수 없을 것이나 부득이하여 중이라고 하는 것이다. 유무의 두 변을 멀리 떠나 중도에도 집착하지 않는 것, 결국은 '무주無住'(머무르지 않음)라고 하는 수밖에 없을 것이다. 따라서 승랑은 무주로써 체중體中을 삼는 것이요, 이것이 그의 이제합명중도설의 내용이다. 그리고 이제는 용이 되고 중도는 체가 된다. 결국 승랑의 사상은 유의 사상을 논파함과 동시에 공만을 고집하는 사상도 배척한다.

4. 도가

도가 사상을 최초로 분류한 유협劉勰에 의하면 노장의 철학, 신선술, 종교로서의 도교는 각각 다른 성격을 갖는다고 한다. 이는 도가 사상이 크게 보아 세 가지 서로 다른 성향을 갖고 있음을 말하는 것이다. 그러나 아쉽게도 우리 고대에는 이러한 차이를 분명히 이해하지 않은 채 도가 사상이 수용되었다. 여기에서는 각각의 다른 성향을 고려하여 분리해서 서술하기로 한다.

노장 철학은 문헌상으로 접근할 때 가장 일찍이 그 흔적을 볼 수 있다. 『삼국사기』에는 4세기 경 백제의 장군 막고해莫古解가 후퇴하는 고구려군을 쫓아 진격하려는 태자에게 "족함을 알면 욕을 당하지 않고 그칠 줄 알면 위태롭지 않다"는 노자의 말을 인용하면서 간하였다고 기록하고 있다.

그리고 고구려 을지문덕의 시에서도 이와 유사한 내용이 보인다. 이 밖에 유학자로서 더 알려진 신라의 김인문金仁問이 노장 서적을 섭렵하였다는 기록 등이 있다. 그러나 이러한 단편적인 내용만으로 삼국 시대의 노장 철학에 대한 이해나 연구의 실정을 제대로 알기는 어렵다.

엄밀한 의미에서 도가의 신선술은 그 흔적을 찾을 수 없다. 왜냐하면 도가의 신선술은 이전의 방사方士류의 신선술과는 다른 특징을 갖기 때문이다. 그 다른 특징이란 바로 장생불사를 위한 인위적 조작, 즉 단丹(내단이든 외단이든)의 연성이다. 그러나 우리의 고대 기록에서 이런 흔적을 찾을 수 없다. 다만 방사류를 포괄하는 광의의 신선술을 택해 우리의 사상사를 검토한다면, 비교적 풍부한 내용을 볼 수 있다. 단군 신화에 보이는 단군이 신선이 되었다는 내용, 화랑 가운데 뛰어난 인물을 국선國仙으로 삼았다는 기록, 백제의 기와인 산경문전山景文塼에서 볼 수 있는 선경仙景과 최근 발굴된 봉래산을 형상화한 향로 등은 이를 뒷받침한다.

종교로서의 도교가 전래된 공식적인 연대는 연개소문의 건의에 의해 당에서 수입했다는 643년이다. 이 때 도사道士와 도교의 최고신인 천존의 상이 수입되었으며, 『노자』에 대한 강연도 아울러 행해졌다고 한다. 그러나 도교가 충분히 정착할 시간도 없이 고구려는 멸망하였으며, 백제에는 "승려와 절은 많으나 도사는 없었다"는 기록이 전하고, 신라의 도교 수입은 후기신라 이후의 일이므로 고대 사회에서 도교는 전반적으로 크게 세력을 떨치지 못했음을 알 수 있다.

고대 사상사에서 도가 사상의 전개는 중국에서 도가 사상의 역할에 비추어 평가해 볼 수 있다. 중국에서 노장 철학은 유학의 부족한 점을 보완하였고, 또 도교는 불교라는 새로운 종교에 자극받아 형성되었다는 점을 통해 볼 때, 유교와 불교의 정착이라는 여건이 성숙되는 시기에 바로 도가 사상의 필요성이 본격적으로 제기될 수 있었을 것이다. 그러나 고대 말기 우리 나라에서는 극히 일부분을 제외하고는 아직 이러한 여건이 마련되어 있지 않았다. 이렇기 때문에 도가 사상의 전개는 다음 시대를 기약할 수밖에 없었다.

5. 화랑도

화랑도花郎道는 풍월도風月道 혹은 풍류도風流道라고도 한다. 화랑도는 신라 진흥왕 때 비로소 제도로서 정착되면서 그 정신을 진작하게 되었다. 그러나 연원은 이보다 앞선 것으로 볼 수 있다. 최남선崔南善에 따르면 풍월이나 풍류는 '부루'라는 말을 한자음으로 옮긴 것이며, 부루의 도란 곧 신도神道를 의미한다고 한다. 이 때 신도는 고조선의 종교 사상이므로, 고대 종교의 신도 사상인 풍류도, 풍월도가 화랑의 정신 또는 이념인 화랑도로 전승되어 구체화되고 발전하였다는 해석을 가능케 한다.

한편 최치원崔致遠이 쓴 「난랑비서鸞郎碑序」에서는 이렇게 말한다. "우리 나라에 현묘한 도가 있으니 풍류라 한다. 이 가르침이 만들어진 근원은 『선사仙史』에 상세히 실려 있거니와, 이는 실로 삼교를 포함하는 것으로 뭇 생명을 교화한다." 그런데 오늘날에는 『선사』라는 책이 남아 있지 않아 풍류도의 근원을 더 자세히 살펴볼 수 없다. 다만 고구려에도 조의선인皂衣仙人 등의 관직이 있었고 경당扃堂을 통해 청소년을 교육한 사실이 있음을 볼 때, 화랑도와 같은 유형의 사상이 신라에만 국한된 것은 아니며, 그보다 오랜 근원이 있음을 추정할 수 있다.

화랑의 대표 인물인 김유신의 설화는 화랑도와 단군 신화, 무속의 상호 연관성을 잘 대변해 준다. 김유신이 삼국 통일의 염원을 품고 산의 석굴에서 천제天帝에게 기원하자 한 노인이 나타나 능력을 전수해 주었다는 『삼국유사』의 설화는 다분히 무속적일 뿐만 아니라 곰이 동굴에서 극기를 통해 인간으로 환생한 단군 신화의 내용과도 유사하다. 이 밖에도 화랑이 노래와 음악으로 즐기고, 유명한 산과 큰 강을 유람하던 수양 방법은 고대의 제천 행사에서 필수적으로 따르던 노래와 춤, 산악 숭배와 밀접하게 관련된다.

신라는 화랑의 정신과 기백으로 백제와 고구려를 무너뜨릴 수 있었다. 이렇게 된 이유 가운데 외래 종교나 사상의 역할이 있었다는 사실 또한 간과할 수 없다. 원광법사의 세속오계나 임신서기석壬申誓記石의 "충성의 도리를 견지하자"는 맹세 등은 이를 잘 대변해 준다. 화랑도는 불교와 유학 등 외래 사상의 일부를 파기하거나 선택적으로 받아들임으로써 우리 고유 사상만으로는 부족한 가치관을 보충할 수 있었다. 이처럼 전래의 고유 신앙과 사상에 외래 사상을 소화하고 흡수한 화랑도는 독특한 사상 체계를 형성하였다.

화랑 제도는 지·덕·체의 연마라는 교육적 기능과 인재의 발굴 및 양성이라는 정치적 기능을 동시에 수행함으로써 신라의 사회와 정치의 발전에 기여하였다. 김대문金大問의 「화랑세기花郎世紀」에서 "현명하고 충성스러운 신하들이 여기에서 자라나고, 훌륭한 장수와 용감한 병사들이 이로 말미암아 생겨났다"고 말한 것은 결코 과찬이 아니다. 그리고 신채호申采浩의 지적처럼 신라 이후에도 끊이지 않았던 화랑의 전통이 조선을 온통 중국화하려는 기도를 저지한, 다시 말하면 조선이 조선되게 한 정신적 지주로 작용하였는지도 모른다.

■ 더 읽어 보아야 할 책들

1. 고유 사상 부분

차주환,『한국도교사상연구』(한국문화연구소, 1978)
최창조,『한국의 풍수사상』(민음사, 1984)
김홍철 외,『한국종교사상사』4 (연세대학교출판부, 1992)

2. 유학 부분

김충열, 『고려유학사』 (고려대학교출판부, 1984)

朱紅星 외, 『한국철학사상사』, 김문용 외 옮김 (예문서원, 1993)

3. 불교 부분

박종홍, 『한국사상사』 (불교편) (서문문고)

고익진, 『한국의 불교사상』 (동국대학교출판부, 1987)

불교신문사 편, 『한국불교인물사상사』 (민족사, 1990)

불교문화연구원, 『한국불교사상사개관』 (동국대학교출판부, 1993)

4. 도가 사상 부분

이능화, 『조선도교사』, 이종은 역주 (보함문화사, 1977)

차주환, 『한국도교사상연구』 (한국문화연구소, 1978)

이정호 외, 『국민윤리』 (한국방송통신대학교, 1993)

5. 화랑도 부분

유동식, 『한국무교의 역사와 구조』 (연세대학교출판부)

김충열, 『고려유학사』 (고려대학교출판부, 1984)

이정호 외, 『국민윤리』 (한국방송통신대학교, 1993)

3. 중세의 사상

1. 형성·확립기
남북국 시대 — 고려 중기

1. 유학

남북국 시대의 유학

중세 봉건 사회가 성립하는 후기신라에 이르면 유학의 전장典章 제도뿐만 아니라 이념적 측면까지 수용하는 모습이 더욱 분명해진다. 신라의 국립 교육 기관인 국학國學(682)과 인재 등용을 위해 설치한 독서삼품과讀書三品科(788)의 교과목 중 『논어』와 『효경』이 공통 과목이 되고 있는 점을 보면, 원시 유학의 효제충신孝悌忠信 정신이 당시 국가 체제의 공고화를 위한 이념적 밑받침으로 기능했음을 엿볼 수 있다.

당시 대표적인 유학자로는 외교 문장가로 유명한 강수強首와 설총薛聰을 들 수 있다. 강수는 불교는 속세를 벗어난 종교이기 때문에 유학의 도를 배우겠다고 하였으며, 또 가난하고 천한 것이 부끄러운 것이 아니라 도를 배우고도 행하지 않는 것이 부끄러운 것이라고 하여 실천주의적 면모를 보였다. 설총은 방언으로써 구경九經을 풀어 설명했다고 하나 현재 전하지 않는다. 비록 전하지는 않지만 이는 우리 나라 유학사상 최초의 경전 해설서이며, 유학이 실질적으로 소화되었음을 보여 주는 것이라고 하겠다. 다만 그의 「화왕계花王戒」 한 편이 전하는데 이는 우화 형식의 글을 통해 유학의 덕치주의적 이상을 담고 있다.

후기신라 말기에는 도당渡唐 유학자, 특히 숙위宿衞 학생들의 활동이 두드러졌다. 숙위 학생은 대부분 육두품 계층에 속하여 당시 진골이 지배하는 골품제 사회와 마찰을 빚으면서 새로운 사회를 향한 시대 정신을 일구어 갔다. 지방 호족들 편에 서서 그들의 입장을 대변했던 숙위 학생들은 고려가 건국하자 적극적으로 유학의 씨앗을 뿌릴 수 있는 계기를 맞게 되었다.

이 시기 대표적인 유학자로 최치원崔致遠·김운경金雲卿·김가기金可紀 등이 있는데, 그들은 대부분 신라 골품 사회의 냉대 속에 유학뿐만 아니라 불교나 도교에도 관심을 가져 사상적 유랑의 길을 걸었던 사람들이다. 특히 최치원은 그의 「난랑비서」에서도 알 수 있듯이, 우리 고유 사상을 새롭게 인식하고 이를 유·불·도 외래 사상과 조화시키고자 노력한 흔적을 보여 준다는 데서 사상사적 의의를 남긴 사람이다.

발해는 건국 초기부터 고구려 유민이 지배권을 갖고 있었다. 이들은 주체적으로 당 문화를 수용하여 해동성국이란 칭호를 들을 정도로 수준 높은 문화 국가를 이룩하였다. 발해 문화는 고구려의 문화를 계승하면서 당의 문화를 수용하여 이루어졌다. 『구당서』에 따르면 발해에는 "자못 문자 및 서기書記가 있다"고 하여 한문학에 능한 자와 역사서가 있었음을 알 수 있다. 고구려 후신임을 자청한 발해는 태조 고왕高王 때부터 고구려 계통의 학자들을 모아 학문과 사상을 부흥시켰다. 고구려 유민이 지배적 지위를 차지했던 만큼 지배 계층의 지도 이념은 유학이었을 것으로 생각된다. 구체적으로 유학자들의 학설이나 주장이 담긴 자료는 없지만, 상류층 가운데 한문학에 능통하여 당의 빈공과賓貢科에 급제하는 이들이 많았다는 사실이라든지, 당시의 국가 체제나 교육 제도를 통해서도 그 일면을 살펴볼 수 있다.

고려의 유학

한국 유학사의 흐름에서 볼 때 제도를 통해 점차 정치 이념으로 자리를 굳혀 간 유학은 후기신라를 거쳐 고려로 이어지면서 그 지위를 더욱 강화하였다. 종교 사상 등의 분야에서는 여전히 불교 사상이 주류를 형성하고 있었지만, 정치와 사회·윤리의 분야에서는 유학의 현실적이고 경세적인 성격이 그 기능을 발휘하였다.

고려 초기의 유학 사상은 유학적 정치 사상과 이념의 현실 적용이라는 특성 아래 지식인 사이에서 유학적인 교양이 일반화되었고 또 익숙해진 상태였으나, 주로 수기치인修己治人의 이상을 실현하는 데에 치중했기 때문에 아직 학문적이거나 체계적인 단계까지는 이르지 못하였다.

유학적인 천명·민본 사상은 왕건이 고려를 건국하고 기초를 확립하는 데 중요한 역할을 하였으며 후대에까지 큰 영향을 미쳤다. 그는 혁명으로 창업한 왕조의 계승과 발전을 위해「훈요십조訓要十條」를 남겼는데 이 가운데 5개조가 유학적 정치 이념을 반영하고 있다.

광종에서 성종에 이르는 동안은 중앙 집권화가 진척되면서 중세 봉건 사회가 한 단계 더 발전하였다. 이 시기 유학은 중앙 집권 체제가 정비되도록 터전을 확립하는 밑거름이 되었다. 과거제의 실시(959년)라든지 최승로崔承老의「오조정적평五朝政績評」과「시무 28조」등이 그런 역할을 하였다. 최승로는 태조의 창업 이후 약 60년 동안의 정치적 득실을「오조정적평」에서 역설했는데, 그 평가 기준을 유학적 정치 이념에서 찾았다. 또「시무 28조」는 민생 문제에 근원을 두고 제시한 국가 정책안이었다. 즉「시무 28조」는 고려 창업 이후 고대 사회로부터 중세 사회로 넘어가는 과정에서 드러난 여러 가지 진통과 모순, 신라 말 이래 이어져 온 복식·신분 제도의 문란과 문물 제도의 미비에 따른 혼란 등에 대하여 반성적이고 개혁적인 차원에서 제시된 것으로, 성종에 의해 추진된 국가 체제 정비에 적극 반영되었다.

그는 불교와 유학을 기능에 따라 구별하였는데, 불교를 정치 문제에서 분리시켜 정치 이념은 유학을 토대로 해야 한다고 하였다. 「시무 28조」 중 현존하는 22조 가운데 8조가 불교에 관계된 것으로 모두 불교에 대해 비판적인 내용을 담고 있다. 그러나 그의 불교 비판은 종교로서의 불교 교리 자체에 대한 것이 아니라, 당시 불교의 폐단에 대한 것이었다. 그는 또 봉건 사회에서 임금의 태도와 치자로서의 자질을 문제삼았는데, 사심을 버리고 자중자애하며 겸손하고 공경하는 마음을 갖는 것이 중요하다고 하였다. 성종은 한당의 선진 제도와 문화를 수입하고 최승로의 시무책을 정책에 반영하여 인정仁政을 폈으며, 왕도 정치를 실현하기 위한 구체적 제도로서 국자감을 설치하고 경학 박사를 두어 유학을 장려하였다.

고려 중기에 이르러서는 초기의 원전 자체에 대한 초보적 이해와 수용의 단계를 넘어 경전에 대한 이해의 폭과 깊이가 상당한 정도로 확산되고 심화되었다. 이 때 유학은 제왕의 통치 이념으로서 중요하게 부각되었던 고려 초기와는 달리, 관료와 귀족 계층의 정교 이념을 중심으로 전개되었다. 그 대표적인 예로서 문종 때 교육면에서 크게 기여한 최충崔冲의 문헌 공도文憲公徒를 들 수 있다. 최충은 1055년 구재학당九齋學堂이라는 최초의 사학을 설치하고 구경九經과 삼사三史를 가르쳤으며, 학문의 목표를 인의와 인륜 도덕을 밝히는 데 두었다. 구재학당을 시작으로 해서 많은 유학자들이 각각 학당을 짓고 학생을 모아 교학에 힘쓰면서 당시 유학을 주도하였다. 이러한 사학의 발달은 관학의 진흥에도 영향을 미쳤다.

고려 초기에 이미 춘추관春秋館이 있었지만, 숙종·예종대의 활발한 수찬修撰 사업의 흐름 위에서 김부식金富軾은 『삼국사기』를 편찬하였다. 이것은 단순한 사실의 기록을 넘어서 유학적인 역사 의식과 역사 서술의 원칙 및 체계를 갖춘 현존하는 최고의 역사서로서 전해진다. 김부식의 「진삼국사기표進三國史記表」에 보이는 춘추대의론春秋大義論과 유학적인 역사 의식 및 비판 정신 등은 당시의 유학 발전의 깊이를 알려 준다.

그 당시 유학의 경향은 다음 몇 가지로 정리해 볼 수 있다. 첫째, 사장학이다. 사장학은 문장의 외면적인 화려함을 추구하는 학풍으로 유학 진흥과 더불어 과거 출신 문신들이 이룩한 귀족 문화를 배경으로 하고 있다. 둘째, 훈고학이다. 훈고학은 한대 이후 경전에 절대적인 권위를 부여하면서 글자 하나하나에 매달려 그 의미를 밝히는 데 힘쓰는 학풍으로, 윤언이尹彦頤의 『역해易解』, 최윤의崔允儀의 『고금상정례古今詳定禮』, 김인존金仁存의 『논어신의論語新義』 등의 저술에서 그 단면을 볼 수 있다. 셋째, 의리학이다. 의리학은 훈고학에 비해 훨씬 자유로운 경전 해석을 통해 새로운 사상을 담아 낸 학풍으로 송대의 성리학이 대표적이다. 왕이 임석한 전각殿閣 강론의 기록이나 최충이 세운 구재학당의 재명齋名을 보면 고려에서도 이미 의리학이 자생하는 모습을 볼 수 있다.

고려 후기에는 문인 우대의 경향이 심해지고 문벌 귀족의 전횡이 노골화되어, 이에 불만을 품은 무인들이 난을 일으켜 정권을 잡았다. 무신 통치 시대에는 현실 도피적이고 고답적인 현학玄學의 경향이 생겨나면서 유학은 급격히 쇠퇴하였다. 그리고 원으로부터 주자학을 수용하면서 새로운 전기를 맞이하게 되었다.

주자학은 1290년 경 안향安珦과 백이정白頤正에 의해서 처음으로 전래되었다. 이후 주자학은 권보權溥가 『사서집주』를 가져 와 전파하며, 이제현李齊賢이 충선왕이 세운 만권당萬卷堂에 머무는 동안 당시 원의 유명한 학자들과 교류하면서 본격적으로 전래되었다고 보는 것이 일반적인 견해이다. 그러나 고려가 송에 계속 유학생을 파견하고 송의 서적을 빈번하게 수입했던 사실과, 예종 11년(1116)에 청연각에서 강론하면서 『예기』 중에서도 「중용」을 중요시했던 사실에 비추어 볼 때, 이들의 주자학 수용 이전에도 고려에 성리학의 경향이 있었음을 알 수 있다. 또 최충의 구재학당에서 '구재九齋'라는 명칭은 당시 성리학과의 관련을 시사하는 가능성이 높다고 하겠다. 이러한 사실들로 보자면 최충 같은 고려 학자들이 당시 북송에서 행해졌던 성리학의 학문 경향에 대해 어느 정도 인지하고 있었음을 짐작할 수 있다. 그러나 고려가 주자학을 본격으로 도입한 것은 충렬왕 이후의 일이라고 하겠다.

2. 불교

후기신라의 불교

후기신라에 들어서면 불교 철학이 높은 차원으로 발전하게 된다. 그 이전까지 불교에 대한 연구와 이해의 기초 위에서 높은 경지의 이론이 발달하게 되는 것이다. 삼국 시대 말기에 중국에서 활약한 원측圓測도 유명한 불교 사상가이고, 후기신라 초기에 활약한 대표적인 인물로 원효元曉와 의상義湘을 들 수 있으며, 그 뒤를 이어 태현太賢·경흥憬興 등 많은 승려들이 활동하게 된다. 원측부터 차례로 살펴보도록 하자.

1. 원측

원측圓測은 세 살 때에 출가하고 열 다섯 살 때 중국으로 유학 가서 법상法常과 승변僧辨에게서 배웠다. 불교의 여러 이론에 대해 폭 넓게 익혔지만 특히 유식을 중심으로 해서 배웠다. 그는 산스크리트어, 티벳어를 비롯한 6개국의 말에 통달했다고 한다. 그가 유식 철학을 배울 때에 직접 그것의 원래 의미에 대해서까지 꿰뚫고 있었음을 알 수 있다. 현장玄奘이 새로운 유식을 전래해 올 때까지는 원측은 구유식에 입각해서 연구하고 있었다. 그런데 현장이 새로운 유식을 소개하자 그것을 적극적으로 받아들여 이제까지 연구해 온 구유식의 바탕 위에서 신구 유식을 비판적으로 종합했다고 할 수 있을 것이다. 그는 유식에만 한정 지을 수 없을 정도로 다양한 불교 이론에 대해 연구하였으며 중관 철학에 대해서도 인정을 하고 있기는 하지만 그의 본령은 역시 유식 철학이라 할 수 있다.

유식 철학은 모든 것을 오직 의식의 흐름에 불과한 것으로 파악하는 대승 불교의 한 학파이다. 이 학파는 단지 마음에 비추어서 나타난 표상만이 있고 표상과 대응하는 외계의 존재물은 없다고 본다. 이 학파는 인간의 마음을 그만큼 중요하게 생각하고 있는 것이라 할 수 있다. 그리하여 인간의 의식에 대한 탐구가 이 학파의 중요한 작업이다. 유식 학파는 한편으로는 유가행파瑜伽行派(Yogācāra)라고도 불리는데, 요가의 수행을 위주로 하는 학파라는 의미이다. 모든 것이 마음에서 나온 것이라면 그 마음을 올바로 닦아서 불교의 목적인 해탈에 이를 수 있다는 것이 이 학파의 실천적인 전략이다. 중관 학파와 더불어 인도 대승 불교에서 가장 중요한 두 학파 중의 하나이다.

인도에서 유식 철학을 체계화한 사람으로는 미륵彌勒(Maitreya)·무착無著(Asaṅga)·세친世親(Vasubandhu)을 들 수 있으며, 세친 이후 그의 학설을 해석하는 데서 무상유식無相唯識과 유상유식有相唯識의 상이한 두 학파로 갈라져서 발전하게 된다. 인도의 유식은 중국에서도 지론종과 섭론종, 법상종의 세 학파로 갈라져서 전개되었다. 이 중 앞의 두 학파는 비교적 일찍이 전개되었으므로 구유식이라 하고 현장에 의해 새롭게 번역된 유상유식 계통의 경론들에 의하여 그의 제자 규기窺基에 의해서 새로이 성립된 법상종을 신유식이라고 부른다.

원측은 유식학자로서 진제眞諦 계통의 구유식과도 다르고 현장, 자은慈恩 계통의 신유식과도 다른 특징 있는 유식학을 전개하였다. 이미 구유식을 배운 바탕 위에서 현장의 새로운 유식을 흡수하여 특징적인 유식학을 전개했던 것이다. 신구 유식을 종합했다고 할 수 있는 것이 그의 유식학이다. 그는 일찍이 구유식에 통달하고 있었고 그 바탕 위에서 현장이 전래한 새로운 유식을 공부하여 양 학파의 장점을 자기 나름대로의 원칙으로 취사선택하여 비판적으로 종합하였던 것이다. 따라서 그는 당대의 주류였던 자은종과는 다른 점이 상당히 있었기 때문에 그들로부터 강렬한 비난을 받기도 하였다.

원측은 불교를 이해하는 데 일관된 틀을 가지고 있었다. 그것은 모든 교설을 궁극적인 목적인 해탈에 도달하기 위한 수단으로 파악하는 것이다. 교설 자체가 목적이 될 수는 없다는 것이 그의 생각이었다. 실천적인 것을 강조한 것이다. 이런 바탕 위에서 그는 중도적으로 불교의 교설을 받아들이거나 배척하였다. 따라서 유식학자이면서도 중관 불교를 인정하였다. 불교는 일의一義이지만 다의多義가 있는 것은 중생들의 근기에 따라 있는 것이며, 결국 일의임을 주장하였다. 그는 모든 교리를 포용하여 중관파의 용수와 유식파의 미륵의 사상이 서로 다른 것이 아니라고까지 주장하였다. 나름대로의 확실한 기준을 가지고 있었던 것이다.

이제 원측의 유식 학설이 어떻게 신구 유식을 비판적으로 종합하였는가를 살펴보도록 하자. 먼저 유식에 대한 해석에서 구유식에서는 유식의 의미를 어떤 의미의 경境도 없다고 하고 신유식에서는 외부에 실재하는 대상으로서의 경만을 부정하는 것으로 풀이한다. 원측은 유식을 설하는 근본 취지가 바깥 경계에 휩쓸리지 않게 하는 데 있음을 명백히 인식하여 신구 유식에서 다르게 설하는 유식의 의미들이 유식의 근본 취지와 부합된다는 점에서 모두 의미있는 것으로 받아들인다.

구체적인 현상적 인식이 어떤 구조를 갖고 어떤 작용을 하는가에 대해서는 신유식의 견해를 적극적으로 받아들이고 있다. 그러나 깨달은 상태에서의 인식이라는 더욱 실천적인 관심이 그로 하여금 유식 사상의 기본 골격을 삼성론三性論 중심의 구유식에서 틀을 취하게 하였다. 원측은 훨씬 포괄적인 구유식의 틀에 더욱 논리적인 신유식의 이론을 결합한 것이다. 이로써 전체적으로 한층 완비한 이론 체계를 구축하였다.

실천과 수행의 문제에서도 원측은 신유식의 오성종성五性種姓에 대한 학설을 비판하고 모든 중생은 성불할 수 있다는 주장을 폈다. 오성종성설은 중생의 성품을 다섯으로 분류하여 무성종성無性種姓에 해당하는 중생은 성불할 수 없다는 것으로 신유식에서 주장하는 것이다. 원측은 이러한 신유식의 이론을 비판하고 자기류의 조화적인 주장을 하고 있는 것이다.

2. 원효

원효元曉는 우리 나라 불교 사상가 중 최고의 인물로 일반적으로 평가되고 있다. 그는 대승의 경·율·논 삼장에 대해서뿐만 아니라 이른바 소승 불교에 대해서도 폭 넓게 연구의 대상으로 삼아 많은 저술을 남겼다. 현존하는 것은 20여 종이지만 100종 가까운 저술을 한 것으로 알려지고 있다. 관심의 방향이 다방면에 이르러 미치지 않는 바가 거의 없었지만, 그의 사상의 핵심은 일심一心과 화쟁和諍이라고 말할 수 있다.

일심 사상의 역사적 배경을 보자면 원시 불교 이래의 마음을 중시한 이론들이 모두 중요하겠지만, 그 직접적인 연결 관계는 여래장 사상에서 찾을 수 있다. 여래장 사상은 모든 존재는 여래가 될 가능성을 그 안에 가지고 있다는, 다른 말로 하면 모든 중생의 본성이 여래라는 이론이다. 여래장 사상은 초기의 누구나 여래가 될 가능성을 갖고 있다는 이론에서 유식의 알라야Alaya 식설과 연결되게 된다. 모든 존재가 오로지 순수한 것이 본성이라면 현실의 오염되고 순수하지 못한 것은 어디에서 온 것인가를 제대로 설명할 수 없기 때문이라고 이해할 수 있다. 여래장과 유식을 종합한 연장선 위에 원효의 일심 사상이 있다고 말할 수 있다. 그가 주로 『대승기신론大乘起信論』과 『금강삼매경金剛三昧經』에 근거하여 일심을 말하고 있음에서 우리는 그의 일심이 이런 성격을 갖는다는 것을 알 수 있다. 물론 그의 사상은 『대승기신론』과 『금강삼매경』에만 한정되는 것이 아니라, 화엄도 그의 사상의 중요한 한 측면이라는 것을 잊어서는 안 될 것이다.

원효가 일심을 강조하는 이유는 일심이 바로 우리가 돌아가야 할 자리, 곧 목표라고 말할 수 있기 때문이다. 불교에서 말하는 목적이 고苦로부터의 해방이라고 말할 수 있다면 원효의 목적지도 바로 고가 없는 자유자재한 인간 본연의 자리인 일심인 것이다. 현실의 인간은 어리석음에 가로막혀 동요되고 그 본연의 자리에서 벗어나 있는데, 그것을 일심의 원천으로 돌리는 것이 그의 목적이었다. 따라서 일심의 중요성은 새삼 강조할 필요도 없는 것이라 하겠다.

그러면 그 일심은 과연 어떤 것인가? 원효는 그 일심을 어떻게 파악하고 있는가? 우선 그것은 모든 법法, 즉 모든 존재의 근거라는 것이다. 곧 현상 세계의 질서나 모든 것이 이 일심을 떠나서는 생각될 수 없다는 것이다. 모든 나타나는 것은 일심의 견지에서 포괄될 수 있고 설명될 수 있다고 한다. 다음으로 일심은 상대적 차별을 떠나 있다는 것이 원효의 견해이다. 일심이라는 것은 대상화된 어떤 것으로 파악되어서는 안 된다는 말이다. 그것은 대상화해서는 얻어지지 않는 것이다. 일심 그것은 영원하다거나 순간적이라든가, 또는 본성이 있다든가 본성이 없다든가, 형상이 있다든가 하는 등의 모든 상대적인 차별을 떠나서 존재하는 것이라 한다.

일심은 그의 전 사상의 바탕을 이루고 있다. 일심은 모든 것의 근거이며 평등하고 무차별하다. 따라서 일심의 근거에서 보자면 모든 것은 근원적인 점에서 평등무차별하다. 현실의 모습은 실제적으로는 다양하게 전개된다고 하더라도 상충됨이 없이 각각이 그대로 살려진다. 일심은 진여眞如와 생멸生滅의 둘로 나누어 고찰이 가능하지만 둘이 다를 바가 없다. 일심의 견지에서 보면 생멸이 진여이고 진여가 생멸이다. 따라서 생멸하는 현상, 즉 다양한 여러 이론들이 바로 진여와 다를 바가 없어서 그 자체로서 살려질 수 있게 된다. 진여와 생멸의 밑바닥에 일심이 있으므로 이것이 가능함은 물론이다. 그는 불교의 모든 사상들에 특유한 역사적 의미와 가치를 인정하면서도, 그 모든 것을 회통하는 일심의 정화에 최고의 가치를 부여하면서 중생의 제도에 중점을 두고 일심 사상을 실현해 나갔다. 이런 맥락에서 일심은 그의 사상의 방법적 특색이라고 할 화쟁에 근거를 제시해 주고 있다.

원효의 화쟁은 다양한 불교 이론들 사이의 다툼을 화해시키는 것이다. 그는 이제까지의 여러 불교 이론들이 서로 다투어서 쟁론이 끊이지 않는 이유는 진리에 대해서 제대로 알지 못하고 자기 이론에만 집착하기 때문이라고 하여 여러 이론들을 화해시키려고 노력하였다. 화쟁이 요청되는 이유는 자기 이론에만 집착하여 분파주의적으로 나가는 것은 부처의 진정한 가르침에 어긋난다고 보았기 때문이다. 그리고 화쟁의 대상은 원효의 현존 저술로 볼 때에는 불교 내의 이론적 다툼이다. 유학이나 도교에 대한 것은 없다.

화쟁은 언어로 표현된 이론적인 다툼을 화해시키는 것이므로 언어에 대한 이해가 중요하다. 언어에 대한 잘못된 이해가 쟁론으로 이끈다. 원효에 의하면 언어의 본성은 다음과 같다. 첫째, 언어와 진리의 관계는 상호 의존적이다. 그리고 둘째, 우리는 언어로 진리를 표현할 수 있다. 그러나 언어는 한계를 갖는다. 한편으로 우리는 언어로 진리를 표현할 수 있지만, 다른 한편으로는 진리는 언어로 표현되지 않는 부분도 있다고 할 수 있다. 따라서 우리는 언어에 집착해서는 안 된다. 이러한 언어에 대한 이해 위에서 우리는 구체적인 화쟁의 방법을 말할 수 있다. 화쟁의 방법은 세 단계로 이루어진다고 말할 수 있다. 우선 집착에서 벗어나도록 하기 위해서 모든 이론들을 부정한다. 그러나 부정만을 한다고 해서 집착이 없어진다고 볼 수는 없다. 부정에도 집착하지 않아야 한다. 그것을 위해 둘째 방법인 긍정과 부정의 자재自在가 필요하다. 긍정과 부정의 자재를 다른 측면에서 표현하면 "동의하지도 않고 이의도 제기하지 않으면서 설한다"는 방법이 있다. 태도의 문제를 중시해서 설명한 것이라 하겠다. 마지막으로 화쟁의 방법으로 말할 수 있는 것은 여러 경전들의 내용에 대해 폭 넓게 이해하는 것이다.

화쟁은 원효 사상의 특색을 잘 드러내 주는 것이다. 원효는 화쟁으로 전체 불교 이론들을 바라보아 실천적 견지에서 각각의 가치를 인정하였다. 그렇지만 화쟁은 여러 불교 이론들을 이론적으로 체계화시킨 작업은 아니다. 엄밀한 논리로써 화쟁을 수행하기는 하지만 궁극적으로는 실천의 문제로 연결된다. 화쟁은 궁극적으로는 일심의 경지에 돌아가게 하기 위한 것이며, 화쟁의 완성은 일심에 돌아감이라고 말할 수 있다.

원효가 신라 불교에 미친 또 다른 중요한 점은 불교를 대중화시키는 데 크게 공헌하였다는 것이다. 그는 왕실이나 귀족 불교에만 머무르고 있어 민중과는 유리되었던 당시의 불교를 민중한테로 끌어내렸던 것이다. 그는 민중 속으로 파고들어 정토 신앙을 널리 전파하고, 또 어려운 불교 이론을 민중들이 쉽게 받아들일 수 있도록 노래를 지어 전파하는 등 불교의 대중화를 위해 여러 가지로 노력하였다. 그에 의해서 신라의 불교는 널리 대중화될 기틀을 잡게 되었다.

3. 의상 및 기타

의상義湘은 우리 나라 화엄종의 개창자로 인정되고 있다. 그는 중국에 유학하여 중국 화엄종의 2대조인 지엄智儼의 문하에서 중국 화엄종의 대성자인 법장法藏과 함께 수학하고 671년에 귀국하였다. 고려 때의 승려인 체원體元의 기록에 따르면 지엄은 의상에게는 의지義持라는 호를 주고 법장에게는 문지文持라는 호를 주었다고 한다. 지엄의 대표적인 제자 두 사람 중의 하나가 의상이었다는 것이고 또 한편으로 의상이 이론적인 면보다는 실천에 힘썼다는 것을 이 전승에서도 확인할 수 있다. 의상이 지엄의 뛰어난 제자이면서 법장의 선배로서 법장의 사상에도 영향을 끼치는 한편 법장 또한 그를 높이 존경하였음은 법장의 『화엄오교장華嚴五敎章』 등의 저술 및 법장이 의상에게 보낸 편지 등을 통해서 알 수 있다.

의상의 저술은 『화엄일승법계도華嚴一乘法界圖』와 『백화도량발원문白花道場發願文』이 현재 전해지고 있는데, 후대에까지 커다란 영향을 미치고 그의 화엄 사상을 알 수 있게 해 주는 것은 『화엄일승법계도』이다. 이는 7언 30구 210자로 된 시로 네모꼴 도인圖印 형식으로 되어 있다. 그 발문에 보면 "『화엄경』과 『십지경론十地經論』에 의해 원교圓敎의 종지를 나타낸 것"이라 한다. 화엄 사상을 총정리하여 수행의 강요서를 만들려고 한 저작이었다. 의상의 화엄에 대한 뛰어난 이해와 실천을 중시하는 그의 사상적 경향을 여기에서 발견할 수 있다. 이 저작은 중국이나 한국의 화엄 사상 발전에 많은 영향을 끼쳤다.

의상은 국가의 후원을 받아 부석사 등의 사찰을 세우고 화엄 사상을 널리 전파하였다. 그에게는 표훈表訓 등의 십대 제자가 있었다고 전해져 오는 데서도 알 수 있듯이 수많은 제자들이 있었고, 이로써 화엄종은 신라 불교에서 가장 대표적인 종파가 되었다.

후기 신라에서 융성했던 또 하나의 학파는 유식학 계통이었다. 앞서 말한 원측의 유식학은 그것을 계승한 도증道證이 귀국하여 신라에 전하였다. 도증의 뒤를 이은 태현太賢은 『성유식론학기成唯識論學記』등의 저술로 유명한 뛰어난 유식학자였다. 그 밖에 경흥憬興도 다양한 저술을 하며 한 종파에 머물지는 않았지만 유식을 중심으로 한 학자였다.

4. 선종

선禪은 종래의 인도 불교와는 다른 중국적 특색을 나타내는 불교의 한 종파이다. 후대에 정형화된 표현에 따르면 문자에 구애받지 않으며(不立文字), 전통적인 경전의 가르침과는 달리 따로 전해지고(敎外別傳), 직접 사람의 마음을 가리켜서(直指人心), 사람의 본성을 보아 성불한다(見性成佛)는 것이 선의 요체이다. 전통적으로 선종은 6세기 전반기의 달마達磨(또는 達摩)를 그 창시자라고 설명하지만, 중국에서 커다란 세력을 얻는 것은 남종과 북종으로 갈라지고 난 이후 남종선 계통인 6조 혜능慧能의 계통이 성행한 이후로 볼 수 있다.

신라에 선종이 들어온 것은 중국에서도 아직 선이 널리 퍼지기 이전인 삼국 시대부터이지만 본격적으로 들어오는 것은 하대에 들어서이다. 최초의 선의 전래는 법랑法朗에 의해 4조 도신道信의 선이 전해져 온 것이고, 이어서 신수神秀 계통의 북종선이 신행神行(또는 信行)에 의해서 전해져 왔다. 그러나 신라에서 선이 크게 세력을 뻗치는 것은 도의道義와 홍척洪陟이 귀국한 이후의 일이다. 도의와 홍척은 서당지장西堂智藏의 법을 전하여 받

았는데, 서당지장은 혜능으로부터 남악회양南嶽懷讓→마조도일馬祖道一→
서당지장으로 법맥이 연결되는 돈오頓悟를 주장하는 남종선 계통의 선법
을 이어받았다.

그 뒤를 이어 중국에 유학하여 선을 배운 혜소慧昭·혜철惠哲·무염無染·
범일梵日·도윤道允 등 많은 승려들이 계속 귀국하면서 신라에서도 선종이
흥하게 되었다. 후기신라 시대에 이들에 의해 중국에서 도입된 선종은 주
로 남종선 계통이었다. 이들은 주로 지방 호족들의 지원을 받으면서 기존
의 교학적인 불교를 비판하고 새로운 불교를 널리 전파하였다. 그리하여
국내 각처에 선종 사찰이 세워지고 특색 있는 여러 문파가 생기게 되었다.

이러한 신라의 선종은 고려 중기에 들어서면서 이른바 구산선문九山禪
門으로 정리되어 호칭된다. 구산선문이라는 용어가 신라 말 고려 초의 선
종계禪宗界를 망라하여 지칭하는 용어로는 부적당하다는 견해도 있지만,
구산선문이라는 용어가 법적인 관계보다 인적인 관계를 중시하는 한국 선
의 특질을 보여 준다는 견해가 더 설득력이 있는 것으로 생각된다. 그러한
이유가 있었으므로 일반적으로 선문구산으로 불려 왔던 것이다. 선문구산
은 다음과 같다.

가지산迦智山 보림사寶林寺(장흥): 도의道義·염거廉居·체징體澄
실상산實相山 실상사實相寺(남원): 홍척洪陟·수철秀澈
동리산桐裏山 태안사泰安寺(곡성): 혜철惠哲·여如·윤다允多·도선道詵
사굴산闍崛山 굴산사崛山寺(명주): 범일梵日·개청開淸·행적行寂
봉림산鳳林山 봉림사鳳林寺(창원): 현욱玄昱·심희審希·찬유璨幽
사자산獅子山 흥녕사興寧寺(영월): 도윤道允·절중折中
희양산曦陽山 봉암사鳳巖寺(문경): 도헌道憲·양부揚孚
성주산聖住山 성주사聖住寺(보령): 무염無染
수미산須彌山 광조사廣照寺(해주): 이엄利嚴

고려 시대의 불교 철학

고려 시대에 들어서도 불교는 왕권의 비호를 받아 계속 융성하였다. 이론적인 면에서 볼 때 신라와 같은 활발함은 보여 주지 못하지만 다수의 고승들이 나오고 국가의 적극적인 후원으로 수많은 사찰이 세워지며 대장경 판각도 이루어지는 등 계속 번영을 누렸다. 고려 시대 불교는 선禪과 교教가 대립적으로 병립되어 있었다. 이러한 상황에서 선과 교의 갈등을 해소하는 것이 고려 시대 불교계의 큰 관심사였다. 의천義天이 교관겸수教觀兼修를 주장하고 지눌知訥이 정혜쌍수定慧雙修를 주장하는 것도 그런 문제 의식의 산물이었다고 할 수 있다.

1. 의천

대각국사大覺國師 의천義天은 지눌과 더불어 고려 불교를 대표하는 인물이다. 그는 문종의 넷째아들로 태어나 11세에 출가한 왕자 출신의 승려였다. 왕자 출신이었기에 여러 문헌들을 모아 분류·정리하는 작업 및 속장경 편찬 사업 등 대규모의 여러 가지 불교 사업을 쉽게 할 수 있었을 것이다. 그의 저술은 이러한 불교 문헌의 수집 정리로 이루어진『신편제종교장총록新編諸宗教藏總錄』·『원종문류圓宗文類』·『석원사림釋苑辭林』등과 천태종에 대한『천태사교의주天台四教儀註』및 유식학에 관한『간정성유식론단과刊定成唯識論單科』등이 있다. 그의 사상은 화엄으로 다듬어졌으나 그 밖의 여러 이론도 널리 탐구하였다.

의천이 활동하던 당시의 고려 불교계는 선과 교의 대립이 컸다. 따라서 의천은 그러한 대립을 해결하는 것을 자신의 사명으로 삼아 교관겸수教觀兼修와 선교합일禪教合一을 이상으로 삼았다. 그러나 선교의 대립을 해소하여 선교합일을 한다고 해도 교를 주로 하고 선이 종이되는 것이었다. 교의 입장에서 선을 융섭하려고 했던 것이다. 그는 선의 관觀을 무시하고 교의 경經 공부만 해도, 또 그와 반대로 선의 관만을 하고 교의 경 공부를 도외시해도 모두가 불충분하다고 하였다. 또 경 공부를 제 아무리 잘하였다 하더라도 선의 관문觀門을 모르는 자라면 비록 경을 강講한다 하더라도 믿을 수 없다고 하고, 그렇다고 어리석은 선만을 가지고 시비를 다투고 있음도 딱한 일이라 하며, 선을 교외敎外의 별전別傳이라고 함부로 말하지 말도록 삼가야 한다고 하였다. 교의 경 공부도 하고 선의 관 공부도 하여 교관을 겸수해야 한다는 것이 의천 사상의 골자이다.

이러한 교관겸수의 입장에서 의천은 그 당시 창건된 국청사國淸寺에서 천태의 교리를 강하면서 천태종을 확립, 개종하였다. 화엄의 입장에서 사상을 다듬었으면서도 천태종이라는 종파를 개창한 것은 교종과 선종을 융회시킴에 있어 좌선坐禪 지관止觀의 수행을 중시하는 천태교관이 더욱 포괄적이며 선종과도 통할 수 있는 것이라 생각했기 때문이었다.

선과 교의 다툼을 화해시키는 것을 자신의 가장 중요한 임무로 생각했던 의천은 사상의 대립보다 융화를 강조한 원효를 높이 존경하였다. 원효의 화쟁 사상을 최고로 평가한 것이다. 그는 원효를 효성曉聖, 해동교주海東敎主, 원효보살 등의 최고의 존칭으로 불렀다. 그리고 원효의 공을 인도 대승 불교에서 가장 뛰어난 인물로 평가되는 마명馬鳴이나 용수龍樹가 남긴 업적과 견주었을 정도였다. 그러기 때문에 일찍이 경주 분황사로 원효의 상像을 찾아 제를 올리며 그의 거룩하고 높은 덕을 추모하면서 원효만이 성性과 상相을 융화하여 밝히고 백가의 여러 다툼을 화해시켜 일대一代 지공至公의 논을 얻었다고 칭송하였다. 이와 같이 의천은 원효 사상을 중심으로 한 신라 불교의 전통을 재확인하였던 것이다.

2. 지눌

보조국사普照國師 지눌知訥은 정혜쌍수定慧雙修를 주장하며 선가와 교학의 합일을 꾀하였다. 의천이 교관겸수를 주장하여 교의 입장에서 선을 포섭하려 했다면, 지눌은 정혜쌍수를 주장하여 선의 입장에서 교를 융화하려 한 것이다. 의천의 천태종은 교와 선을 절충하는 절충적 성격이 강하였지만, 지눌은 절충의 단계를 넘어서서 선에 철학적 기초를 제공하면서 선교일치의 철학 체계를 구축하였다고 평가할 수 있다. 그러면 지눌은 어떤 방식으로 선과 교의 일치를 주장하면서 선에 철학적 기초를 마련하였는가?

그는 화엄 교가 중에서 회통적 성격을 가진 이통현李通玄의 『신화엄경론新華嚴經論』에 나타나는 화엄 이론과 선불교도들의 종교적 수행을 뒷받침하는 이론들이 근본적으로 동일하다는 데서 한 근거를 얻었다. 그는 화엄 철학의 성기설性起說이 바로 선에서 말하는 대전제인 "마음이 곧 부처"(心卽是佛)라는 것임을 증명한 것이다. 이것을 좀더 자세히 설명하면 다음과 같다. 화엄 철학의 기초는 무진연기無盡緣起의 사상이다. 곧 하나하나 모든 현상들은 각각 무수한 연관 관계 속에서 존재한다는 것이니, 이 무진연기설은 궁극적인 제1원리와 같은 연기의 주체를 인정하지 않고 각각의 사물을 각기 연기의 주체로 본 것이다. 그리하여 화엄 철학의 "일즉일체一卽一切이고 일체즉일一切卽一이며 상즉상입相卽相入"이라는 말이 가능하게 된다. 이것이 연기라면 성기는 어떤 것인가? 이 세계의 현재 나타나는 바로 그 모습은 어떤 딴 인연을 빌림이 없이 그대로 있다는 것, 다시 말하면 모든 현상을 현상 그 위에서 보는 것이다. 개개의 현상이 수많은 연관 관계 속에서 나타난다는 각각의 연기는 그 하나하나의 독자적 가치가 인정되어야 하니 성기가 바로 연기의 근거가 된다. 그러면 화엄 교가에서 말하는 성기가 어떻게 선가의 '심즉시불心卽是佛'이라는 주장과 연결되는가?

지눌은 모든 중생은 불성佛性을 갖는다, 즉 깨달음의 가능성을 본성으로 가지고 있다는 전제에서 출발하여, "마음이 바로 부처"라고 선에서 말할 수 있는 것은 그 본성이 그대로 드러난다는 성기설로 가능하다고 하였다. 본성인 불성이 바로 그대로 드러나므로 부처를 본성으로 하는 마음은 바로 부처인 것이다. 부처인 본성이 바로 그대로 드러나는 것이니, 깨달음이 따로 밖에서 오는 것이 아니라 그대로 드러난다는 것이다. 불성이라는 것은 따라서 한낱 가능성이 아니며 현재의 우리가 바로 부처라고 할 수 있다는 것이다.

현실적으로 미혹하고 괴로워하는 것은 더러움에 가려 있기 때문이지만 그 더러움은 본성이 아니고 외적인 것이라 한다. 따라서 본성이 현실로 나타난다고 할 수 있는 중생의 마음은 그 자체 부처라고도 할 수 있다. 그러므로 마음이 바로 부처라는 결론에 도달하게 된다. 본성이 그대로 드러난다는 성기가 "마음이 바로 부처"라는 선의 교의와 일치하게 되는 것이다. 또 다른 말로 하면 있는 그대로의 본성이 그대로 드러나는 것이 성기이므로, 중생이라고는 하나 중생은 있는 그대로의 본성인 '불성'이 바로 그대로 드러나 있는 것이 된다. 바로 부처라고 할 수 있는 것이다. 결국 중생이 곧 부처라는 말도 가능하게 된다. 또 있는 그대로의 본성이 부처이므로 부처가 되고자 하는 의식적인 노력은 필요가 없게 된다. 아니 해서는 안 된다고까지 말할 수 있다. 그리고 우리의 번뇌가 바로 깨달음이라는 것을 강조하게 된다. 진정한 의미에서는 번뇌도 없다는 것이 지눌의 주장이다. 이 외에도 지눌은 『대승기신론』이나 『육조단경六祖壇經』 등을 동원해서 중생이 본래 부처임을 증명하려 하였다. 그는 선이 교와 일치함을 제시하려 하였던 것이다.

지눌은 이와 같이 선과 교의 일치를 주장하므로 수행에서도 정혜쌍수를 주장하여 선이나 교 한 면에만 치우치는 것을 경계하였다. 교를 공부하는 사람은 무 자만을 배워 이해하는 것을 업으로 삼아 이것저것 가리는 분별지分別知에 사로잡혀 견성성불見性成佛하는 깨달음의 경지를 모르므로 오히려 스스로 굴하기 쉽고, 또 선가는 밀의상전密義相傳이라 하여 잘못하면 멍청하게 헛수고나 하고 앉아 졸기나 하여 실심失心 착란하는 폐가 없지 않고, 간혹 자심개발自心開發을 약간 터득함이 있다 할지라도 그로써 만족하여 해행解行에 심천深淺의 차가 있음을 모른다고 하였다.

지눌의 선 수행에 대한 주장에서 특징적인 것은 돈오점수頓悟漸修의 주장이다. 즉 나 자신과 부처가 동체임을 깨우침에 있어서 그것이 수행을 따라 점진적으로 되는 것이 아니고 대번에 이루어진다는 의미에서 돈오라 한 것이다. 그러나 본성이 부처와 다름이 없음을 깨달았다 하더라도 시작 없는 오랜 옛날부터의 습관과 버릇으로 더럽혀진 것을 한꺼번에 없앤다는 것은 힘든 일이므로 깨달은 뒤에 수행하여야 한다. 점차로 하여서 공공功이 이루어지고 마침내 성성聖 되기 때문에 점수라고 한다. 그리고 깨달음이 먼저이고 수행이 나중이라는 선오후수先悟後修의 사상이 돈오점수에 들어 있다. 먼저 '돈오'하고 나중에 '점수'한다는 것이다. 곧 깨달음 이전의 수행은 수행이 아니라 하였다.

지눌의 사상은 침체했던 고려 불교계에 활력을 불어넣었고, 지눌 선의 정신은 후대에까지도 커다란 영향을 미쳤다. 지눌의 제자 혜심慧諶은『선문염송禪門拈頌』·『선문강요禪門綱要』등의 저술을 내었다. 그는 지눌의 법문을 화엄 교가를 위한 원돈관행문圓頓觀行門, 선가·교가를 구분치 않고 선 수행에서는 누구나 밟아야 할 성적등지문醒寂等持門, 교외별전을 고집하며 한 번 뛰어 대번에 깨닫자는 상상근기上上根機의 선가에게는 경절문徑截門 등 세 문으로 나누어 설명하였다.

3. 도가

후기신라는 당唐으로부터 도교를 받아들였다. 효성왕 2년(738) 당 현종이 사신을 시켜 신라에 『도덕경』등의 도가 경전을 전하였다는 기록이 있다. 이 때의 도가 경전은 사실상 도교를 전파하기 위한 것이었지만 도교를 흥성케 할 수는 없었다. 당 현종에 의한 도교 수입 이전 김대문의 노장 철학에 대한 관심이라든가, 성덕왕 18년(719)의「미륵보살조상기」등에서 『노자』와 『장자』를 은자隱者의 관점으로 해석한 내용 등은, 도가 사상 가운데에서도 특히 노장 철학에 관심이 집중되었음을 보여 준다. 그리고 훨씬 뒤 도당 유학생들에 의해 당 왕조의 공식 종교인 도교를 수입하는 것이

쉬워졌을 때에도 실제로 수입된 것은 종교로서의 도교보다도 신선술 계통이었다.

이런 내용으로 볼 때 신라의 도가 사상은 대체로 노장 철학과 넓은 의미의 신선술을 중심으로 전개되었다고 할 수 있다. 이는 신라의 화랑도와 같은 고유 사상, 이미 수입되어 널리 퍼진 불교 사상이 신선술 혹은 노장 철학과 배타적이 아니었기 때문에 가능하였을 것이다. 그러나 한편으로는 이러한 비배타성이 도가 사상에 대한 이해의 심화를 필요하지 않게 하였고, 따라서 도가 사상의 독자적인 발전을 오히려 저해하였다고 할 수 있다.

고려 시대 도교의 수입은 예종 이후 활발해졌다. 예종은 도록道籙을 받아 도교 왕이 되기를 기원한 인물로서, 송으로부터 도교를 수입하여 적극적으로 지원하였다. 이 때 최초의 도관道觀인 복원궁福源宮이 건립되었고, 도교 의식인 초제醮祭가 기록만으로도 30회가 넘게 거행되었다. 이 후 의종 때에도 도교의 초제가 빈번하게 행해졌다. 그런데 이같이 초제를 행한 목적은 재앙을 없애고 복을 불러들이기 위한 것이었다. 특히 가뭄과 폭우, 병충해, 전염병 등 자연 재해를 막기 위한 종교 의식이 주류를 이루었다. 이는 도교가 무속의 역할을 어느 정도 대신하였을 뿐만 아니라, 불교와 맞설 만한 국가 종교로 성장하였던 시기도 있었음을 말해 준다. 그러나 빈번한 초제는 국가 재정의 낭비를 가져 오고, 급기야는 무신 정권이 들어서는 빌미를 제공하게 되었다.

도가 사상도 지식인들 사이에서 널리 유행하였다. 도교를 중시한 예종의 명에 의해 행해진 『도덕경』 강론은 도가 사상에 대한 깊은 이해와 연구를 촉진시켰을 것이다. 그리고 오늘날에도 널리 읽히는 『명심보감』에는 노장의 내용뿐만 아니라 신선술과 도교의 신앙까지 포괄하여 수양의 방법을 제시하는 것을 볼 수 있다. 또한 「한림별곡」에는 지식인의 정신적 향연을 위한 책 목록이 열거되어 있는데, 이 가운데 『도덕경』과 『장자』도 들어 있었다. 이처럼 도가 사상은 지식층에 널리 확산되어 있었다. 아울러 위의 내용들은 대체로 도가 사상의 소극적이고 은둔적인 성향을 강조하고 있다. 이는 빈번했던 외적의 침입 및 무신의 장기 집권과 무관하지 않았을 것이고, 지식층에 어느 정도 정신적 위안을 제공해 주었을 것이다. 그러나 도가 사상은 새롭게 펼쳐지는 역사 앞에서 '허무'의 극복을 표방하고 나선 훨씬 적극적인 성리학에 자신의 역할을 넘겨 줄 수밖에 없었다.

한편 이와 같은 도가 사상과 맥락은 다르지만, 도가 사상의 확장이라는 측면에서 이 시대의 풍수도참설을 살펴볼 필요가 있다. 풍수도참설은 다시 풍수설과 도참설로 나누어 볼 수 있다. 풍수설이란 산천山川에는 순順한 곳과 역逆한 곳이 있는데 이와 같은 순역에 따라 길흉이 정해진다는 것이다. 도참설이란 점술의 일종으로 미래의 화복禍福과 앞으로 일어날 사실을 예언하는 것이다. 이러한 풍수설과 도참설은, 세계는 음양오행의 기로 형성되었다고 보고, 그것의 운행으로 모든 일을 설명하려는 음양오행 사상을 바탕으로 응용한 것이다.

우리 나라의 풍수도참설은 신라 말 승려 도선道詵에 의해서 시작되었다. 도선의 풍수도참설은 신라 말 고려 초라는 사회 혼란기를 비집고 창궐하기 시작하여 커다란 영향력을 행사하였다. 고려 태조의 「훈요십조」에도 도선의 풍수도참설을 신봉할 것이 명시되어 있고, 도읍을 정하고 사찰을 세우는 등의 일에도 이 풍수도참설이 적용되었다.

고려 시대의 풍수설은 대체로 다음 두 경우에 집중하여 적용되었다. 하나는 지리비보설地理裨補說에 입각한 사찰과 탑의 건립이었다. 지리비보설이란 지덕地德이 역한 곳이나 쇠한 곳을 인위적으로 보충할 수 있다는 이론이다. 이 이론은 사찰과 탑의 증설을 촉진하였지만, 도선이 점쳐 정한 곳 외에는 사찰과 탑의 증개축을 금지하기도 하였다. 따라서 비보사탑설은 불교의 진흥에 반드시 유리한 것만은 아니었다. 다른 하나는 왕조의 운명을 지리쇠왕설地理衰旺說에 근거하여 해석한 것이었다. 지리쇠왕설은 국가 혹은 개인의 운명은 쇠퇴해지거나 왕성해지는 지덕의 변화에 따른다는 것이었다. 다시 말하면 장차 한 왕조가 망하려 할 때 지덕도 이미 쇠퇴해 있다는 것이다.

이런 문제와 관련하여 풍수도참설을 신봉하던 고려의 지배층이 고민에 빠졌을 것임은 너무도 당연하다. 고려사에서 끊임없이 등장하는 지덕의 보존을 위한 방안, 예컨대 잠시 혹은 주기적으로 도읍을 옮김으로써 지덕을 쉬게 하자는 방안, 지덕을 쇠퇴하게 하는 건물이나 왕릉을 옮기는 방안, 심지어는 지덕이 왕성한 곳으로 도읍을 옮기는 방안 등이 끊임없이 논의되었다. 이러한 논의들이 생산적일 리는 없다. 특히 개경은 왕기王氣가 쇠퇴하였으므로 서경으로 천도하여야 한다는 묘청妙淸 일파의 주장은 풍수지리설이 도참설과 결합하여 정치적으로 이용된 대표적인 예가 될 것이다. 반란으로까지 이어진 묘청 일파의 주장은 풍수도참설이 고려 사회에 얼마나 지대한 영향을 끼쳤는지를 분명히 보여 주는 사례라 하겠다.

2. 재편기
고려 말 — 양란 이전

1. 주자학

불교에서 주자학으로

1. 새로운 이념의 요청

불교적 사유에 의해 주도되었던 고려 사회는 말기에 이르러 심각한 위기를 맞게 되었다. 역사를 검토해 볼 때 당시의 사회적 위기, 사회적 모순은 주로 귀족이나 고급 관료, 지방의 호족들 그리고 사원들이 자신의 소유가 아니었던 땅을 이러저러한 방법을 동원하여 자신의 소유로 만들었기 때문에 발생한 것이었다. 이것을 토지 겸병의 진전, 즉 농장의 확대라고 한다. 토지 겸병의 진전으로 인해 국유지와 자영농 소유의 토지가 줄어들게 되자 국가의 재정은 궁핍해졌고, 국가 재정의 유실 부분이 양민에게 전가됨에 따라 양민의 조세 부담이 증가되어 자영농의 몰락, 유민의 발생, 농촌 경제의 파탄 같은 현상이 잇달아 나타났다. 자영농을 중심으로 하는 농촌 경제를 자신의 기초로 삼고 있었던 고려 사회에서 이와 같은 현상이 나타나고 있었다는 것은 그 사회의 지지 기반 자체가 붕괴되고 있었음을 의미한다.

중앙 정부의 통제력이 약화된 틈을 타 권세가와 지방의 호족들로 이루어진 지주 계급은 자신의 이익을 노골적으로 확보하기 시작하였다. 그들은 농장을 확대해 나가면서 한편으로는 자신들의 지위를 이용하여 국가에 납부해야 하는 정상적인 조세를 포탈하였으며, 다른 한편으로는 지주-전호제 관계에 편입되어 있던 농민에게 과중한 지대를 요구하는 동시에 각종 잡물과 인력을 임의로 수탈하였고, 경제 외적 분야에서도 다양한 압박을 가하였다. 고려 말에는 농민들의 봉기와 저항 운동이 광범위하게 발생하였는데, 이는 국가와 지주로부터 이중적 수탈을 당하던 농민들의 처지를 반영하는 것이었다. 결국 고려 말에는 농민과 국가 사이에 알력이 있었을 뿐만 아니라 농민과 지주 사이에도 알력이 있었고, 국가와 지주 사이에도 알력이 있었다. 곧 고려 말에는 토지 겸병의 진전과 농장의 확대로 인한 국가 경제의 붕괴 그리고 계급간·계층간 모순의 심화라는 현상이 대두되던 것이다. 여기에 외적인 침입이나 중국의 원·명 교체에 따른 세력 다툼도 당시의 사회적 위기를 불러일으킨 또 하나의 원인이 되었다.

이러한 고려 말 사회의 모순으로 인해 가장 큰 피해를 입었던 쪽은 역시 농민이었다. 그러나 피해를 입고 있다는 측면에서는 농민과 같은 입장이었던 또 다른 계층이 있었다. 그들이 바로 권세도 돈도 없이 오직 자신의 능력으로 중앙 관계에 진출하였던 신진 사대부들이다. 권세가들의 인사권 장악에 따라 그들에게는 신분 상승의 기회가 거의 봉쇄되어 있었으며, 국유지의 축소에 따라 그들에게 주어져야 할 수조지도 제때에 분급되지 않았던 것이다. 이 때문에 그들은 개혁의 필요성을 절감하였다. 현실에 대한 불만의 내용과 정도는 달랐지만 개혁을 절실히 원하고 있었다는 점에서는 농민들도 그들과 같은 정서를 공유하였다.

이 개혁 과정에서 이성계를 주축으로 하는 신흥 무장 세력과 정도전鄭道傳과 조준趙浚 등을 주축으로 한 신흥 문관 세력이 결합하였고, 그들은 농민의 지지를 받았다. 정치적 헤게모니 쟁탈 과정에서는 이인임 일파의 제거 작업이 있었고, 경제적 개혁으로는 국가의 경제 구조를 일신하기 위한 과전법의 실시가 추진되었다. 그러나 사상사적으로 볼 때 가장 중요한 개혁은 주자학의 수입과 주자학적 이념의 전파였다.

성리학, 곧 주자학은 남송의 유학자 주희朱熹에 의해 집대성된 학문 체계로서 그 발생 자체가 불교의 초세간적 경향을 극복하기 위해 나타난 것이었다. 그것의 기본 정신은 원시 유학과 마찬가지로 현실 사회를 도덕적으로 편제하려는 데에 있었다. 다만 원시 유학과 다른 점이 있다면 주자학은 사람이 왜 현실 속에서 강상윤리라고 하는 주어진 도덕 규범에 따라서 살아야 하는가를 형이상학적 논리로 복잡하게 설명하고 있다는 점이다.

유학 이념의 형이상학화 자체가 불교의 이론 체계에 대항하려는 의식에서 출발한 것이긴 하였지만, 어쨌든 주자학의 궁극적 관심은 현실 속의 인간 관계 혹은 사회 질서를 어떻게 하면 도덕적으로 바로잡을 것인가 하는 데에서 한 발도 벗어나지 않았다. 그에 비해 이들 유학자들의 눈에 비친 불교는 현실과 도덕이라는 것에서 멀리 떨어져 있는 이념 체계였다. 부모 형제와의 끈끈한 인간 관계를 끊고, 또 일상적 윤리 규범에 대해 회의하면서 고답적인 정신 세계를 추구하려는 불교의 실천 태도를 유학자들은 용납할 수 없었던 것이다. 그들이 보기에 당대 말기의 사회가 여러 문제점을 드러낸 원인 가운데 하나는 불교에 있었다. 그래서 그들은 불교 이념을 극복하기 위해 불교의 이론 형식을 빌려 불교와는 전혀 다른 가치와 정신을 가진 유학의 이론 체계를 새롭게 포장하였던 것이다. 이렇게 주자학은 그 발생 과정부터 불교와 대항하려는 의식을 가지고 있었던 이론 체계였다.

그런데 당과 마찬가지로 고려 사회 역시 정신적으로 불교 이념에 지배되던 사회였다. 그리고 당대 말기의 유학자들이 당시 사회의 문제점이 상당 부분 불교 때문에 나타난 것이라고 생각했던 것처럼 고려 말기의 신진 사대부들도 불교 때문에 당시의 사회가 곤란을 겪고 있다고 판단하였다. 그들이 구체적으로 지적한 것은 불교의 멸인륜적 경향, 곧 인륜을 무시하는 경향과 국가 경제에 미치는 사원 경제의 해악성이었다. 특히 불교의 멸인륜적 경향은 인륜 자체의 중요성 때문에 비판되는 것이기도 했지만, 더 근본적으로는 불교가 인륜이라고 하는 도덕적 질서를 무시함으로써 사회 구성원 모두를 일률적으로 통제할 수 있는 장치를 제공하지 못하였기 때문에 비판되는 것이었다.

어느 사회건 그 사회의 안정은 통치자가 제시하는 가치나 실천 방향에 대한 대다수 사회 구성원들의 동의를 얻어 내서 피통치자들을 일률적으로 통제할 수 있을 때만 가능한 것이다. 그런데 불교는 그러한 가치나 실천 방향을 제시하기가 어려웠다. 이것은 원래부터 불교가 그러한 일을 할 수 없다는 것이 아니라, 고려 말기의 사회에서 불교가 그랬다는 의미이다. 그래서 당시의 신진 사대부들은 낡은 사회를 개혁하고 새로운 사회를 건설하기 위해 새로운 이념 체계를 요구하였고, 그들이 선택하였던 것은 비슷한 역사적 경험을 통해 태동된 주자학이었다. 고려 말 조선 초에 이루어진 '불교에서 주자학으로'라는 사상사적 전환은 이러한 역사적 배경 아래에서 진행되었다.

2. 주자학의 전래와 관학파 유학 사상

약간의 논란이 있기는 하지만 주자학을 고려 사회에 들여 온 사람으로 학자들은 보통 안향安珦을 지목한다. 이 후 고려 말 주자학 수입 과정에서 거론되는 사람으로는 백이정白頤正, 권보權溥, 우탁禹倬, 이제현李齊賢, 이곡李穀, 이색李穡, 이숭인李崇仁, 정몽주鄭夢周 등이 있다. 현재 이들의 사상을 체계적으로 설명하기에는 자료가 극히 부족한 형편이다. 단지 이들 중에서 이색과 정몽주만큼은 기억해 두어야 할 인물이다. 이색은 고려 말 유학의 집대성자로서 그 이후의 학자들을 거의 모두 길러 낼 정도의 막강한 학문적 영향력을 가지고 있었고, 정몽주는 이른바 '동방 리학의 비조'라 불리면서 뒷날 사림과 유학자들에 의해 높이 추숭되었기 때문이다.

이색은 기본적으로 주자학을 존중하였지만 그것에만 치우치지는 않았다. 특히 주목할 만한 것은 그의 사상에서 세계를 기를 중심으로 설명하는 한대 사상의 면모가 엿보인다는 사실이다. 주자학은 기보다 더 근원적인 것으로서 리, 곧 모든 존재의 근거이자 행위의 원리로서 순수한 도덕성을 이야기하는 데 비해, 그는 리에 대해서도 검토하지만 적어도 우주를 설명할 때에는 기 개념을 즐겨 사용한다. 이것은 당시의 주자학이 아직 다른 모든 사상 체계를 압도할 정도로 절대적인 지위를 차지하지 못하고 있었다는 것을 반증해 준다. 또 그의 사상 체계에서는 조선 초기 유학 사상의 특징이라고 할 수 있는 것들도 그대로 나타난다. 곧 '심心'과 '경敬'의 중시이다. 이것은 결국 이색이 실천을 중시하였다는 의미가 된다. 주자학에서 도덕 실천의 주체는 사람의 마음, 즉 심이고, 경은 도덕 실천 과정에서 사람이 지녀야 할 가장 중요한 태도이기 때문이다. 곧 고려 말의 유학은 이론보다는 실천을 중시하는 경향을 가지고 있었고, 그것은 그대로 조선 초기 유학 사상에 연결되었다. 주자학의 수입이 이론적 탐색의 결과로서보다 현실적 필요성 때문에 이루어진 것이라는 점을 감안하면, 수입 초기에 이론보다 실천을 중시하는 경향이 나타나는 것은 당연하다고 하겠다. 아울러 이러한 경향은 고려 말에 수입된 주자학이 원대의 주자학이었다는 사실과 관련된다고 보는 견해도 있다.

정몽주의 경우에는 사상사에서 차지하는 비중에도 불구하고 별다른 사상적 자료를 남겨 놓지 않았다. 그가 주자학에 정통하였다는 간접적인 증거가 몇 가지 있을 뿐이다. 하지만 그의 사상이 구체적으로 밝혀지지 않았다 하더라도 사상사에서 그는 여전히 중요한 인물이다. 왜냐하면 그는 고려가 망할 때 불사이군의 절의 정신을 몸소 실천한 인물로서, 후대 사림파 유학자들에 의해 그들이 무엇보다도 소중하게 생각하는 명분 의식의 화신으로 떠받들어졌기 때문이다. 고려 말의 개혁 과정에 동반되었던 정치적 갈등에서 승리한 측은 정도전鄭道傳 등의 급진파였지만, 적어도 조선의 유학자들에 의해 영원한 승리자로 기록된 것은 정몽주였던 것이다. 어쨌든 주자학을 요구하였던 고려 말의 역사적 상황은 주자학적 이념에 입각한 불교 비판을 현실화시키면서 급진적 개혁파에 의한 조선의 건국으로 막을 내렸다.

조선이 건국과 함께 주자학을 통치 이념으로 표방하였다는 것은 주지의 사실이다. 그리고 주자학을 통치 이념으로 표방하였던 만큼 조선은 주자학 사상을 체계적으로 정리하고 전파할 사명을 가지게 되었다. 적어도 조선 초기의 현실에서 볼 때 이 사명을 담당한 것은 관학파 유학자들이었다. 관학파 유학자란 관학을 통해 학문적으로 성장하고, 중앙 관계의 요직을 맡아 국가 경영의 실무를 담당하였으며, 국가의 입장을 반영하여 학문 활동을 진행하였던 일단의 학자들을 가리키는 것으로 후대의 사림파 유학자들과 대비되는 말이다. 후대의 학자들은 이른바 '도통 의식'에 입각하여 이들을 폄하하고, 이들이 주도하였던 사상사적 시기를 길재吉再나 김숙자金叔滋 같은 사림파 유학자의 선배로 채워 넣었다. 하지만 조선 초기에 이루어졌던 학문적 업적이 이들에 의해서 주도되었음은 부인할 수 없는 사실이다. 이들 관학파 유학자의 범주에 속하는 학자들은 대단히 많지만 특기할 만한 인물로는 정도전과 권근權近을 지목할 수 있다.

조선의 건국 과정에서 정도전의 역할은 그야말로 절대적인 것이었다. 조선을 기본적으로 유교적 윤리 규범에 의해 통제되는 그리고 중앙 집권적 관료제 국가라는 형식을 갖춘 나라로 만들어야겠다는 아이디어는 거의 대부분 그에 의해서 입안되고 구체화되었기 때문이다. 그렇게 볼 때 그는 무엇보다도 경세가로서 기억되며, 그의 경세 사상은 한 마디로 자영농과 국가를 주요한 두 축으로 하는 민본적 자주 국가의 건설을 목표로 하는 것이었다. 또한 주자학의 수용과 전개라는 측면에서 볼 때 그는 조선 시대에 들어 최초로 불교를 이론적으로 비판한 인물이기도 하였다. 주자학의 이론에 의거한 불교 비판서인『불씨잡변佛氏雜辨』과 같은 저술이 그 대표적인 것이다.

그렇지만 정도전은 결국 이방원에 의해 제거되고 말았는데, 이는 그가 왕실이 아니라 재상을 중심으로 하는 중앙 집권적 국가를 이상적인 것으로 생각하였기 때문이다. 그가 생각한 이상적 국가관은『주례周禮』라고 하는 유학 경전에 근거한 것이었는데, 이는 상대적으로 측근의 힘을 많이 빌려야 하는 개국 과정에서는 용인될 수 있었으나 창업의 단계를 지나 수성의 시대로 접어들면 왕실의 견제를 받을 수밖에 없는 것이었다. 정도전의 제거를 계기로 조선 왕조의 통치 체제도 중요한 변화를 겪게 되었다. 재상 중심의 중앙 집권적 관료제 국가에서 왕권 중심의 중앙 집권적 관료제 국가로의 전환이 그것이다.

권근은 왕권이 강화된 조선 초기 사회의 대표적인 주자학자라고 할 수 있다. 이색이 고려 말 유학의 집대성자라고 한다면, 권근은 조선 초기 유학의 권병을 쥔 사람이었다고 할 수 있다. 그의 저서로『입학도설入學圖說』과『주역천견록周易淺見錄』을 위시한 오경천견록이 있는데, 그 중에서도『입학도설』을 통해 그는 그때까지만 해도 잘 정리되지 않았던 주자학의 이론을 체계적으로 소개하였다. 하지만 더 주목해야 할 것은 그가 주자학의 이론을 충실히 소개하면서도 본래의 주자학과는 구별되는 독창적인 이론을 제시하고 있다는 사실이다. 곧 그에게서는 주자학의 범주 중에서 리 범주보다는 심 범주를 중시하는 경향이라든지, 사물의 이치에 대한 연구보다는 마음속의 이치에 대한 자각을 중시하는 심학적 경향, 아울러 '경'을 실천 수양의 요체로 제시하는 등의 특징이 발견되는 것이다. 이색에게서도 이러한 면모가 발견되지만 그것을 정립한 것은 권근이었다고 할 수 있다. 또한 그는 불교를 고집스럽게 배척하는 태도를 취하지 않고 한편으로 그것을 포용하려는 자세를 보여 주기도 하였다.

이와 같은 권근 사상의 특징은 조선 초기 관학파 유학자들에게서 공통으로 관찰되는데, 이것은 수성기로 접어든 조선 왕조에게 주어진 역사적 소명, 곧 '수성과 안정'이라는 소명을 반영하는 것이었다. 수성기의 조선 왕조는 리 범주를 중시하여 주자학 이념의 선명성을 강화하는 것보다는, 심 범주를 강조하여 사상을 탄력적으로 운용함으로써 사회의 다양한 세력들을 하루 속히 통치 질서 속으로 편입시키기를 바랐던 것이다. 조선 초기, 특히 세종대에 주자학에서는 별로 중시되지 않는 실용적인 과학 기술이 발전하고 사대적 의식과 대비되는 자주적 의식이 성숙하게 된 것도 이러한 사상적 경향과 무관하지 않다.

조선 주자학의 발전

1. 사림파의 등장과 좌절

조선 초기의 통치 질서와 그것을 떠받치고 있던 관학파 유학 사상은 성종대 이후 문제점을 드러내게 되었다. 통치 질서라는 측면에서 볼 때 가장 큰 문제는 권력이 중앙에 집중됨으로써 향촌의 자율성이 확보되지 않았다는 점이었다. 그런 반면 15세기에 이루어진 농업 생산력의 발달에 따라 향촌의 자율성에 대한 요구는 계속적으로 증대하고 있었다. 그러한 요구를 조심스럽게나마 제기하기 시작하였던 것은 당시 향촌 사회를 지배하던 중소 지주들이었다. 또한 리 범주보다는 심 범주를 중시하고, 주자학의 이념에 충실하기보다 불교와 같은 이단 사상과의 타협을 모색하였던 관학파 유학 사상도 문제점을 드러내게 되었다.

이러한 문제점은 주로 중앙의 고급 관료들, 관학파 유학자 자신의 부패화로 나타났다. 관학파 유학자들의 부패화는 권력의 집중에 따른 당연한 현상이기도 하였지만, 비판자들은 그것이 주자학의 이념에 충실하지 않았기 때문에 나타난 것이라고 판단하였다. 그에 따라 비판자들은 중앙에 의한 타율적 통제보다는 향촌 사회의 자치적 질서를 중시하고, 엄격한 도덕률에 의해 규율되는 새로운 사회 질서를 심고자 하였다. 그런데 그러한 사회 질서는 이미 주자학에 의해 제시된 것이었다. 주자학은 원래 자율적 도덕률에 의해 통제되는 향촌 사회를 모델로 탄생한 것이기 때문이다. 이 비판자들이 바로 사림파 유학자들이었다.

사림파 유학자들은 고급 관료의 부패성을 공격하면서 역사의 무대에 등장하였다. 하지만 더욱 근본적으로 그들은 향촌의 자율적 질서가 강조됨으로써 자신의 출신 기반인 향촌 사회에서 중소 지주로서의 자신들의 입지가 강화되기를 원하였다. 이러한 사림파 유학자들의 생각은 당연히 중앙의 권력자들의 이익과 충돌할 수밖에 없었다. 그리고 그 충돌의 결과 나타난 것이 사화士禍였다. 왕권 중심의 중앙 집권적 관료제 국가라는 당시의 기본적인 통치 체제에 변화를 일으키려는 사림 출신의 관리들이 희생당했다는 점에서 사화는 그 이전에 일어난 이른바 사육신 사건과 유사한 역사적 의미를 갖는다. 아울러 희생당한 관리들이 모두 주자학의 이념을 표방하였다는 점에서 사화와 사육신 사건은 유사한 사상사적 의미를 갖는다.

이들 사림파 유학자의 대표자로는 사화기의 인물은 아니지만 사림파 유학자의 선배격이었던 길재와 김숙자를 들 수 있고, 사림파의 태두라고 할 수 있는 김종직金宗直 그리고 사화기의 인물로서 김굉필金宏弼과 정여창鄭汝昌, 조광조趙光祖를 들 수 있다. 이들은 모두 이른바 조선 성리학의 도통을 잇는 인물들로 평가된다. 이들 중 길재는 조선의 건국 이후 벼슬길에 나아가지 않고 고려 유신의 정절을 잘 지켰다는 것으로 이름이 높았으며, 김숙자는『소학小學』을 중시하였고, 김종직은 많은 사림파 유학자들을 길러 낸 큰 스승이었으며, 정여창은 심을 중시하는 관학파 유학 사상에 비해 리를 중시하였고, 김굉필 역시『소학』을 중시하여 '소학 동자'로 자칭하였다고 알려진다.

조광조는 "도학을 높이고 인심을 바르게 하며, 성현을 본받고 지치至治

를 일으킨다"는 구호 아래 군주의 마음을 바로잡음으로써 지치, 즉 지극히 올바른 통치의 실현을 도모하고자 하였다. 실제로 그는 중종에게 중용되어 중앙 정계에 진출하게 되자 지치주의 운동이라는 도학 정치를 실험하기도 하였다. 그러나 이 실험 과정에서 조광조는 현실을 별로 고려하지 않았다. 아니 어떤 면에서는 현실을 앞서 나갔다고 할 수도 있다. 군자소인론을 철저히 적용하여 훈구 대신들의 비리를 공격한다든지, 그와 연관하여 훈구 대신들에게 주어졌던 잘못된 포상을 삭제해 버린다든지, 국가의 필요에 따라 존치시켰던 도교의 성전인 소격서昭格署를 혁파한다든지, 향약鄕約 곧 향촌의 자치 질서 규약을 보급하여 향촌 사회의 자율성을 증대시키려고 하였다든지, 현량과賢良科를 설치하여 신진 관리들을 등용하였다든지 하는 그가 실시한 조치들은 거의 모두 그러한 성격을 지니고 있었다. 특히 향약의 보급과 현량과의 설치는 그가 대변하는 역사적 입장과 관련하여 주목해서 보아야 할 부분이다. 결국 조광조는 발전하는 향촌 사회의 지원을 등에 업고 주자학적 이념의 철저한 구현을 목표로 하여 또다른 개혁을 진행하였다고 할 수 있다.

고려 말에 진행되었던 사상적 개혁이 불교를 대상으로 한 것이었다고 한다면, 조광조의 개혁 운동은 관학과 유학 사상을 대상으로 한 것이었다. 다만 다른 점이 있다면 고려 말의 개혁 운동은 조선의 건국이라는 대성공을 거두었지만, 조광조의 개혁 운동은 기묘사화라는 비참한 실패로 종결되었다는 것이다. 현실을 무시한 꼬장꼬장한 개혁 운동이 현실을 장악하던 왕실과 고급 관료들의 저지로 좌절되었던 것이다. 하지만 길게 볼 때 조광조의 개혁 운동은 결코 종결된 것이 아니었다. 조광조 개혁 운동의 실패에도 불구하고 그것을 가능하게 했던 향촌 사회는 계속 성장하고 있었고, 조광조의 사상을 계승하는 철저한 주자학자들이 여기저기서 나타나기 시작하였기 때문이다. 원래의 주자학적 이념에 충실할 것, 이것이 당시의 역사가 요구하는 것이었다.

2. 조선 주자학의 정립

16세기 중반까지 계속된 사화는 사림과 유학자들을 다시 향촌으로 내몰았다. 개인적으로 볼 때 학자들은 불우한 시기를 맞이하였으나, 사상사적으로 보면 이 시기는 오히려 발전의 기회였다. 공직에서 자유로워진 학자들은 향촌에 은거하면서 주자학의 근본 문제를 깊이 천착하였고, 자신의 시각으로 주자학을 재구성하여 조선 주자학의 이론 체계를 정립할 수 있었다.

이러한 '뜻밖의 혜택'을 가장 먼저 입었던 사람은 서경덕徐敬德과 이언적李彦迪이었다. 서경덕의 사상은 당시의 상황에 비추어 볼 때 상당히 독자적인 것이었다. 리를 중심으로 하여 자연과 사회를 해석할 것이 요구되었던 시기에 그는 기 범주를 중심으로 세계를 설명하였기 때문이다. 물론 그 이전에 그와 유사한 경향을 가진 학자가 없었던 것은 아니다. 가령 김시습金時習은 "태극은 음양이고, 음양은 태극이다"라고 하여 우주의 궁극적 근원으로서의 태극을 기로 규정하기도 했다.

그렇지만 서경덕의 철학 체계는 그보다도 더욱 일관되고 체계적인 기철학 사상의 면모를 가지고 있었다. 그는 우주의 본체를 태허太虛로 규정하면서 태허를 기로 파악하였으며, 그것은 시간과 공간의 제약을 벗어나서 영원히 어디에나 존재한다고 주장하였다. 그에 따르면 인간을 포함한 모든 사물은 이 태허의 움직임에 의해서 생성되는데, 태허의 움직임은 외부적 요인에 의한 것이 아니라 그 자체의 메커니즘에 의한 것이다. 따라서 어떠한 것도 기보다 먼저 존재할 수는 없으며, 리라는 것은 단지 기 운동의 일관성 혹은 법칙성에 지나지 않는다. 이러한 서경덕의 사상 체계는 중국의 성리학자 장재張載와 소옹邵雍의 영향을 받은 것이지만 부분적으로는 독창성을 가지고 있기도 하다. 가령 "어떻게 운동이 발생할 수 있는가" 하는 질문에 대한 그의 답변, 곧 "기틀이 스스로 그러한 것이다"(機自爾)라는 것은 그의 독창적인 표현인 것이다.

서경덕의 사상이 성리학 연구의 심화에 동반될 수 있는 독자적 사상 체계였다면, 이언적의 사상은 당대의 역사적 요구를 정확히 반영하는 것이었다. 그의 사상사적 업적은 무엇보다도 주자학의 본체 개념인 태극을 정확하게 규정하였다는 데 있다. 곧 그는 조한보曹漢輔와 벌였던 이른바 무극태극 논쟁을 통해 태극을 도가적으로 해석하는 조한보의 학설에 반대하고, 태극을 "형상은 없지만 만물의 근원으로서 실재하는 리"로 규정하면서 인간의 본성을 리와 동일시하였던 것이다. 이것은 주자학의 태극 개념을 올바로 소개한 것이었다. 그는 또한 리와 기의 관계에 대해서 양 범주의 긴밀한 연관성을 인정하면서도, 논리적으로 생각해 볼 때는 리가 기에 앞선다고 주장하여 명확하게 리 중심적인 사고를 보여 주었다.

　조선 주자학을 정립하는 데에는 위와 같은 사상가들의 노력이 전제가 되었지만, 그것을 더욱 심화시킨 이는 역시 이황李滉과 이이李珥였다. 이들은 주자학에 대한 깊은 이해를 기초로 주체적인 철학 체계를 구축함으로써 조선 주자학의 세계를 본격으로 열어 놓았으며, 이들의 연구 주제는 그대로 조선 주자학파의 연구 주제가 되었다. 특히 이황의 사상은 일본 에도(江戶) 시대 유학에 커다란 영향을 주어 그 독보성을 확인받기도 하였다.

　이황의 방대한 사상 체계는 궁극적으로 리의 존엄성과 절대성을 확보하는 것에 집중되었다. 이 사상 체계는 이황과 기대승奇大升이 주고받았던 이른바 사단칠정 논쟁을 통해 구체화되었는데, 거기에서 이황은 "사단四端은 리가 발하여 기가 그것에 따르는 것이고, 칠정七情은 기가 발하여 리가 그것에 탄 것이다"라는 리기호발설理氣互發說을 자신의 최종적 견해로 제시하였다. 이 때 사단은 인간이 태어나면서부터 가지고 있는 순선한 마음이고, 칠정은 선하든 악하든 인간이 느낄 수 있는 모든 감정을 가리킨다. 이와 같은 이황의 견해에서 주목할 만한 것은 그가 '리가 발한다'는 것, 곧 리의 능동성을 인정하고 있으며, 사단과 칠정을 순선한 것과 선악이 혼재한 것으로 엄격하게 구별하고 있다는 점이다.

　이황이 리의 능동성을 긍정한 이유는 생각보다 단순하다. 주희는 리를 형이상의 실체, 의미적 존재로서만 인정하여 그것의 능동성을 인정하지 않았고, 직접적으로 운동하는 것은 기라고 하였는데, 이황은 이러한 규정이 불만이었다. 곧 리가 운동할 수 없는 것이라고 한다면 그것은 '죽은 물건'에 불과하고, 따라서 절대적인 존재라고 할 수 없지 않은가 하는 것이었다. 그렇지만 그가 보기에 리는 절대적인 무엇이어야 했다. 리는 모든 선善의 근원이기 때문이다. 그래서 그는 논리적인 모험을 감내하면서도 리에 능동성을 부여하였다. 이러한 논리적 모험은 한 마디로 선과 악, 선의 근거와 악의 근거를 엄격히 구별하여 인간의 삶에 털끝 만한 악행도 자리 잡을 수 없도록 하려는 강한 도덕 의식에서 비롯된 것이다. 인간은 도덕적일 때만 금수가 아닌 인간으로서의 자기 동일성을 확보할 수 있기 때문이다. 그가 사단과 칠정을 엄격히 구별하였던 것도 바로 이러한 이유에서였다.

이처럼 이황은 주로 인간의 내면에서 선과 악의 근거를 분석하고, 어떻게 하면 도덕의 당위성을 더 효과적으로 확보할 수 있을까에 관심을 기울였다. 그래서 이황의 철학은 주자학 중에서도 심성론의 분야에 치중하였다는 지적이 나온다. 이것은 올바른 지적이다. 그리고 그것은 조선 주자학의 중요한 특성 중의 하나이기도 하다. 즉 조선의 주자학파는 이황의 연구 주제와 관심을 계승하여 그 이론을 더욱 심화시킴으로써 적어도 심성론의 분야에서는 본래의 주자학을 뛰어넘었던 것이다. 물론 이황이 본체론에 대해서 언급하지 않았던 것은 아니다. 그렇지만 그의 본체론은 외적 자연에 대한 분석에 기초한 것이라기보다는 인간에 대한 분석에 기초하고 있다. 곧 그의 본체론은 도덕론과 심성론에 기초한 본체론으로서 인간의 구조를 자연의 영역에까지 확대시킨 것이었다. 그 결과 이황은 존재론의 영역에서도 "리는 존귀하고 기는 비천하다", "리가 주인이라면 기는 하인이다"라는 견해를 제시하게 되었다. 리가 선의 근거이고 기가 악의 근거임을 감안한다면, 이황이 왜 이러한 견해를 제시하였는지 이해가 된다.

하지만 기는 자연 운동의 물적 근거이고 리는 자연 운동에서 관찰되는 도덕적 이법성이라는, 리기에 관한 본체론적 규정을 생각하면, 이황이 얼마나 배타적으로 도덕적 행위의 근거를 확보하려고 애썼는지를 알게 된다. 본래의 주자학보다도 더 배타적으로 더 엄격하게 리의 존엄성과 절대성을 확보하려고 하였던 것, 그에 따라 사람들에게 '도덕적이어야 함'을 더 강하게 요구하였던 것, 이것도 이황 사상의 특징 가운데 하나이며, 또 조선 주자학의 특성 가운데 하나이기도 하다.

　'도덕적이기 위한' 구체적 방법으로 이황은 '경敬'을 제시한다. '경'은 일종의 도덕적 긴장 상태를 가리킨다. 무슨 일을 하거나 아무 일도 하지 않거나 어느 경우든 자신의 본성과 일치되는 도덕적 표준에 집중하는 것, 그것이 '경'이다. 이것은 주자학의 실천 방법론인 '거경궁리居敬窮理'에서 '거경'에 해당한다. 그리고 '거경'을 통한 물질적 욕망의 차단을 중시했기 때문에 상대적으로 이황에게서는 '궁리'의 측면이 덜 강조된다. '주희의 자연학'을 구성할 수는 있어도 '이황의 자연학'을 구성하기 어려운 것도 그 때문이다. 이 긴장 상태는 흥미롭게도 이후 조선 주자학의 긴장, 곧 경직성을 암시해 주기도 한다.

　이황과 비교해 볼 때 이이는 융통성과 균형 감각을 좀더 가지고 있었다고 할 수 있다. 가령 이황이 유학의 한 분파인 양명학을 강력하게 배척한 데 비해, 이이는 양명학을 깊이 이해하고 있었을 뿐만 아니라 불교나 도교 사상과 같은 이단 사상에 대해 연구하기도 하였다. 물론 그렇다고 해서 이이가 유학의 본령에서 벗어나 있었던 것은 아니다. 그도 이황과 마찬가지로 도덕적 사회 통합을 위해서 노력하였으며, 유교적 행동 규범의 당위성을 입증하는 데 힘을 기울였다. 하지만 그의 학설은 이황과는 많이 다르다. 어떻게 보면 그는 이황보다 본래의 주자학에 더 투철했다고 할 수 있다. 자신이 원하였든 원하지 않았든 간에 그는 이황의 비판자였다.

　이황이 심성론에 대한 이해를 우주론의 영역까지 확대시켰다고 한다면, 이이는 자연에 대한 이해에 기초하여 인간을 파악했다. 그가 보기에 리가 운동한다는 것은 도무지 합당하지 않은 견해였다. 리와 같은 의미적 존재, 형이상학적 원리가 세상을 날아다닐 수는 없지 않은가 하는 것이 그의 생각이었다. 사실 리에 대한 주자학의 규정을 보면 리가 운동한다는 이황의 학설은 무리가 있는 것이었다. 그에 따라 이이는 형체도 없고 작용도 없는 존재인 리를 기의 주재자로, 형체도 있고 작용도 있는 존재인 기를 리의 재료로 규정한다. 이러한 규정을 기초로 그는 자연의 모든 현상을 직접적인 운동 요인이 되는 기의 작용성과 그 운동을 규범하여 운동의 도덕적 질서를 잃지 않게 하는 리의 주재성이라는 두 기능의 연관을 통하여 일관되게 해석한다.

자연에 대한 이러한 해석을 인간에게 적용시키면 그것이 그대로 이황의 리기호발설에 대한 비판이 된다. 곧 이이는 사단이나 칠정이 모두 "기가 발하고 리가 그것을 타는" 하나의 형식을 통하여 나타난다고 파악하였다. 자연에 두 가지 운동 형식이 있을 수 없듯이 인간의 마음이 발동하는 데에도 리가 발하고 기가 발하는 두 가지 형식이 있을 수 없다고 본 것이다. 이황의 리기호발설에 대하여 이이의 이러한 이론을 '기발리승일도설氣發理乘一途說'이라고 한다.

아울러 이이는 인간의 감정을 포괄하면 칠정일 뿐이고 사단이란 칠정 중의 순선한 일면만을 지칭하는 것이라 하여, 사단과 칠정을 엄격하게 구별하는 이황의 학설에 반대하였다. 인간의 정서는 하나일 뿐이며, 단지 그것이 사사로운 욕심에 의해 왜곡된 정서인가 아니면 인간의 순수한 마음을 반영한 정서인가에 따라 선과 악의 구별이 생겨날 뿐이라는 것이다. 이와 마찬가지로 이이는 인심人心과 도심道心, 본연지성本然之性과 기질지성氣質之性을 이원적으로 파악하는 데도 반대한다. 도덕에 힘쓰는 마음인가 사리사욕에 힘쓰는 마음인가에 따라 도심과 인심의 구별이 생기지만 인간의 마음은 하나일 뿐이며, 피와 살로 이루어진, 따라서 욕망을 가진 몸 속에 깃든 본성인가 몸 속에 깃들기 이전의 본성인가에 따라 기질지성과 본연지성으로 구별할 수는 있어도 인간의 본성이 하나임에는 변함없다는 것이 그의 생각이었다. 인간에 대한 이러한 일원적 파악은 선과 악을 그 근원에서부터 구별하여 선의 진지를 배타적으로 구축하려 했던 이황의 사상과 극명하게 대비된다.

기를 리에 종속된 것으로 파악하는 이황과 달리 이이는 기의 독자성을 인정하였다. 그가 보기에 리와 기는 다 함께 세계와 인간을 떠받치는 두 개의 축이었다. 그래서 그는 리과 기를 대등한 관계로 파악하고, 그것의 상호 연관성을 강조하였다. 물론 이이가 리와 기의 특성을 혼동한 것은 아니다. 하지만 그는 리기 관계에 대한 전통적인 주자학의 규정, 곧 "구별되지만 떨어지지 않는다"는 규정에서 '떨어지지 않는다'는 측면에 더욱 주목하였고, 그러한 관계를 '리기지묘理氣之妙'라는 말로 표현하였다. 이렇게 이이는 이황에 비해 기의 위상을 부각시켰기 때문에, 이황의 철학을 경험한 사람들은 이이의 철학을 주기론이라고 평가하기도 하고, 서경덕의 사상을 계승하였다고 말하기도 한다.

그러나 엄밀히 볼 때 이것은 올바른 평가가 아니다. 그는 결코 기를 위주로 하거나 기를 우위에 놓지 않았기 때문이다. 오히려 그는 리의 무형성과 기의 유형성을 대비하여 리는 어디에나 존재하지만 기는 존재하는 곳이 국한된다는 리통기국설理通氣局說을 제시하였고, 서경덕의 기불멸론氣不滅論을 비판하면서 기멸설氣滅說을 주장하였다. 곧 리는 시공간적으로 무한하고 기는 유한하다는 것이다. 이 이론을 확대 해석하면 리는 존재하지만 기는 존재하지 않는 상황도 있을 수 있게 된다. 이것은 리와 기의 상호 연관성을 주장하는 이이 자신의 사상 체계와도 모순이 되지만, 어쨌든 이러한 견해에서는 리 우위론의 입장이 엿보이는 것이다. 그러나 전체적으로 볼 때 이이는 리와 기 어느 쪽에도 치우치지 않고 본체와 작용, 현실과 원리의 대립을 해소하고 양자를 원만하게 조화시키려 했다고 보아야 할 것이다.

이이가 이황과는 달리 현실 문제에 커다란 관심을 가지고 그에 대한 구체적인 대안을 내놓을 수 있었던 것도 현실과 원리를 조화시키고자 한 그의 철학적 태도에서 비롯되었다고 할 수 있다. 물론 이이의 시대에는 을사사화를 일으켰던 주역들이 제거되어 안정된 정치적 환경 속에서 자신의 정치적 견해를 자유롭게 피력할 수 있었다는 것도 그의 경세 사상이 좀더 풍요로울 수 있는 원인이 되었다. 여하튼 그는 이론적 탐색에만 그치지 않고 국방력의 강화나 경제의 발전, 사회 정의의 확보를 위한 다양한 정책들을 제시하여 후대의 학자들에 의해 실학의 선구자로 평가되기도 한다.

이황과 이이의 의해 정립된 조선 주자학은 이 후 이황의 이론을 추종하는 영남 학파, 즉 퇴계 학파와 이이의 이론을 추종하는 기호 학파, 즉 율곡 학파의 논쟁 과정을 거치면서 더욱 복잡하게 발전하였다. 또한 선조대를 기점으로 사림파가 권력을 장악하면서 그들의 이론은 단지 '산림山林의 이론'이 아닌 '지배의 이론'으로서 한 시대를 풍미하게 되었다.

2. 불교

고려 말이 되면 불교는 타락한 양상을 보이게 된다. 유학자들은 이러한 불교에 대해 강력한 비판을 하게 된다. 비교적 온건한 이색이나 정몽주 등은 불교 자체의 잘못이라고까지 비판하진 않지만, 정도전은 『불씨잡변佛氏雜辨』에서 불교의 이론 자체가 잘못되었다는 비판까지 하게 된다. 고려를 무너뜨리고 새로이 조선을 세운 신진 사대부들은 유학 사상으로 무장하여 불교를 배척하게 되는 것이다.

따라서 조선 시대에 들어서면 이제까지 왕권의 비호 밑에서 안존하던 불교는 숭유배불崇儒排佛의 거센 바람을 맞게 된다. 그리하여 불교에 대한 여러 박해 정책 밑에 어려운 시대를 맞기에 이른다. 불교가 배척당할 수밖에 없었던 것은 여러 가지 이유가 있었다. 교단 자체가 크게 타락했을 뿐 아니라 불교 자체도 일반 민중들의 삶과는 동떨어졌으며, 승려들은 특권층으로 행세하며 못된 행태를 보였던 것이다. 이리하여 조선 시대에 들어서는 불교가 크게 탄압을 받아 조선 후대에는 승려가 천민 비슷한 위치에까지 떨어져 업신여김을 받기까지 이르게 되었다.

그러나 이는 다른 한편으로는 불교가 민중에게 더욱더 가까이 갈 수 있는 계기가 되었고, 그런 가운데서 불교의 민중성이 유지될 수 있었다고 볼 수도 있었다. 왕권과의 결탁 아래 힘없는 민중을 착취하는 불교가 더 이상 아니라는 점에서 그렇게 말할 수 있는 것이다. 따라서 밖으로 보이는 것만을 놓고 이 시대를 불교의 암흑 시대라고 판단하는 것은 문제가 있다고 하겠다. 그러나 어쨌든 이론적인 면이나 불교 예술적인 면에서 볼 때에는 이전만큼 활발하지 못한 것 또한 사실이다.

고려 말의 승려로는 선사인 보우普愚(太古)와 혜근慧勤(懶翁)이 유명하다. 이들은 각각 중국에 유학하여 중국으로부터 선종의 일파인 임제종臨濟宗을 새로 받아들였다. 후대에 많은 사람들이 한국 불교의 법맥을 임제선맥으로 잡고 그 시작을 이들에 의한 임제선 도입에 두므로, 그런 점에서 볼 때에는 임제선의 도입은 나름대로의 중요성을 갖는다고 할 것이다. 조선 초기의 승려로는 이성계의 스승이라는 무학無學이 가장 잘 알려져 있으나 이론적으로는 『현정론顯正論』으로 유명한 기화己和(涵虛)가 중요하다.

기화는 당시 배불의 대세 속에서 『현정론』을 저술하여 불교의 정당성을 주장하였으며, 불교에 대한 여러 비판에 맞서 불교를 옹호하고자 하였다. 출가와 불살생과 불음주와 나라에 충성하는 것, 그리고 화장법에 대한 불교적 의미 및 불교의 삼세인과의 타당성을 밝혔으며, 불교가 오랑캐의 종교라는 것에 대해 비판하고, 불교도가 무위도식하는 무리가 아님을 증명하는가 하면, 일부 승려의 잘못됨과 불교의 본질을 동일시하는 것에 대해 비판하는 등 불교를 옹호하는 데 적극적인 모습을 보였다. 그리고 불교를 유학과 비교하여 불교도 유학만큼이나 훌륭하다고 주장하기도 하였다. 그는 이 『현정론』에서 유학의 오상五常과 불교의 오계五戒는 서로 공통성이 있다는 등 유학과 불교의 같고 다른 점과 깊고 얕은 것을 비교하여 변론하였다. 유학은 현실적으로 백성을 잘 살게 하는 데 그 뜻이 있고, 불교는 영원한 이상을 위하여 세속을 떠나서 수도하면서 좀더 차원 높은 이상 세계로 향해 나아감을 그 교지로 하는 만큼, 유학에서 다하지 못한 인생 문제를 불교로써 보충할 수 있다고 하여, 유학과 불교가 서로 적대적인 것이 아니라 공존이 가능함을 주장하였다. 이와 같이 그는 불교의 정당성을 주장한 것이다.

배불 정책이 주류를 이루던 조선 시대에 명종대의 섭정 문정왕후는 불교를 재건하는 여러 정책을 실시하였다. 그는 보우普雨를 중용하여 불교를 재건하는 여러 정책을 실시하였다. 문정왕후는 선교禪教 양과兩科의 과거를 부활시켜 승려들을 과거를 통해 뽑았는데, 이 때 급제한 사람 중 유명한 이가 휴정休靜(西山大師)이다. 문정왕후는 또 선교 양종을 세우고 그 으뜸 사찰을 정하여, 봉은사를 선종의 근거로 삼고 봉선사를 교종의 근거로 삼아, 보우와 수진守眞을 각각 봉은사와 봉선사의 주지로 삼았다. 보우는 선사로 간주되었지만 화엄의 도리에도 밝았다. 그는 문정왕후의 후원 아래 많은 불교 정책을 실행하였지만, 문정왕후가 죽은 후에는 다시 배불의 분위기가 지배하면서 죽음을 당하고 말았다.

휴정은 조선 시대 불교 사상가 가운데 가장 중요한 인물이다. 일반적으로 휴정의 법맥은 보우普愚로부터 이어 온 것으로 말하고 있다. 그는 임진란 때에 승병 활동을 한 것으로도 유명하다. 휴정의 저서로는 『선교석禪教釋』·『선교결禪教訣』·『선가귀감禪家龜鑑』·『삼가귀감三家龜鑑』 등과 시문집인 『청허집淸虛集』이 있다. 그의 사상적 입장은 선을 주로 하는 것이었다. 대표적 저서인 『선가귀감』에서 그는 임제가풍臨濟家風에 의한 조사선문祖師禪門의 공부길을 요약하였고, 선과 교는 공부의 양대의 문으로 이 선심교어禪心教語(선은 부처의 마음이고 교는 부처의 말이다)의 두 길은 초입자로서는 없어서 안 될 관문이라고 말하면서도, 법에는 사교입선捨教入禪(교를 버리고 선에 들어감)하는 길을 제시하여 선주교종禪主教從의 입장을 주장했다. 결국 모든 사상의 귀결은 선의 본지를 아는 데 있다고 본 것이다. 그에 따르면 본연의 마음을 찾는 기초 원리가 선인 것이다.

휴정은 지눌의 뜻을 그대로 받들었는데, 그의 입장은 지눌의 간화선적看話禪的 입장과 일치하는 것을 볼 수 있다. 『선가귀감』이나 『선교석』에 나타난 그의 사상은 지눌의 사상을 거의 문자 그대로 옮겨 놓았다고 보아도 틀림없다는 평가가 있을 정도이다. 그러나 휴정은 선을 교와 대등한 것으로 보아 융화하기보다는 교에 앞서 선을 기본적으로 더욱 강조하였다. 휴정의 만년 저서로 알려진 『선교석』의 내용을 살펴보면 선의 진경眞境에는 교의 입장을 용납할 수 없다고 지적하고 있다. 선의 독자적인 우위성을 크게 강조한 것이다. 물론 그는 염불도 하고, 『삼가귀감』에서는 유·불·도의 합일을 주장하기도 하였다. 그러나 휴정의 염불은 서방 왕생을 위한 염불이 아니었다. 그에 따르면 자성이 곧 아미타임을 알고 일심으로 염불하여 확연하게 본래의 면목이 현전하는 것이 곧 서방정토에 왕생하는 것이라고 한다. 염불이 바로 견성과 다를 바가 없었던 것이다. 유·불·도 삼교의 합일을 주장함에서도 삼교 모두가 그 근본은 인간의 마음을 가장 중시하는 불가의 사상과 동궤임을 증명하는 데 역점을 두었다. 인간의 마음을 중시하는 것이 불교라고 보는 그의 입장이 선의 입장임은 두말 할 필요도 없다.

휴정의 동문인 선수善修(浮休)는 광해군 시대에 불교의 중흥을 위해서 노력한 선승이다. 그에게서도 많은 훌륭한 제자가 배출되어 이후의 조선 불교계에서 중요한 역할을 하였다. 그의 제자 중에는 각성覺性(碧巖)이 유명하다. 휴정의 제자로는 유정惟政(泗溟堂)·언기彦機(鞭羊)·태능太能(逍遙)·일선一禪(靜觀) 등이 유명하다. 이들은 휴정의 정신을 계승하여 저마다 제자를 키워 이른바 4파를 이루었다. 그 밖에 교에 밝았던 조선의 고승들로는 의심義諶(楓潭)·도안道安(月渚)·유일有一(蓮潭)·최눌最訥(默庵) 등이 있다. 의심과 도안은 화엄에 밝았고, 유일은 『기신론』·『능엄경』·『원각경』 등에 밝은 선과 교를 두루 갖춘 대학자로 알려져 있다. 최눌도 교에 밝아 『묵암집默庵集』·『화엄과도華嚴科圖』 등을 저술하였다.

조선 시대 말기의 불교계에서 중요한 한 가지 사건은 이종선二種禪·삼종선三種禪의 논쟁이다. 이는 긍선亘璇(白坡)이 삼종선을 주장한 것에 대하여 의순意恂(草衣)과 그의 문인 홍기洪基(優曇)가 이에 반대하고 이종선을 주장하여 논쟁한 것이다. 긍선은 그의 저서『선문수경禪門手鏡』에서 임제의 삼구설三句說을 들어 모든 선을 조사선祖師禪·여래선如來禪·의리선義理禪의 세 종류로 구분하고 조사선이 가장 뛰어나다고 주장하였다. 이에 대하여 의순과 홍기는 선을 세 가지로 구분하여 그 세 가지 사이에 능력의 심천이나 우열에 의한 등급을 인정하는 것은 위험하다고 보았다. 다만 인명人名으로는 조사선·여래선이라 하고, 법명法名으로는 격외선格外禪·의리선으로 분류할 뿐이라고 주장하였다.

3. 해체기
양란 — 개항기 이전

1. 주자학

예학의 발달

임진왜란과 병자호란을 거치면서 조선 사회는 전분야에서 병폐를 나타내기 시작하였다. 따라서 집권층은 대동법과 호구 조사, 양전을 실시하여 허물어져 가는 봉건 경제를 되살리기 위해 노력하는 한편, 예禮의 회복을 통해 봉건 질서를 유지시키기 위한 방법을 강구하기도 하였다. 바로 이 점에서 이 시기에 들어서는 주자학의 예학화 현상이 두드러졌다. 한편 조선 왕조는 일찍부터『주자가례朱子家禮』를 보급하는 등 예를 통해 통치 기반의 강화를 꾀해 왔으며, 이 같은 바탕 위에서 이 시기에는 예에 관한 학설의 수집과 정리 및 세목화 작업이 주자학자들의 주된 관심사로 등장하기에 이르렀던 것이다. 그 결과 이 17세기는 '예학의 시대'라고 불릴 정도가 되었다.

이 시기 대표적인 예학자로는 정구鄭逑·김장생金長生·김집金集·정경세 鄭經世·송준길宋浚吉·박세채朴世采·이재李縡 등을 꼽을 수 있다. 이들이 펴 낸 예학 관계 저술만도 정구의 『오선생예설분류五先生禮說分類』·『예기 상례분류禮記喪禮分類』·『가례집람보주家禮集覽補註』·『오복몰례집람五服 沒禮集覽』·『상례비요喪禮備要』, 김집의 『의례문해속疑禮問解續』, 정경세의 『상례참고喪禮參考』·『사문록思問錄』, 박세채의 『남계예설南溪禮說』·『육 례의집六禮疑輯』·『삼례의三禮儀』·『범학전편範學全編』, 이재의 『사례편람 四禮便覽』 등을 열거할 수 있다.

이러한 예학의 흥성은 양란 이후 흐트러진 사회 질서를 바로잡으려는 목적에서 비롯되었지만, 사회 기반의 급속한 해체와 예학이 당쟁과 깊이 연관되면서 원래의 목적과 기능은 탈색된 채 당파와 학파간에 극한적이고 소모적인 대립을 거듭하게 되었다. 이것은 당시 사회를 지탱해 주던 주자 학이 이미 그 생명력을 상실해 감을 시사하는 것이기도 하였다.

선조대를 기점으로 중앙 무대의 전면에 등장한 사림파는 동인과 서인으 로 붕당을 지어 정치력을 행사하다가, 양란을 겪은 후 광해군 때에는 동인 가운데서도 정인홍鄭仁弘을 중심으로 한 북인이 정권을 좌우하게 되었다. 그러나 서인은 광해군이 인륜의 부정을 저질렀다는 명분을 내걸고 쿠데타 를 일으켜 성공하는데 이것이 이른바 인조 반정이다. 이 인조 반정의 주역 들은 바로 김장생의 제자들이었다. 이러한 사실은 이이에서 김장생으로 이 어지는 서인 계열의 정치적 승리를 의미하는 동시에, 정치 노선에서도 광 해군의 실리주의 대신 주자학적 이념의 계승을 의미하는 것이다. 따라서 이들이 청의 실체를 인정하지 않고 명에 대한 대의명분론을 내세운 것은 자연스런 귀결이었다. 아울러 이는 어느 정도 민심의 지지를 기반으로 하 고 있었다.

인조 반정 후 서인은 광해군을 뒷받침하던 북인을 몰아내고 그 대신 남 인과 연합하여 정치를 주도해 나가는 핵심 세력이 되었다. 서인 세력은 남인을 파트너로 삼아 상호 견제를 유도함으로써 체제를 유지해 나가고자 하였던 것이다. 하지만 제한된 관직과 기득권은 이들의 연합 정권을 무너뜨리는 요인이 되었으며, 이에 따라 이들 사이의 대립과 투쟁은 필연적인 귀결로 나타날 수밖에 없었다. 효종 사후에 일어난 예학 논쟁과 예송은 이러한 대립을 잘 설명해 주는 것이라 할 수 있다. 그러나 이 논쟁은 논쟁 초기에는 당색과 무관하게 학문적인 차원에서 논의가 진행되는 등 건강성을 유지하고 있었다.

예학 논쟁은 인조의 둘째아들인 효종이 죽자, 인조의 비인 자의대비慈懿大妃 조씨趙氏가 몇 년 상복을 입어야 하느냐 하는 문제를 둘러싸고 비롯되었다. 그런데 문제는 효종이 집안(家統)에서 보면 둘째아들이지만, 나라(王統)에서 보면 장자에 해당한다는 데 있었다. 이에 남인인 윤휴尹鑴와 허목許穆 등은 효종이 비록 둘째아들이긴 해도 왕통을 이었기 때문에, 삼 년 동안 상복을 입어야 한다는 삼년복三年服설을 내세웠고, 서인인 송시열朱時烈과 송준길 등은 비록 왕통을 이었을망정 장자가 아니기 때문에 일 년 동안 상복을 입어야 한다는 기년복朞年服설을 내세웠다. 그 뒤에 효종의 비인 인선왕후仁宣王后가 죽자 다시 인조의 비인 자의대비가 몇 년 상복을 입어야 하느냐 하는 문제가 제기되었다. 이 때 서인은 9개월 동안 상복을 입어야 한다는 대공복大功服설을 주장하였고, 현종을 위시한 왕실측은 1년 동안 상복을 입어야 한다는 기년복朞年服설을 주장하였다.

예란 가족 혈연적인 요소와 사회 신분적인 요소의 결합으로 이루어져 있다. 따라서 이 요소들이 충돌할 때는 어느 것을 중시하느냐에 따라 서로 간의 입장에 차이가 빚어질 수밖에 없었다. 하지만 주자학에서는 혈연과 신분이 대립할 경우 어떤 것에 우선을 둘 것인가 하는 문제에 대해 엄격한 정의를 내리지 않았으며, 따라서 이것은 조선의 주자학자들에게 남겨진 과제였다. 이러한 예제의 구체적 적용이 예학 논쟁과 예송에서 나타난 서인과 남인의 관심사였던 것이다.

보통 서인은 예를 왕실과 사대부간에 차이를 두지 않고 수평적으로 적용하고자 하였던 데 반하여, 남인은 왕실과 사대부의 예를 차별하여 왕실을 중시하였다고 말한다. 그러나 서인들도 국상과 개인적인 상에서는 국상을 먼저 해야 한다고 주장한 점에서 보면 왕실과 사대부의 예 적용에 차별을 인정한다고 할 수 있으므로, 이런 주장 대신에 신분과 혈연이라는 관점에서 이들의 예 적용에 따른 차이점을 보아야 할 것이다. 즉 서인은 혈연적인 요소에 중점을 둔 반면, 남인은 신분적인 요소에 초점을 맞추었다는 것이다. 그리고 이들은 각각 이 중 한 요소에 중점을 두면서 거기에 다른 한 요소를 포섭하고자 하였다. 어쨌거나 이러한 예 적용상의 갈등은 그 당시 사회에 예가 일반화되면서 나타난 필연적인 현상이라고도 할 수 있다.

그러나 서인과 남인이 각각 어떤 요소에 중점을 두고 예의 실행을 강조하였든간에, 이들 모두 예의 본질인 리理의 강력한 통제를 통해서 현실을 이끌어 가고자 했다는 데 공통점이 있다. 이들은 각자의 관점에서 완전한 이념을 그대로 실현하지 않는 것이 문제가 될 뿐이라고 보았다. 이들이 논쟁 차원을 넘어서 예송에 적극 참여한 것은 바로 이 점을 여실히 증명하는 것이다. 그런데 이러한 사고로부터 비롯된 예송은 그것이 과열되면서 부작용을 속출하기 시작하였다. 이론적인 논쟁이 피를 부르는 사태로 이른 것은 명분론적인 이념 논쟁이 빚을 수밖에 없는 폐해라 할 것이다. 상대방을 인정하지 않으려는 태도는 이들에게 이성의 마비를 불러왔으며, 결국에 가서는 상호 견제를 통해 체제를 유지한다는 붕당 정치의 공존 질서를 스스로 무너뜨리는 결과를 가져 왔다. 이리하여 나타난 것이 서인 단독 정권의 창출이었다.

주자학의 절대화

단독으로 정권을 차지한 서인 내부에서도 남인과의 관계를 둘러싸고 강경파인 노론과 온건파인 소론으로 갈라지게 되었다. 노론과 소론의 대립이 가장 첨예하게 나타난 것은 경종과 영조의 왕위 계승을 둘러싸고 벌어진 왕위 계승 시비였다. 경종이 즉위한 지 얼마 지나지 않아 병으로 죽고 노론의 강력한 지원을 등에 업은 영조가 즉위하면서, 노론은 이후 조선 말기까지 정권을 사실상 독점하게 되었다. 영조와 정조가 당파를 무너뜨리고 왕권을 강화하기 위해 실시했던 탕평책도 결국은 실패로 돌아가고 말았다.

정조와 순조의 즉위를 둘러싸고 시작된 노론 내 시파時派와 벽파僻派의 대립 역시 생산적인 논쟁을 이끌지 못한 채, 사상적으로는 당시 새로이 유입된 서구 문물을 대표하던 천주학을 박해하는 결과를 낳았으며, 정치적으로는 세도 정치라는 말폐적인 현상을 가져 왔다. 군주를 대신하여 외척 세력이 정치를 전담했던 세도 정치는 비판 세력을 철저히 배제한 독재 정치에 다름 아니었다. 이들은 정치를 독점하기 위한 장치로서 비변사備邊司를 설치하고, 이를 통해 군부의 힘을 장악하여 막후 정치를 시행하였다.

서인으로부터 노론으로 이어지는 집단을 정치적으로 지배했던 노선은 이른바 '숭용산림崇用山林'과 '국혼물실國婚勿失'로 집약되었다. 이들이 산림을 중용한다거나 산림의 의견을 무시할 수 없었던 것은 산림으로 대표되는 지식인층의 여론이 정치적으로 중요한 영향력을 행사하였음을 의미하는 것이었다. 한편 이들은 이와 같이 민중과 접촉하면서 여론을 형성하던 산림의 지식인층을 중용하여 자신들의 정치적 입지를 강화하고자 힘을 기울이기도 하였다.

이와 달리 정권을 장악할 수 있는 또 하나의 유력한 길은 권력의 핵심인 왕의 외척이 되는 것이었다. 심지어 노론의 태두요 기호 학파의 산림 출신이었던 송시열이 추진한 정책들조차 안동 김씨·청풍 김씨·여흥 민씨 등 서울 경기 지방의 이른바 경화거족京華巨族에 의해 거부되자, 그로써 대표되던 산림은 더 이상 여론의 대변자가 아니라 권문세가의 단순한 '얼굴 마담'으로 전락하기에 이르고 말았다. 이러한 상황에서 남인이나 소론 등도 민중의 삶에 관심을 두기보다는 노론과의 정권 투쟁에만 힘을 쏟아 스스로 지식인으로서의 기능을 포기하고 말았으며, 노론을 대체하기는커녕 몰락의 길을 자초하게 되었다.

한편 소외된 근기近畿 지방의 남인 계층 일부는 민생의 안정을 무엇보다 절실한 과제로 삼고 실학을 표방하며 새로운 비전을 제시하고자 하였고, 일부 소론 계열에서는 양명학을 받아들여 시대의 변화에 적응하려는 모습을 보이기도 하였다. 그러나 이들은 당시로서는 스스로 자신들의 사상을 제도화할 만한 힘을 갖지 못하였다. 그런 가운데 노론을 중심으로 한 기호학파의 학자들은 주자학적 세계관을 더욱 공고히 하면서, 이로부터 조금이라도 벗어나는 사상적 경향에 대해서는 '사문난적斯文亂賊'이라는 죄목을 씌워 이단으로 모는 등 자신들의 기득권을 유지하기 위하여 더욱더 경직된 사상 체계를 고착시켜 나갔다. 그 당시 사문난적으로 몰린 대표적인 인물은 윤휴와 박세당朴世堂이었다.

인조 반정이라는 쿠데타를 통하여 정권을 장악한 서인은 병자호란으로 인한 책임을 '청에 대한 복수'로 전가하면서 배청존명론과 북벌론을 앞세웠으며, 이를 통해 민심의 혼란을 수습하고 어지러워진 체제의 재정비를 꾀하고자 하였다. 이를 주도한 측이 이이, 김장생, 송시열로 이어지는 정통 서인 노선이었다. 특히 송시열은 효종대에 이와 같은 배청존명론과 북벌론을 주창한 핵심적인 이데올로그였다. 송시열의 대명의리론은 청에 볼모로 끌려갔다 온 효종 자신의 뼈저린 체험과 맞아떨어져 북벌론은 상당히 힘을 얻었다. 하지만 당시 청과 조선은 국력면에서 비교가 되지 않는 상황이었으므로, 이런 주장은 현실성이 없는 것이었다. 그러니만큼 이러한 정책들은 실제로 대외적인 것이라기보다는 민심의 통합 등을 꾀하려는 대내적 수단에 지나지 않았다. 이에 따라 그들은 이러한 명분론에 이의를 제기하거나 비판을 하는 세력을 결코 용납할 수 없었다.

이러한 상황 속에서 윤휴가 주희의 『중용장구』를 문제시하여, 주희의 해석을 삭제하고 자신의 견해를 적은 『중용독서기中庸讀書記』를 짓고, 박세당도 주희의 『중용장구』와 『대학장구』에 의심을 품어 『사변록思辨錄』이란 저서를 써 내자, 송시열을 비롯한 서인들의 분노는 극에 달하였다. 윤휴나 박세당은 이와 같은 저술을 통해 주희의 장구를 개정함으로써 기존의 권위적인 진리 관념을 깨뜨리고, 새로이 실천성을 띤 철학 체계를 만들려고 하였다.

윤휴는 이를 위해서 기존의 도덕 관념이 아닌 자연스럽고 간단한 실천 윤리로서 '효제孝悌'를 주장하였으며 그것의 보증자로서 '리理'가 아닌 '천天'을 부각시켰다. 그리하여 윤휴는 하층민까지도 포함한 모든 계층을 단결시키는 세계를 건설하고자 하였다. 그런데 송시열을 비롯한 노론 세력은 윤휴의 이론 체계 자체를 비판하기보다는, 그가 성인의 경전을 함부로 훼손했다는 점에 비판의 초점을 맞추었다. 따라서 이러한 비판이 이론 대결로 나타나기는 어려웠다. 오히려 그것은 이단 비판이라는 마녀 사냥의 형식을 띠고 나타났던 것이다.

박세당도 주희의 학문 체계가 지나치게 고원하고 추상적이라 비판하고, 학문이란 어린애들도 알 수 있을 만큼 쉽고 가까운 데서 출발해야 한다고 주장하였다. 이러한 관점에서 그는 『사변록』에서 주희의 『대학장구』와 『중용장구』의 순서를 바꾸어 자신의 원칙에 따라 새롭게 주석을 하였던 것이다. 이에 대해 노론의 김창협金昌協은 송시열이 윤휴를 사문난적으로 몰았던 것처럼 소론인 박세당을 양명학자와 한 가지라고 몰아 이단으로 배척하였다. 그들이 보기에 '주자朱子'를 경시하고 '주자'와 다른 방식으로 경전 해석을 내리는 것은 바로 양명학 추종자들이 하는 짓과 하나도 다를 바가 없었다. 그러나 박세당의 학설이 결코 양명학적 경향을 띠었던 것은 아니다. 그런데도 그가 양명학자로 비판받은 것은 당쟁과 연결된 흑색 선전이었다고 할 수밖에 없을 것이다.

기호 학파

기호 학파가 지역을 단위로 구분해서 붙여진 명칭이라면, 율곡 학파는 학맥을 중심으로 해서 붙여진 명칭이다. 대체로 기호 학파는 율곡 이이의 학맥을 이은 서인 계열이 중심이 되기 때문에 율곡 학파로, 영남 학파는 퇴계 이황의 학맥을 잇고 있어서 퇴계 학파로 병칭되기도 한다.

이처럼 기호 학파는 이이를 종사로 하는 학문 집단으로서, 주희, (이황), 이이, 성혼, 김장생, 송시열로 이어지는 자신들의 노선을 진리의 계보, 즉 도통道統이라고 주장하였다. 그러면서도 이들은 이 노선에 이황까지도 포함시키고 있다. 이들은 이황의 리기론 등 학문적인 주장에 대해서는 받아들이지 않지만 그의 도학자로서의 인격을 존중함으로써 자신들의 계보가 보편적이라고 주장했던 것이다. 이러한 도통론뿐만 아니라 이이와 성혼을 문묘에 종사케 하는 데 성공함으로써 이들은 마침내 정치적으로도 승리를 얻게 되었다.

기호 학파는 자신들 내부에서도 이이의 사단칠정론이나 인심도심설 등 학문적인 주장에 대해서도 끊임없이 회의를 하는 등 비판적이고 합리적인 사고를 견지한 사람들이었다. 이들은 이러한 정신을 통해 주자학에 대한 이해를 더욱더 심화시켜 나갔다. 이들은 크게는 노론과 소론의 정치적인 노선 차이, 작게는 각 개인의 학문적인 견해 차이를 빚었음에도 불구하고, 이들로 하여금 공통적인 의식을 공유하게 한 것은 바로 이러한 비판적이고 합리적인 정신이었다.

그러나 송시열을 비롯한 노론 학자들은 기본적으로 이러한 정신을 견지하면서도 주자학에 대해서는 종교적인 신심에 가까운 열정을 가지고 있었다. 원의 침입을 받은 고려 사람들이 부처의 가호를 얻고자 『대장경』을 만들었듯이, 정권을 쥔 노론은 청의 침입 후 주자학에 절대적으로 의지하면서 주희의 저술에 대한 해석서를 편찬하기 시작하였다. 그들은 주희의 저술들에서 보이는 부정합적인 요소들을 가려 내어 정론을 세우는 작업을 무엇보다 중요한 학술 활동으로 여겼다.

그 결과로 나온 것이 『주자대전차의朱子大全箚疑』였는데, 이는 이황의 『주자서절요朱子書節要』와 『주서절요기의朱書節要記疑』, 정경세의 『주문작해朱文酌海』를 수용한 것이었다. 이 책은 송시열을 위시한 노론계 기호 학파의 작업 성과를 반영한 결과물이라고 할 수 있다. 송시열이 이 작업을 중시했던 것은, 이황이나 정경세의 저작에 오류가 적지 않은데다, 윤휴 일파의 '이단사설'도 주희의 『주자대전』을 바로 읽는다면 저절로 없어질 것이라고 생각했기 때문이었다. 송시열 사후에도 이 작업은 계속 진행되어, 김창협과 그의 제자인 어유봉魚有鳳에 의한 『주자대전차의문목朱子大全箚疑問目』, 김매순金邁淳의 『주자대전차의문목표보朱子大全箚疑問目標補』, 이의철李宜哲의 『주자대전차의후어朱子大全箚疑後語』 등을 거쳐, 이항로李恒老·이준李埈 부자의 『주자대전차의집보朱子大全箚疑輯補』로 집대성되었다. 한편 주희의 저술들 속에 보이는 부정합적인 요소들은 한원진韓元震의 『주자언론동이고朱子言論同異攷』에 의해 교정되었다. 그 밖에도 정조가 편찬한 『주서백선朱書百選』, 강호부姜浩溥의 『주서분류朱書分類』, 박세채의 『주자대전습유朱子大全拾遺』 등이 있다. 이러한 저작들이 노론 학자들에 의해 완성되었다는 것만 보더라도 이들이 주자학에 얼마나 경도되었는지를 알 수 있다. 그뿐 아니라 이들은 주희의 말 한 마디 한 마디를 가져다 성심껏 분석하고 있는데, 이는 종교적 열망을 갖지 않고서는 실현하기 어려운 일이라 하겠다. 조선이 주자학 왕국이 되었던 것이 주희에 대한 단순한 존경심의 결과가 아니었음을 알 수 있다.

이러한 주자학 절대화의 경향은 기호 학파 내부에서 일어난, 사람과 사물의 본성이 같은가 다른가 하는 논쟁, 즉 인물성동이人物性同異 논쟁에도 그대로 관철되고 있다. 주희의 『중용장구』와 『맹자장구』의 주석에서 보이는 사람과 사물의 본성에 관한 상반된 견해가 이 논쟁의 시발점이 되었다. 사람 이외의 존재가 사람과 같은 본성을 온전히 가지고 있다는 이간李柬 등의 인물성 동론同論자의 주장이나, 온전히 가지고 있지 못하다는 한원진 등의 인물성 이론異論자의 주장 모두 사람의 도덕성을 기준으로 놓고 있다는 점에서는 마찬가지였다. 홍대용洪大容이나 최한기崔漢綺와 같은 일부 실학자들이 이 논쟁에 대한 견해를 밝히면서 자연 세계에 대한 자신들의 관심을 표명한 경우도 있긴 하였지만, 대다수의 학자들은 오히려 주희의 주석 가운데 어느 것이 올바른가에 관심을 두었다. 즉 주희의 권위에 의해 자기 설을 정당화하는 데 초점을 맞추었던 것이다. 이러한 논쟁은 당시 기호 학파에게는 주자학이 바로 옳고 그름을 확증하는 기준이었음을 반증하는 것이다.

영·정조 이후 서울과 경기 지방에 사는 노론계의 일부 지식인들에 의해 청조의 고증학이 받아들여져 고증학과 주자학 사이의 논쟁, 즉 한송漢宋 논쟁이 있었다. 문헌 고증을 통해 현실 사회에 접근하려 했던 것이 고증학을 받아들인 측의 입장이었다. 그러나 고증학을 받아들여야 한다고 주장하는 측에서도 전적으로 자신들을 고증학자라고 표방하지 않았을 뿐 아니라, 고증학이 주자학과 배치되지 않는다는 절충론을 주장하기까지 하였다. 더구나 고증학은 경전 해석에만 매달림으로써 새로운 세계관을 제시할 수 없었다. 조선의 대표적인 고증학자로 일컬어지는 김정희金正喜 역시 현실적인 영향력을 발휘할 수 없었기 때문에, 그와 같은 절충적인 고증학마저도 조선에서 제대로 연구되기는 어려웠다.

기호 학파의 주자학은 전체와 개인의 관계를 완결된 체계로 구성하였기 때문에, 그 완결성이 무너지지 않는 한 영속되는 체계라고 할 수 있다. 아무리 추상적이고 공허한 이론 체계라 하더라도, 각각의 개인이 도덕적인 자기 완성을 통해 사회의 구성원으로서 역할을 다한다면 이들의 주자학은 여전히 의미있는 체계로 남을 수 있었다. 따라서 조선은 주자학적 이념을 파기할 수 있는 새로운 세력이 나타날 때까지 이와 같이 절대화되고 교조화된 주자학을 지속시킬 수밖에 없었다.

기호 학파는 이처럼 극단적인 절의를 강조하는 명분론자이면서도, 다른 한편으로는 그러한 명분론만으로는 세상을 다스릴 수 없다는 것을 잘 안 현실론자라고도 할 수 있다. 기호 학파는 사상적으로는 주자학을 신봉했지만, 문학적으로는 주자학적인 '문이재도文以載道'와 같은 엄격성을 요구하지 않았다. 그들은 문학이 철학에 종속되지 않고 문학 자체의 독자성을 가져야 한다는 점을 과감히 인정하였다. 이는 지식인들이 자유롭게 자신들의 정서를 배설할 통로를 마련하려는 시도였다고 보인다. 특히 서울에 거주하던 경화거족들은 문인들의 자유로운 시문 창작을 후원하였을 뿐 아니라, 정선鄭敾과 같은 예술인을 후원하기도 하는 등 문단과 예술계에 커다란 영향력을 행사하였다. 이러한 이유로 지식인들은 이들 기호 노론을 무시할 수 없었다. 이들 가운데 일부는 자유로운 시문 창작을 통해 체제의 모순을 표현하고자 하였는데, 이들이 바로 북학파이다. 그러나 북학파는 서울과 경기 지방에 한정된 소외된 지식인들에 불과하여 현실 정치를 근본적으로 변화시키기는 어려웠다.

송시열에 이르러 가장 번성하였던 기호 학파는 그 이후 내부적인 분열을 거치면서 학문적으로 여러 갈래의 학파로 나뉘어졌다. 그 중 대표적인 것이 앞서 말한 인물성동이 논쟁을 벌였던 낙론洛論과 호론湖論이다. 낙론은 동론同論의 입장을 취하였고, 호론은 이론異論의 입장을 취하였는데, 이 중 낙론 계열은 서울에서 오랫동안 자리 잡고 있었기 때문에, 다른 지방의 노론들과는 여러 모로 차별성을 띠게 되었다. 이들은 조정의 상황과 국제 정세를 누구보다도 먼저 알았던 만큼, 자신들의 지배 체제를 묵수적으로 지키려는 경향을 보였다. 그러나 이러한 정보를 변화와 개혁에 활용하려는 일군의 지식인들도 그 속에서 나오게 되었는데, 그들이 바로 개화파였다.

영남 학파

조선 시대 사림파의 형성은 먼저 영남 지방에서부터 시작되었다. 고려 말 농업 생산력의 발달을 매개로 재지 중소 지주 출신 신진 사대부들이 과거를 통한 중앙 진출이 다시 활발해지며, 조선 초기에는 특히 영남 지방을 중심으로 길재를 잇는 사림이 형성되었다. 이 때문에 영남 지방을 '인재의 보고'로 중시하여 "조선 인재의 반은 영남에 있다"고까지 하였다. 이와 같은 사실은 조선 시대 성균관의 문묘에 배향된 18현賢 가운데 광해군 시대까지 조광조를 제외하고는 모두 영남 출신(설총·최치원·안향·정몽주·김굉필·정여창·이언적·이황)이라는 데서도 잘 알 수 있다. 한편 인조 반정 이후의 문묘 배향 인물이 기호 학파 출신 일색이라는 사실은 조선 후기로 접어들면서 영남 학파가 정치적으로 어떠한 위치에 놓였는가를 암시하는 대목이라고 하겠다.

구체적으로 영남 학파의 학문 연원을 거슬러 올라가 보면 주자학이 도입·형성되는 고려 말의 안향으로부터 시작하여 우탁禹倬·권보權溥·정몽주鄭夢周·박충좌朴忠佐·이숭인李崇仁·정도전鄭道傳·권근權近·길재吉再 등을 들 수 있다. 이들은 모두 영남 출신으로서 조선 초 사림파의 형성에 절대적인 영향을 미치는 것을 볼 수 있다. 이들에 이어 조선 초기에 중심적인 활동을 한 인물로서 김종직金宗直을 비롯한 김굉필金宏弼·정여창鄭汝昌·김일손金馹孫 등도 이 후 영남 학파가 형성되는 데 큰 영향을 끼쳤다.

영남 학파의 사상적 특징은 김굉필이 실천 유학의 내용을 집중적으로 담고 있는 『소학』을 중시하면서 구체적으로 나타나기 시작하였다. 『소학』은 철학적인 면보다는 윤리 도덕의 지침서으로서 성격이 더 강했으므로, 『소학』의 중시는 곧 그들의 실천 지향적 성격을 강하게 담고 있음을 의미한다. 이러한 실천적 전통은 이후 영남 학파의 두 연원을 이룬 이황의 '경敬' 중시 사상이나 조식曹植의 '경의敬義' 중시 사상에서 엿볼 수 있듯이 영남 학파의 성격을 뚜렷이 확정 짓는 특징으로 자리 잡게 되었다.

이와 함께 이론적으로도 실천적 지향성이 강하게 반영되었다. 이언적李彦迪·이황 등의 리理 중심의 리기론이 확립되었으며, 영남 지방의 학자들은 대부분 이와 같은 리 중심의 리기론을 추종·답습하면서 이이李珥를 추종하는 기호 학파의 리기론을 논박하는 가운데 자신들의 학파적 성격을 분명히 하고 조선 시대 말까지 자신들의 학맥을 이어갔다. 이황의 제자 가운데 대표적인 인물로 유성룡柳成龍·김성일金誠一·이덕홍李德弘 등을 들 수 있으며, 김성일한테 사숙하여 그 학문을 계승한 이현일李玄逸에 이르면 이황의 리기론과 인심도심설 등에 자신의 설명을 덧붙이면서 기호 학파의 리기론에 치밀한 논변을 가하는 것을 볼 수 있다. 이황의 학문은 김성일·유성룡·정구鄭逑에 이어 이현일, 이재李栽, 이상정李象靖, 유치명柳致明, 이진상李震相 등으로 이어진다. 19세기의 이진상에 이르러서는 철저한 리 중심 철학으로 전개되는 것을 볼 수 있다.

한편 이황과 함께 영남 학파의 양대 산맥을 가르는 조식의 학문은 정인홍鄭仁弘·김우옹金宇顒·정구 등으로 이어지지만, 인조 반정 이후로 정계와 학계가 서인의 수중에 장악되면서 이들의 학문은 단절되며, 임진왜란시의 의병 운동이나 광해군 때의 개혁 정치 등에서 나타난 이들의 실천적인 유학 사상도 맥이 끊어지고 말았다. 한편 일시적으로 이황한테서도 배운 적이 있는 김우옹과 정구 및 그들의 후예는 퇴계 학파로 간주되어 그 학문적 계통과 명맥을 유지해 나가게 되었다. 이와 달리 이익李瀷 등 정권에서 소외된 근기近畿 지방의 일부 남인들은 리기론보다는 경세 사상에 관심을 두어 이 후 '경세치용經世致用 학파'라 불리는 실학파의 한 계열을 이어나가기도 하였다. 이익은 유형원柳馨遠으로부터 실학 정신을 이어받기도 하지만 정구의 제자인 허목許穆에게서도 실학적인 학풍에서 영향을 받았던 관계로 특히 실천 지향적 성격이 강했던 조식 학풍의 연장선상에 있다는 평가를 받기도 한다.

영남 학파의 철학 사상에서 뚜렷한 특징이라 할 '리' 중심적인 경향은 우선 이황의 제자 가운데서 유성룡이나 김성일 등 실제 정치에 관심을 기울였던 인물보다는 이황의 학설에 충실하게 리기론을 전개했던 이덕홍에게서부터 찾아볼 수 있다. 그는 이황과 마찬가지로 리의 능동적 작위성을 인정하여 사단칠정은 리기가 함께 발동한 것이라고 주장하는 한편, 기 없이 리가 홀로 발동하는 것이 아님을 분명히 하였다. 그는 지행 관계에서도 지와 행이 둘이면서도 하나라는 입장을 전제하고, 지는 내외內外를 겸하며 행은 동정動靜을 겸한다고 주장하였다.

영남 학파에서 반드시 거론하고 넘어가야 할 중요한 인물로서 장현광張顯光을 들 수 있다. 그는 정구의 조카사위이자 제자로서 스승의 학설을 이어가면서도 자신의 독창적인 학설을 전개하였다. 그는 리理는 날줄인 경經이고 기氣는 씨줄인 위緯라고 하고 이것들이 도道에 통일된다는 도일원론

道一元論을 폈다. 따라서 리와 기는 원래 두 가지 근본을 갖지 않는다고 하면서 경위라는 체용體用 구조 속에 끌어들여 논지를 전개하였다. 이러한 장현광의 리기론은 이황의 리 중심론을 잇고 있으면서도, 다른 한편으로 그것을 이이의 학설과 절충하고자 한 독자적인 견해라고 할 수 있다.

정경세鄭經世는 유성룡의 제자로서 주리적인 입장에서 기氣가 동정動靜하는 원인은 리에 동정이 있기 때문이라고 주장하였다. 이러한 입장에서 그는 이이의 제자인 기호 학파의 김장생이 리기가 본래 한 가지라고 주장한 데 반박하면서, 리와 기가 두 가지임을 분명히 하고 현실적으로는 리기가 공존하더라도 본체론적으로는 리가 기에 앞서 존재한다는 입장을 명확히 하였다. 그는 예학에도 대가를 이루어 당시 김장생과 더불어 쌍벽을 이룬 인물로 평가되고 있다.

김성일의 학통을 이은 이현일은 사단칠정론과 리기론 등에 대한 송시열 등 기호 학파의 비판에 맞서 정시한丁時翰과 함께 조목조목 반박하고 나섬으로써 퇴계 학파의 거두로 활약한 인물이다. 그는 이이의 리는 움직이지 않는다는 리무위설理無爲說을 논박하면서 리에 동정이 있으며 사단과 칠정은 각각 리와 기가 발한 것이라는 이황의 견해를 철저히 견지하였다. 이러한 철저한 입장에 따라 그는 영남 학파 내에서도 조식의 학풍을 비판하는가 하면, 절충적 경향을 보인 장현광의 사상을 기호 학파에 가깝다고 논박하기도 하였다.

이상정은 이재의 제자로서 '소퇴계小退溪'라 불릴 정도로 이황의 학설을 추종했던 인물이다. 그는 기가 동정動靜할 수 있는 것은 리에 동정이 있기 때문이라고 주장하였다. 한편 리는 기를 바탕으로 삼아 그 속에 존재하지만, 그 본원을 추구한다면 먼저 리가 있는 것이 당연하다고 보았다. 그러나 모든 현상 세계는 리와 기가 혼륜되어 있는 것으로 리가 기를 타고 유행하는 것임을 강조하였다. 이런 점에서 그는 리기의 혼륜渾淪과 분개分開 양면을 함께 파악하는 것을 중요시하였다. 이러한 리기론을 바탕으로 그는 사단과 칠정에 대해서도 혼륜설과 분개설로 구분하여 설명하였다.

유치명은 남한조로부터 퇴계 학파의 계통을 이은 인물로서 이황의 리발說理發說을 발전시켜 리활물說理活物說을 주장, 리의 동정動靜을 주장한 이상정의 견해를 리 중심적으로 더욱 심화시켰다. 그는 리가 보편적으로 존재한다는 리 실재론을 주장하고, 나아가 하늘의 도리가 유행하여 만물을 발육한다든가 태극의 동정으로 음양을 생성한다든가 하는 것들이 모두 리의 동정을 뜻하는 것이라고 해석하였다. 이러한 견해는 나중에 이진상의 사상 형성에 영향을 끼쳤다.

이같이 이황의 리기론을 주축으로 한 영남 학파의 철학 사상은 후대로 내려갈수록 점점 더 리 중심적인 경향을 강화해 감을 알 수 있다. 이러한 경향은 이황의 성리설에 이미 배태되고 있었지만, 기호 학파에 대한 비판 과정에서 더욱 명백히 드러났다고 할 수 있다. 한편 이 같은 리 우위론적 경향성은 실천을 중시한 영남 사림의 전통이 저변에 짙게 배어 있음을 간과해서는 안 된다. 이들은 세계에 대한 합리적인 설명보다는 도덕성의 제고를 통한 신분 사회의 안정적 유지에 더 관심이 많았으며, 따라서 인간의 도덕성을 리라는 형이상학적 원리에 의해 보증하는 데 심혈을 기울였던 것이다. 그러나 바로 이러한 특성 때문에 영남 학파는 조선 후기 사회의 변화에 적절히 대처하지 못하는 결과를 맞이하게 되었다.

2. 반주자학

양명학

1. 조선 시대 양명학의 성격

정인보鄭寅普는 조선 시대의 양명학 수용자를 세 가지로 구분하여 정리한 바 있다. 첫째는 양명학에 관한 확실한 저서가 있든가 혹은 양명학에 관해 언급했다는 분명한 증거가 있어서 양명학파라고 하기에 의문의 여지가 없는 자, 둘째는 양명학을 비난한 말이 있더라도 전후를 종합해 보면 심중에서는 양명학을 신봉하고 있었던 것을 알 수 있는 자, 셋째는 양명학에 관해 한 마디도 하지 않은 채 주희를 신봉하고 있었음에도 평소 주장의 핵심을 보면 틀림없이 양명학자임을 알 수 있는 자 등 세 부류이다. 그리고 첫째 부류로 장유張維·최명길崔鳴吉·정제두鄭齊斗·이광신李匡臣·김택수金澤秀 등을, 둘째 부류로 이광사李匡師·이긍익李肯翊·이충익李忠翊 등을, 그리고 셋째 부류로 홍대용洪大容을 들었다.

유명종劉明鍾은 위의 세 부류에 다음 사람들을 추가시켰다. 곧 첫째 부류에 남언경南彦經·이요李瑤·허균許筠·양득중梁得中·이종휘李鍾徽와 한말의 이건창李建昌·이건승李建昇·이건방李建芳·박은식朴殷植·정인보 등을, 둘째 부류에 이수광李睟光을, 그리고 셋째 부류에 박지원朴趾源·박제가朴齊家를 추가해야 한다고 주장하였다.

그러나 사실 조선 시대에 엄밀한 의미의 양명학파가 성립했느냐, 혹은 심지어 진정한 의미의 양명학자가 있었느냐에 대해서 회의적으로 말하는 사람도 많다. 이 점은 중국이나 일본과 다른 우리 나라만의 한 특징이다. 그 이유를 어떻게 설명할 수 있을까? 우선 쉽게 논의되는 것이 조선이 개국 이념으로 이미 주자학에 기초하고 있었고, 그 후로 이로 인해 발생한 기득권을 무너뜨리기 어려웠다고 하는 설명이다. 그러나 이보다 더욱 근본적인 원인으로 다음 두 가지 점을 고려할 필요가 있을 것이다.

첫째, 지정학적 배경에서 조선은 강력하게 권력이 중앙에 집중된 사회였다. 중국의 경우는 영토가 워낙 넓을 뿐더러 민족과 언어도 여러 가지여서 어느 정도 분권적 성격과 지역적 다양성이 허용되지 않을 수 없었다. 수많은 섬들로 이루어진 일본도 사정은 비슷하다. 이에 비해 조선은 단일한 중앙 집권적 체제가 유지되었고, 따라서 정치뿐만 아니라 문화적 사상적으로도 다양성이 적었다. 그런데 본래 관학적 성격에는 양명학보다는 주자학이 적합했다. 태극론에 기초를 둔 리일분수理一分殊 체계는 어찌 보면 황제를 정점으로 하는 관료 체계가 투영된 존재론이라 할 수 있다. 중국에서도 명대에 양명학이 풍미했지만 조정에서 공인한 학문, 즉 관학은 청대 말기까지 주자학이었다. 위와 같은 배경에서 어느 사회보다 주자학이 확고했던 조선에서 그와 대립된 양명학이 정립되기는 어려웠다고 하겠다.

둘째로, 역사적으로 보아 조선조 오백 년은 양란을 비롯하여 우환이 많았고, 따라서 각 시대의 지식인들은 강한 사회적 위기 의식을 가지고 있었다. 이런 측면에서도 주자학은 훨씬 유리했다. 주자학을 배태한 송대는 성립 초부터 시종 북방 이민족에 시달렸으며, 따라서 사회적인 위기 의식은 의리 관념과 대의 명분 의식을 강하게 요구했다. 결국 그러한 성격은 주자학의 근본 동기를 이루게 되는데, 바로 그러한 측면이야말로 조선 사회에서 크게 요청되는 점이었다. 주자학이 중국을 포함한 어느 왕조보다도 조선조에서 강력한 지지와 숭앙을 받게 되는 것은 부단히 위기 의식 속에 명맥을 이어 온 조선 사회의 특성에 기인하는 점이 크다고 하겠다.

2. 양명학의 수용과 배척

조선에서 양명학에 최초로 관심을 가졌던 학자들로는 남언경과 이요를 들 수 있다. 남언경과 이요는 양명학을 좋아하였고, 또 그들의 이런 사정이 당시에도 알려져 있었던 것 같다. 두 사람을 최초의 양명학자로 취급하는 것은 『선조실록』에 의거한다. 거기에는 선조와 이요, 선조와 유성룡柳成龍 사이의 대화가 기록되어 있는데, 이들 대화에서 보면 이요는 양명학의 장점을 고하였고, 선조는 양명학에 호의적인 입장을 보였으며, 유성룡은 비판적인 태도를 취하고 있다.

다음으로 양명학을 적극적으로 연구하고 또한 그 문집이 남아 있는 사람으로 장유와 최명길이 있다. 장유는 효종비 인선왕후의 아버지이며, 최명길과 함께 병자호란 때 강화를 주장한 일이 있었다. 그는 조선의 학문 풍토가 지닌 폐쇄성을 지적하여 이렇게 말했다. "중국의 학술은 다양하여 정학正學도 있고 선학禪學도 있고 단학丹學도 있으며, 정주程朱를 배우는 자도 있고 육왕陸王을 배우는 자도 있어서 문경이 하나가 아니다. 그러나 우리 나라는 유식 무식을 막론하고 산통을 끼고 독서하는 자는 모두 정주를 칭송하여 다른 학문이 있음을 알지 못하니 어찌 우리 나라의 학문 풍토가 중국보다 현명하다고 할 수 있는가? 그렇지 않다고 할 것이다. 중국에는 학자가 있지만 우리 나라에는 학자가 없다." 그런 이유로 장유는 주희를 비판하고 오히려 양명학을 좋아하였다. 그는 문집 속의 「지리자자찬支離者自贊」이라는 글에서 수려한 문체로 은근히 즉물궁리卽物窮理의 지리성을 지적하여 주자학의 입장을 비판하고 있다. 한편 「신독잠愼獨箴」에서는 계구戒懼·신독愼獨·치중화致中和를 강조하였는데, 이러한 태도는 곧 양명학적 입장에 수렴하는 것으로 볼 수 있다.

장유와 동시대인으로 최명길도 양명학에 깊은 관심을 가졌다. 문헌에 자세한 것이 남아 있지는 않으나 우리는 그의 문집에서 그가 양명학을 독신했다는 근거를 찾을 수 있다. 그러나 불행히 당시 시대 상황으로 말미암아 그의 손자인 최석정崔錫鼎은 그 조부가 양명학파가 아님을 역변하였고, 그의 가학은 거기서 끝나고 말았다.

이들보다 조금 앞서는 사람으로서 양명 좌파의 사상을 수용한 사람이 있다. 바로 허균이다. 그는 왕수인과 양명 좌파의 하심은何心隱, 이지李贄 및 공안파公安派의 신문예 운동에서 영향을 받아 이들과 통하는 점이 매우 많았다.

이상에서 양명학을 수용한 학자들을 살펴보았다. 양명학에 관한 서적들은 중국에서 발행된 시기와 큰 시차 없이 비교적 빨리 조선에 유입되었지만, 양명학을 신봉한 학자들이 나온 것은 임진왜란 이후로 보아야 할 것이다. 이 때 학자들이 양명학에 적극적인 관심을 갖게 된 배경으로는 우선 두 가지를 들 수 있다. 첫째, 왜란에 대한 원군으로 온 명나라 사람들과 우리 나라 사람들이 접촉할 기회가 많았으며, 이 당시 명에서는 이미 양명학이 풍미하고 있었다는 사실이다. 이런 맥락에서 명에서 온 일부 장수들이 양명학을 권장했으며, 이것이 하나의 자극이 되었다 할 것이다. 둘째, 참담했던 전란을 겪으면서 학자들 중에 주자학에 대한 회의가 싹트고 현실을 재인식하려는 태도가 나왔다는 점이다. 물론 주자학에 대한 회의 또는 비판이 곧 양명학으로 전향하는 것으로 연결되는 것은 아니었으며, 이후의 사상사에 나타나는 것처럼 몇 가지 주자학 비판의 갈래를 엿볼 수 있다. 양명학에 대한 관심은 바로 이러한 흐름 가운데 하나로 나왔다고 하겠다.

주자학이 풍미하던 조선에서 양명학은 일반적으로 배척되었지만, 이론적으로 그것을 비판하고 배척한 사람은 이황과 그 문하생들인 조목趙穆·유성룡 등이 대표적이다. 특히 주자학을 교조적으로 신봉한 이황은 일찍이 「전습록변傳習錄辨」을 지어 양명학을 이론적으로 비판하였다. 이 글의 초점은 왕수인의 심즉리설心卽理說과 지행합일설知行合一說에 대한 비판에 있었다. 우선 본심만을 중시하고 사물의 이치를 무시하는 심즉리설은 불교와 마찬가지로 주관주의에 빠져서 사회 질서를 무너뜨린다는 것이다. 다음으로 왕수인이 지행합일을 주장하면서 미인이라고 판단하는 인식(知)과 미인을 좋아하는 행위(行)가 분리될 수 없다고 설명한 것에 대한 비판이다. 이황은 이에 대해 왕수인이 감각의 문제와 윤리의 문제를 혼동하고 있다고 지적하였다. 그러나 이황이 비판의 대상으로 인용한 문장들은 『전습록』 초두의 몇 조에 불과하여 그가 왕수인의 글을 전반적으로 검토한 것으로는 생각할 수 없다. 따라서 그 논리도 왕수인의 본지를 제대로 파악하지 못한 상태에서 이루어진 것이라 하겠다. 그럼에도 불구하고 이 문건은 이후로 양명학의 배척에 결정적인 역할을 하였다.

3. 정제두

정제두는 잘 알려진 바와 같이 조선 최대의 양명학자이다. 먼저 그의 생애부터 간단히 살펴보자. 그는 윤선거尹宣擧의 사촌인 윤홍거尹鴻擧의 사위였고 최명길의 형 최내길崔來吉의 외손서였다. 대체로 송시열宋時烈 문하인 이찬한李燦漢·이상익李商翼 등에게서 초년에 배웠고, 나중에는 박세채朴世采·윤증尹拯에게 사사하였으니, 넓게는 서인계, 좁게는 소론계에 속한 학자였다. 그가 어디에서 양명학을 배웠는지는 확실하지 않으며, 따라서 자득한 것이라고 볼 수밖에 없다. 그의 생애는 크게 기사환국己巳換局이 일어난 41세 이전의 서울 거주 시기, 기사환국 후부터 60세까지의 안산安山 시기, 61세 이후부터 죽을 때까지 머문 강화 시기 등 거처에 따라 세 시기로 나누어 볼 수 있다.

그는 5세에 아버지를 여의고 16세에 조부상을 당하여 기울어져 가는 가운을 통탄하며 젊은 시절을 보냈다. 개인적으로 불우한 삶은 공교롭게도 평생 그를 따라다녔다. 41세 되던 해에 기사환국으로 남인 정권이 다시 등장하는데, 이로 인해 그는 처음으로 취임한 평택 현감직을 사임하고 대리문초까지 받았으며, 이를 계기로 안산으로 이거하였다. 그 후로 60세까지 20년 동안을 그는 안산에 머물면서 양명학에 몰두하였다. 61세 이후로 그는 강화에 가서 세상을 멀리한 채 학문에만 전념하게 된다.

정제두는 당시 학자들이 판에 박은 듯이 주자학적 틀 안에서 안이하게 학문하는 태도를 비난하여, "오늘날 학문을 말하는 사람들은 주자를 배우는 게 아니라 거짓 주자를 배우고 있다. 아니 거짓 주자가 아니라 겉으로 전해 들은 주자를 배우고 있다. 그들의 의도는 주자란 이름을 끼고서 위세를 부려 개인 이익을 건지는 것"이라고 하였다.

정제두는 왕수인의 근본 사상, 즉 격물치지格物致知에 대한 새로운 해석, 심즉리설, 치양지설致良知說, 지행합일설 등을 모두 수용하고 있다. 먼저 격물치지설의 경우 정제두는 주희의 설을 비판하고 왕수인의 설을 따랐다. 그는 마음(心)과 양지를 체體로 보고 중시하였다. 따라서 주체인 마음이나 양지가 밝아지면 온갖 이치는 저절로 밝아진다고 하였다. 마음의 이치가 밝아야 천지만물의 본성을 바르게 할 수 있다는 것이 그의 생각이었다.

다음으로 지행합일설에서도 정제두는 왕수인의 이론을 받아들였다. 주희가 지와 행을 둘로 말한 것은 용렬한 사람들이 본체를 얻지 못했을 경우를 위해 말한 것이며, 왕수인이 지와 행을 하나라고 한 것은 본체를 얻은 어진 자를 위해 말한 것이라고 한다. 지와 행을 다르다고 하는 것은 근본을 잃은 것이며 공부의 본원이 아니라는 것이다. 따라서 본체로서 양지를 얻은 사람에게는 근본적으로 지와 행이 하나가 된다고 한다.

또한 양명학의 종지라 할 심즉리설을 옹호하여 "왕양명은 마음을 리理로 여겼으니 곧 양지이다. 마음의 양지는 체體가 되며 사물의 작용이 용用이 되는데, 이것을 사물의 리理라 부른다. 리는 모두 마음에 나타나는데, 마음에 본래 양지가 있어서 이를 알지 못하는 법이 없다"고 설명하였다.

그러나 정제두는 한편으로 왕수인의 기본 주장을 받아들이면서도, 다른 한편으로 그것을 주자학적 입장과 절충하는 면이 있었다. 이 문제와 관련하여 우리는 다음과 같은 배경을 고려할 필요가 있다. 즉 당시에 양명학이 독립된 학파를 형성할 수 없었고, 또 사문난적으로 몰릴 위험이 상존했기 때문에, 주자학을 치열하게 반박하지 못하고 어느 정도 절충하는 입장에 설 수밖에 없었다는 점이다.

4. 강화 학파

정제두가 강화에서 강학한 이래 이광사·이광신·이광명의 일족이 양명학을 신봉하게 되었다. 그뿐만 아니라 그 후손들이 대대로 양명학적 정신에서 사학·서예·시문·음운·실학 등 여러 분야에 창조적인 결실들을 가져왔다. 대표적인 사람들만 거론해도 이긍익·이충익·이건창·김택영金澤榮·이건방·이건승 등을 들 수 있다. 그러나 이들 가운데 전통적 양명학을 그대로 이은 사람은 없었다. 그들은 치양지와 지행합일의 정신을 가지고 구체적인 분야에 나아가 각기 나름대로 꽃을 피웠다. 중국에서도 명대 말기에 이르러 왕수인의 재전 제자들은 경세치용·역사·시문 등 각 분야로 발전해 간 것이 사실이다.

양명학은 주자학과 같은 확고한 교리 체계를 가지고 있지 않고, 오히려 반형이상학적 태도를 취하였다. 따라서 왕수인과 그 제자들은 일용의 실사實事 가운데서 양지에 따라 실천할 것을 강조하였다. 이러한 양명학의 태도는 한편으로 유학을 사대부의 전유물에서 사농공상 모두에게 개방하는 결과를 가져 왔으며, 다른 한편 자연스럽게 실사실용의 학문, 즉 실학으로 연결되는 분위기를 형성하였다. 이런 특성은 조선 양명학에도 어느 정도 적용된다고 하겠다.

경학

이황과 이이를 거치면서 확립된 조선의 주자학은 영남 학파와 기호 학파의 논쟁을 통해 더욱 복잡하게 발전하였다. 이 두 학파는 자기 학파의 우월성을 내세우며 상대방을 공격하였다. 따라서 17세기 주자학 발전의 이면에는 자기 이론에만 집착하는 폐쇄적 분위기가 가득 찼으며, 이러한 폐쇄성은 주자학의 절대화 경향을 가져 왔다. 이런 상황에서 독자적 학문 태도를 견지하면서 경전을 탐구하고 실천한 학자가 윤휴尹鑴와 박세당朴世堂이었다. 이 두 사람은 주자학적 학문관에서 벗어나 독자적 학문 체계를 수립한 학자로 유명하다. 더욱이 이들은 리기심성 같은 사변적 주제보다 경학 연구에 무게를 둔 최초의 학자라는 점에서 주목된다.

1. 윤휴

윤휴는 22세에 「사단칠정인심도심설四端七情人心道心說」이라는 긴 글을 써서 당시 학자들로부터 주목을 받았다. 그는 이 글에서 16세기 대표적 주자학자인 이황과 기대승, 이이와 성혼 사이에서 벌어졌던 리기理氣·사칠四七·인심도심人心道心에 관한 토론을 조목별로 비판하고 자신의 학설을 피력하였다. 이 글은 당시 학자들 사이에 커다란 논란을 불러일으켰는데,

그 까닭은 그의 시각이 동시대 다른 이들과 전혀 달랐기 때문이었다. 그러나 주자학은 더 이상 윤휴의 관심이 아니었다. 그의 저술을 정리한 『백호전서白湖全書』 46권을 검토하면, 위 글말고는 주자학에 관한 글이 거의 없다. 그에 비하여 경전에 대한 탐구와 주해는 모두 11권에 달한다.

그가 주목한 고전 중 하나가 『효경孝經』이었다. 그는 「효경장구고이서孝經章句攷異序」에서 인간의 심성에 토대를 둔 자연스러운 실천은 도외시하고 과거 시험이나 사장학 같은 개인적 명예에 매달리는 지식인들을 비판하였다. 아울러 천명이나 심성 등 이론 문자에만 천착하고 사회 문제는 등한시하는 관념적 경향도 비판하였다. 그는 이러한 입장에서 주자학의 추상적 이론을 탐구하기보다는 주로 『효경』·『소학』·『대학』·『중용』·『논어』·『맹자』·『시경』·『서경』·『춘추』 및 삼례三禮 등 여러 경전들을 검토하였다.

윤휴의 경학관은 『대학』과 『중용』 주해에서 가장 잘 드러난다. 『대학』과 『중용』은 본래 『예기』에 실려 있었는데, 고본에 흔히 나타나는 문헌의 혼란 때문에 적은 분량임에도 본문 그대로 이해하기 어려운 것들이었다. 주희는 이 점을 주목하여 본문의 순서를 바꾸고 주해를 달았다. 그는 『대학』을 첫단락에 보이는 삼강령三綱領 팔조목八條目의 체계로 이해하되, 편차를 바꾸어 전문을 경經 1장과 전傳 10장의 11개 장으로 구분하였다. 특히 '격물치지格物致知'에 관한 설명이 오랜 전래 과정에서 없어졌다고 단정하고, 그 대신 자신의 설명을 붙였다. 이것이 『대학장구』의 보망장補亡章이다. 이 같은 주희의 해석은 경문 분석을 통한 체계성의 확보라는 평가를 받는다. 또한 경문 자체의 권위에 구애되지 않고, 사상 체계에 따라 경전을 재구성했다는 점에서 매우 혁신적인 방법이라고 지적된다.

그러나 주희의 해설은 여덟 개의 조목 가운데 '격물치지' 항목에 지나친 비중을 두었다는 데 문제가 있다. 주희는 지와 행의 영역을 엄정하게 구분한 뒤 지에 비중을 두어 이를 재구성하였다. 그 결과 구체적 실천인 '성의誠意·정심正心' 이하에 대한 관심이 상대적으로 약화되었다. 조선 주자학자들은 바로 이 주희의 『사서집주』를 토대로 자신들의 이론을 구축하여 왔던 것이다.

윤휴의 『대학』 관련 저술은 『대학고본별록大學古本別錄』이다. 이 책에서 그는 『대학』을 본모습대로 이해할 것을 주장하였다. 그는 '격물치지·성의·정심' 등을 단계적으로 나누는 주자학적 해석을 부정하였다. 이 같은 해석은 『대학』이 지식 습득을 위한 이론서가 아니라, 실천 주체가 도덕적 자각을 토대로 이를 가정·국가·천하에서 실현하기 위한 실천서라고 이해한 데서 비롯된다. 그는 '성의'를 실천 주체가 자각해야 할 최초의 공부라고 하면서 그것이 『대학』의 근본 취지라고 하였다. '격물치지'에 대한 해석도 주희와 다르다. 그는 격물하는 방법에 마음속에 수렴된 것을 바탕으로 대상에 따라 앎을 넓혀 가는 것과, 자세히 탐구하고 사색하기를 오래해서 궁극의 경지에 들어서는 것이 있다고 보았다. 그리고 '격물치지'의 '격'도 외부 사물에 대한 탐구가 아니라 마음의 기능과 활동으로서 성실한 마음과 깊은 생각을 바탕으로 한 노력이라고 보았다. 이러한 그의 해석은 주체의 자각을 통한 실천의 중요성을 강조한 것이다.

또 윤휴는 주희와 달리 10장의 체계로 재해석한 『중용장구보록中庸章句補錄』을 지었다. 이에 대한 당시 집권 서인의 반응은 마침내 그를 사문난적으로 모는 결과를 낳았다. 하지만 윤휴는 자신의 경전 해석과 학문 방법을 선배의 학설이라도 무조건 수용하는 것이 아니라, 비판적 검토와 토론을 통하여 검증하는 방법을 택하였다.

그 밖에 윤휴가 관심을 가졌던 것은 『효경』과 『내칙內則』이었다. 본래 『효경』은 주희와 유자징劉子澄이 『소학』을 편찬하기 전까지는 대표적인 수신서로 꼽혔던 책이다. 그런데 주희는 『고본효경古本孝經』을 고쳐서 『효경간오孝經刊誤』를 지었는데, 윤휴는 이와 달리 원본 그대로의 『효경』이 옳다고 주장하였다. 그 이유는 이론에만 천착하는 폐단을 없애려는 데 있었다. 이러한 취지에서 그는 『효경장구고금문고이孝經章句古今文攷異』를 지었고 『효경외전孝經外傳』 3편과 『효경외전속孝經外傳續』 3편을 새로

편집하였다. 또한『내칙』은『예기』에 실린 글로서 가족간의 예의범절 등을 자세히 기록한 것이다. 그 가운데 중심 덕목은 효이다. 따라서 윤휴는 효를 중심으로『효경』과『내칙』을 긴밀하게 연결시키려고 하였다. 왜냐하면『내칙』은 효의 구체적 실천 사례를 자세히 적은『효경』의 각론이라고 보았기 때문이다.

윤휴의 경전 해설 가운데 눈에 띄는 것은 물론『대학』·『중용』에 관한 독자적 주석들이다. 앞에서 보았듯이 윤휴는『대학』의 팔조목 가운데 '성의'를 가장 중시하였다.『대학』은 실천 주체의 마음과 뜻을 중심으로 실천자의 덕목을 기술한 책이다. 유학에서 말하는 실천은 스스로의 실천이며, 자기 자신을 토대로 가족·사회·국가·천하로 넓혀 가는 실천 구조를 지닌다. 따라서 가장 기본적인 실천은 가족 관계에서 이루어지며, 그 중심 덕목이 효라고 보았다. 따라서『대학』·『효경』·『내칙』은 윤휴의 사상 속에서 효의 실천이라는 일관된 체계를 갖는다.

윤휴는 당시 유학자들의 관심사인 리기·사칠 등에 관한 토론은 구체적 삶과 상관없는 관념적 언어의 유희에 지나지 않는다고 보았다. 따라서 그는 그러한 형이상학적 논변보다는 성현의 가르침을 담은 경전들을 종합하고 체계화하는 데에 주목하였다.『효경외기孝經外記』·『내칙외기內則外記』 등은 그가 관련된 주제들을 다른 경전들에서 가려 내어 경전의 근본 정신을 더욱 구체화시킨 것들이다. 이처럼 그의 경전 해석은 실천 가능한 주제들을 중심으로 진행되었던 것이다.

2. 박세당

박세당은 32세 때 과거에 장원 급제하여 여러 해 벼슬에 있었던 관료 출신 지식인이다. 하지만 40세에 서울 교외에 은거한 이후 74세로 세상을 떠나기까지 대부분의 기간을 직접 농사를 지으면서 저술과 강학에 열중하였다. 박세당의 대표적 저술은『사변록思辨錄』이다. 이 책에는 주희의『사서집주』에 대한 직접적 비판이 가득하여 윤휴의 주해보다 한결 흥미를 더해 준다.

『사변록』의 주해 가운데 주자학과 가장 대비가 되는 것은 역시 『대학』과 『중용』이다. 박세당은 윤휴와 달리 『대학』과 『중용』의 편장을 구분하여 체계적인 이해를 꾀하였다. 특히 『중용』에 대해서는 20장으로 구분하는 독자적 체계를 세웠고, 문장의 의미와 맥락에 비추어 본문의 순서를 바꾸기까지 하였다.

박세당은 유학이 본래 현실적 실천을 중시하는 사상 체계라는 사실을 중시하였다. 따라서 그가 보는 주자학은 가깝고 쉬운 것을 뛰어넘어 깊고 먼 곳에서 진리를 찾으려는 이론이었고, 이것은 평생 어둡고 어지러운 곳에서 헤매는 무모한 짓이었다. 그래서 자신만이 아니라 남까지도 그르치는 병폐를 가졌다고 혹평하였다.

이러한 비판은 『대학』 주해에서 잘 드러난다. 주희는 『대학』을 처음 배우는 사람이 배움으로 들어가는 문이라고 하면서도, 팔조목의 출발인 '물격物格'에 대해 형이상학적 완성의 경지를 그려 놓고 있다. 이에 대하여 박세당은 『대학』에 실린 대부분의 글이 모두 처음 배우는 사람들도 쉽게 이해하고 실천할 수 있는 내용으로 채워져 있다는 점을 들어 주희의 해설에 담긴 모순을 지적하였다.

박세당은 '격물'의 '격'은 법칙(則) 또는 바름(正)이라고 풀이하여, '격물치지'란 실천 속에서의 마땅한 행위 기준을 얻어 실천 대상을 바르게 하는 것으로 보았다. 즉 주희의 말처럼 물리의 궁극에까지 내 인식이 이르는 심오한 이론이 아니라, 일의 당연함에 대한 실천적인 인식일 뿐이었다. 따라서 주희가 보망장에서 말한 활연관통豁然貫通의 경지를 전혀 근거 없는 비약이며 허구라고 비판하였다. 이와 같은 논지의 바탕에는 '가까운 곳에서 먼 곳으로', '낮은 곳에서 높은 곳으로'처럼 단계적으로 나아가는 경험 중시적 입장이 깔려 있다. 이 때문에 그의 견해는 주자학과 방향을 달리하게 된 것이며, 관념적 세계에 대한 탐구보다 현실적 실천에 비중을 두는 방향으로 전개해 간 것이다.

『사변록』은 '중용'의 정의에 대한 검토로부터 시작된다. 특히 '용庸'을 일상적인 의미로 본 주희의 해설과 달리 '항상'이라는 뜻으로 봄으로써, 중용을 중中의 도道를 얻어 길이 지키는 것이라고 풀이하였다. 이러한 박세당의 해석은 중도의 평상성에 대한 인식에 그치는 것이 아니라, 그것의 지속적인 실천에 비중을 두는 셈이다. 그러므로 『중용』 본문을 해석하면서도 여러 곳에서 지극히 정성된 자의 꾸준한 실천에 『중용』의 저작 의도가 있음을 강조하였다.

나아가 박세당은 사람의 본성과 사람 아닌 것의 본성 사이에 본질적으로 큰 차이를 두지 않는 주희의 이론을 정면으로 거부하였다. 그는 그 이유로 『중용』이 사람을 가르치기 위한 책이지 사물을 가르치기 위한 책이 아니라는 점을 들고 있다. 이것은 실제로 『중용』의 본래 취지에 충실한 해설이며, 그와 동시에 주자학의 보편적 세계관을 거부하고 인간 주체를 강조하는 것이다.

이처럼 박세당은 본성이 갖는 보편적 원리보다도 마음속에 타고난 통찰력을 지닌 자각적 주체로서의 의미에 주목하였다. 그 자각적 주체는 구체적 실천을 통하여 실현되는 것이므로, 그의 인간 규정은 주자학에 비하여 훨씬 주체적이며 현실적이라고 할 수 있다. 또한 그 실천은 효의 실천과 같은 일상적인 실천이었다. 따라서 만리 길의 첫걸음을 떼어 놓는 자리에 성인의 지극한 도리가 있는 것처럼 설명하는 주자학은, 실천자 자신에게 알기 쉽고도 절실한 이치를 보여 주지 못한다고 거부하였다. 또 한 발자국씩 떼어 놓고 한 계단씩 오르게 함으로써 따라가기 어렵다는 탄식이 없도록 하고, 차례를 뛰어넘는 실수가 없도록 하는 것이 경전 본래의 정신이라는 사실을 일깨워, 주자학은 이 같은 정신에 어긋나는 것이라는 비판을 하고 있다.

3. 17세기 경학의 의미

윤휴와 박세당은 같은 시대를 살았지만 학문적 교류를 하지는 못한 것 같다. 또한 위에서 보았듯이 경학 연구 방법에도 유사성이 없다. 윤휴가 『대학』·『효경』 등에서 원전 그대로의 이해를 꾀한 것에 비하여, 박세당은 『대학』뿐 아니라 『중용』에서도 본문의 편차를 재구성하면서까지 독자적인 해석 체계를 수립하였다. 윤휴에 비하면 박세당의 경학 연구 방법은 훨씬 적극적이었다. 하지만 윤휴도 고전에 들어 있는 유학 정신의 원형인 실천 정신을 부각시키고자 노력하였으며, 이 점이 박세당과 윤휴의 경학 연구가 지니는 공통 분모였다.

이 점은 사변적 이론 체계에 얽매여 있던 당시 주자학자들과 확실히 다른 부분이었다. 학문 교류가 전혀 없는 두 사람에게서 거의 동시에 그러한 경향이 나타났다는 것은 17세기 주자학의 한계가 이들에 의하여 확인되었다는 사실을 알려 주는 것이다. 관념적 이론으로서가 아니라, 현실에 바탕을 둔 실천성을 담지할 수 있는 사상 체계를 17세기의 조선은 요구하고 있었던 것이다. 그것은 그 뒤 18세기 실학자들의 다양한 학술 활동으로 꽃이 피게 되었다.

3. 실학

실학의 발생 배경과 문제 의식

실학의 형성은 임진왜란과 병자호란 뒤의 시대 상황과 밀접한 관련이 있다. 문화 수준이 낮은 나라로 보아 왔던 일본의 침략을 받고, '오랑캐' 만주족이 세운 청나라 앞에 무릎을 꿇는 등 전란을 겪은 조선 사회는 인구 감소와 농촌 경제의 파탄, 재정 위기, 관리 체계의 미비를 틈탄 혼란이 겹쳤다. 지배층 안에서도 이러한 현실의 타개는 중요한 문제였다. 1610년대에는 이미 예수회 선교사들이 전하는 서양 소식이 조선에 들어왔다. 이수광李睟光은 『지봉유설芝峯類說』에서 서양의 종교와 과학 기술에 대한 내용을 소개하여 서양의 과학 기술 발달에 관심을 환기시켰다. 조선 정부는 대동법을 실시하고 상평통보를 발행하는 등 새로운 사회 상황에 대처하려 하였으며, 김육金堉 같은 학자들은 정치에 참여하여 이러한 현실적 문제들을 해결하려고 노력했다. 이러한 과정에서 실학적 문제 의식이 싹텄다. 이들의 출발은 특수한 집단의 주관적 의지에 기인한 것은 아니었지만, 학파가 형성되면서 차츰 나름대로의 특성이 형성되어 갔다.

실학파가 사회 세력으로서 현실 정치에 참여할 기회를 가졌던 것은 영·정조 시기였으나, 이들이 실제적으로 영향력을 크게 행사하기는 어려웠다. 영조와 정조 때에는 탕평책이 실시되고 왕실 중심의 문화 사업에 실학파 인사들이 기용되었다. 이 시기는 임진왜란 이후의 혼란이 수습되고, 생산력도 회복되어 재정도 어느 정도 충실해졌으며, 대동법의 실시로 상품 화폐 경제가 확산되어 자급자족적인 경제 질서 위에서 계층의 분화가 일어나고 있었다. 지주와 전호의 양극화와 서민 지주의 등장, 조세의 금납화 경향, 유랑민의 금은광 유입, 민간 수공업의 발달, 관청에 소속된 어용 상인과 사상私商 사이의 상권 다툼, 전국적 시장권의 성립과 상업 도시의 발생, 5일장의 일반화, 청과 일본에 대한 대외 무역 증대, 화폐 소유의 편중화 등 사회 경제적인 변동이 잇따랐으며, 이에 따라 봉건적 신분 제도의 동요와 지배 이념의 위기가 중요한 문제로 떠오르기 시작하였다. 이러한 역사적 배경에서 실학은 시대에 부응하는 새로운 학문 경향으로 등장하였다.

조선의 실학이란 대체로 17세기 중기에서 시작하여 19세기 초반까지 이어졌던 학풍 또는 사조를 가리킨다. 실학의 정치적 성격은 유학적 경세론을 바탕으로 부국강병과 사회 각 계층의 화합을 추구한 점진적 개혁론으로서, 실학은 당시의 지배 이념이었던 주자학이 형식화한 것을 비판하고 조선 사회의 현실적 문제들을 타개할 쓸모 있는 해결책을 제시하고자 하였다.

실학이라는 말은 물론 실학파 등장 이전에도 쓰였다. 유학자들이 불교나 도교를 비판할 때, 그들의 학문은 '허학'이고 유학은 '실학'이라고 하였다. 조선 전기의 왕조실록에 나오는 '실학'이라는 개념은 '경학經學'을 의미하는 것으로, 실학파가 말하는 경세론보다는 윤리적 측면이 더욱 강조된, 주자학적 입장에서 사용되었던 용어이다. 그것은 사회 기강을 확립하려는 목적에서 강조되었던 것이며, 주자학자들은 유학적 윤리 규범의 객관성을 경전의 권위를 빌려 증명하고자 하였다. 그러므로 주자학자들이 불교나 도교에 대하여 스스로의 학문을 '실학'이라고 했을 때, 거기에는 '헛된 학문'에 대한 '참된 학문'이란 의미가 있었다. 주자학자들이 불교와 도교를 '헛된 학문'이라고 비판하는 내용의 핵심은 이들의 사상이 근본적으로 비사회적이고 비현실적이라고 비판하는 데 있었다. 이론상으로 불교와 도교는 '공空'과 '무無'를 기반으로 삼아서 인류 도덕과 사회 규범을 무시하는 그릇된 철학이라는 것이다.

실학자들도 불교와 도교를 비판하는 것은 마찬가지였다. 그런데 우리가 실학자들의 학문을 실학이라고 지칭할 때는 거기에 주자학과 차별적인 내용이 있다고 보기 때문이다. 실학이 주자학을 비판하는 근거는 주자학이 비실제적이고 비실용적이라는 점에 있었다. 주자학은 당시 현실 사회가 요청하는 쓸모 있는 학문으로서 역할을 하지 못한다고 보았기 때문이다. 그러나 실학자들이 현실적으로 쓸모 있는 학문으로 내세운 정치·경제·사회·과학 기술 분야의 여러 이론들이 주자학의 이론 안에 없었다고 주장하는 것은 공정하지 못하다는 견해가 있다. 고대 유학 이론에서 말하는 '정덕正德, 이용利用, 후생厚生'이라는 틀이 도덕론뿐만 아니라 정치·경제·과학 기술까지 포함한다고 한다면, 주자학이나 실학이나 다 유학의 테두리에 있다고 볼 수도 있는 것이다.

유학의 '수기치인修己治人', 즉 수양론과 경세론의 두 날개 가운데 어디에 더 힘을 주었느냐에 따라 주자학과 실학의 차이를 논한다면, 실학과 주자학은 같은 뿌리를 가진 두 개의 가지라고 할 수도 있다. 그래서 실학을 글자의 개념에 얽매이지 말고, 영·정조기의 새로운 학문 경향을 지칭하는 역사적 개념으로 이해하자는 의견이 나왔다. 실학 개념을 역사적으로 규정하지 않고 시기 구분 없이 계속 소급해서 넓혀 나간다면, 조선 후기의 새로운 사고 경향이 보인 특징과 의미마저 무색해지는 상황이 나올 수 있다. 여기에서는 이러한 점을 고려하면서 경세론 또는 사회 사상으로서의 실학의 내용을 간략히 정리하고, 철학적 측면에서 그것이 어떤 의미를 지니는지 살펴보고자 한다.

학파의 형성과 연구 분야

실학 이론은 대체로 유형원柳馨遠에서 시작하고, 학파의 형성은 이익李瀷에서 시작한다. 실학의 학파는 크게 성호星湖 학파와 북학파北學派로 나누어 볼 수 있다. 성호 학파는 이익에서 시작하여 안정복安鼎福, 황덕길黃德吉, 허전許傳 등으로 이어지고, 북학파는 홍대용洪大容, 박지원朴趾源에서 박제가朴齊家 등으로 이어졌다. 정약용丁若鏞은 이 두 학파의 흐름을 종합하였고, 이어서 김정희金正喜, 최한기崔漢綺 등을 거쳐 개화 사상으로 이어졌다.

실학파에 속한 학자들의 연구 분야는 광범위하여 백과전서적 특성을 보여 준다. 새로운 경전 해석을 통한 주자학 비판, 조선의 역사·지리·문화·군사·언어·풍속의 고증학적 연구, 조선의 정치·경제·군사·민생 문제에 관한 개혁안, 청을 통해 들어온 유럽의 과학 기술 및 천주교의 소개와 연구 등이 이들의 관심 분야에 포괄되는 것이다. 이러한 연구의 목적은 현실적으로 나라의 부강에 초점을 두었지만, 더 나아가 보면 큰 전쟁과 새롭게 전개되는 동아시아의 세력 판도 안에서 조선의 자주적 의식을 반영한 활동이라 하겠다. 실학자들의 구체적인 개혁안은 토지 제도, 상공업 분야, 과거 제도, 신분 제도, 과학 기술 분야 등 여러 방면에 걸쳐 있다.

임진왜란과 병자호란을 거치면서 국토의 황폐화, 인구 감소, 유랑 농민의 증가, 질서의 혼란을 틈탄 토지 겸병 등으로 농업 생산력을 회복하는 것이 중요한 과제로 되었고, 그리하여 17세기 중기부터는 새로운 형태의 토지 제도 개혁론이 나왔다. 유형원의 균전론均田論, 이익의 한전론限田論, 박지원의 한전론, 정약용의 여전론閭田論이나 정전론井田論 등은 이 분야에 대한 실학자들의 관심을 보여 주는 개혁안들이다. 토지 제도 개혁론에서 가장 중심이 되는 문제는 토지 겸병과 지주—소작 제도의 확대를 막아 직접 생산자인 농민에게 땅을 돌려 주는 일이었다. 이익은 "세력가와 부자에게 토지가 몰려 가난한 자는 송곳 꽂을 땅도 없고, 사회는 부익부 빈익빈하게 되었다"고 하면서 그 시대를 개탄하였다. 그런 점에서 보면 실학자들의 토지 제도 개혁론은 농업 생산력의 문제뿐 아니라 조세 제도와 신분 문제까지 포함하는 경제 및 사회 관계에 대한 총체적인 관심에서 나온 것이었다고 할 수 있다.

　　실학자들의 현실관을 더욱 잘 드러내는 것은 상공업에 대한 개혁안에서 볼 수 있다. 조선 왕조는 농업 생산에 기반을 두었기 때문에 국가 재정 수입의 중심은 단연 토지세와 인두세에 있었다. 그런데 전쟁으로 인해 농업 생산과 재정 수입에 큰 차질이 있었음에도, 집권 세력은 여전히 왕조 초기의 중농억상 정책을 유지하면서 문제를 해결하려고 하였다. 실학 사상가들은 반대로 상공업의 발전을 통해 국가 재정 수입을 증대할 것을 주장하였다. 그러나 이 주장은 지배 계급의 경제 기반을 위협하는 이론이어서 집권 세력은 이에 철저하게 반대하고 나섰다. 조선 왕조에서는 상공업 종사자인 경우 그 자손까지도 과거에 응시할 수 없도록 되어 있었다. 조선 후기로 들어 관직에 나아가지 못한 채 무위도식하는 양반의 수가 급격히 증가하였음에도, 이런 제도의 경직성 때문에 그들은 생업을 갖기조차 힘들었다.

　　실학자들은 이러한 신분제적 직업관을 타파하여 직업과 사회 신분을 분리할 것을 주장하였으며, 더 나아가 신분제 자체의 문제점을 비판, 사농공상 각 계층의 기능적 유기성을 강조하였다. 17세기 이후 정기적인 장시의 수가 전국적으로 늘어가자 조선 왕조는 농민이 상업 인구로 이동하는 것을 억제하고자 하였다. 그러나 실학자들은 상설 시장이나 상설 상점을 지방의 도회지에 설치하여 농촌 상업의 발전을 꾀해야 한다고 주장하였다. 상공업의 발전과 연관된 새로운 생산 도구와 운송 수단을 개혁하고 해외 통상을 꾀해야 한다는 주장들은 집권 세력의 보수성과 대비되는 실학자들의 개혁안들이었다.

과학 기술에 관심이 많았던 실학자들은 새로 소개된 서구의 학술을 수용하고 연구하는 데도 적극적이었다. 서구의 자연 과학과 기술은 전혀 다른 역사 배경과 이론 기반을 가진 것으로, 일식이나 월식의 예보 등에서 실제적으로 유용성이 증명됨으로써 조선 실학자들의 중요한 관심거리가 되었다. 이익·홍대용·박지원·박제가·정약용·최한기 등이 서구의 자연 과학과 기술, 특히 천문역법·수학·의학 등에 보인 관심은 실학자들의 특징적인 경향을 보여 주는 한 대목이다.

문화적인 면에서 실학자들이 보인 관심은 장기적으로 더욱 중요한 의미를 갖는다고 할 수 있다. 그들은 자주적인 의식으로 무장하고 자기 나라의 역사와 문화를 연구하고자 하였기 때문이다. 고대사에 대한 관심과 발해사 연구, 영토 의식을 깐 요동 지역에 대한 관심 등은, 국립 대학격인 성균관에서 19세기 말에 가서야 자기 나라 역사를 정식으로 교과목에 넣었다는 사실에 비추어 볼 때, 선각자적인 의미를 지닌 것이었다.

조선 실학의 철학적 의의

실학자들의 저술 내용 가운데 상당 부분이 현실 문제 해결에 중점을 둔 경세론 또는 사회 사상으로 보이지만, 실은 철학 사상면에서도 새로운 영역을 개척한 것이 많다. 실학의 철학적 특징은 출발시부터 완전히 갖추어졌던 것은 아니고, 실학이라는 새로운 학문 경향이 진전함에 따라 차츰차츰 형성되어 갔다. 그러므로 초기 실학자들과 후기 실학자들이 같은 철학적 입장에 서 있다고 보기는 어렵다. 다만 경향성으로 볼 때 초기 실학자들과 후기 실학자들의 철학적 지향 사이에 연속성이 있다고 보는 것이다. 실학의 철학적 기반은 다음과 같은 몇 가지 문제를 해결하는 과정에서 발전해 나갔다.

첫째, 내성적 수신론에서 사회의 현실 문제 해결을 지향하는 철학으로 전환시키는 문제이다. 둘째, 심성론 중심의 관념적 논변을 실제 사무와 구체적 사물에 대한 연구로 전환시키는 이론의 논리적 근거에 대한 문제이다. 셋째, 천주교의 종교적 세계관에 대한 대응 문제이다. 넷째, 서구 자연과학 지식과 대비된 전통적 자연관의 반성과 재정립의 문제이다.

개별 실학자의 철학은 이 문제들에 답을 찾으려는 연속적 과정의 한 단계에 해당하며, 그 속에는 일정한 방향을 가진 논리의 발전이 있었다. 이러한 논리의 발전은 철학사라는 큰 흐름에서 이해할 필요가 있다. 조선 실학은 나름대로 특징을 지니는 한편, 중국 철학의 흐름, 즉 주자학에서 양명학을 거쳐 기철학으로 이어지는 흐름과도 연관되기 때문이다. 이러한 관점에서 조선 실학의 철학적 의미를 주제에 따라 다음과 같이 몇 가지로 정리해 볼 수 있다.

첫째, 천인합일에 대한 '천인지분天人之分'의 관점이다. 천인합일은 성리학적 수양론에 핵심이 되는 이론 근거라고 할 수 있다. 주자학 이론은 천리와 인간의 본성을 선善으로 일관시키고 있다. 그에 따라 선한 본성의 회복이 우주의 진리와 합일하는 방법으로 자리 잡게 되는 것이다. 주자학의 관점에서 '선'은 유학의 윤리 체계가 지지하는 사회 규범으로서, 천인합일의 논리에 의해 불변의 진리로 보증된다. 그러므로 이 때 '천'은 주자학적 인성론이 규정한 선한 인간 본성의 객관적 투영물일 뿐, 인간의 의식에서 독립하여 존재하는 객관적 자연을 가리키는 것은 아니다. 그러나 천인지분의 관점에서 '천'은 객관적 자연을 의미하게 된다. 천인지분의 관점은 고대 철학가 가운데 순자의 사상에서 명확하게 드러나지만, 주자학자들은 순자를 비판하고 그와 대척점에 선 맹자를 선택하였다.

천인합일과 천인지분의 관점 차이는 일식과 월식에 대한 이이와 홍대용의 설명을 대비시키면 뚜렷하게 드러난다. 이이는 「천도책天道策」에서 "해는 임금의 상징이요, 달은 신하의 상징입니다. 그 운행하는 길이 같고 모이는 도수度數가 같기 때문에, 달이 해를 가리면 일식이 되고, 해가 달을 가리면 월식이 되는 것입니다. 달이 희미한 것은 괴변이 되지 않으나, 해가 희미한 것은 음이 왕성하고 양이 약한 까닭으로서 아랫사람이 윗사람을 능멸하고 신하가 임금을 거역하는 형상입니다. 정자程子는 '하늘의 덕과 임금의 도는 그 핵심이 자기 마음을 조심하는 데 있다'고 하였습니다. 아! 지금 우리 동방의 동물과 식물이 다 자연의 길러 줌에 힘입는 것은 어찌 우리 성스러우신 임금께서 마음을 조심하는 데 달려 있지 않겠습니까?"라고 하였다. 이에 반해 홍대용은 『의산문답毉山問答』에서 "음양론에 얽매이고 리理와 의義에 빠져서 천도를 살피지 못한 것은 선유의 잘못이다. 달이 해를 가리면 일식이요, 지구가 달을 가리면 월식이다. 경도와 위도가 같아서 달·지구·해가 일직선상에 놓여 서로 가리면 일식이나 월식이 되는 것이다. 이것이 천도가 운행하는 법칙이다. 이러한 달·지구·해의 운행 법칙은 세상의 치란과 관계가 없다"고 하였다.

이러한 관점의 차이는 윤리와 물리의 구분 문제, 객관적 자연 법칙의 인정 문제 등에서 이들로 하여금 각기 다른 길을 걷게 하였다. 실학자들 중에도 전통적인 주자학 개념을 사용하여 이 새로운 관점을 설명하려 하는 등 이들의 사상에도 불명료한 점이 없는 것은 아니다. 그러나 최한기에 이르면 이 문제는 '운화지리運化之理'와 '추측지리推測之理'라는 개념으로 체계화된다. 이 천인지분의 관점은 사변적인 심성론 논쟁을 비판하고, 구체적 사물 연구의 가치를 논리적으로 정당화시키는 데 유력하게 작용하였다.

둘째, 기철학으로의 발전 경향이다. 여기서 말하는 기철학이란 주자학 내부 논쟁에서 주리론主理論에 맞섰던 주기론主氣論을 가리키는 것이 아니다. 주리론과 주기론으로 나뉘어 벌어졌던 주자학적 논쟁은 심성론의 영역에 속한다. 그리고 그 논쟁이 철학의 근본 문제로 이해되었던 것은 거기에 천인합일론이 개입하였기 때문이다. 기철학적 입장이 뚜렷해지면 오히려 주리냐 주기냐 하는 심성론의 논쟁을 보는 관점이 달라지게 된다. 심성론에서 주리론이나 주기론은 천인합일이라는 관점에서는 같은 철학적 입장에 서게 된다. 그런 점에서 주리론과 주기론을 유물론과 유심론으로 분류하려 하는 것은 무리가 있을 수밖에 없다. 주리와 주기의 문제를 철학의 근본 문제에 관련된 것으로 해석하려면 그에 따른 많은 조건이 필요한 것이다.

실학이 기철학으로의 경향을 갖는다는 것은 홍대용, 정약용, 최한기 등이 심성론에 접근하는 방법을 보면 이해할 수 있다. 이들은 실질적으로 주자학의 성선설을 문제삼았다. 성선설은 주자학의 핵심 이론이기 때문에, 만약 이 이론을 철저하게 비판한다면 그것은 전통 철학 전반에 걸쳐 문제를 제기하는 것이 되며, 기철학 자체의 이론 기반도 위협하는 것이 된다. 기철학도 원시 유학의 '수기치인修己治人'론을 계승하고 있으며, 성선론도 이 원시 유학의 이론과 연관되어 있기 때문이다. 성선설을 더욱 철저하게 비판해 들어갔다면 기철학은 어쩌면 유학의 틀을 벗어났을지도 모른다. 그러나 조선 실학자들에게 유학의 규범은 아직 현실적으로 효력을 가진 것으로 인정되었다. 그러면서도 이들은 주자학적 성선설 비판에 많은 노력을 쏟았다. 먼저 선험적 도덕성을 설정한 것 자체를 비판하면서 주자학적 본성 개념에 문제를 제기하였다. 또 인간의 사회성과 윤리적 형식의 상황성을 강조하면서 선의 기준에 대해서도 문제를 제기하였다. 이 문제를 해명하기 위해서는 당연히 인식론이나 진보적 역사관과 같은 보조 이론이 필요하였다. 이러한 과정에서 인간의 욕구를 긍정하는 경향이나 공리주의적인 사고 경향이 나타나기도 하였다. 기철학적 경향은 주자학의 '리체기용理體氣用'이라는 본체론적 논리에 대해 '기체리용氣體理用'의 논리를 제시한다든지, 주자학의 '리선기후理先氣後' 명제에 대해 '리재기중理在氣中'이라는 명제를 제시한다든지 하는 데서도 읽을 수 있다.

셋째, 음양오행론 비판이 갖는 특수한 의미이다. 실학자들의 음양오행론 비판은 철학적 입장을 비판하는 문제와는 다른 측면에서 살펴볼 필요가 있다. 실제로 음양오행론은 성리학 체계에서 특별한 의미를 갖는다고 보기 어렵다. 「태극도설」의 음양오행 해설은 주자학 체계 안에서 차지하는 이론적 비중으로 볼 때 하나의 장식품이라고 할 수도 있다. 실학자들의 음양오행론 비판은 구체적으로 당시의 미신이나 잡술에 대한 비판이었다. 사주·관상·작명·점성·풍수지리 등의 영역에서 음양오행론이 이용되었고, 의술에서도 음양오행론은 이론적 설명 체계로서 또는 신비적 발견의 논리로서 이용되었다. 그런데 이러한 치료 의학이나 잡술에 등장하는 음양오행론은 주자학의 이론 체계와는 다른 차원의 문제이다. 주자학자들도 미신 잡술에 대해서는 실학자들과 마찬가지로 비판할 것이기 때문이다. 그러므로 실학자들의 음양오행론 비판은 주자학 이론에 대한 비판과는 다른 의미를 갖는 것이다.

다른 한편으로 실학자들의 음양오행론 비판은 예수회 선교사들의 책에서 많은 영향을 받았다는 점을 고려할 필요가 있다. 선교사들은 한문으로 저술한 책 속에서 서양의 사행설四行說과 중국의 오행설을 비교하면서 사행설의 타당성을 주장하였다. 그 논증 과정에서 중국의 오행설은 오재설五材說로 규정되었다. 즉 중국에서 말하는 오행은 만물의 근원이 되는 물질을 가리킨 것이 아니라, 일상 생활에 많이 쓰이는 다섯 가지 재료를 가리킨다는 것이었다. 그런데 바로 박지원·홍대용·정약용·최한기 등의 오행론 비판에서 이 논리가 공통적으로 나타나는 것이다. 그뿐 아니라 음양오행론에서 오행론만이 특히 문제된 것도 서양의 사행설과 관련이 있다. 실학자들이 선교사들이 쓴 책에 관심이 많았다는 증거는 많다. 예컨대 홍대용·정약용·최한기 등이 공통으로 인용하는 실험, 즉 그릇의 바닥에 동전을 놓고 보이지 않는 곳까지 물러선 다음 그릇에 물을 채우면 동전이 보인다는 내용은, 마테오 리치가 쓴 『원경설遠鏡說』에 그림과 함께 그 원리에 대한 자세한 설명이 나온다.

이러한 점을 고려할 때 실학자들의 음양오행론 비판은 적어도 두 가지 특수한 뜻을 지닌다고 할 수 있다. 하나는 실학자들이 서학서에 개방적인 자세로 관심을 보였다는 점이다. 이는 새로운 것을 대하는 정서적 차원의 공동 보조라고 할 수 있으며, 또 학술을 대하는 그들의 태도가 정통이니 이단이니 하는 틀에 얽매이지 않고 개방적이었다는 증거로 볼 수도 있다. 다른 하나는 이것이 과학 기술에 대한 관심을 반영한 것이라는 점이다. 이러한 관심은 철학과 과학 기술 또는 윤리 규범과 과학 기술의 관계 문제에 생각이 미치게 되었다는 뜻이다. 그러나 실학자들의 음양오행론 비판은 전통적 과학 기술 분야에 이론적 대안을 제시하지 못하고 서양의 사행설을 쉽게 인정하는 모습으로 나타났다. 최한기에 이르러서는 오행설과 사행설을 모두 비판하고 개별 과학에 대한 기철학의 지도성 문제를 생각하는 것도 볼 수 있다. 어쨌든 이 주제는 전통 철학의 역사에서 볼 때 실학자들에게 와서 비로소 문제가 된 것이라는 데 의의가 있다.

실학의 철학적 의의는 논리적인 측면보다 실학의 역사적 과정에서 찾아야 할 것이다. 실학은 당시 현실의 문제를 인식하고 사회의 비리를 비판하는 데서 출발했다. 삼정의 문란, 곤궁에 처한 백성들의 삶, 붕당 정치의 폐해, 관료 체제의 부패, 불공평한 과거 제도, 치안의 문란, 국방의 미비, 낙후한 생산 기술, 비생산적인 양반층의 허식, 백성들의 권리 의식과 마찰하는 신분 제도 등등이 실학자들에게 문제 의식을 안긴 계기였음은 그들의 저술에 잘 드러나 있다. 이러한 문제들을 고민하는 과정에서 실학의 철학적 측면들이 형성되어 갔다. 철학적인 범주에서 볼 때 실학 사상은 앞에서 제시한 문제들과 연관되어 본말론·명실론·지행론·정통과 이단의 문제·역사 인식 등에서 주자학과 다른 방향으로 나아갔다.

실학 사상의 전통은 뒤이어 개화 사상으로 연결되지만, 시대 상황의 변화와 역사적 조건의 차이로 인해 개화 사상은 실학 사상의 철학적 의의를 충분히 계승하지 못한 면이 있다. 현실 원칙으로서의 부국강병론은 어느 시대에나 나올 수 있는 시무책이고, 선진적인 서양 과학 기술을 수용하는 논리로서의 동도서기론東道西器論도 이미 통일적 세계관을 지향하는 철학의 관심과는 다른 차원이었다. 이에 비하여 실학 사상의 철학적 관심은 세계에 대한 총체적 이해를 추구하는 데 있었으며, 이런 점에서 이들의 철학적 사색의 내용이 다시 음미될 필요가 있다 하겠다.

4. 도가

벽이단으로서 도가 사상 이해

조선에서 노장에 대한 철학적인 접근은 주자학의 수용과 더불어 비로소 시작되었다고 할 수 있다. 조선에서 노장 철학에 대한 학적 관심의 단초는, 정도전鄭道傳의 「심기리心氣理」편과 그 글에 대해 구절마다 자세한 주석을 달고 서문을 붙인 권근權近의 해석문에서 찾아볼 수 있다.

「심기리」편은 이단을 배척한다는 벽이단의 측면에서 노장 철학에 접근한 글이다. 여기에서 정도전은 유가는 리학理學이요 불가는 심학心學이요 도가는 기학氣學이라고 이해하였다. 이러한 이해를 참조하면 조선 도가 철학의 학적 출발점은 기학으로 규정하는 것으로부터 시작한다고 할 수 있다. 정도전이 도가의 입장에서 불교의 이론을 비판한 '기난심氣難心'에 대한 권근의 주석을 참조하면, 그는 노장에서 말하는 기를 주자학에서 '리기理氣'라고 할 때의 그 '기'의 의미로 파악한다는 것을 알 수 있다. 따라서 기는 리에 의하여 존재 가능한 것으로, 생성·변화하는 현상적 존재이며 따라서 형이하자라고 본 것이다.

그러나 노장 철학의 핵심은 기가 아닌 도이다. 하나를 더 첨가하자면 덕을 거기에 넣을 수 있다. 그래서 『노자』를 『도덕경』이라고 하고, 도가를 도덕가道德家라 부르기도 한 적이 있었다. 그런데 정도전과 권근은 도가 철학을 기철학이라고 보았고, 그 기를 주자학적 의미의 기로 파악해 들어갔던 것이다. 이것은 도가 사상을 새롭게 파악한 것이요, 기존 사상을 새로운 각도에서 자기식으로 수용한 것이라고 할 수 있다. 아울러 조선 학자들이 노장 사상에 보인 관심은 도가 철학 자체에 대한 긍정적인 이해에서 출발했다기보다는, 먼저 주자학에 대한 이단 사상으로 상정해 놓고서 그것을 비판하는 작업부터 전개해 갔다는 데에 그 특징이 있음을 알 수 있다.

조선 시대의 대표적인 노장 주석서를 들어본다면, 『노자』의 경우 이이李珥의 『순언醇言』, 박세당의 『신주도덕경新註道德經』, 서명응徐命膺의 『도덕지귀道德指歸』, 홍석주洪奭周의 『정로訂老』, 이충익李忠翊의 『담로談老』 등을 들 수 있다. 『장자』의 경우 박세당의 『남화경주해南華經註解』, 한원진韓元震의 『장자변해莊子辨解』가 있다. 박세당의 『남화경주해』가 『장자』의 모든 내용을 주석한 것이라면, 한원진의 『장자변해』는 『장자』 내편만을 분석한 것이다.

노자 이해

이이에 이르면 새로운 각도에서 노자를 이해하기 시작하는 것을 볼 수 있다. 기본적으로 노자 사상은 불교 사상과 더불어 시종일관 이단으로 여겨졌다는 데 변함이 없다. 그러나 이 경우에도 주의해서 보아야 할 점은, 불교의 경우 윤리적인 측면에서 강상윤리를 끊어 버렸다고 하여 철저하게 비판하지만, 노자의 경우에는 불교처럼 강상윤리를 끊어 버렸다고 보지는 않고 차별을 두고 평가한다는 것이다. 이런 입장은 구체적인 노자 사상 이해에 접어들어 노자가 비록 이단이기는 하지만 유학의 입장과 비슷한 면을 발견할 수 있고, 따라서 무조건 노자를 비판하는 것은 잘못이라는 견해로 나타났다. 이 입장이 더욱 발전하면 노자 사상 자체는 문제가 없었는데 후대에 노자를 잘못 이해하거나 노자를 빙자해 자신의 사상을 공고히 한 사람들 때문에 노자가 비판당하게 되었다는 주장에까지 나아가게 된다. 홍석주가 그 대표적인 예에 속한다. 조선 시대 유학자들이 보인 노자 사상 이해는 다음과 같은 공통적인 측면을 담고 있다.

첫째, 노자 이해의 가장 기본이 되는 것으로서, 유학적 입장에서 노자 사상을 이해한 '이유석로以儒釋老'식 이해 방법이다. 이러한 이해는 노자 사상을 무조건 허무주의로 보거나 이단으로만 보아 배척하는 것은 잘못이라는 주장과 통한다. 이 입장은 간혹 노자는 유학 사상과 정도 차이는 있지만 결국은 수기치인修己治人과 애민치국愛民治國을 말하고 있다는 것으로 귀결된다. 노자의 본의는 결코 유학의 수기치인이라는 구조를 벗어난 것이 아닌데 후대에 노자를 해석하고 이해한 사람들이 자신의 입장에서 왜곡되게 해석하고 이해한 결과 노자 사상을 부정적으로 만들어 버렸다는 것이다. 이 경우 노자 사상을 장자 사상과 차별화하여 이해하기도 한다. 이런 입장은 박세당·서명응·홍석주에게서 특히 강하게 나타난다.

여기서 한 가지 지나쳐서는 안 될 것은 유학적 견지에서 노자 사상을 이해하는 입장에도 정도 차이가 있다는 점이다. 노자 사상을 무조건 이단이라고 배척하는 주장에 문제가 있다고 하며, 또 『노자』가 허무를 말한 책이 아니라 치국의 방법을 담은 책이라 하여 노자 사상의 긍정적인 면을 밝힌 학자는 송대의 주희朱熹이다. 이런 입장에서 볼 때 유학적 견지에서 노자 사상을 이해하려는 입장을 제일 먼저 밝힌 사람은 주희라고 할 수 있다. 주희가 노자 사상을 이해하는 기본 입장 가운데 하나는, 노자는 권모술수를 말하고 있으며 명가나 법가와 매우 밀접한 관련을 갖는다고 보는 것이다. 그런데 홍석주는 주희의 이런 입장을 지지하지 않고 전혀 다른 입장에서 노자를 이해한다. 홍석주는 노자는 명가나 병가와는 전혀 관계가 없는 사람으로 보았다. 주희와 같은 오해가 생긴 것은 다만 후세에 노자를 잘못 이해한 것 때문이라고 한다. 이런 이해는 주희의 노자 이해를 그대로 답습하지 않는다는 점에 특징이 있다.

둘째, 도를 태극 또는 리로 보고, 노자 사상의 도와 관련된 우주생성론적인 측면을 태극과 음양의 관계로 이해한다는 점이다. 노자를 단순히 이단으로 보아 배척하지 않으려면 가장 먼저 해결해야 하는 것은, 노자가 말한 도가 유학의 도라든지 태극 또는 리와 어떠한 연관성이 있는가를 밝혀야 한다는 점이다. 그런데 조선의 유학자들은 일단 노자의 도가 유학의 도와 별개의 것이 아니라고 이해하였던 것이다. 이이의 경우 『순언』 첫머리에서 『노자』 제42장을 해석하면서 도는 태극이고 일—과 이二는 음양이라는 주희의 말을 인용하여 도를 태극으로 이해하는 단초를 보인다. 박세당은 『노자』 제39장에 나오는 일—을 도로 보고 있다. 박세당의 이런 이해는 『장자』에 대한 이해에서도 마찬가지로 나타난다. 또 제42장의 "도는 일을 낳는다"(道生一)는 구절에 보이는 일—을 태극으로 보고, 이二는 양의兩儀로 보고 있다.

홍석주는 직접적으로 도를 태극이라고 말하는 대신 자연이라 하여 약간 다른 모습을 보이지만, 『노자』 제1장에 대한 해석에서는 노자가 말하는 도가 공자가 말하는 도와 다를 것이 없다고 하였다. 즉 노자의 도는 『주역』에서 말하는 이른바 태극과 다를 것이 없다는 것이다. 또 그는 『노자』 제4장을 해석하면서 이곳에서 노자가 말한 것은 『주역』에서 "태극이 양의를 낳는다"고 한 것이나 주희가 "천지가 있기 이전에 먼저 이 리가 있었다"고 말한 것과 같은 것이라고 보았다. 노자 사상의 주요 개념을 태극과 음양의 관계로 이해하는 가장 대표적인 학자는 서명응이다. 서명응은 『노자』 제1장의 해석에서 "도道는 태극이며, 명名은 음양이다"라고 하면서 『노자』 제1장의 전체 구조를 태극과 음양의 관계로 이해하였다.

셋째, 노자가 말하는 도와 덕, 도와 명名, 무위와 무불위無不爲, 유와 무등의 관계를 주자학의 체와 용의 관계로 이해하여, 체용일원적 사고를 보인다는 점이다. 이는 도는 덕 또는 명과 별개의 것이 아니며, 역시 유와 무도 별개의 것이 아니라는 이해 방식이다.

이와 달리 노자가 말하는 도와 명을 실상과 비실상의 관계로 이해하고 인식론적인 입장에서 진위를 판단한 대표적인 인물은 중국의 왕필王弼이다. 왕필의 입장에서 보면 『노자』 제1장에서의 '언어 문자로 표현할 수 있는 도'(可道之道)와 항상된 도(常道), '이름 붙일 수 있는 이름'(可名之名)과 항상된 이름(常名)은 별개의 것이다. '언어 문자로 표현할 수 있는 도'는 우리의 경험을 통해서 조작된 상, 즉 명호名號한 것에 불과한 것으로 비실상에 속하며, 항상된 도는 칭위稱謂한 것으로 실상에 속하기 때문이다. 실상과 비실상을 문제삼는 인식론적인 진위의 기반 위에서는 실상이 본질이요 진상이 되고, '우리의 경험을 통해서 조작된 상'에서 오는 비실상은 가상이요 현상이 된다. 이것은 체용론에서 문제삼는 본질과 현상의 의미와는 전연 다른 것이다. 박세당은 바로 이와 같은 왕필의 이해를 부정하였다.

체용 관계로 노자를 이해한 대표적인 사람은 박세당이었다. 박세당은 『노자』 제1장의 해설에서 "도는 체이고, 명은 용이다"라고 하면서, 체는 용을 떠나서 있지 않고 용은 체를 떠나 있지 않다고 하여 체와 용이 둘이 아니라는 입장을 피력하였다. 이러한 이해는 여러 곳에서 보인다. 이이도 『노자』 제37장에 나오는 무위와 무불위를 도의 체용 관계로 이해하였다. 즉 도의 본체는 무위이고 묘용은 무불위라는 것이다. 박세당은 『노자』 제42장을 해설하면서 도와 덕의 관계를 나누어 말하면 도와 덕의 구별이 있지만, 합해서 말하면 도와 덕은 하나라고 하였다.

이와 같이 유학적 견지에서 노자 사상을 이해하는 것은 조선 시대 노자 이해의 특징이라고 할 수 있다. 이러한 이해 방식은 이이의 『순언』에 부친 홍계희洪啓禧의 발문에서 송익필宋翼弼이 "노자의 본뜻에서 어긋나 구차하게 유학의 도리와 맞추려 한다는 의심을 받기 쉽다"고 말한 것처럼, 노자 사상을 이해하는 데 아전인수격인 경향을 보이게 한 요인이 되었다고 할 수 있다.

장자 이해

문학적인 측면에서 장자가 미친 영향은 지대하였으며, 그의 문장에서 엿보이는 호방함은 매우 긍정적인 평가를 받기도 하였다. 그러나 철학적인 측면에서 볼 때 장자에 대한 관심은 노자에 미치지 못하였다. 이 점은 장자 사상이 노자 사상과 거의 다를 바 없다는 당시의 인식과 관련된다고 하겠다. 그러나 학자에 따라서는 장자가 노자보다 더 유학의 강상윤리를 비판하였다고 하여 거센 비판을 가하기도 하였다. 홍석주의 경우가 그 예에 해당한다.

철학적인 측면에서 장자 사상을 연구한 대표적인 학자는 박세당과 한원진이었다. 『장자』에 관한 주해서로는 박세당의 『남화경주해』와 한원진의 『장자변해』가 대표적인 것이라 할 수 있다.

박세당이 볼 때 장자는 비록 유가와 묵가를 비롯한 제자백가를 비판하고 배척하여 결국 유학자들로부터 배척당하지만, 그의 근본 의도는 장자가 명가인 혜시惠施와 논변한 대목에 잘 나타나 있다고 하였다. 그래서 『장자』에서는 「소요유逍遙遊」 및 「천하天下」편을 모두 혜시의 이야기를 가지고 끝맺었다고 한다. 구체적으로 「소요유」편은 혜시의 말을 빌려 자신의 뜻을 밝혔고, 「천하」편은 혜시를 깊이 논박함으로써 혜시 학설의 잘못을 밝혔다고 한다. 그는 『장자』의 논리가 수미일관하다고 보고, 혜시와 벌인 논변이 우언의 차원을 넘어선 것임에도 이러한 근본 성격이 아직까지 밝혀진 바 없기 때문에 자신이 그것을 밝히려 한다고 하였다. 이처럼 그가 『장자』의 본지를 밝히려 한 것은, 그렇게 함으로써 『장자』에 보이는 논변의 가치는 물론이고, 나아가 그 사상이 근본적으로 유학자들로부터 배척될 이유가 없음을 밝히겠다는 뜻을 담고 있다. 이런 입장에서 그는 기존의 『장자』 주석서에 문제가 있다고 보고 비판하였다.

박세당은 여러 군데에서 "장자의 본뜻은 그것이 아니다"라는 표현을 써 가며 장자를 옹호하고 있다. 예를 들면 "장자는 다른 제자백가에 비하여 아는 것이 높고 탁월하며, 사람에게 보여 준 것이 밝고 절실하다. 세상을 걱정하는 장자의 깊은 뜻을 보고서 『장자』라는 책을 평가해야 한다"고 하는가 하면, "노자는 사사로운 마음으로 우민愚民의 술책을 말하였지만, 장자한테는 그런 것이 없다"고 하여 장자를 높이 평가하였던 것이다.

장자 연구에서도 박세당은 체용관을 그대로 적용하였다. 체용관이 적용되는 것은 거의 대부분 도와 관련된 언급에서 나타나며, 도의 체용에 관한 언급은 「지북유知北遊」편에 대한 해설에서 아주 많이 나타나는 것을 볼수 있다. 그는 태일太—을『주역』에서 말하는 태극으로 이해하고, 태극에서 그 용을 말하면 극極이 되고 일—이 되며, 그 체를 말하면 무가 된다고하였다. 그는 이처럼『장자』에 나타난 우주생성론적인 측면 또는 유무에대한 이해는 주로 태극과 관련하여 바라보았다.

박세당의『장자』에 대한 유학적인 이해는 특히 「천지天地」, 「천도天道」등 유학적 색채가 강하게 나타나는 편명들에 대한 그의 해석을 통해서엿볼 수 있다. 「천지」편의 "형은 도가 아니면 생겨날 수 없고, 생은 덕이아니면 밝아지지 않는다"는 구절에 대해서, 그는『중용』의 "천명을 일컬어 성이라 한다"는 말과 "성을 좇는 것을 도라 한다"는 말로 이해한다.그는 이 밖에도 여러 군데에서 천리와 인욕 등의 개념을 동원하여『장자』의 구절들을 해석하였다. 그런가 하면 리일理—이니 분수分殊니 하는 개념을 끌어들여『장자』를 해석하기도 한다.『장자』를 유학식으로 긍정적으로 이해하는 모습은 급기야 「인간세人間世」의 주석에서, 장자의 학문은인륜을 밝히지 않은 것이라 말할 수 없다고 하여, 윤리적인 측면에서까지장자 사상을 긍정적으로 이해하는 경향을 보이기조차 한다.

한원진이 쓴『장자변해』에서 '변해'란 그 내용을 분석하여 그 주장의참모습을 밝히고 비판한다는 뜻이다. 이는 말할 것도 없이 주자학의 입장에서 장자를 비판한 것이라 하겠다. 그러나 한원진도 장자의 모든 것을 비판하는 것은 아니다. 장자의 탁월한 문장력, 치밀하고 다양한 방식의 논지전개, 풍부하고 고원한 상상력 등에 대해서는 많은 부분에서 칭찬을 아끼지 않는다. 장자가 도체道體라든지 마음이라든지 하는 것에 대해 정확하게이해한 점은 오히려 칭찬하기조차 한다.

그가 문제삼은 것은 장자 철학이 진리와 유사한 면이 있지만, 그럴수록진리를 더욱 왜곡하고 어지럽힌다는 점이었다. 예를 들어『장자』「천하」편에서 장자가 육경에 대해 언급한 내용은 매우 정확한 것으로 장자 자신의 학문 깊이를 보여 주고 있지만, 거기에는 그 이상의 최고 경지를 미처 깨닫지 못한 부분이 있다는 것이다. 이런 미세한 틈 때문에 장차 장자의 학문이 도를 해치는 이단으로 전락되고 말았다고 한다.

좀더 구체적으로 말하면 『장자』 「제물론齊物論」의 경우 제물의 근거가 되는 본체(道)를 허정虛靜한 그러나 결국 조박糟粕한 형기와 다를 바 없는 기 이상의 세계에서 구하지 못했다는 것이다. 장자는 도를 기로 이해함으로써 도를 형이상의 세계가 아니라 형이하의 생성과 운동의 세계로 추락시키고 말았다고 보았다. 즉 장자는 리와 기를 구분하지 못했으며, 이로 말미암아 결국 이단의 길로 접어들게 되었다는 것이 한원진의 주장이었다.

장자는 또 마음을 허명虛明이요 영각靈覺이라 하여 그 본체를 제대로 보았지만, 거기에서 더 이상 나아가지 못하였다고 한원진은 비판하였다. 즉 마음만을 알고 그 본성을 알지 못함으로써, 다시 말하면 기에서 리로 나아가지 못함으로써 광인의 망령된 길로 접어들고 말았다는 것이다.

박세당과 한원진처럼 노장 철학에 관한 주석서를 내지는 않았지만, 노장 특히 노자에 관심이 많았던 학자로 그 밖에 서경덕徐敬德, 김시습金時習 등을 들 수 있다. 서경덕은 노자가 "유는 무에서 나온다"고 한 것은 기가 바로 허虛임을 알지 못한 것이라 비판한 바 있으며, 김시습은 노자와 장자가 이 세상을 다스리는 기강이나 도를 닦는 가르침에 대해 언급한 바가 없다는 점을 들어 경세적 입장에서 비판한 바 있다.

조선 후기에 접어들면서 노장 철학에 대한 학문적 연구는 표면상으로는 사라져 버린 것처럼 보였다. 하지만 비록 주석서를 통하여 노장을 이해한 학자는 없을망정, 북학파의 경우처럼 사상 속에서 노장 철학의 흔적을 발견할 수는 있다. 그 한 예로서 박지원을 들 수 있다. 박지원은 문학적인 측면에서 노장 사상을 끌어들여 주자학의 교조적인 측면을 비판하였다. 그는 『열하일기』 서문에서 자신이 장자로부터 영향을 받았음을 고백하였다. 이를테면 『허생전』에서는 노자의 '작은 나라 적은 백성'(小國寡民)의 사상을, 『호질』에서는 노자의 반전 사상과 만물 평등의 사상을, 『예덕선생전』에서는 『장자』의 이른바 '무용지용無用之用'의 사상과 "도는 없는 곳이 없다"는 설에 드러나는 평등 사상을 보여 주고 있다. 홍대용의 경우에도 『의산문답』에서 실옹과 허옹의 대화를 통해 "하늘의 입장에서 보면 사람과 사물이 똑같다"고 설파하였는데, 이것은 장자의 "도의 입장에서 본다"는 논리 및 제물론의 논리와 매우 흡사한 것이다.

여기서 우리가 주목해야 할 것은 조선 후기 깨어 있는 학자들 가운데는 노장의 이론, 특히 장자의 '만물제동萬物齊同'이라는 평등 사상을 자신의 철학에 응용함으로써 당시의 사회 구조나 유학 사상을 비판하는 것을 엿볼 수 있다는 점이다.

삼교회통론에 보이는 노장 철학

삼교회통론을 주장한 대표적인 인물은 조선 전기의 기화己和와 휴정休靜을 들 수 있다. 기화는 『현정론顯正論』을 통하여, 휴정은 『삼가귀감三家龜鑑』을 통하여 삼교회통론을 주장하였다. 이 회통론에서 우리는 조선 시대에 도가 철학이 수용되어 어떻게 이론적인 전개를 펴나갔는가를 발견할 수 있다.

기화는 삼교 사상의 특징적 요소를 들면서 불교는 성性과 성체性體를 중시하고, 유학은 심과 사물을 중시하며, 도교는 기氣와 변화를 중시한다고 구분하면서, 그러나 유·불·도 삼교가 교시한 경전의 내용은 결국 같다는 논지를 폈다. 즉 노자가 말한 "아무것도 하지 않으면서 하지 않음이 없다"(無爲而無不爲)는 것은 유학의 "고요하면서 항상 감응한다"(寂而常感)는 것과 같으며, 노자가 말한 "함이 있으면서 아무것도 함이 없다"(有爲而無所爲)는 것은 "감응하나 항상 고요하다"(感而常寂)는 것과 같다는 것이다.

휴정은 삼교가 각기 입장의 차이는 있으나 일심一心을 밝혀 리를 닦는다는 점에서는 일치한다고 보았다. 휴정은 『삼가귀감』 중 「도가귀감道家龜鑑」에서 『노자』 원문에 도道 또는 대大라 되어 있는 것을 심心으로 고쳐서 심과 도를 한 가지로 보고 있다. 또 도가에서 말하는 도와 덕을 체와 용에 각각 배속하여, 용은 체가 없으면 생길 수 없고 체는 용이 없으면 묘용이 있을 수 없으므로, 도와 덕을 모두 갖추되 모든 대상에 대한 작용을 버려야 그 묘를 볼 수 있다는 주장을 펴기도 하였다.

다만 삼교의 회통을 주장한 사람들은 주로 불교적 입장에서 논지를 전개했다는 점이 주목된다. 이는 유학의 숭상으로 불교가 침체기로 접어들었던 당시 조선의 상황과 깊은 관련이 있다고 보아야 할 것이다.

■ 더 읽어 보아야 할 책들

1. 형성·확립기의 유학 부분

한국철학회 편, 『한국철학연구』 (동명사, 1979)
김충열, 『고려유학사』 (고려대학교출판부, 1984)
朱紅星 외, 『한국철학사상사』, 김문용 외 옮김 (예문서원, 1993)

형성·확립기의 불교 부분

박종홍, 『한국사상사』 (불교편) (서문당, 1972)
고익진, 『한국의 불교사상』 (동국대학교출판부, 1987)
김상현, 『신라화엄사상사연구』 (민족사, 1991)
불교문화연구원, 『한국불교사상사개관』 (동국대학교출판부, 1993)

형성·확립기의 도가 사상 부분

차주환, 『한국도교사상연구』 (한국문화연구소, 1978)
최창조, 『한국의 풍수사상』 (민음사, 1984)
김홍철 외, 『한국종교사상사』 4 (연세대학교출판부, 1992)

2. 재편기의 주자학 부분

이수건, 『영남사림파의 형성』 (영남대출판부, 1979)

윤사순, 『퇴계철학의 연구』 (고대출판부, 1980)

한국정신문화연구원 편, 『세종조문화연구』 1 (박영사, 1982)

한영우, 『조선전기사회사상연구』 (지식산업사, 1983)

김충열, 『고려유학사』 (고려대학교출판부, 1984)

윤사순, 『한국유학사상론』 (열음사, 1986)

송석구, 『율곡의 철학사상연구』 (형설출판사, 1987)

이태진, 『조선유교사회사론』 (지식산업사, 1989)

재편기의 불교 부분

서경수, 『불교철학의 한국적 전개』 (불광출판사, 1990)

불교문화연구원, 『한국불교사상사개관』 (동국대학교출판부, 1993)

불교신문사 편, 『한국불교사의 재조명』 (불교시대사, 1994)

3. 해체기 주자학 부분

성낙훈, 『한국사상논고』 (동화출판공사, 1979)

한국철학회 편, 『한국철학연구』 (동명사, 1979)

윤사순, 『한국유학논구』 (현암사, 1980)

현상윤, 『조선유학사』 (현음사, 1982)

이태진 편, 『조선시대 정치사의 재조명』 (범조사, 1985)

유정동, 『동양철학의 기초적 연구』 (성균관대학교출판부, 1986)

이병도, 『한국유학사략』 (아세아문화사, 1987)

금장태, 『유교사상과 한국사회』 (성균관대학교대동문화연구원, 1987)

유명종, 『조선후기성리학』 (이문출판사, 1988)

정성철, 『조선철학사』 II (이성과현실, 1988)

한국역사연구회, 『조선정치사』 (청년사, 1990)

이은순, 『조선후기당쟁사연구』 (일조각, 1992)

권인호, 『조선조 사림파의 사회정치사상』 (한길사, 1995)

해체기 반주자학 부분

김길환,『한국양명학연구』(일지사, 1981)
유명종,『한국의 양명학』(동화출판사, 1983)
윤남한,『조선시대의 양명학연구』(집문당, 1986)

해체기 실학 부분

김용섭 외,『19세기의 한국사회』(성균관대학교대동문화연구원, 1972)
역사학회,『실학연구입문』(일조각, 1973)
고려대학교아세아문제연구소 편,『실학사상의 탐구』(현암사, 1974)
이을호 편,『실학논총』(전남대학교출판부, 1975)
윤사순,『한국의 성리학과 실학』(열음사, 1987)
금장태,『한국실학사상연구』(집문당, 1989)
정성철,『실학파의 철학사상과 사회정치적 견해』(한마당, 1989)
최익한,『실학파와 정다산』(청년사, 1989)

해체기 도가 부분

차주환,『한국도교사상연구』(한국문화연구소, 1978)
송항룡,『한국도교철학사』(성균관대학교대동문화연구원, 1987)
한국도교사상학회,『한국도교와 도가사상』(범양사, 1988)
한국도교사상학회,『한국도교와 도가사상』(아세아문화사, 1992)
한국도교사상학회,『도교의 한국적 수용과 전이』(아세아문화사, 1995)

4. 근대의 사상

1. 전기
개항기 — 3·1 운동기

1. 척사위정 사상

척사위정 운동의 전개

조선 말 척사위정斥邪衛正 운동이 본격적으로 제기된 것은 청이 아편전쟁에서 영국에게 패했다는 소식과 북경이 영불 연합군에 의해 함락되었다는 소식에 이어 직접 서구 열강들의 이양선이 수시로 출몰하여 통상 압력을 가해 오면서부터이다. 이러한 통상 압력에 직면하여 척사위정론자들은 쇄국책과 더불어 내수책을 내놓게 되었다. 바로 이렇게 해서 대원군의 쇄국 정책을 지지하는 배후 세력이 형성되었다.

그러나 척사위정론의 역사적·사상적 연원은 멀리 병자호란 직후까지 거슬러 올라갈 수 있다. 곧 화이관華夷觀을 바탕으로 한 소중화론小中華論의 제기라든가, 천주교로 대표되는 서학에 대한 수 차례의 탄압 등은 척사위정론의 뿌리가 되고 있는 것이다. 한편 서양의 발전된 기술과 문명에 대한 이해 위에 실학자들이 일찍부터 개국통상론을 제기하였으며, 정약용丁若鏞 같은 일부 실학자들은 서학에 깊은 관심을 가졌던 것이다.

그런데 새삼 개항기에 전개된 척사위정론이 중요한 역사적 의미를 갖는 것은 무엇 때문인가? 그것은 이제까지의 위기 의식이 천주교의 전래에 따른 전통적 가치 질서의 혼란에 대한 것이었다면, 이 시기에 싹튼 위기 의식은 외압의 성격이 군사적·경제적인데다 또한 직접적이고도 강력했다는 점에서 비롯된 것이었다. 따라서 그 대응도 마찬가지로 강력한 모습으로 나타나 하나의 운동 형태로 발전해 갔으며, 아울러 반침략이라는 역사적 의미를 획득하게 되었기 때문이다.

개항기 척사위정 운동의 전개는 크게 세 단계로 나누어 살펴볼 수 있다. 곧 병인양요丙寅洋擾(1866)와 신미양요辛未洋擾(1871)를 거쳐 개항 이전까지에 해당하는 대원군의 쇄국 정책기와, 정권이 고종으로 넘어가고 일본과 병자수호조약을 맺는 1876년을 전후한 시기, 그리고 1880년 김홍집金弘集이 제2차 수신사로 일본을 다녀오면서 황준헌黃遵憲의 『조선책략朝鮮策略』을 가져 온 후 1881년 고종의 윤음이 내려지기까지의 시기이다. 이처럼 세 단계에 걸친 척사위정 운동은 정치적 상황이라든가 참여의 폭, 구체적 내용에서 다소간의 차별성이 발견되는데, 이러한 점은 제한적이나마 운동의 발전이란 관점에서 평가해 볼 여지를 마련해 준다.

먼저 개항 이전 첫 번째 단계의 척사위정 운동은 대원군의 쇄국 정책을 철저하게 지지하는 가운데 전개되었다. 이러한 지지를 표명한 것 가운데 대표적인 것으로 이항로李恒老와 기정진奇正鎭의 상소를 들 수 있다. 이것들을 통해서 당시 세계사의 전개와 침략의 성격에 대한 이들의 인식과 대비책 및 한계 등을 엿볼 수 있다.

첫째, 이항로는 서양을, 부모와 자식간이나 임금과 신하간의 윤리라든가 태극과 같은 근본적인 원리에 대한 이해는 없이 재화와 여색만을 중시하는 오랑캐로 여기고 있다. 이것은 병자호란 이후 기호 노론들이 정권의 명운을 걸고 지켜 온 화이 사상의 연장이라 할 수 있다. 둘째, 서양의 상품에 대해서 모두 사치품에 지나지 않는다고 말한 점에서는 분명한 인식의 한계가 있으나, 서양의 상품이 공산품인 반면 조선의 상품은 농산품이므로 서로 통상을 하게 되면 조선 경제가 피폐해진다고 생각한 점에서는 일면 날카로운 통찰이 엿보이기도 한다. 하지만 이러한 통찰이 당시 서양의 자본주의적 침략에 대한 정확한 인식에서 비롯된 것이라고 보기는 힘들다. 셋째, 이항로는 대외적으로 국방력의 강화를 통한 척화斥和를 주장한 한편, 대내적으로는 나름의 내수책內修策을 내놓는다. 그가 내놓은 내수책은 인심의 수습과 같은 것이 핵심 내용을 이루는 것으로, 여기에서도 인식의 한계를 찾아볼 수 있다.

척사위정론은 다시 1876년 일본과의 개국 통상을 전후해 전개되었다. 대원군으로부터 정권을 물려받은 고종은 민씨 척족 세력을 중심으로 일본의 통상 요구를 받아들이게 되었는데, 이에 대해 기호 노론 안에서도 화서華西 학파가 중심이 되어 다시금 척사위정론을 제기하였던 것이다. 이 때에는 첫 번째 시기와 달리 정부 정책에 반대하는 성격을 드러내는 것을 볼 수 있다. 이 시기 대표적인 척사위정론의 제기는 김평묵金平默·홍재구洪在龜가 중심이 되어 지은 연명 유소와 최익현崔益鉉의 이른바 '오불가소五不可疏'인 「지부복궐척화의소持斧伏闕斥和議疏」를 들 수 있다. 상소의 주된 내용은 화이관을 바탕으로 서양을 금수시한다거나 서양의 상품을 사치품으로 본 것 등 이전의 것과 별다른 차이가 없었다. 그러나 이 시기 척사위정론은 일본과의 개국 통상과 관련하여 일어난 것이니만큼 척사의 주된 대상도 자연스레 일본일 수밖에 없었다. 따라서 이제까지는 일본이 교린交隣의 대상이었지만, 이제부터는 더 이상 이전의 일본이 아니라 서양과 똑같다는 '왜양일체론'을 내놓게 되었다.

1880년 겨울 김홍집이 일본에서 황준헌의 『조선책략』을 일본에서 가져오면서 다시금 척사위정 운동이 전개되었다. 이 때는 영남 유생 1만 3천여 명과 관동 유생 1만여 명 및 기타 경기·호서·호남 지방의 유생들이 대거 참여함으로써 전국적인 운동으로 확산되었다. 이것은 단순히 지역적으로 광범위하다는 점뿐만 아니라 당파를 넘어선 범재야 유생들의 운동이란 점에서 그 의미를 찾을 수 있다. 영남 남인과 김평묵을 중심으로 한 일부 기호 노론이 연대한 점은 당파와 학통으로 깊이 멍들어 있던 조선 후기의 정치사를 생각해 보면 특기할 만한 일이다. 이 시기 척사위정 운동은 일본과의 개항 통상을 전통적 교린의 연장선에서 일단 인정하였지만, 서구 열강과의 개항 통상은 반대하는 내용이므로, 이미 개항 통상이 일반화되는 추세에 대한 저항적 성격을 띠는 것이라 할 수 있다. 이로써 척사위정론자들은 바로 당시 개항을 주도하던 개화파와 정면으로 맞서게 되었다.

이렇듯 척사위정 운동은 반침략·반외세의 특성이 두드러진 재야 유생들의 상소 운동이라고 규정할 수 있다. 그러나 세계사의 전개에 대한 인식의 한계와 계급적인 한계로 말미암아 이들은 근대 민족 국가의 전망을 갖지는 못하였다. 따라서 척사위정 운동을 바로 자각적인 근대 민족주의 운동으로 보기는 힘들다. 그렇지만 이러한 한계가 이 후 민족주의 운동으로 연결되는 통로를 막는 것은 아니다. 그리고 반침략 반외세라는 특성은 이 후 기층 민중의 계급적인 이해와 정서에 연결되어 대중적인 기반을 마련하는 것을 볼 수도 있다.

의병 운동으로의 전환

의병이란 주자학적 세계관을 바탕으로 충의忠義 정신에 입각하여 외적의 침략에 자발적으로 무력 항쟁한 군사 집단이라고 말할 수 있다. 주자학적인 명분 아래 궁극적으로 국권을 회복하여 유교 사회를 재건하려던 유생층은, 민중의 강한 반외세 의식을 유교적인 입장에서 수렴하여 실질적인 전투력을 확보, 이를 통해 의병 운동을 전개하였다. 의병 운동은 1894년 근왕적·충군적 의병으로부터 시작해서 1915년 채응언蔡應彦의 의병이 붕괴될 때까지 몇 단계의 발전적 과정을 거치게 된다.

전기 의병(1895~1896)은 1894년 동학농민전쟁중 일본군이 경복궁을 점령한 갑오왜란 때 처음 일어났다. 충군적·근왕적 성격을 띤 이 의병 운동은 을미사변과 단발령 등을 내용으로 하는 을미개혁이 시행되면서 본격적인 봉기를 시작하였다. 을미 의병의 지도층은 척사위정을 이념으로 하는 화서 학통의 유생이 중심을 이루었으며, 실제의 전투력은 동학 농민과 소작 농민 그리고 포수 등이 담당하였다. 대표적인 의병장으로 화서 학파의 유인석柳麟錫을 들 수 있다. 이와 같은 유생을 지도부로 하는 을미 의병은 1896년 농사철을 맞으면서 전투력이 약화된데다 국왕의 회유책에 맞설 논리의 미비로 말미암아 대부분 해산하고 말았다. 이처럼 을미 의병은 농민이 대거 참여하였음에도 그들이 지도적인 위치에 있지 못하였기 때문에, 유생이 지도한 의병 운동 속에서 그들의 농민적 이념을 표출하는 한계를 지닐 수밖에 없었다.

중기 의병(1904~1907)은 일제의 준식민지적 강요가 직접적 원인이 되어 일어났다. 을미 의병이 해산되면서 거기에 참여했던 농민이 독자적으로 활빈당活貧黨 등의 형태로 항전하다가, 1904년 러일전쟁과 함께 강요된 한일의정서韓日議政書와 한일 협약, 그리고 노골화된 일제의 경제적 침탈에 항거하여 본격적인 의병 운동으로 전환하였다. 이 시기에는 전기 의병 때와 달리 농민층이 주체적이고 독자적인 의병 활동을 전개하면서 평민 의병장이 출현하는 것을 볼 수 있다. 따라서 이 때의 의병은 유생들의 의병과 달리 반외세성과 아울러 반봉건성도 함께 가지게 된다. 이 중 경북 영해寧海를 중심으로 한 신돌석申乭石의 의병 활동이 가장 두드러졌다. 1905년 을사보호조약이 체결되자 유생들의 의병 운동이 다시 전국적으로 일어나면서 합류하게 되었다. 특히 화서 학파의 최익현이 이 때 크게 활약하였다. 유생 의병은 비록 인적으로나 학통으로나 전기 의병과 동일하였지만, 이 시기에 이르면 유생 의병장들의 의식에 전환이 일어났음을 볼 수 있다. 곧 주자학적 척사 의식과 화이관, 신분관이 바뀌면서 국권 회복 쪽으로 운동의 방향이 모아졌던 것이다. 이것은 이미 기정 사실화된 국제 질서와 평민 의병장들의 출현에 기인한 것이라 할 수 있다. 이는 의병 운동 자체의 질적 변화를 말하는 것으로, 이제 의병 운동은 반외세적 성격뿐 아니라 반봉건적 성격도 함께 띠게 되었다.

후기 의병(1907~1909)은 해산된 병사들의 참전과 평민 의병진의 확대로 국민 전쟁 규모의 의병전이 전개되었다. 이 단계는 1907년 8월의 군대

해산에서 1909년 10월의 이른바 남한 대토벌까지의 시기가 포함되는데, 이 시기에 오면 일제의 매판 정부가 전면에 등장하면서 의병 운동에 대한 직접적인 교전 상대로 부각되기에 이른다. 해산 군대가 의병에 합류함으로써 의병 부대의 전투력이 강화되었으며, 이들은 의병 부대의 핵심 전력으로 활동하였다. 그 반면 유생 출신 의병장은 그 수가 줄고, 해산 군대 출신 및 평민 출신 의병장이 다수 등장하면서 의병 운동의 대중적 성격이 한층 강화되었다.

전환기 의병(1909~1915)은 일제의 남한 대토벌 작전이 끝난 1909년 11월부터 1915년 7월 채응언의 의병 진영이 붕괴될 때까지 활동한 의병을 말한다. 의병 전쟁이라는 관점에서 보면 이 시기는 쇠퇴기이지만, 독립 운동의 연속상에서 보면 이 시기는 독립군으로 전화해 간 시기라 할 수 있다. 그리고 부분적이긴 하지만 독립군 기지가 개척되면서 계몽 운동과의 연합이 이루어지기도 하였다. 여기에서 의병이 독립군으로 전화해 가는 모습을 볼 수 있다. 경술국치 무렵이나 그 후 홍범도洪範圖 등 의병장들이 서북간도로 망명하여 독립군의 지도자로 눈부신 활약을 하였다.

사상적 기반

척사위정 운동의 전개 과정에서 특히 이이와 송시열을 잇는 기호 학파의 분화가 눈에 두드러지는 것을 볼 수 있다. 앞서 말한 것과 같이 분화의 직접적인 계기는 개항에 관한 입장의 차이에 있었다. 대원군의 쇄국 정책기였던 첫 단계 척사위정 운동 시기는 아직 분화가 가시적으로 나타나지 않았다. 뒷날 개항과 개화 정책의 추진 세력이 되는 박규수朴珪壽와 봉서鳳棲(兪莘煥) 학파 계열도 이 시기까지는 쇄국을 바탕으로 한 내수와 어양책을 내놓고 있으며, 단지 그 내용에서 약간의 차이를 보일 뿐이었다. 개항에 직면한 두 번째 단계에 이르러 기호 노론은 분화를 겪게 되는데, 개항을 직접 추진한 봉서 학파의 김윤식金允植·신기선申箕善과, 개항을 적극적으로 반대하여 상소 운동을 벌이고 나중에는 의병으로까지 연결시켜 간 화서華西(이항로) 학파와 노사蘆沙(기정진) 학파 계열이 나누어지게 된 것이다. 그런가 하면 개항은 원칙적으로 반대하되 출처의 문제를 시비삼으며 끝내 현실 정치에 직접적 적극적으로 개입하지 않은 고산敲山(任憲晦) 학파가 나타나기도 하였다. 척사위정 운동의 세 번째 단계에 이르면 화서 학파의 김평묵이 영남 남인들의 만인소에 지지를 보내는 한편, 같은 기호 노론계인 고산 학파와는 행동을 달리함으로써 기호 노론계의 분화를 더욱 촉진시키기도 하였다.

이 같은 현실 인식과 실천관의 차이를 바탕으로 한 학파의 분화에는 사상적인 분화도 뒤따르게 마련이었다. 곧 중세 봉건 사회를 지탱시켜 주던 주자학적 세계관에 대해 각 학파는 나름의 입장을 가지게 된 것이다. 개항을 주도한 봉서 학파의 김윤식과 신기선 등은 점차 주자학적 세계관으로부터 멀어져 간 반면, 화서 학파와 고산 학파는 정통의 주자학적 세계관을 다시 굳건하게 세움으로써 현실 문제를 타개하고자 하였다. 이 중에서도 고산 학파는 이이로부터 송시열, 임헌회로 이어지는 학맥을 정통으로 여기면서 기본적으로 전통적인 '주기主氣' 학통을 묵수해 나간 반면, 화서 학파는 노사 학파와 함께 기호 학파임에도 리를 중시하는 경향을 보였다. 화서 학파와 노사 학파의 이러한 경향은, 척사위정 운동과 뒷날 의병 운동에 참여하는 영남의 한주寒洲(李震相) 학파가 한결같이 리理 중심적 사상의 경향을 나타낸 것과 일맥상통하는 모습을 보여 주어 주목된다. 따라서 척사위정 운동과 리 중심적 사상의 관계성을 밝히는 것은 사상적 기반을 해명하는 주요 과제가 아닐 수 없다.

이황이 사칠칠정을 논의하면서 '주리'와 '주기'를 처음으로 말했을 때, 그것은 사단과 칠정에 대한 리와 기의 분속을 말한 것이지 '철학의 근본 문제'에 관한 것은 아니었다. 그리고 그 논의의 핵심은 이황처럼 '리기호발理氣互發'을 주장하여 리에 운동성을 부여함으로써 기에 대한 리의 주재성을 인정하느냐, 아니면 이이처럼 '기발일도氣發一途'를 주장하여 리의 운동성을 부정함으로써 리에 대한 기의 상대적 독립성을 인정하느냐 하는 문제였다. 그러나 리기론 일반에서는 전체적으로 볼 때 이황 이후 영남 학파는 물론이거니와 이이 이후 기호 학파에서도 리를 기보다 중시하는 경향이 나타나는 것을 볼 수 있다.

이진상은 영남 학파의 학통 의식을 바탕으로 서경덕徐敬德과 임성주任聖周 등을 주기론자로 규정하고서, 이들은 한결같이 기를 위주로 하여 리를 없애 버린 이단이요, 기를 인정함으로써 리를 해친 유학자들이라고 비판하였다. 곧 이단 학설은 갖가지로 나타나지만 그 시작은 모두 기를 인정하는 것에서 비롯되며, 그 끝은 모두 기를 위주로 하는 것으로 귀착된다고 말하여, 이이를 비롯한 그 후 기호 학파들 역시 이단의 설에서 예외일 수 없음을 분명히 한 것이다. 그는 먼저 리를 본本과 주主로, 기를 말末과 객客으로 파악하였다. 다시 이러한 리기의 주객·본말관을 바탕으로 이황의 리기 호발설에서 '기의 운동성'(氣發)은 '리의 운동성'(理發)으로 환원시킬 수 있으므로 굳이 기발氣發을 말할 필요가 없으며, 실제 내용으로 볼 때 그것은 리발일도설理發一途說이라고 말할 수 있다고 하였다. 이진상의 척사위정 사상을 계승한 한주 학파의 후예들로는 곽종석郭鍾錫과 이승희李承熙가 있다.

영남 학파뿐만 아니라 기호의 '주기' 학통을 잇는 이항로 및 그의 후예들인 김평묵과 유중교柳重敎도 리 중심적 철학을 전개하고 있다. 그들은 조선의 여느 주자학자와 다를 바 없이 일단 현실에 존재하는 사물은 리와 기가 서로 떨어져 있지 않다는 입장과 더불어 리와 기가 서로 섞일 수도 없다는 입장을 동시에 받아들였다. 그러나 그는 주희가 리와 기는 결단코 서로 다른 두 가지 사물이라고 말한 것은 성현들이 서로 전해 온 결정적 단안이라고 규정한 데서, 정작 그의 뜻은 리와 기가 서로 섞일 수 없음을 강조하는 데 있음을 쉽게 확인할 수 있다. 그들도 역시 리와 기를 주主와 객客, 존尊과 비卑, 명령하는 자와 명령받는 자 등으로 대비하고 있다. 게다가 리를 중시한 다른 학자들과 마찬가지로 그들 역시 리의 운동성을 말하기도 한다.

역기 기호 학파에 속하는 기정진은 기호 학파의 '주기'론적 경향에서 벗어나 리 중심적 경향을 띨 뿐만 아니라, 마침내 리기일체관을 바탕으로 하는 유리론唯理論을 제기하기에 이르렀다. 종래 리 중심론자들이 리와 기를 본말과 주객으로 대비한 것에서 그는 한 걸음 더 나아가, 기의 운동은 리의 명령을 받아서 하는 것이어서 결국 기는 리가 운동하는 손발에 지나지 않으므로 기를 리에 대비시켜 거론할 수조차 없다고 보았다. 이것은 바로 기를 리로 일원화시킨 유리론이다. 기정진의 척사위정 사상을 계승한 노사 학파의 후예로 기우만奇字萬이 있다.

그러면 흔히 공리공론으로 일컬어지는 리 중심적 주자학이 어떻게 척사斥邪 또는 척화斥和와 같은 강한 현실관과 실천관을 가지게 되었을까? 척사위정론자들의 '주리' 또는 '유리설'은 우선 리와 기를 분명히 구분해 낸다거나, 아예 기를 없애 버려 리의 절대적 위치를 확보하는 데 그 핵심이 있다. 이것은 당시 지켜야 할 '바른 것'(正)이 무엇이며, 내다 버려야 할 '나쁜 것'(邪)이 무엇인가를 분명하게 구분해야 할 그들의 필요와 짝을 이루는 것이다. 또 이것은 리는 선의 근원이며 기는 악의 근원이라는 주자학적 사고와 관련되어 있다. 당시로서는 무엇보다도 어느 것이 선하고 어느 것이 악한가 하는 문제에 대한 분명한 규정이 필요했던 것이다. 당연히 그들은 기존의 주자학적 봉건 질서를 선한 것으로 파악한 반면, 그것을 위태롭게 하는 세력을 악한 것으로 파악했다.

그렇다면 리 중심론자들의 현실관과 실천관이 주로 척사·척화의 반침략·반외세 사상으로 구체화된 까닭은 무엇인가? 그들이 그렇게도 지켜야 할 것으로 말한 '바른 것'과 강조한 '리'의 세계는 다름 아닌 당시의 봉건 체제였으며, 그들은 그것을 절대선으로 파악하였다. 이 때문에 리 중심적 사상을 바탕으로 하는 한 그것으로부터 도저히 반봉건 의식이라든가 근대를 향한 전망을 기대할 수는 없게 된다. 여기에서 리 중심적 철학이 갖는 구체적인 내용과 더불어 한계를 인식할 수 있으며, 나아가 척사위정 운동이

가지는 한계도 자연스레 짚어 볼 수 있다.

의병 운동은 운동사나 인적 사상적 맥락에서 볼 때 분명히 이전 척사위정론과 연원이 닿아 있다. 그렇지만 의병 운동은 이미 상소를 중심으로 한 개항기의 척사위정 운동과는 질적으로 다르며, 다시 의병 운동도 앞에서 살펴본 것과 같이 내용적으로 발전적인 과정을 밟아 왔다. 또 그런 가운데 유생 출신 의병장들의 의식도 일부 전환을 겪는 것을 볼 수 있었다. 그러나 철학 사상적으로는 전혀 변화된 모습을 보이지 않았다. 그들은 전기 척사위정 사상과 똑같은 철학 사상적 기반 위에 서 있었다. 이것은 결국 사회 실천관에 한계를 가져 오는 요인이 되었다. 이와 동시에 이러한 사상적 한계는 근대 사회로 접어들면서 그들의 척사위정론이 더 이상 역사적 의미를 갖지 못하게 만들었다. 한편 후기로 오면서 나타나기 시작한 민중 중심의 의병 운동은 일제 강점기를 맞으면서 독립군 운동으로 전환하여 무장 항쟁론의 큰 줄기를 이루었다. 따라서 몇몇 유생 출신 의병장의 사상을 통해 전체 의병 운동의 성격을 규정하는 데는 무리가 따를 수밖에 없다.

2. 개화 사상과 서구 사상의 유입

개화 사상

1. 초기 개화파의 형성과 계승 문제

개화 사상은 19세기 후반기에 형성되어 20세기 초반까지 영향을 미쳤던 것으로, 외래의 문물, 특히 서양식의 문물 도입을 주장하던 사상이었다. 외래의 문물을 수용하는 폭이나 시기 및 태도에 따라 개화 사상은 몇 개의 분파로 나뉘어졌다. 이러한 개화 사상은 우리의 전통 철학이 서양의 충격이라는 새로운 역사적 상황에 직면하여 변형하고 발전한 것이라고 할 수 있다. 사상적으로는 18세기 후반기 실학자들인 홍대용·박지원·박제가 등 북학파北學派의 사상과, 19세기 중엽의 김정희·이규경李圭景·최한기의 사상과 이어지고 있다. 이 같이 개화파의 사상은 그 원형을 실학 사상, 그 중에서도 북학파의 사상을 주로 계승하였다. 이들은 그것을 새로운 시대와 환경에 맞게 발전시킴으로써 근대 개혁 사상으로 부각시켰다.

실학과 개화 사상을 이어 주는 상징적인 인물로서 초기 개화파 형성에 커다란 역할을 한 인물은 박규수朴珪壽이다. 그는 신분상 중인인 오경석吳慶錫·유홍기劉鴻基 등과 함께 개국을 주장하고 서양식 화포와 화륜선의 수용을 주장하여 최초로 개화 사상가가 되었다. 그리하여 그는 김옥균·박영효朴泳孝·홍영식洪英植·유길준兪吉濬 등 대부분 노론 계열의 서울 양반촌 명문사족의 자제들인 촉망받는 젊은이들을 모아 박지원의 『연암집燕巖集』이나 중국의 위원魏源이 쓴 『해국도지海國圖志』같은 책을 함께 읽고 시무를 토론하며 그들을 개화 사상가로 길러 내었다. 박규수가 세상을 떠난 뒤에도 오경석 및 유홍기와의 접촉과 지도 아래 초기 개화파들은 그 사상적 결속을 굳혀 나갔다.

2. 변법 개화파의 형성과 좌절

1876년 개항 이후의 역사는 개국론자들이 전망했던 대로 전개되지 못하였다. 우선 1876년 체결된 병자수호조약부터가 그 당시 민씨 정권의 정권 유지적인 성격을 갖는, 조선에 불리한 불평등한 것이었다. 당시 민씨 정권은 청과 사대 관계를 강화하여 봉건적 특성을 유지하고, 그것을 보강하는 범위 안에서 개화에 대한 이해를 보이는 정도에 그쳤다. 게다가 조선에 대한 청의 종주권은 임오군란을 계기로 종래의 형식적이고 의례적이던 데서 실질적인 내정 간섭으로 변하여 갔다. 일찍이 "정치와 교육과 법령은 자주"라고 했던 것이 실질적 예속으로 바뀌고, 군란 후의 서울 주둔 청군의 행패도 더욱 극심하게 되었다. 그러나 집권파 민씨 정권은 이러한 만행에 대해 항의조차 제대로 못하는 형편이었다.

이 같은 상황에서 김옥균을 위시한 박영효·서광범徐光範·홍영식·서재필徐載弼·박영교朴泳敎 등 일단의 젊은이들은 오히려 청의 조선 독립에 대한 침해가 조선의 발전에 큰 저해 요인이라고 생각하고, 청으로부터 자주 독립이 제일의 과제라고 보아 개화에 대한 의지와 인식을 심화시켜 나갔다. 박영효는 이러한 자기들의 입장을 "새로운 것에 나아가 스스로 주인 노릇 한다"는 '취신자주就新自主'임을 밝히고, 그 반대파들의 입장을 "옛 것만 지키고 남을 의지한다"는 '수구의뢰守舊依賴'라고 지적하였다. 그들은 일본의 명치유신을 조선 사회의 개혁 모델로 삼는 대신 청에 대하여는 자주 의식을 가졌으며, 당시의 집권 민씨 척족과도 대립함으로써 과거의 전통을 청산하려는 의지를 보였다.

변법 개화파의 대표적인 인물인 김옥균은 실사구시實事求是의 철학적 태도를 견지한 사상가이자 개혁가였다. 그는 "내 생각으로는 실사구시만 한 것이 없으니, 곧 한두 가지 긴요한 것들을 급히 시행해야 하지, 원대한 책략을 편다고 하여 한갓 헛말이 되게 해서는 안 된다"고 주장하고, 또 『치도략론治道略論』에서는 "오늘날 우선 힘쓸 것은 실사구시 이상이 없다"고 하였다. 이런 사고에 입각하여 현실 문제를 구체적으로 탐구한 결과, 그는 위생·농업·양잠·도로 등에 관한 구체적인 개혁안을 제기하기에 이르렀다. 아울러 그는 어떤 초자연적인 존재도 부정하는 철저한 무신론을 표방하였다. 나중에 그는 서양 기독교의 유용성을 인정하고 그에 대해 개방적인 태도를 보이기는 했지만, 이것 역시 기독교가 백성을 교화하는 수단으로서 현실적 유용성이 있다고 생각했기 때문이었다.

실사구시의 태도는 박영효에게서도 유사한 형태로 나타났다. 그는 '동도東道'니 '서기西器'니 하는 것이 문제가 아니라, 동양의 학문이건 서양의 학문이건 '실용實用'을 먼저 하고 '문화文華'를 뒤로 해야 한다고 주장하였다. 실용을 중시하는 입장은 곧 "병은 그 실제적인 증상을 진찰하여 그에 적합한 약을 복용한다면 낫지 않을 것도 없다"는 생각과 통하는 것이다.

따라서 그 역시 근본을 취하느냐 말단을 취하느냐에 따라 학문의 성격과 성쇠가 결정된다고 보아 '실학'이냐 '허학'이냐를 문제삼고 있는 것이다. 종교에 대해서도 그는 "모든 종교는 인민이 의지할 바이며 교화의 근본이다"라고 하고, 어느 종교를 믿든 간에 그것은 인민의 자유에 맡겨 국가가 간섭해서는 안 된다고 주장하기도 하였다.

대체로 이러한 관점을 견지하였던 변법 개화파들은 새로운 사회를 전망하는 데 좀더 철저하고 근본적일 수 있었다. 그들은 우선 정치적인 측면에서 근대 민족 국가로의 지향을 드러내 보였다. 그들은 청에 대한 조공과 허례를 폐지하고 자주권을 확보하며, 국왕의 권리를 제한하는 일종의 유사 내각제(입헌 군주제)를 설치하고자 했으며, 문벌을 폐지하고 인재를 두루 등용함으로써 인민의 평등권 확보에 한 걸음 진전코자 하였다. 경제적인 측면에서는 지조법을 개혁함으로써 국민의 부담을 경감하고, 혜상공국惠商公局을 혁파함으로써 상공업의 자유로운 발전을 추진하는 등 근대적인 산업 체제의 기초를 닦으려고 하였다. 그 외에 규장각奎章閣을 혁파함으로써 국왕 중심의 봉건적 문화 교육 체제를 개선하고, 근대적인 경찰 제도와 군대를 창설함으로써 군사 방면에서 근대적인 개혁을 도모하기도 하였다. 사상적으로 그들은 전통인 유학에 대해 비교적 자유로운 입장을 취했고, '실용'에 도움이 되는 서학을 총체적으로 수용하기 위해 새로운 논리를 개진하였다고 할 수 있다.

그들이 주도한 갑신정변은 외형에서만 살펴볼 때 집권 세력을 옹호하던 청의 간섭을 배제하기 위해 일본의 견제력에 기대하려다 실패한 쿠데타였다고 할 수 있겠지만, 변법 개화파가 진보와 자주를 실천하고자 애쓴 근대화 운동의 기수였다고 하는 평가에는 이의가 없을 것이다. 이와 함께 소수 엘리트의 개화 사상이 광범한 민중 속에 뿌리 내리지 못하고 군주 측근의 집권파를 제거하거나 군권 변법에 의해 위로부터 개혁을 추구했다는 점에서 한계를 지적할 수 있을 것이다.

3. 시무 개화파의 개혁과 한계

임오군란을 계기로 개화파의 일부는 변법론을 주장하며 분화해 나갔지만, 김윤식金允植·김홍집金弘集·어윤중魚允中 등 일부는 여전히 박규수 등 초기 개화파의 논의 수준을 답습하고 있었다. 이들은 대체로 장년층에 속해 있던 인물로서, 청의 양무론적 개혁을 조선 사회 개혁의 모델로 삼고 양무파의 중심 인물인 이홍장李鴻章과 유대를 강화하며 조선에 대한 청의 종주권을 인정하였다는 점에서 변법 개화파와 구별되었다. 이들은 집권 민씨 척족과의 관계에서 그들과 정치적 대결을 피한 개명 관료들이었다. 따라서 이들은 민씨 척족과 대립적이었다기보다는 상호 의존적이었고, 따라서 이들의 지향과 방법은 개량적이었고 온건한 편이었다. 그리고 전통적인 유학에 대해서도 유학 자체를 부정하기보다는 오히려 그 정신적 측면에 집착하는 경향을 보였다.

임오군란을 수습하는 과정에서 고종이 개화를 지지하는 윤음을 공포하자 이를 계기로 이들은 세력을 확대하였다. 김윤식이 대신 지은 그 윤음의 핵심은 "서양의 교는 사악하므로 당연히 음성미색淫聲美色과 마찬가지로 멀리해야 하지만, 그들의 기器(즉 농업·의약·군사·주거의 제도)는 이로워서 진실로 이용후생할 수 있는 것"이라는 주장이었다.

그러나 이들도 갑신정변이 실패로 끝난 이후 한때 위축될 수밖에 없었다. 이 점은 그들이 앞다투어 변법 개화파를 비판하여 스스로를 비호하려는 과정에서 극명하게 나타났다. 일례로 김윤식은 "갑신정변의 역적들은 서양을 높이고 요순과 공맹을 폄하하며, 인륜 도덕을 야만이라 하여 그 도를 바꾸려 하면서 매번 개화라 칭했다"고 하였다. 이들의 개화 사상은 "개화란 곧 그때그때 해야 할 일일 뿐"이라는 김윤식의 표현 속에 잘 드러난다. 그는 공업과 상업을 발전시키거나 변법을 행해야 하는 서양과 중국의 경우와는 달리 조선에서는 "청렴을 숭상하고 가난을 제거하여 백성을 구휼하는 데 힘쓰며, 조약을 잘 지켜 우방과 틈이 벌어지지 않도록 하는 것"이 그런 일이라고 보았다. 이런 시각 때문에 결국 그들의 개화 사상은 개혁의 단계성을 중시하는 비근본적인 시무론時務論에 머무르고 말았다.

유길준의 경우 "무릇 개화라고 하는 것은 인간의 온갖 사물이 가장 아름다운 경지에 이른 것을 말한다. 개화란 온갖 사물을 깊이 연구하고 경영하여 날로 새롭고 더 새로워지도록 기약하는 상태를 가리킨다"고 하여, 인간의 모든 영역에서 완전한 사회를 이루는 것을 개화라고 지칭하였다. 그는 개화의 단계를 미개→반개화→문명 개화라는 세 단계로 발전한다 하여, 개화를 진보와 같은 개념으로 사용하였다. 이러한 발상의 이면에는 서양의 진화론의 영향이 있었다.

실질적으로 갑신정변 이후부터 갑오개혁에 이르는 기간까지 개혁의 담당자는 시무론적 개화 사상을 갖춘 이들이었다. 그들은 십여 년간 집권파와 맞서서 미진하나마 점진적인 개화 정책을 추구하려 노력하면서 갑오개혁의 국내적 역량을 키워 갔다. 그러나 그들의 중요한 논리였던 동도서기론東道西器論에 잘 나타나 있듯이 그들 역시 변법 개화파와 마찬가지로 대중 계몽을 통해 국민적 합의를 획득하려는 과정을 결여하고 있으며, 일본의 뒷받침이 없이는 반대파를 누르고 개혁을 수행할 만큼 강력하지도 못했기 때문에, 소수 엘리트에 의한 위로부터의 개혁이라는 한계를 갖고 있었다. 따라서 사회 변혁을 거부하는 체제 내적인 성격으로 인해 자연히 개혁 방향을 기존의 지배 계층 중심으로 하면서 지지부진하게 이끌어 가게 하였다.

4. 애국 계몽 운동으로의 전환

개화 운동은 갑오개혁과 독립협회 운동을 전후로 하여 새로운 인물들에 의해 새로운 형태로 전환하였다. 1890년대 말부터 본격적으로 설립되기 시작한 여러 신문사·학회·교육 기관 등이 그 새로운 형태를 띠는 운동의 매개체가 되었다. 이 시기 개화 운동의 후계자들은 이것들을 통하여 근대 민권 사상에 근거하는 사회 정치론과 근대적 과학 기술 문명을 대중에게 선전하고 민족 영웅들의 사적을 찬양하였다. 이 운동은 근대 사회로의 전환에 대한 대중적 인식의 중요함과 제국주의 침탈에 의한 망국의 절박함을 반영하는 지식인 주도의 운동이었다는 점에서 애국 계몽 운동이라 불린다.

대다수 애국 계몽기의 지식인들은 근대 사회로 전환하기 위해서는 실력 배양을 통한 자강自強의 도리밖에 없다고 주장하였다. 자강이라는 말은 시간을 요구하는 점진적 개념이다. 즉 이는 교육과 실업의 진흥 등을 통해 달성해야 하는 것이었다. 따라서 자강 운동의 현실적 표현은 경제와 교육 문제의 두 가지로 압축되는데, 교육에서는 지육智育과 덕육德育을 강조하고 경제면에서는 식산흥업殖産興業을 주장하였다.

애국 계몽 운동의 대표적인 사상가 가운데 한 사람인 이기李沂는 젊어서부터 유형원·정약용 등의 실학에 심취하였던 유학자였다. 그는 동학 농민군을 이끌던 전봉준을 직접 면담한 바 있고, 대한자강회大韓自強會를 조직하고 을사오적의 암살을 계획하는 등 평생 동안 실천적인 삶의 태도를 견지하였다. 그는 당시의 군주 전제에 대한 대안으로서 입헌 군주제를 제기하고 민주와 평등이 천하의 대세임을 천명하였으며, 이에 기반하여 종래의 문벌 제도와 신분 제도를 비판하였다. 그리고 불합리한 토지 제도와 조세 제도의 시정을 촉구하고, 학교의 건립과 의무 교육의 실시를 주장하였다. 그러나 다른 한편으로 그는 종래 주자학의 리기심성론理氣心性論을 완전히 파기하지 않고 있었다. 그의 리기심성론과 성선설 등은 비록 봉건적 독단을 많이 제거하고 가능한 한 합리적으로 이해할 수 있는 수준에서 유지된 것이기는 했지만, 근대적 계몽 사상의 철학적 기초로서 역할을 수행할 수 있는 것은 아니었다.

장지연張志淵은 한말의 개화 지식인이자 언론인으로서 1905년 을사조약이 체결되자 「시일야방성대곡是日也放聲大哭」이란 논설로 널리 알려진 인물이다. 그는 국제 사회를 국력의 강약에 따라 우열과 흥망이 결정되는 사회로 규정하였으며, 문명화가 제국주의 서양 문명의 확대 과정에서 달성된다는 생각에는 반대하였다. 따라서 국가간 경쟁에서의 승패는 국력의 차이에서 결정된다고 파악하였고, 자주 독립을 유지하기 위해서는 스스로 국력을 키워 나가는 방법밖에 없다고 주장하였다. 그는 「유교변儒敎辨」에서 유교를 '도道로써 백성을 얻는 것'이라 하고, 당시 국세가 쇠약해진 원인을 진정한 유학자를 쓰지 않은 데 있다고 보아, 그것이 유교의 죄가 아니라 속된 유학자나 가짜 유학자가 행세하고 붕당이 만연했던 폐단 때문이었다고 하여 유교를 죄책하는 것에 반대하였다. 이와 같이 그의 개화는 참된 유학적 기반 위에서 전개되었다. 그는 개화를 수용할 줄 모르는 척사위정론자들의 태도와 성급한 개화를 요구했던 개화파를 일정하게 비판하고, 개화가 유학의 삼강오륜에 위배되지 않는다고 역설하였다. 그는 개화란 물질적인 면과 정신적인 면의 조화와 개발을 뜻한다고 보았으며, 이로써 고금과 동서의 절충을 꾀하고자 하였다.

이와 같은 태도는 유학을 양명학으로 개혁하자는 박은식朴殷植의 '유교구신론儒敎救新論'과, 유학을 개량하여 문명의 풍조를 일으켜 국권을 회복하자는 신채호申采浩의 주장과 맥락이 같은 것이다. 이것은 전통적인 유학을 폐지하는 대신 개혁하자는 것으로서 사상면에서 전통의 발전적 계승을 도모하려는 시도였다고 할 수 있다. 그렇지만 이 경우 역시 새로운 유학이 근대 사회를 이룩하는 전반적인 이념으로서 역할을 확보하기는 어려웠다. 그것은 당시 조선의 새로운 유학, 즉 양명학의 기반을 고려해서가 아니라, 중국과 일본의 사상적 분위기 및 서양의 마르틴 루터의 종교 개혁의 모델에 대응하여 제기된 것이기 때문이었다.

애국 계몽 운동은 근대의 전형적인 계몽 운동에다 식민지로 전락한 조선의 특수한 사정이 투영된 운동이었다. 그것은 문화 운동에 치중하는 등의 한계를 갖기도 하였지만, 자주적인 근대 국가를 형성하기 위한 국내 최후의 운동 형태였다는 점에서 큰 의의를 갖는다. 이미 개화 운동에서도 그러했지만, 애국 계몽 운동 역시 외세의 충격과 압력을 상대해서 전개되었기 때문에, 운동 목표의 달성을 위해 필요한 이론적 기초와 물질적 기반을 충분히 확보할 여유가 없었다. 따라서 우리의 근대 사회를 이룩하려는 노력은 주로 서양의 근대를 모방하는 것으로 대체되었고, 그만큼 우리 나름의 좀더 바람직한 근대의 모습을 확보하는 것으로부터는 점점 거리가 멀어져 갔다.

서구 사상의 유입

1. 개항 이전 서구 사상의 유입

개항 이전의 서구 사상의 유입에 관해서는 멀리 실학 사상 또는 그 이상까지 거슬러 올라가야 하겠지만, 여기서는 주로 19세기부터 다루기로 한다. 이 당시 서구 사상의 유입은 서양인들과 직접적인 만남보다 주로 중국을 통해 이루어졌다. 물론 천주교 사상은 이전부터 줄곧 직간접적인 영향을 끼쳐 오고 있었다.

이러한 서구 사상은 주로 중국에서 간행한 서적을 통해서 국내에 들여왔다. 아편전쟁을 겪은 후 중국에서는 서양을 새롭게 이해하는 여러 책들이 씌어졌다. 예를 들면 위원魏源이 쓴 『해국도지海國圖志』같은 책은 이미 최한기나 김정희 그리고 나중에 박규수 등이 읽게 된다. 서양에 대한 이들의 이해는 그들의 과학 기술에는 좋은 반응을 보이기도 하지만, 그들의 사상(주로 종교 사상)에는 종래 유학자들이 배척하던 불교 정도의 수준이라 판단하여 유학의 도덕적 우월성을 확신하고 있었다.

이렇듯 개항 이전의 서양 사정에 대하여 지식인 가운데 일부는 어느 정도 알고 있었고, 그 통로는 주로 중국이었다. 개중에는 일본 쪽의 자료에 의존한 사람들도 있었다. 어쨌거나 이러한 바탕 위에서 개국론이 형성되어 갔다. 일반 민중들은 해변에 출몰하는 이양선이나 그들과의 직접적인 전투 또는 소문을 통해 서양의 사정을 접하였다. 따라서 그만큼 서양에 대한 정확한 정보에는 어두울 수밖에 없었고, 당연한 결과로 쇄국의 논리에 이용당할 수밖에 없었다.

2. 개항 이후 서구 사상의 유입

사회 사상   운양호 사건을 계기로 일본과 불평등 수호 조약을 맺고 난 이후부터 조선에서는 서양에 대한 관심이 극도로 높아졌다. 개항 후 최초로 일본의 외교 사절이 된 김기수金綺秀가 1876년 보고한 『일동기유日東記遊』에서는 "그들의 학문은 경전을 숭상하지 않고 오로지 부국강병을 받들고 있다", "군사나 농사에 모두 서양의 방법을 쓰고 있다", "화륜火輪이면 천하에 안 되는 것이 없다"는 등의 내용을 싣고 있는데, 이는 명치유신 이후의 일본 사정을 비교적 정확하게 전하는 것들이었다. 그리하여 1881년에는 김윤식을 영선사로 임명하여 그의 인솔하에 38명의 기술 학생을 청에 파견하고, 1881년에는 신사유람단이 일본으로 떠나기도 하였다.

유길준은 류정수와 함께 후쿠자와 유키치(福澤諭吉)가 경영하는 경응의 숙慶應義塾에 입학하게 되었다. 후쿠자와는 『서양사정西洋事情』·『학문의 장려』(學問のすすめ)·『문명론개략文明論槪略』 등을 저술한 사람이었는데, 이 중에서 『서양사정』은 당시 일본 사회에서 대단한 영향을 끼친 대표적 저술로서 유길준도 이 책을 통해 서양의 사정을 간접적으로 알게 되었다. 그는 당시 동경대학교 초빙 교수로서 일본에 처음으로 다윈의 진화론을 소개한 미국인 생물학자 모스(E.S. Morse)의 강연을 들었고, 이것을 인연으로 나중에 미국 유학 시절에 그의 도움을 받기도 하였다.

이 당시 유길준이 영향을 받은 서양 사상은 자유 민권 사상과 사회 진화론을 들 수 있다. 우선 자유 민권 사상에 관하여 유길준은 『서유견문西遊見聞』의 제4편 「인민의 권리」와 제5편 중의 「정치의 종류」에서 집중적으로 전하고 있다. 그는 인민의 권리에 대하여 "무릇 세상에 태어난 사람이 사람인 권리는 현우賢愚·귀천·빈부·강약의 분별이 없는 것으로, 이것은 세간의 공명정대한 원리이다"라고 하여, 사람은 각각 그 신분에 따라서 고유한 권리를 가지고 태어난다는 견해를 배격하고, 천부의 인권은 만민 평등이며 인간을 사회적으로 구별하는 것은 인위적인 구별이라는 견해를 피력하였다.

또 박영효는 "백성으로 하여금 응분의 자유를 누리게 하여 원기를 키워야 한다"고 하여, 인민은 태어나면서부터 만인이 평등하여 움직일 수 없는 통의通義를 갖고 있다고 주장하고, 그 '통의'란 사람이 스스로 생명을 보전하고 자유를 구하며 행복을 원하는 것이라 하였다. 또한 변법 개화파의 정강에서도 "문벌을 폐지함으로써 인민 평등의 권리를 제정하고, 백성으로 하여금 관을 택하게 하고 관으로 하여금 백성을 택하도록 하지 말자"(김옥균의 『갑신일록甲申日錄』)고 주장하는 것을 볼 수 있다. 그러나 여기에도 현실적 한계가 뚜렷이 있었다. 아직도 명분론적 군신 관계의 존왕 사상이 뿌리 깊게 자리 잡고 있어 전제 군주권을 어느 선에서 제한하느냐 하는 문제가 여전히 제기되었던 것이다. 이렇게 유학에서 그 합리성을 찾고 있다는 점이 유학을 완전히 배제한 일본의 후쿠자와의 경우와는 다르다고 할 수 있겠다.

이러한 자유 민권 사상은 1890년대 후반에 이르러 하나의 전환기를 맞게 되었다. 그것은 독립신문과 독립협회의 활동을 통하여 그 사상이 점차로 대중들 자신의 것으로 되고, 만민공동회에 의한 외국의 이권 반대, 정권으로부터 수구파의 배제, 중추원의 개혁에 의한 의회 설립 등을 요구하는 등 정치 무대 전면에 광범위한 시민 대중이 등장하게 된 것이다.

또 이 당시 지배적인 서양 사상은 사회 진화론이었다. 사회 진화론을 처음으로 소개한 사람은 유길준이었다. 그는 일본에서 진화론자인 후쿠자와의 지도를 받았고, 미국에서 열렬한 진화론자인 모스의 지도를 직접 받기도 하였다. 사회 진화론은 조선의 개화 사상에 큰 영향을 주었으며 사회적으로도 엄청난 영향을 끼쳤다. 이러한 영향은 인류 사회가 미개→반개화→문명 개화로 발전한다는 사상 속에 반영되어 있다. 유길준이 진화론을 소개한 것과 때를 같이하여 청일전쟁에서 일본이 승리하자 제국주의의 각축이 일반인들에게도 실감나게 되었으며, 진화론에 대한 믿음도 보편화되었다.

사회 진화론은 다윈의 진화론을 스펜서(H. Spencer)와 헉슬리(T. Huxley) 등이 인간 사회에 적용하여 사회와 국가간의 경쟁 관계에까지 확대 해석한 것이다. 이 사회 진화론은 사회적 다원주의라고도 하는데, 종족과 사회 집단간의 투쟁을 생물학적인 의미에서만 파악하여, 경쟁 원리를 사회적 진화의 핵심 요소로 간주하는 것이다. 여기에서는 집단간의 경쟁이 문명과 문화를 발전시키는 요인이 되었다. 결국 경제적·군사적으로 강한 소수가 약한 다수를 지배하게 되는데, 자유로운 경쟁을 자연 도태의 한 형식으로 파악하는 사회 진화론은 결국 자본주의와 제국주의를 자연스러운 것으로 옹호하였다. 그러나 가장 현실주의적으로 보이는 이러한 경향들은 인간과 사회의 본질을 일면적으로 파악하는 오류를 범하고 있는 것이다. 사실 자본주의 사회의 경쟁 원리도 약육강식의 원리가 미화된 것에 지나지 않았다.

이 진화론은 처음에는 일본에서 받아들였으나, 1900년대에 들어와서는 중국인이 쓴 글의 번역을 통해 널리 대중화되었다. 청일전쟁 이후 중국에서 엄복嚴復이 헉슬리의 이론을 번역한 『천연론天演論』(1898)과 『군학이언群學肄言』(1903), 양계초梁啓超의 『음빙실문집飮冰室文集』(1903)이 들어와 조선 대중들 사이에 널리 읽혀졌다.

엄복은 헉슬리의 진화론을 스펜서 식으로 해석하여 중국인들에게 부강富強에 대한 분발을 독려하였다. 즉 스펜서는 진화의 원리를 기계적으로 사회와 우주에까지 확대시킨 반면에, 헉슬리는 우주와 윤리의 진화 원리는 별개의 것이라 하였는데, 엄복은 헉슬리의 『진화와 윤리』(*Evolution and Ethics*)를 스펜서의 입장에서 번역했던 것이다.

양계초는 저널리스트로서 평이한 문장으로 이 이론을 중국에 대중화시켰다. 그가 서양에 대해 가진 지식은 직접 서양을 접하고서 얻은 것이 아니라 주로 일본을 통해서 얻은 것이었다. 그가 주도한 계몽 운동은 중국뿐만 아니라 조선에도 큰 영향을 미쳤다. 그것은 현실 인식의 도구이자 현실 긍정을 합리화시켜 주는 이론으로서 역할을 하였다. 이러한 사상이 조선에 쉽게 수용된 것은 서양의 경우와는 달리 조선의 전통 철학과의 마찰이 적었고, 제국주의 열강들의 침략 앞에 놓인 조선의 현실에서 구국을 위한 자강의 논리로 받아들여졌기 때문이었다.

이 시기 사회 진화론의 영향은 지대하였다. 이는 우선 자강론에 입각한 애국 계몽 운동의 견인차 구실을 하였던 각종 학회와 단체의 원동력이 되었고, 새로운 역사 의식과 정치 의식을 불러일으키는 데 기여하였다. 거꾸로 사회 진화론은 제국주의의 침략 논리로 작용하였음을 부인할 수 없다. 즉 그것은 인종주의적 편견과 인종간의 대립을 강조하는 제국주의적 침략 이론으로서의 성격을 지니고 있었으며, 한편으로 조선과 중국 및 일본과 협력하여 백인종에 맞선 투쟁에서 이겨야 한다는 논리로 연결되면서 일제 침략의 도구로 전용되기도 하였다.

이렇듯 사회 진화론은 양면성을 가지고 있었다. 즉 제국주의의 침략 논리이면서 동시에 그것을 수용한 조선의 박은식이나 신채호 등에게서는 민족주의 구국 사상으로 변형되었다. 그러므로 사회 진화론은 긍정적이든 부정적이든 개화기에 하나의 사회 사상으로서 작용하면서 한국 근대사에 큰 영향을 미쳤음을 부인할 수 없다.

기독교 사상 천주교와 마찬가지로 한국의 기독교 역사를 볼 때 특이한 점은 선교사들의 직접적인 선교에 앞서 한국인들이 자발적으로 세례를 받고 전도에 힘썼다는 점이다. 다시 말해 미국인 선교사들이 국내에 들어오기 전에 벌써 만주와 일본에서 선교사들과 어울리면서 성서 번역을 도와주기도 하고 그들로부터 세례를 받기도 하면서 활동을 벌여 왔다는 것이다. 이 점은 조선의 기존 유학이나 불교가 사회에서 할 수 있는 역할에 한계가 있음을 반증하는 것이기도 하였다.

기독교는 갑신정변을 전후로 하여 국내에 터를 잡게 되었다. 이들은 천주교의 전철을 피하기 위하여 선교사의 신분을 노골적으로 드러내지 않은 채 왕실과 가깝게 지내려 노력하였으며, 전도보다는 의료와 교육 사업에 더 열을 올렸다. 이리하여 이 당시 선교사들은 되도록이면 정부와의 충돌을 피하고 환심을 살 수 있는 방향에서 선교 활동을 벌였다. 이 과정에서 국왕 자신도 선교사들을 상당히 신임하게 되었고, 을미사변 후에는 이들을 전적으로 믿고 신변 안전을 위하여 이들에게 도움을 청하기까지 하였다. 그러나 이들은 비밀리에 선교 활동을 벌이면서 서서히 교세를 확장해 나갔다.

이 후 많은 선교사들이 들어왔는데 그 중 많은 수가 경건주의(근본주의)와 복음주의 신학을 신봉하는 자들이었다. 따라서 이들은 대부분 청교도적인 순수한 복음적 삶을 중시하여 오로지 성서와 신앙적 체험을 강조하였으며, 성서 공부를 목적으로 하는 사경회査經會와 신앙 부흥회를 중심으로 하는 길을 다져 나갔다. 그래서 세속과 신앙의 분리를 당연하게 보거나 세속에 무관한 태도를 보이는 등 비정치화된 경향, 즉 경건과 피안의 길을 열어 나갔던 것이다. 이 점은 서양의 선교사들이 제국주의의 앞잡이라는 혐의를 불식시킬 수 있다는 주장의 근거가 되기도 하다.

그러나 이들은 신학의 빈곤, 사회와 현실을 무시한 영혼 구원, 정치와 무관한 경건주의, 합리성의 결여, 그리고 이원적인 신앙의 전제를 가지고 있었다. 이러한 상황에서 그들은 신학뿐만 아니라 과학이나 학문의 발달에도 큰 영향력을 발휘하기 어려웠다. 이러한 부정적인 요소는 오늘날까지도 일부 한국 교회에 뿌리 깊게 남아 있다. 즉 개인의 불행이나 행복이 정치·사회적이거나 경제적인 연관보다는 하나님과 인간 개인의 신앙적 관계에서 해석되고, 이러한 틀 속에서 문제를 해결하고자 하는 태도가 지금까지도 유지되고 있는 것이다. 이 같은 배경 아래 활동한 선교사들의 태도를 두고 같은 선교사인 알렌(Allen)은, "미국의 선교 본부는 너무나도 많은, 훈련받지 못하고 비신사적인 광기의 열광주의자들을 한국에 보냈다"고 혹평하기도 하였다.

선교사들은 1890년대에 이르러 새로운 선교의 원칙을 세우게 되었다. 이른바 '네비우스 방법'이라 불리는 원칙이 그것이다. 즉 조선인의 자립적인 선교, 조선인 교회의 자립적인 운영, 그리고 자립 보급을 실시한다는 내용이다. 1893년의 '장로회 정치를 쓰는 미션 공의회'에서는 선교 지역의 분할 정책, 일반 서민과 부녀자들에 대한 선교의 강화, 초등 학교의 경영을 통한 어린이 선교, 모든 종교 서적의 한국어 사용 등을 결정하였다.

바로 이러한 교파 교회적인 선교 정책은 이후 한국 교회가 단일적인 민족 교회로 성장하지 못하도록 막은 원인이 되기도 하였다. 아울러 선교사들의 모호한 태도와 그들의 한국인 교역자에 대한 신학 교육 정책도 한국 교회의 방향에 적잖은 영향을 미쳤다. 근본주의 신학과 윤리를 배경으로 가진 미국계 선교사들은 인문 지식이나 세속 학문의 기초적 소개에도 인색하고 조심스러워했으며, 그리하여 교역자의 지적 후진성이라는 비극적 요소를 한국 교회에 뿌리기도 하였다.

이런 환경 속에서 초기 기독교인들은 비록 존왕尊王과 충군忠君적인 체제 순응적 모습을 보이기도 했지만, 그들이 터득한 반봉건적인 자주 의식은 일제의 침략에 맞설 수 있었던 힘의 원천이 되기도 하였다. 대부분의 개화파 지식인들도 그러했듯이 그들 역시도 서양이 저렇게 부강하게 된 것은 기독교 때문이라고 믿었다. 당시「독립신문」등에는 이따금 "평등과 자유와 문명 개화와 자주 독립이 예수교에서 나왔다"고 하는 기사가 실릴 정도였다.

또 초기 기독교 신도들은 구국제민救國濟民의 방법을 모색하기 위하여 입교하는 경우도 많았다. 유학적 교양을 쌓은 그들이지만 나중에 기독교의 교육 운동을 통해 근대적 사상에 접하기도 했고 애국 운동에 적극 가담하기도 했으며 예배를 통해 애국을 역설하기도 했다. 그런가 하면 을사조약 이후에는 일본에 대한 적극적 항쟁을 감행하기도 하였다. 특히 독립협회의 모태가 되었던 '정동구락부'의 멤버로서 서재필·윤치호尹致昊·이상재李商在 등은 독립협회를 창립하는 데 중심 역할을 하였으며,「독립신문」을 간행하여 관리들의 부패를 비판하고 입헌 군주제에 입각한 자유 민권 사상을 고취하며 근대적 시민 의식을 일깨우는 데도 앞장섰다. 또 이들이 창립한 독립협회는 그들의 주장을 여론화하기 위해 만민공동회라는 대중 집회도 열었다. 이들이 당시 주로 주장하던 내용은 민족의 자각과 러시아 세력의 배척, 그리고 국가의 이권을 지키고 국가 영토를 수호하며 민권을 신장시키고 의회 정치를 실현하는 것 등 여러 가지로 나타났다.

이상재는 고려 말 유학자인 이색의 후손으로 어려서부터 과거 시험을 목적으로 유학을 공부하였으나, 낙방한 뒤 개화파 인사인 박정양朴定陽의 후원을 받아 개화 지식인으로 활약하였다. 한때 그는 기독교를 반대하였고 미국이 군사력을 강화하는 것을 보고는 미국을 미워하기도 했다. 그는 독립협회에 참여하면서 '민유방본民惟邦本', 곧 백성이 나라의 근본이라는 유학적 가르침을 바탕에 두면서도 서양적인 천부인권설을 부각시켜 "국가의 대권은 국민으로부터 나와서 국왕이 이것을 모아 대표한다"고 대정부 규탄문을 쓰기도 하였다. 그리고 1903년 옥중에서 기독교로 개종하여 애국 계몽 활동과 구국 운동에 앞장서게 되었다. 출옥한 뒤에 황성기독교청년회(YMCA)에 가입하여 교육 운동과 사회 운동에 정열적으로 활동하였다. 또 국권이 박탈되자 헤이그 밀사 사건을 일으키기도 하였다. 그는 후에 기독교에서 제사 문제가 사회 문제로 확대되자, "종교에서 조선의 혼을 잃지 말라. 미신이 아닌 이상 부모의 제사 지냄이 무엇이 그르랴"라는 기사를 쓰기도 하였다.

1890년 이후 네비우스 선교 방법이 적용되면서, 특히 관서 지방을 중심으로 기독교 계통의 학교가 자립적으로 세워지고 근대적이고 서양식의 교양을 갖춘 인재들이 양성되기 시작하였다. 그것은 이 지방 사람들이 중국과의 교역의 길목에 위치해서 전통 유학에 대해 비교적 개방적인 태도를 지닌데다 신분적으로도 사회에 진출할 기회가 거의 봉쇄되어 있어 새로운 풍조를 받아들이는 데 더 적극적일 수 있었다는 점이 작용했을 것이다. 그래서 근대적 의미의 부르주아가 형성되는 데도 이 지역이 선도적인 역할을 하였으며, 이렇게 해서 새로이 형성된 중산층을 통해 기독교인의 정치적 참여가 체계화될 수 있었다. 그뿐 아니라 일제 시대의 항일 세력 및 해방 이후의 정치 세력이 이 지역에서 집중적으로 양산되었던 것도 이와 무관하지 않다 할 것이다.

개화에 대한 인식이 심화되면서 사상적으로 전통적 가치관에 회의가 싹트는 가운데, 자본주의적 서구 문명을 등에 업고 등장한 기독교를 과학과 제국주의로부터 엄격하게 분리해서 이해할 수 없었던 그 당시 사람들에게는, 기독교가 자유와 평등과 새로운 세계에 대한 각성을 불러일으키는 것으로 매력을 끌기에 충분했다. 더욱이 서양의 조선 침략 의도가 겉으로 드러나지 않은 채 일본이 전면에 나서자 민중과 일부 지식인들은 기독교에 의지하여 문제를 해결하고자 하였던 것이다. 그런 까닭으로 을사조약 이후 기독교의 신도 수는 급속도로 증가하였으며, 1907년부터는 대부흥회 운동을 통해 내적인 동력을 더욱 키워 나가게 되었다. 이것이 교회가 3·1 운동의 정신적 뒷받침이 된 원인이다.

전체적으로 기독교는 한국 역사에서 성서 읽기를 통해 한글을 보급시키고, 교육 사업을 벌여 상당 부분 의식을 근대화시켰으며, 항일 투쟁에서도 긍정적인 역할을 여러 모로 수행하였다. 그러나 성서를 문자 그대로 믿고 실천하려는 보수적 신도들의 태도는 완고한 신앙관과 실천으로 나타났다. 물론 이러한 태도는 후에 신사 참배 거절이라는 일제에 대항하는 형태를 보이기도 했지만, 필연적으로 전통 사상과의 충돌이 잦을 수밖에 없었다. 이것은 전통과의 융화나 타협이 아니라 자기 부정, 곧 전통에 대한 부정의 강도 여부가 신앙의 척도가 된 것으로 잘 표현되었다.

특히 기독교의 본질과 그것과 융합된 서양 문화 자체를 구별하지 못함으로써 온통 서양 문화, 특히 미국 문화를 따르고 모방하는 것이 경건한 삶의 표준인 것처럼 보이기까지 하였다. 이들이 서구 지향적인 문화 의식을 갖고 전통과 단절된 이질적인 예배 의식을 감행하는 가운데, 전통적인 언어의 개념은 서양 언어의 번역어로 대체되고 전통 문화는 저급한 것으로 인식되어 철저히 소외되어 갔다. 외국 것이면 무조건 대접받는 풍토를 세운 것도 바로 이들 초기 지적·경제적 중산층의 후예인 유학생들의 몫이었다. 초기 기독교 신도들이 갈등한 민족에 대한 애착과 교리에 대한 신봉은 "교회 속의 민족이냐, 민족 속의 교회냐" 하는 문제로 오늘날까지도 여전히 논쟁거리가 되고 있다.

3. 민중 사상과 종교

민중 운동에 나타난 사상적 경향

19세기 후반부터 20세기 초기의 국제 관계는 발달한 과학 기술의 힘을 등에 업은 제국주의 국가들이 약소국들을 그들의 식민지로 만들어 가는 과정이었다. 제국주의 국가들은 무력을 앞세워 약소국들과 강제로 통상 조약을 맺고 경제적·문화적·군사적·정치적 침략을 자행하였다. 이 과정에서 약소국의 민중들은 한편으로 삶의 터전을 잃은 채 가족들과 헤어져 유랑 생활에 나서기도 했지만, 다른 한편으로 목숨을 걸고 피를 흘리면서 이들 제국주의 침략에 항거하기도 했다.

이 시기 조선의 민중들 역시 안으로는 봉건 체제의 말폐적 현상들로 말미암아 심한 수탈을 당하는 한편, 밖으로는 외세의 침입으로 인해 하나 둘씩 삶의 근거지를 빼앗겨 가고 있었다. 국가와 민중의 삶을 책임 진 왕 이하 정부의 관리들은 이러한 내외의 상황을 정확히 인식하여 적절하게 대응했어야 함에도 불구하고, 실제로 그들은 민중의 어려움을 해결하려는 의지와 능력부터가 부족했다. 이에 민중은 막연히 앉아서 정부의 대책만 기다릴 수 없어 스스로의 살길을 찾아나섰다.

이러한 상황에서 민중은 조선 왕조의 지배 이데올로기였던 주자학적 사유를 거부하고, 전통적으로 전래되어 오던 미륵 사상, 정감록, 무교巫敎와 신흥 종교인 동학, 그리고 증산교와 대종교 및 원불교 등에 귀의하여 그들이 직면한 어려움을 극복하고자 하였다. 이와 함께 조직적인 무장 투쟁의 대열에 합류하는 민중도 있었다. 무장 투쟁에 참여한 민중들한테서도 마찬가지로 전통 사상과 신흥 종교의 영향이 나타나며, 나아가 민주주의 사상의 요소가 드러나기도 하였다. 당시 민중들이 적극적으로 참여했던 투쟁 가운데 대표적인 것은 갑오농민전쟁과 활빈당活貧黨 투쟁 그리고 의병 전쟁 등이다. 여기에 참여했던 민중들의 사상적 경향이 다 같은 것은 아니었지만, 공통점은 민중 중심적이고 반침략적이라는 점이다.

1. 갑오농민전쟁에 나타난 사상적 특징

많은 민중이 참여한 갑오농민전쟁은 우리 나라의 근대사에서 중요한 분기점이라 할 수 있다. 특히 민중이 스스로 조직을 정비하여 광범위한 지역에서 부패한 봉건 정부와 외세에 맞서 현실의 모순을 제거하고자 무장 투쟁을 전개한 점은 중요한 역사적 의미를 담고 있다. 이 전쟁에는 동학도를 비롯한 많은 민중들이 참여했다. 이 전쟁의 전기간 동안 전봉준全琫準·김개남金開南·손화중孫華仲 등 농민군의 지도자들은 뛰어난 전략과 전술로 봉건 통치자들과 외래 침략자들에게 심대한 타격을 주었다.

동학 사상　갑오농민전쟁의 사상적 배경이 된 동학의 등장은 전통 유학의 윤리 도덕이 타락하고 관리들의 학정과 수탈이 심해지는 한편, 천주교가 침투하고 서양 열강의 침입이 거세어지는 등 내외적으로 위기 의식이 높아지던 19세기 후반기의 상황과 밀접한 연관이 있다.

동학은 1860년에 최제우崔濟愚에 의해 창시되고, 2대 교조 최시형崔時亨과 3대 교조 손병희孫秉熙(1905년 12월에 동학은 천도교로 개칭됨)를 비롯 수많은 동학도들에 의해 발전한 민중적·민족적 성격을 띤 신흥 종교라 할 수 있다. 이 신흥 종교인 동학은 한국 근대 종교사에서 대표적 지위를 차지하는 것으로, 경전으로는 『동경대전東經大全』과 『용담유사龍潭遺詞』를 기본으로 하고 있다.

조선 말기 개화파나 척사위정파들이 주로 지식인이거나 양반층이었던 것과는 달리 동학도들은 대부분 민중이었다. 동학은 유교와 불교 그리고 도교는 물론 우리의 전통적인 민간 신앙 요소까지 결합하여 만든 사상으로서, '지기至氣'를 정점으로 하는 일원론적 우주관과 "사람이 곧 하늘"(人乃天)이라는 사상을 핵심으로 하고 있다.

동학에서 주장하는 하늘님 사상의 요체는 이른바 21자 주문(至氣今至, 願爲大降, 侍天主, 造化定, 永世不忘, 萬事知)에 거의 다 담겨 있다. 이 주문에는, 형용하기도 어렵고 보기도 어렵지만 어느 곳에서나 맑게 존재하는 혼원渾元한 일기一氣인 '지기至氣', 즉 하늘님의 조화를 깨달아 평생토록 잊지 않고 마음에 보존하면, 그 도를 알고 그 지혜를 받을 수 있다는 종교적인 염원이 잘 드러나 있다.

이러한 하늘님 사상의 종교적 체득은 피조물과 조물주가 둘이 아니라 바로 하나라는 사실을 깨닫는 것으로 나타난다. 사람과 조물주인 지기는 서로 다른 별개의 것이 아니다. 사람은 바로 지기가 분화되어 나온 것이기 때문에, 사람의 몸 속에는 하늘님인 지기가 내재되어 있다는 것이다. 그러기에 "나의 마음이 곧 너의 마음"(吾心卽汝心)이요 "천심은 곧 인심"(天心卽人心)이라는 말이 가능하였던 것이다. 그리고 이와 같이 사람이 곧 하늘이라는, 이른바 인내천의 경지에 도달하기 위해서 필요한 것이 "그 마음을 지키고 그 기를 바르게 하는" 성誠·경敬·신信과 같은 수양의 방법이다.

동학의 인내천 사상은 사람은 누구나 평등하며 차별을 받아서는 안 된다는 주장을 담고 있다. 즉 인내천 사상은 한편에서는 관념적이라는 면도 있지만, 다른 한편에서는 양반과 상민의 구별이라든지 관존민비, 적서의 차별, 남존여비 등의 봉건적 신분 차별을 부정하는 평등 사상이 중요한 요소로 자리 잡고 있는 것이다. 아울러 동학은 천주교나 불교와는 달리 내세를 부정하는 현세 중심의 사상이며, 사람이 가장 신령스럽다는 주장에서 보이듯 인간 중심의 사상이다.

이러한 사상을 기반으로 하여 동학은 '나라를 보호하고 백성을 편안하게 하며'(輔國安民), '널리 민중을 구제하고'(廣濟蒼生), '온 세상에 덕을 베푼다'(布德天下)는 사상을 발전시켰으며, 이를 더욱 확장시켜 이른바 '후천 개벽'의 원리를 확립하였다. 이러한 사상적 토대가 있었기 때문에 동학도들은 현실 사회에 팽배한 모순을 해결하는 데 후세나 내세로 미루지 않고 적극적으로 참여할 수 있었다.

이들은 초역사적인 종파도 아니요, 개개인의 안락만을 좇는 이기적인 종교 집단도 아니었다. 이들은 민중적이고 민족적인 입장에서 역사를 바라보고자 했으며, 그와 같이 해서 나온 사상을 사회적으로 실천하고자 했다. 따라서 동학 사상은 부분적으로 관념적이고 신비적이라는 한계가 있음에도, 역사를 정확하게 인식했던 생동감 넘치는 많은 민중 동학도들에 의해서 그 한계가 극복되고 있었기에 근대 한국의 민중 운동, 특히 갑오농민전쟁에 사상적으로 크게 기여할 수 있었던 것이다.

민중 중심의 반침략 사상 갑오 농민 전쟁은 동학 사상으로부터는 물론, 자유나 평등과 같은 민주주의적인 사상으로부터도 영향을 받고 있다. 외세 침략에 맞서 무장 투쟁에 나섰던 농민군 지도자들과 민중들은 사상적으로 반드시 동학에만 근거한 것은 아니었으며, 시대와 사회의 상황 속에 뛰어들어 필요한 것이 무엇인지 직접 찾고 구했다고 할 수 있다. 그들은 사회적 실천 속에서 역사를 인식해 나갔던 것이다.

전봉준을 비롯한 농민군 지도자들은 전쟁 초기의 투쟁 명분을 밝히면서 "성인의 가르침을 따르려는 데 있다"고 하였다. 이 말만으로 보자면 그들에게 여전히 봉건적 요소가 남아 있다고 해야겠지만, 내용면에서는 당시 사회의 모순을 해결하기 위해서 '임금의 선정'만을 기대해서는 안 되며 민중 스스로 주체가 되어 나서야 한다는 새로운 주장이 엿보인다고 하겠다. 이는 전봉준이 "양반이나 부호 앞에서 고통을 받는 민중과, 방백과 수령 밑에서 굴욕을 받는 하급 벼슬아치들은 우리와 같이 원한이 깊은 자들이다. 조금도 주저하지 말고 이 시각으로 일어서라"고 말한 데서 잘 드러난다. 전봉준은 당시 사회의 계급 모순의 심각성을 깨닫고, 그러한 모순을 극복해 낼 주체로서 민중의 봉기를 역설한 것이다.

전봉준은 부패하고 타락한 관리는 민중에게 해독이 되는 자들로서 몰아내고 죽이는 것이 당연하다고 하여 무장 투쟁의 길로 나아갔다. 당시 사회의 계급 모순을 해결하는 데 관념적인 대안은 현실성이 없다고 본 것이다. 그렇다고 해서 전봉준 등이 봉건 왕조 체제를 완전히 전복하여 새로운 체제를 세우려 한 것은 아니었다. 그들은 봉건 왕조의 여러 모순들에 맞서 민중의 입장에서 강력하게 시정하려 했을 뿐이며, 봉건 왕조 체제를 근본부터 전복하려는 '완전한 반봉건'의 입장에 서지는 않았다. 하지만 이런 사실 때문에 그들의 사상에 반봉건적인 요소가 없다고 말해서는 안 될 것이다. 그들이 비록 봉건 왕조 체제를 부정하는 데까지는 이르지 않았을망정 그들의 사상에는 이미 반봉건적이고 민중 중심적인 요소가 강하게 깔려 있었다.

그러면 그들의 주장 가운데 반봉건적인 내용에 어떤 것이 있는지 좀더 살펴보기로 하자. 첫째로, "노비 문서를 태우고 천민들에 대한 대우를 개선하며 백정들의 머리에 씌운 고깔을 벗기라"고 하여 피압박 민중의 신분 해방을 요구하였다. 둘째로, "민중에게서 세금을 거둬들일 때는 고르게 분담시키고 함부로 거두지 말며, 토지는 골고루 나누어 부치게 하라"고 한 점에서 균등 사상을 찾아볼 수 있다. 셋째로, 탐관오리를 숙청하고 민중을 정치에 참여시킬 것, 문벌을 타파하고 인재 본위로 관리를 등용할 것, 청춘 과부의 개가를 허용할 것 등을 주장한 데서는 민주주의와 자유주의적인 사상도 엿볼 수 있다. 이러한 것들은 바로 갑오농민전쟁이 봉건 사회에서 근대 사회로 넘어가는 데 하나의 징검다리 역할을 하고 있음을 보여 주는 것이다.

전봉준을 위시한 갑오농민전쟁의 지도자들은 제국주의 침략으로 빚어진 민족 모순에 대해서도 첨예하게 인식하고 강력한 투쟁을 벌였다. 그들은 특히 일본 제국주의가 "군대를 이끌고 서울에 들어왔다"고 하면서 반제국주의적인 입장을 분명히 하고 그것에 강한 대항 의지를 불태웠던 것을 볼 수 있다.

이처럼 갑오농민전쟁의 배경에는 반봉건 사상과 함께 근대 민주주의적인 의식이 나타나며, 제국주의의 팽창에 주체적이고 자주적으로 대항하려는 반외세 사상이 탄탄히 자리하고 있음을 알 수 있다.

2. 갑오농민전쟁 이후의 민중 운동에 나타난 사상적 특징

갑오농민전쟁이 실패로 돌아가자, 전쟁에 참여했던 많은 민중들은 동학당東學黨과 영학당英學黨 운동에 참여하기도 하고 활빈당 투쟁과 의병 전쟁에 참여하기도 하면서, 조선 말기 사회 변혁을 위한 실천 투쟁을 계속 이어갔다.

활빈당 투쟁에 나타난 이중적 사상 구조   1899년부터 1904년에 걸쳐 활동한 비밀 무장 결사체인 활빈당의 투쟁은 갑오농민전쟁을 계승한 대표적인 무장 농민 투쟁이었다. 그들은 유학의 왕도 정치 사상을 사상적 배경으로 하면서 거기에 평등 사상을 받아들여 사회의 변혁을 지향하였다. 그러나 그들에게 무엇보다도 강하고 깊게 영향을 준 것은 당시의 사회 상황이었다.

그들의 사상 구조가 이렇게 이중적으로 드러나는 원인은, 한편으로는 갑오농민전쟁 및 그 이후의 농민 운동이 여러 차례 좌절을 겪으면서 그 운동들을 이끌었던 많은 인사들이 정부로부터 강한 탄압을 받았다는 데서 찾을 수 있다. 즉 여러 차례의 민중 항쟁이 실패를 거듭함으로써 민중을 이념적으로 이끌어 줄 사상이 미처 확립될 겨를이 없었던 것이다. 이렇게 되자 그때까지 현실 문제를 관망하던 일부 유생들이 농민 전쟁에 참여했던 민중의 들끓는 항쟁 의지를 결집하면서 새로운 지도 세력으로 등장했는데, 이들은 유학의 의리 정신이 몸에 밴 사람들이었던 것이다. 이들이 조직한 결사체가 바로 활빈당이었다.

그들은 자신들의 실천 방안을 표명한 「대한사민논설大韓士民論說 13조 목」에서 개화 정책을 실행하면 나라가 어렵게 된다고 하면서 요순의 효제 안민법孝悌安民法과 선왕의 의제衣製를 사용해야 한다고 주장했다. 이것은 당시 개화 사상가들의 주장과는 대치되는 것으로서, 유학의 왕도 정치 사상을 통해 나라의 위기를 극복하려는 것이었다. 그러나 그들의 '13조목'을 살펴보면 전통적인 봉건 사상과는 다른 혁신적인 면모를 읽을 수 있다. 방곡放穀을 실시하여 구민법을 행해야 한다든가, 사전私田을 혁파하고 균전均田을 실시한다는 내용의 목민법牧民法을 채용한다든가, 악형을 폐지하며 행상인에게도 세금을 징수하는 폐단을 금한다든가, 곡가 안정책의 실시를 주장한다든가 하는 것이 그것이다.

이것은 정부가 민중에게 희망을 주는 정책을 펼침으로써 민중이 능동적이고 적극적으로 현실 정치에 참여할 수 있도록 앞장서 이끌어야 하며, 그렇게 될 때에야 비로소 국가의 안정이 유지될 수 있다는 사상을 바탕에 깔고 있다. 이것은 물론 오늘날 민주주의에서 말하는 '민중에 의한' 정치하고는 거리가 있지만, 당시로 볼 때는 전통적인 봉건 사상의 한계를 뛰어넘은 것이라 할 수 있다. 그들이 특히 상인의 존재를 중요시한 데서 엿볼 수 있듯이, 그들은 농민뿐만 아니라 상인까지도 민중의 범주에서 고려하는 등 민중의 범위를 확대시키고 나아가 민중의 의식을 강화하고자 애쓴 점을 볼 수 있는데, 이런 점은 분명 전통적인 봉건 사회에서 지배층들이 민중을 바라보던 인식과 차이가 나는 것이라 하겠다.

한편 그들은 외세의 침략으로 민족의 생존 위기가 눈앞에 닥친 상황에서 투쟁의 중심을 우선 민족의 생존 도모에 두는 것을 볼 수 있다. 이는 그들에게 반침략 사상이 반봉건 사상에 비해 상대적으로 강화될 수밖에 없었음을 보여 준다. 그들은 그 당시 조선에 들어온 대다수 외국인들이 조선에 이로움을 주기보다는 해를 가져다 주는 대상이라고 여겼다. 그러기에 그들은 조선 정부가 계속해서 외국인의 요구를 들어 주게 되면, 민중의 삶은 더욱더 어려워질 수밖에 없고 국가의 장래도 갈수록 어두워질 수밖에 없다고 판단했다. 따라서 그들은 외세의 침략에 정부와 민중이 다 함께 당당히 맞서 싸워야 한다고 주장했다.

이와 같이 활빈당은 당시 사회의 여건 속에서 비록 외적으로는 유학의 민본 사상을 앞세우고는 있지만, 내적으로는 이미 봉건 사회의 한계를 뛰어넘는 민주적인 요소들까지 끌어안았던 것을 볼 수 있다. 그러나 활빈당이 아직 유학이라는 전통적 세계관에서 벗어나지 못했던 유생들의 결집체였던 만큼 유학적 이념이 그들의 투쟁 방향에 크게 영향을 미칠 수밖에 없었으며, 따라서 민본 사상과 왕도 정치라는 봉건적 이상향으로 기우는 듯한 모습을 보인 것은 당연하다 하겠다. 이것은 여전히 전통 사상의 그림자가 짙게 남아 있던 조선 후기의 상황을 반영한다.

민중 의병 전쟁에 나타난 반제 반봉건 사상 의병 전쟁은 초기에는 보수적인 유생들이 주도했지만 점차 민중이 주도하는 형태로 발전했다. 특히 1908년 의병 전쟁이 한창 고양되던 때 민중 출신 의병장들의 활약은 대단했다. 그 중에서도 경상도의 신돌석과 함경도의 홍범도 및 황해도와 경기도의 김수민 등의 활동은 두드러졌다. 이들의 의병 전쟁은 척사위정 사상에 근거한 유생 중심의 의병 활동과는 여러 모로 달랐다.

민중 중심의 의병 전쟁은 외세 의존적인 정부의 개혁 조치에 반대하고 조세의 납부를 거부하는 것으로부터 시작하여, 치안·교통·금융·체신 등의 통치 기구와 그 시설은 물론 일본인과 친일 관리 및 친일 단체와 친일 지주들에게 공격을 가하는 국권 회복 투쟁으로 발전되었다. 그들은 일본뿐아니라 미국·영국·프랑스 등 서양 여러 나라들도 민중의 삶을 어렵게 만드는 데 공조한다고 보고, 이들 외세에 의존하려는 사람들에게 직접적인 무력 공격을 가하였다. 이것은 제국주의 침략에 맞서 약소국 민중이 할 수 있는 최선의 사회적 실천이었다. 그들은 고리대 등의 악랄한 방법으로 농민을 수탈하는 지주나 부자들은 물론 매판적 관료를 처단하기도 하였다. 또 불법으로 농민의 토지를 몰수하는 통감부에 타격을 주기도 하였다.

이처럼 민중 의병 전쟁은 철저히 민중이 주체가 되어 당시의 계급 모순과 민족 모순을 실천적으로 해결하려 했다. 이 점이야말로 유생이 주도한 의병 전쟁과 가장 큰 차이를 드러내는 부분이라 하겠다. 그들은 부패한 관리들은 바로 제국주의의 앞잡이라는 점을 인식하기에 이르렀으며, 따라서 현실 모순의 뿌리인 봉건 체제 자체의 한계를 극복할 때에만 외세의 침략도 막을 수 있다고 여겼던 것이다. 이처럼 계급 모순과 민족 모순을 동시에 풀고자 했다는 점에서 그들의 사상은 반제 반봉건을 강하게 반영하게 되었다고 할 수 있다.

신흥 종교

조선 말기 어려운 상황 아래에서 가장 직접적인 핍박을 받던 민중들 가운데 일부는 민족적 특성을 띠고 등장하기 시작한 신흥 종교에 귀의함으로써 사회의 모순에서 벗어나고자 하였다. 이 당시 민중들에게 크게 호응을 받은 신흥 종교로는 앞에서 살펴본 동학을 비롯하여 증산교甑山敎와 대종교大倧敎 및 원불교圓佛敎 등이 있다.

이들 사상은 구체적으로는 다른 점이 있지만, 큰 범주로 봤을 때 공통 요소가 나타나기도 한다. 그것은 첫째 조선에 전통적으로 내려오는 민간 신앙과 문화 전통을 새롭게 조명하여 체계화시킴으로써 외래 사상과 문화 조류에 대응하는 한편, 시대에 맞게 새로운 가치 체계를 형성하려 했다는 점이다. 둘째로 시대 상황을 외면하지 않고 민족의 수난과 민중의 고통을 그대로 껴안으면서 민중과 민족을 구원하려 했다는 점이다. 이 점은 특히 갑오농민전쟁에 참여한 동학과 3·1 운동에 참여한 천도교天道敎, 그리고 만주에서 독립 운동에 열정적으로 참여한 대종교 등에서 잘 나타난다. 이 신흥 종교들의 사상에서 나타나는 공통점은 사람을 중심에 놓고 현실을 중시하며 민족의 주체성을 강조하면서 사회의 개혁을 꾀했다는 점이며, 아울러 전통 사상을 계승하고 발전시키고자 노력했다는 점이다.

1. 증산교의 후천 개벽 사상

증산교甑山敎의 교주 강일순姜一淳은 동학의 기운이 크게 떨치던 전라도 정읍 지방의 한 몰락한 유생 집안에서 태어났다. 그는 31세에 도를 이룬 뒤 자신을 천·지·인 삼계의 대권을 가진 주재자라고 말하면서, 자기가 세운 약방에서 '천지공사天地公事'라는 대역사를 펼쳤다. 증산 사상의 핵심은 현세에서 지상 낙원(後天仙境)을 이룩하려는 후천 개벽 사상이다. 그것은 모순과 혼란에 빠진 지금까지의 세상(先天)을 "하늘도 뜯어 고치고 땅도 뜯어 고쳐" 새로운 세상(後天)으로 만든다는 것이다.

증산 사상은 유·불·선과 기독교 사상의 진액을 뽑아 만든 현세 구원 사상으로서 실천 방법으로 해원解冤 사상을 제시하고 있다. 이는 역사관의 올바른 정립, 남녀·강약·귀천·부귀의 평등을 주장하는 정음정양正陰正陽 사상, 단군을 높이는 원시반본原始返本 사상으로 구체화되며, 내세보다는 현세를, 신도보다는 인도를 중시하는 것으로 표현된다. 증산 사상에 따르면 선천 시대가 모순·대립·투쟁·상극 등의 시대임에 비해 후천 시대는 상생·보은·협동·화해의 시대가 될 것이며, 세계의 모습도 선천 시대가 분란과 전쟁 등으로 인해 약육강식의 논리가 지배했다면 후천 시대는 세계가 일가의 평화 통일을 이룰 것이라고 하였다. 또한 남녀 관계도 선천 시대가 남존여비의 시대라면 후천 시대는 남녀가 동등하며 여자의 말을 듣지 않고는 남자가 권리를 행사하지 못하는 시대라고 하였다. 그런가 하면 선천 시대의 사람이 천이나 신에 종속되었던 것과는 달리 후천 시대의 사람은 천보다 높임을 받을 것이라고 하였다.

증산교의 대표적인 경전으로는 『대순전경大巡典經』이 있다. 고수부高首婦의 태을교太乙敎(1911), 안내성安乃成의 선도교仙道敎(1913), 차경석車京石의 보천교普天敎(1916), 조철제趙哲濟의 태극도太極道(1918), 장기준張基準의 순천교順天敎(1920), 이상호李祥昊의 동화교東華敎(1928), 강순임姜舜任의 선불교仙佛敎(1937), 박한경朴漢慶의 대순진리회(1969) 등은 모두 증산을 교조로 받드는 교단들이다.

2. 대종교의 단군 사상

대종교大倧教는 1909년 나철羅喆이 세운 단군 계통의 민족 종교이다. 대종교의 대표적인 경전은 전체 81자뿐이지만 철학적 원리가 풍부하게 담겨 있는 『천부경天符經』과, 「천훈天訓」·「신훈」·「천궁훈天宮訓」·「세계훈世界訓」·「진리훈眞理訓」으로 이루어진 『삼일신고三一神誥』이다.

『천부경』이 '일一'에서 천·지·인 '삼三'이 나뉘어 우주가 전개되는 원리를 숫자로 말하고 있음에 비해, 『삼일신고』는 이 '일'에서 나온 천·지·인 '삼'이 다시 그 근원인 '일'로 복귀한다는 원리를 설명하고 있다. 『천부경』에서 말하는 '일'은 시종을 초월하는 것으로서 유와 무, 음과 양, 색과 공을 초월하여 자유롭게 출입하는 지존의 '일'이다. 또한 『천부경』에서는 사람한테는 이 '일'이 본래부터 내재해 있다고 하면서, 본래의 자기를 찾아 천지와 더불어 하나가 될 때 사대주의를 청산하고 평등과 평화를 정착시킬 수 있다고 가르치기도 하였다.

『천부경』은 천의 장에서는 우주 생성의 원리를, 지의 장에서는 만물의 생성을, 그리고 인의 장에서는 인간의 궁극적인 문제를 다루었다. 그런가 하면 『삼일신고』에서는 대덕大德·대혜大慧·대력大力이라는 큰 권능을 행하는 환인桓因(造化神)과 환웅桓雄(敎化神), 환검桓儉(治化神)의 삼신 일체관을 기술하였다. '일'은 천·지·인을 내어 우주를 형성하였듯이 인간에게 참 성품(眞性)·참 목숨(眞命)·참 정기(眞精)의 '삼진'을 내주었지만, 인간은 마음(心)·기운(氣)·몸(肉)이라는 '삼망三妄'으로 말미암아 여러 가지 어려움을 겪는다고 하였다. 그러기에 인간은 본래의 자기인 이 '삼진'을 회복하여 덕과 혜와 역을 행사해야 한다고 하였다.

『천부경』과 『삼일신고』에 보이는 이와 같은 삼신 일체의 사상은 우주에서의 천·지·인과 만물에서의 성·명·정이라는 삼균三均 사상으로 나타나는데, 이로써 세계를 파멸이 아닌 건설로 나아가게 하는 사상적 토대를 마련하는 것을 볼 수 있다.

이러한 통일적 신앙관에 입각한 대종교는 이 '일'이 우리 나라의 시조이자 인류의 시조라는 주체적인 사상을 고취시켰다. 그러나 대종교는 단지 신앙의 차원에만 머무르지 않고, 외침으로 어려움을 겪는 나라의 현실 앞에 과감히 떨치고 일어나 항쟁을 주도하는 등 실천면에서도 크게 기여하였다. 대표적인 것이 서일徐一이 중심이 되어 조직된 북로군정서로서, 이들은 김좌진金佐鎭·이범석李範奭 등의 지휘 아래 청산리 전투에서 커다란 전공을 올리기도 하였다.

3. 원불교의 일원 사상

원불교는 소태산小太山 박중빈朴重彬이 1916년 4월에 큰 깨달음을 얻어 세운 종교로서, "물질이 개벽되니 정신을 개벽하자"고 선포한 박중빈의 정신에 따라 처음부터 영육쌍전靈肉雙全·리사병행理事竝行 등을 내세워 정신적인 측면 못지않게 물질적인 측면도 중시하였다. 원불교는 사상적 토대를 불교를 비롯한 전통 사상에서 찾았으며, 동학과 증산교의 후천 개벽 사상에서도 물려받은 바가 있지만, 실천적인 면에서는 그들과 다른 독자적인 방법을 추구하였다. 저축 조합을 창설한다든지 간척 공사에 착수한다든지 하여 교단의 경제적 자립과 현실적 실천을 중시했던 것이다.

박중빈의 진리관은 '일원상一圓相의 진리'이다. 그는 기본적인 인식의 범주를 변화와 불변으로 제시하고, 이 중 변화의 범주는 성成·주住·괴壞·공空(사람의 경우에는 생·노·병·사)으로 표현된다고 하였는데, 이 변화의 측면에서 이끌어 낸 것이 이른바 후천 개벽 사상이었다. 그는 모든 현상을 한 마음으로 환원시키고, 깨달음의 상태에서는 세계가 열려진 상태라고 이해하였다. 그러니까 일원상의 세계란 모든 언어나 사유를 초월해 있는 절대공絶對空의 세계이며, 우주를 관통하여 존재하는 광명을 따라 만물이 무한히 생성·변화하는 무궁한 조화력의 세계이다. 이러한 일원상의 진리는 우리 마음의 본성과 일치하는 것으로 일체 중생의 본성이기도 하다. 이 일원상의 진리를 깨닫고 인격을 수련하기 위해서는 사리의 연구와 정신 수양 그리고 작업의 취사取捨라는 '삼학三學'의 과정이 필요하다고 한다. 그런가 하면 이 세상에서 경험하는 네 가지 은혜, 즉 천지은 부모은·동포은·법률은도 궁극적으로는 일원상의 진리로 귀일된다.

원불교는 이러한 삼학과 사은 사상을 제외하고는 시대와 지역에 따라 원불교의 변용된 적용도 얼마든지 가능하다고 주장하였다. 박중빈은 보편적 세계관으로서의 원불교가 우리 나라에서 뿌리 박는 것을 '결실結實'이라 하고, 이러한 결실이 다시 세계에 확산되는 것을 '결복結福'이라 하면서 우리 나라를 '개벽의 못자리판'으로 만들고자 했던 것이다.

4. 불교

불교계의 상황

개항 이후 그 동안 배불 정책으로 억눌려 있던 불교계의 상황은 크게 달라지게 된다. 특히 이제까지 배불정책으로 일관하던 정부의 불교 정책이 달라지는 1895년 이후 불교계는 더욱 큰 변화를 겪게 된다. 1895년은 승려의 성내 출입이 허용된 해이다. 이렇게 된 데에는 일본 승려의 힘이 크게 작용하였다. 조선 승려들은 태종의 억불 정책 이후 성내 출입이 금지되어 있었지만 일본 승려들은 1876년 개항 이후 자유롭게 성내 출입을 하며 서울 안에 포교소를 꾸미고 살았다. 우리 나라에 와 있던 일본 승려 사노(佐野前勵)는 이러한 것을 보고 조선 승려들에 대해서도 입성을 허락해 줄 것을 건의하여 성내 출입이 허용되었던 것이다.

이 후 정부에서는 불교 배척 정책을 버리고 불교 사찰의 통일을 기하고 불교에 대한 국가적인 관리를 꾀하게 되었다. 1899년에는 동대문 밖에 원흥사元興寺를 세워 한국 불교의 총종무소總宗務所로 삼고, 13도에 하나씩 으뜸 사찰을 두어 전국 사찰의 사무를 통할하였다. 그리고 전국 승려의 총대표에 해당하는 도섭리都攝理 등의 승직을 두었다. 1902년에는 불교를 국가에서 관리하기 위해 궁내부宮內府 소속으로 관리서管理署를 설치하였다. 관리서에서는 「사사관리세칙寺社管理細則」 36조를 발포하고 전국 사찰 및 승려에 대한 일체 사무를 맡아 보았다.

이러한 정부의 움직임과 아울러 불교계에서도 통합과 개혁을 위한 움직임이 일어나게 되었다. 19세기에서 20세기 초에 이르는 시기에 불교의 개혁을 주장하고 그것을 직접 실천했던 대표적인 사람들로는 백용성白龍城 등을 들 수 있다. 백용성은 대각교大覺教 운동을 전개하였고, 백학명白鶴鳴 은 반농반선半農半禪 운동을 전개하였다. 그리고 박한영朴漢永은 포교 현대화 운동을 하였고, 송경허宋境虛는 격외선格外禪 생활화 운동을 전개하였으며, 한용운韓龍雲은 『조선불교유신론朝鮮佛教維新論』을 발표하면서 불교의 개혁을 주장하였다.

이 시대의 불교계의 상황을 정확히 알려면 일본이 조선을 침략하면서 불교를 이용하려고 다방면으로 기울인 노력도 눈여겨 보아야 할 것이다. 병자수호조약이 맺어진 직후인 1877년에 진종본원사眞宗本願寺 부산 별원別院이 설립되었고, 1881년에는 일련종日蓮宗, 1895년에는 본파本派 본원사本願寺, 1897년에는 정토종淨土宗, 1906년에는 조동종曹洞宗과 진언종眞言宗 등이 차례로 조선으로 들어왔다. 일본은 조선을 침략하는 데에 불교를 이용하고자 했던 것이다. 기독교를 앞세우고 식민지를 건설하던 구미의 제국주의 국가들과 다를 바 없는 수법이었다.

그들은 불교계의 환심을 사기 위하여 여러 가지 방법을 사용하였는데, 앞서 언급한 승려의 도성 출입 금지 조치를 풀어 줄 것을 건의한 것도 그 한 예였다. 즉 일련종의 사노는 1895년에 도성 출입 금지의 해제를 건의하여 승니僧尼의 입성 금지를 완화하라는 명령을 받아 내기에 이르렀던 것이다. 일본 불교의 조선 진출은 이후에 더욱 활기를 띠게 되었다. 그들은 조선에서의 자신의 세력을 확장하기 위하여 교육을 시킨다든가, 일본 불교를 시찰하도록 한다든가 하는 여러 방법을 사용했다. 조선의 여러 종교 중에서 특히 불교를 선택하여 이용하려고 한 것은 두 가지 면에서 그 이유를 찾을 수 있다.

첫째는, 불교 출신 인사들 중에 적극적으로 항일 운동에 나선 사람이 거의 없었다는 것이다. 심지어 조선의 불교계 인사들은 일본 불교에 대해서 호의까지 가지고 있었던 것으로 보인다. 이는 일본 불교가 불우한 위치에 있던 조선의 불교에 대해 어느 정도 힘을 보태 준 것처럼 보인 것이 큰 원인일 것이다.

둘째는, 불교가 조선 왕조 500년 동안 탄압을 받았다고는 하지만 그 영향력에서는 어느 종교 못지 않았다는 점이다.

이러한 이유들로 해서 20세기 초엽까지 불교를 일본에 복속시키려는 여러 가지 기도가 있게 되었다. 중요한 사건 하나는 1910년에 해인사 주지 이회광이 조선의 불교를 일본의 조동종과 합종하려 했던 일이다. 여기에 대하여 한용운을 비롯한 여러 사람들은 임제종을 만들어 이회광 일파에 대항, 결국 그 기도를 분쇄시켰던 것이다.

그러나 일제는 조선을 완전히 합병한 다음 해인 1911년에 불교계를 완전히 지배하고 이용하기 위해 사찰령 7조를 제정하기에 이르렀다. 이 사찰령 아래서 우리 나라의 불교는 완전히 일제의 관리하에 들게 되었다. 주지의 임면권, 사찰 재산의 처분권이 모두 일제의 관리로 넘어간 것이다. 이에 힘있는 승려들 가운데서는 일제의 눈치를 보기에 급급하고 거기에 아부하여 출세하려는 자들이 늘어났다.

상황이 이러하자 교단 내에서는 점차 비판의 소리가 일어나기 시작하였다. 이에 1920년대부터 정교 분리, 즉 사찰령 폐지 운동과 교단 자체의 체질 개혁 운동이 일어나게 되었다. 조선불교청년회, 조선불교유신회, 조선불교청년총동맹 등이 조직되었다. 이 운동은 일제 말기까지 거의 중단됨

없이 계속되었다.

한용운과 『조선불교유신론』

한용운은 『조선불교유신론』을 1910년에 탈고하고 1913년에 출판하였다. 이 글에는 불교의 개혁에 관심을 가졌던 한용운의 초기 견해가 종합적으로 잘 정리되어 있다. 이 글은 개혁의 기운이 생겨나기 시작하던 조선 불교에 개혁의 이론을 체계화하여 제시하였다는 데에 우선 그 가치가 있다. 그 내용은 아직도 가치 있는 것이 많이 있다. 승려의 교육에 대한 것이 그러하고, 해외로의 발전, 불교의 대중화, 참선의 규범을 세우는 것 등 많은 부분이 아직도 해결해야 할 과제이고 지금까지도 의미있는 주장으로 남아 있는 것이다.

다음으로 이 글은 "『조선불교유신론』은 한용운이 불교 사상에 기반을 두고 근대 서구 사상을 흡수하여 자기 것으로 소화하고 그것을 특정 분야에 구체적으로 응용하였다는 데에 큰 의의가 있다"는 주장이나, "그의 불교는 불교와 근대 사상의 가장 넓은 접촉을 보여 준다는 점에서 한국 사상사의 가장 흥미있는 한 국면을 체현하고 있다"는 주장에서 알 수 있듯이 근대 사상과의 관계에서도 중요한 의의를 지닌다.

『조선불교유신론』의 기본 특징은 그것이 근대적 사상이라는 데 있다. 진보주의·자유주의·경쟁에 의한 진화라는 사고 방식이 한용운의 바탕에 깔려 있는 사고 방식이다. 부처의 가르침이야말로 훌륭하고 우리는 그 가르침에 충실해야 한다는 주장을 여러 곳에서 하고 있긴 하지만, 이러한 불교적 입장이 근본이라기보다는 오히려 서구의 근대 사상이 더 근본에 놓여 있다는 느낌을 지울 수 없는 것이다.

일단 서구의 사상을 훌륭하고 올바른 것으로 받아들이고 그 서구 사상에 근거하여 불교가 훌륭한 이유를 찾고 있으며, 서구화된 일본 사회를 바람직한 문명국으로 생각하여 불교가 나아갈 길을 찾고 있기 때문이다. 그는 선진 문명의 모델을 따라가면 불교의 세력이 강화되어 불교의 이상을 실현할 수 있게 된다고 주장하였다. 근대적인 사상의 입장에서 어떻게 불교의 세력을 강화시킬 것인가 하는 것이 그의 관심사였던 것이다. 서구의 충격으로 급변하는 정세에서 불교는 어떻게 할 것인가 하는 문제에 대해서, 한용운은 소위 문명국의 뒤를 따름으로써 불교 세력을 강화하고 강력한 힘을 가지자고 주장한 것이다.

그러나 근대 사상을 받아들이는 것도 중요하지만 불교 자체의 진리에 대한 올바른 해명과 신념은 그보다 더 중요할 것이다. 남의 사상에 근거하여 유신할 수는 없기 때문이다. 그리고 더하여 불교의 이상을 어떻게 잘 실현할 수 있을 것인가 하는 점에 대해서도 진지하게 반성해야 한다. 그리하여 현실의 불교에 잘못된 점이 있다면 고쳐야 한다. 그렇다면 불교가 현실적으로 그와 같은 바람직하지 못한 모습으로 나타나게 된 근본 원인에 대한 진지한 성찰이 선행되어야 할 텐데, 『조선불교유신론』의 약점은 바로 그러한 내용이 부족하다는 점일 것이다.

이렇게 된 데에는 당시의 시대 상황과 현실 상황에 대한 한용운의 인식이 피상적이었다는 데 한 원인을 둘 수 있을 것이다. 현실 상황에 대한 인식이 부족했다는 사실의 한 예로 그가 승려의 결혼을 허가해 줄 것을 다른 사람도 아닌 일본 통감에게 청원했던 사실을 들 수 있다. 또 승려들이 어떻게 하면 힘있고 강력한 집단이 될 수 있을 것인가 하는 불교 세력의 강화에 집착한 것도 그것에 한 원인으로 작용하였을 것이다. 기본적으로 불교 세력의 강화라는 데에만 관심이 있고 민족의 현실과 일반 백성들의 삶의 문제에 대한 깊이 있는 관심이 부족했다는 것이 이 『조선불교유신론』의 가장 큰 약점이라 할 것이다.

2. 후기

3·1 운동기 — 해방 이전

1. 전통 철학

1910년 일본 제국주의의 강점으로 조선 봉건 왕조가 몰락하면서 유교는 새로운 국면을 맞게 되었다. 국망國亡이라는 현실은 당시 유교 지식인들로 하여금 유교에 대한 근본적인 반성을 요구하였다. 특히 조선 왕조의 지배 이데올로기로 기능하였던 주자학에 대해서는 많은 부분 국망의 책임이 지워지면서 비교적 철저한 비판이 가해졌다. 이것은 1876년 개항 이래 유학을 중심으로 한 동도東道의 보존에 매달렸던 척사위정론이나 동도서기론의 연장선 위에 있으면서도 근본적인 입장의 차이가 일어난 것이다. 유교에 대한 비판적인 입장은 당시의 전반적인 분위기였다. 다만 반성과 비판의 표적이 유교 일반에 대한 것이냐 주자학에 국한된 것이냐, 또는 유교의 본질적인 부분에 대한 것이냐 그렇지 않느냐의 차이가 있을 따름이다. 이 시기 그 입장의 차이에 따라 크게 세 부류로 정리해 볼 수 있다.

첫째가 공교孔敎 운동이다. 대표적인 인물로 이승희李承熙와 이병헌李炳憲이 있는데, 둘 다 영남 학파 이진상의 후예들이다. 이들은 종래 주자학으로는 당시 문제를 해결할 수 없다고 보아 종교화를 통한 유교 개혁을 말하고 있다. 이러한 공교 운동은 당시 중국의 강유위康有爲가 대동大同 사상을 바탕으로 전개한 공교 운동과 직접적인 연관성이 있다. 둘째는 양명학의 중시이다. 대표적인 인물로 박은식朴殷植과 정인보鄭寅普가 있는데, 정제두 이래의 강화江華 학파 학맥을 직간접적으로 잇고 있다. 이들은 주자학 대신 양명학을 통해 유학을 근대의 철학, 시대의 철학으로 탈바꿈할 것을 제시하고 있다. 셋째는 민족 정신을 바탕으로 유교 전반뿐만 아니라 특히 종래 유학자들에 대해 총체적으로 비판하면서 고유 사상으로서의 선교仙

敎를 말한 인물도 있다. 신채호申采浩가 그 대표적인 인물이다.

이승희는 대한제국이 패망하기 직전인 1909년 만주로 망명하여 독립 운동 기지를 마련하기 위해 밀산부 한흥동에 한인 부락을 건설하였다. 그리고 그는 이 망명 한인 공동체의 이념 정립과 교육을 위해 공교 운동을 전개하였다. 나아가 봉천성·길림성·흑룡강성 일대에 망명하고 있는 한인들을 중심으로 한인공교회를 설립하여 북경공교회로부터 승인을 받기도 하였다. 그는 『예운집주禮運集註』에서 자신이 생각하는 대동의 이상 세계를 적고 있으며, 『공자세기孔子世紀』에서는 공교의 교주로서 공자의 모습과 위치를 부각시키고 있다. 그의 공교 운동은 유교의 종교화와 근대적 자기 발전을 꾀하였다. 특히 그는 유교에서 민족성과 세계성 모두를 찾고 있다. 곧 그는 민족 문화의 전통으로 유교를 인식하여 민족 의식을 배양하는 바탕으로 삼는 한편, 유학이 지니는 보편적 가치 체계를 바탕으로 민족과 지역의 한계를 넘어 세계성을 확보하고 있다.

이병헌은 1914년 이래 다섯 차례에 걸쳐 중국을 방문하여 강유위를 직접 만나고, 또한 곡부에 있는 공자 후손과 교유하면서 공교 운동을 전개하였다. 그는 이승희와 달리 국내인 경남 산청에 배산培山 서당을 세워 유교의 재건과 개혁을 도모하였다. 그의 공교 운동과 유교 개혁 사상은 『유교복원론儒敎復原論』에 잘 나타나 있는데, 이 책은 불교의 근대적 개혁 내용을 담고 있는 한용운의 『조선불교유신론』에 비견될 만하다. 그도 당시 사람들과 마찬가지로 주자학 중심의 유학으로는 당시 문제를 해결할 수 없다고 생각하였지만, 공자를 중심으로 하는 유교는 아무런 부족함이 없이 그 자체로 원만구족하다고 보았다. 이에 그는 당시 유교 전체에 대한 비판을 오해와 편견에서 비롯된 것이라고 지적한 뒤 공자를 절대 유일의 교조로 내세우고, 상제上帝를 주재신으로 부각시킴으로써 유교와 다른 종교의 평등한 지위를 요구할 뿐만 아니라 유교의 궁극적 우월성에 대한 신념을 드러내 보였다.

박은식은 한말에는 언론을 통한 애국 계몽 운동에 주력하였으며, 일제 강점 이후에는 중국으로 망명하여 독립 운동과 더불어 우리 민족의 국혼國魂을 유지하는 유일한 방법이 역사 자료를 수집·편찬하는 것이라고 생각하여 수많은 역사서를 저술하고 번역하였다. 그의 대표적인 저서로『한국통사』·『한국독립운동지혈사』·『동명왕실기』·『발해태조건국지』·『대동고대사』가 있으며, 번역서로『발해사』와『금사』가 있다. 그는 애국 계몽 운동 시기에 내놓은『유교구신론儒敎求新論』에서 당시 유교의 폐단을 세 가지로 정리하고 있다. 첫째, 인민보다는 제왕의 편에 주로 서 있다는 점이다. 둘째, 철저한 구세주의救世主義 정신이 부족하다는 점이다. 셋째, 번다하고 지리한 주자학에만 빠져 있다는 점이다. 이어 이러한 봉건적이고 소극적이며 주자학에만 빠져 있는 유교에 대한 구신책으로 간단하고도 쉬우며 효과가 두드러진 양명학을 말하고 있다. 곧 양명학에 의한 유교의 개혁을 통해 근대 사상으로 되세움으로써 민족 독립 등 새로운 시대 요구에 부응하는 사상으로 만들고자 하였다. 그는 양명학의 강점을 다음과 같이 말하였다. "오늘날의 유학자가 각종의 과학 이외에 본령의 학문을 구하고자 한다면, 양명학에 종사하는 것이 실로 간단하고도 긴요한 법문이다. 대개 치양지학致良知學은 직접 본심本心으로 하여금 바로 범속을 초월해서 성인의 영역으로 들어가게 하는 길이요, 지행합일설知行合一說은 마음의 은미한 곳에 대하여 성찰하는 법이 긴요하고도 절실하며 사물을 응용하는 데 있어 과감하고 힘이 왕성하다. 이것이 실로 양명학파의 기개와 사업에 특별히 두드러진 공효가 많은 까닭이다."

정인보는 1910년 일제가 조선을 강점하자 중국으로 망명하였다가, 1923년 귀국하여 교육과 언론에 종사하면서 국학의 연구에 심혈을 기울였다. 그는 강화 학파의 후예인 이건방李建芳의 제자로 박은식에 이어 근대 양명학을 꽃피웠으며, 대표적인 저작으로『양명학연론陽明學演論』이 있다. 그는 과거 수백 년간 조선의 역사는 실로 '텅 비고 거짓됨'(虛假)이 드러낸 자취일 뿐이라고 말하면서 다음과 같이 비판하고 있다. "조선 수백 년간 학문으로는 오직 유학이요, 유학으로는 오직 정주학을 신봉하였으되,

신봉의 폐단은 대개 두 갈래로 나뉘었으니, 하나는 그 학설을 받아 자신의 편의를 도모하려는 사영파私營派요, 다른 하나는 그 학설을 배워 중화적전中華嫡傳을 이 땅에 드리우자는 존화파尊華派이다. 그러므로 평생을 몰두하여 심성心性을 강론하되 실심實心과는 얼러볼 생각이 적었고, 일세를 떠들썩하게 도의를 표방하되 자신밖에는 보이는 것이 없었다." 여기에서 볼 수 있다시피 그는 주자학에 대해 '텅 비고 거짓됨'의 책임을 돌린 뒤 실심·실행實行의 학으로 양명학을 말하고 있다. 그는 『양명학연론』에서 양명학을 일으킨 왕수인과 그 후예들, 기본적인 이론 및 한국 양명학파에 대해 적고 있다. 한편 그는 이러한 실심·실행에 대한 관심을 실학으로까지 넓혀 실학 사상가들의 문헌을 발굴·정리하기도 하였다. 결국 그는 국학 연구를 통해 민족 정신을 밝히고 민족 전통을 보존하는 데 힘썼던 것이다.

신채호는 한말에 언론 활동을 통해 애국 계몽 운동에 참여하였으며, 일제 강점 직전인 1910년 4월 중국으로 망명하여 독립 운동과 국학 연구로 일생을 보냈다. 대표적인 저술로 『조선상고사』·『조선상고문화사』·『이순신전』·「조선혁명선언」 등이 있다. 그는 유교에 대해 비교적 전면적인 비판을 가하고 있다. 우선 그는 유교의 말폐로 모화의 폐단, 모방과 의타성 조장 및 노예 사상 등을 들고 있다. 문약文弱이라든가 당파 등 조선 사회가 지녔던 각종 폐풍은 모두 이러한 유교의 말폐로 말미암았다고 생각하였던 것이다. 그의 비판은 이처럼 유교의 말폐에만 그치는 것이 아니었다. 유교의 본질적 측면이라고 말할 수 있는 그 윤리 도덕마저 이제는 "붕괴하지 않을 수 없는 도덕이요", "국가와 민족을 멸망케 할 도덕"이라고 극언하는 데까지 이른다. 그 이유로 유교의 윤리 도덕이 지니는 본질적 특성이라 할 수 있는 약자 패자의 도덕, 복종의 중시 곧 노예의 도덕, 공사公私의 전도, 소극적 자세를 들고 있다. 그렇다고 하더라도 그의 비판이 유교 전반에까지 미치지는 않았다. 반면 그는 고유 사상론을 전개하였다. 곧 우리의 고유 사상은 화랑에 의해 전수된 낭가 사상으로서 국선國仙 등으로 일컬어지는 선교라고 보았다.

이상에서와 같이 유교 지식인에 의한 유학의 근대적 변모는 다양한 각도에서 진행되었다. 한편 1920년대 중후반에 이르면 유학 및 동양 철학에 대한 근대적 학문 방법에 따른 연구가 시작되면서 강단 철학이 등장하였다. 강단 철학으로서 동양 철학의 시작은 일제에 의한 경성제국대학의 설립과 직결되어 있다. 경성제국대학은 1923년 설립되고, 3년 후인 1926년부터 법문학부에서 조선어문학 강의를 통해 조선 사상사가 강의되기 시작하였다. 이 때 강의를 담당했던 인물이 다카하시 고(高橋亨)이다. 그의 「조선유학대관」(1927)과 「이조유학사에 있어서 주리주기파의 발달」(1929)이라는 글은 우리 나라 강단 동양 철학의 효시라고 말할 수 있다. 그러나 그는 이 연구를 통해 한국 사상의 특성을 다음과 같이 보고 있다. 첫째, 한국 유학은 수백 년을 주자학에만 매달린 것에서 볼 수 있다시피 사상적 고착성이 그 특성이다. 둘째, 이황과 이이의 사단칠정 논쟁에서 볼 수 있다시피 독창성이 전혀 없는 종속성이 그 특성이다. 셋째, 주리파니 주기파니 하는 학파의 분열이 영남 학파와 기호 학파, 혹은 퇴계 학파와 율곡 학파 등의 분열과 연결되듯이 분열성의 당파심이 또한 그 특성이다. 이러한 주장은 편견에 가득 찬 것으로, 관변 어용 학자의 견해를 잘 대변한다고 볼 수 있다. 어쨌든 그의 주장은 한국 학자들에게 비판과 극복의 과제로 남게 되었다. 한편 이 시기에는 종래 성균관에서 친일 어용 기관으로 변모해 버린 경학원을 중심으로 황도皇道 유학이 전개되기도 한다.

2. 서양 철학

유학생의 증가와 경성제국대학의 설립

1631년 정두원鄭斗原이 북경에서 『천학초함天學初函』을 가져 오면서 우리 나라에 서양 철학이 처음 들어왔다. 그러나 이 문집에는 서양 철학이 서양 학문의 한 분야로 간단히 소개되었을 뿐이다. 서양 철학이 더욱 체계적으로 소개된 것은 1912년 이인재李寅梓의 『철학고변哲學攷辨』이 저술되면서부터이다. 그는 고대 그리스 철학을 소개 비판하면서 'philosphy'를 '철학哲學'이라고 번역한 일본의 니시 아마네(西周)가 만든 용어를 그대로 사용하였다. 개화 후 최초의 서구 유학생이었던 유길준兪吉濬은 서적을 통해서가 아니라 강의를 통해 서양 철학을 직접 접한 최초의 인물이기도 한데, 그는 『서유견문西遊見聞』에서 서양의 많은 학문들 가운데 하나로 철학을 소개하였다.

우리 나라가 서구의 전통적 의미에서 철학과 처음 접하게 된 것은 이인재와 유길준의 예에서 보듯이 19세기 후반 개화 사상의 확대와 밀접한 관련을 맺고 있다. 서양 철학은 구한 말 개화파에 의해 부국강병책의 일환으로 수용된 서양 사상의 한 분야였다. 이들의 개화관이 서양 문물을 좋아야 할 이상적 모범으로 간주하고 전통 사상을 지나치게 경시하는 경향을 보이기는 하였으나, 애국 계몽 운동 기간을 거치면서 차츰 그에 대한 반성도 일어나게 되었다. 즉 전통 문화를 긍정적으로 평가하고 그 기반 위에서 서양 문화를 비판적으로 섭취해 주체적으로 신문화를 이룩하려는 기운이 생겨났던 것이다. 그러나 일제에 의한 식민 통치를 겪으면서, 이러한 주체적 노력 대신에 서양 사상의 몰주체적인 수용이 우세하게 되었다. 교육 주권을 장악한 일제는 식민지 우민화 교육을 통해 전통 사상의 파당성을 강조하고 패배 의식을 조장하는 한편, 관비 유학생을 보내는 등 일본화된 서양 지식을 주입시켜 나갔다.

한국의 근대적 지식인은 식민지 시대에 비로소 출현했다고 볼 수 있는데, 이들이 배운 '신지식'은 서양의 근대적 지식을 일본의 사회 체제에 맞게 변형시킨 '일본화된 신지식'이었다고 할 수 있다. 주로 일본 유학을 통해 형성된 새로운 지식인층은 식민지 현실에 적응하기 위해서든 저항하기 위해서든 '일본화된 신지식'을 흡수하려고 노력하였다.

이 새로운 지식인층에게서 서양 문화를 수용할 때 전통 문화와의 사이에 빚어지는 창조적 긴장을 발견하기란 어려운 일이다. 이렇게 된 데에는 식민지 지배를 정당화하기 위해 전통 문화를 왜곡시켰던 일제의 정책 탓도 있었지만, 그보다 더 중요한 것은 자주적 근대화의 좌절감을 뼈저리게 체험한 한국 지식인층의 태도 때문이었다. 배일적이든 일본 동조적이든 20세기 초의 한국 지식인들은 비록 문화적으로는 서양보다 아래에 있지만, 일찍이 서양 문화를 받아들여 열강의 대열에 오른 강국으로 일본을 이해했다. 신흥 일본이 지닌 힘의 뿌리를 서양 문화에서 찾은 한국의 지식인들은 전통 사상에 곱지 않은 눈길을 보냈으며, 이러한 탈전통의 지향은 식민지 시대의 지적 조류의 한 특징이 되었다.

20세기에 접어들면서 많은 유학생들이 서양 사상과 직접 접촉하기 위해 유학의 길을 떠났다. 한국 지식인이 서양 사상을 쉽게 접할 수 있는 통로는 일본이었다. 왕래가 쉽다는 지리적 이점 외에도, 유학 비용이 저렴하고 한국에 강력한 세력을 구축하고 있던 일본의 입김 때문에 ‘신지식’을 위한 향학열은 주로 일본 지향적일 수밖에 없었다. 또한 실업 교육 위주의 교육 정책으로 고등 교육 기관인 대학이 당시에 하나도 없었다는 점도 일본 유학을 부추기는 한 요인이 되었다. 특히 1920년대에 오면서 유학생의 수가 부쩍 늘면서 철학 전공자들도 다수 생기게 되었다. 우리 나라에서 서양 철학에 대한 관심이 확대되기 시작한 것은 이 1920년대부터였다. 유학생이 급증하는 한편, 일본뿐만 아니라 미국과 유럽으로 떠난 유학생도 상당수에 달하였다.

3·1 운동 이후 서양 학문에 대한 열기가 높아 가자 민족 진영은 점진적 실력 양성론의 일환으로 민립 대학 운동을 활발하게 벌이기 시작했다. 조선총독부는 민립 대학 운동의 의지를 무산시키고 한국인들의 교육 열기를 체제 내적인 것으로 돌리기 위한 방편으로 경성제국대학을 설립하였다. 경성제대의 설립부터가 민족 의식을 억누르고 식민지 경영을 원활히 하려는 필요성에서 시작된 것인 만큼, 경성제대가 식민지 관학의 학풍을 띠었던 것은 당연하였다. 일제는 경성제대를 통해 식민지 권력 기구에 순종하는

중간 엘리트를 양성하고자 했으며, 그나마 경성제대 입학 여부도 성적 본위로 가름하는 것이 아니라, 일본인을 우선 입학시키고 난 뒤 사상 성향에 따라 허락을 했던 것이다.

한편 경성제대의 설립은 이 땅에 서양의 근대 학문 연구를 위한 밑받침이 되었다. 비록 식민지 관학이었지만 대학이 설립되었다는 것은 지식을 관리하고 통제하는 제도적 장치를 갖추게 되었음을 뜻했다. 경성제대의 설립은 한국의 서양 근대 학문 연구의 출발점이 되었던 것이다. 경성제대가 설립된 후 3년 만인 1926년 철학과가 설치되었고, 서양 철학도 비로소 교양 철학의 수준을 벗어나서 체계적으로 강의되기 시작하였다. 이제 서양 철학은 단순한 소개의 차원을 벗어나서 대학이라는 제도적 장치 속에서 본격적으로 연구할 수 있게 되었다. 경성제대가 설립되지 않았더라면 소수의 외국 유학생들에 의한 불연속적인 철학 연구는 있었을지라도, 연속적인 철학 연구나 철학 전문지의 발간 같은 일은 있기 어려웠을 것이다.

경성제대가 갖는 식민지적 특성과 근대적 특성은 초창기 근대 학문 1세대에게 주어진 학문적 환경으로 줄곧 작용했다. 식민지 지식인이 갖는 민족 의식과 학문의 객관성 추구는 둘 다 포기될 수 없는 이념적 지향이었다. 그러나 이 두 지향은 조화롭게 결합되기 힘든 것이기도 했다. 경성제대가 갖는 식민지 관학으로서의 성격 때문에 민족 의식의 싹은 철저히 배제되고, 학문의 객관성은 실증적 연구의 차원에 메어 있기 일쑤였다. 어떻든 1929년 제1회 졸업생이 배출되면서 서양의 근대 학문 연구가 본격적으로 가동되었다. 철학의 경우에 국한시켜 볼 때, 이들 경성제대 출신의 철학 전공자들이야말로 외국 유학에서 돌아온 유학생과 더불어 서양 철학 연구의 초석을 놓은 철학 1세대들이었다.

초창기의 서양 철학 연구와 좌절

유학생의 귀국과 경성제대 졸업생의 지속적 배출 등 철학 연구의 인적 자원이 두터워진 것을 배경으로 하여 1930년대에 이르면 본격적인 서양 철학 연구가 이루어진다. 현대 한국의 철학은 1930년에 서양 철학에 대한 연구와 더불어 시작되었다고 할 수 있다. 1930년대는 비록 소수이지만 귀국 유학생과 경성제대 출신의 철학 전공자들이 주축이 되어 철학적 토론이 이루어지고, 학술지나 단행본 등을 통해 그들의 연구 성과를 발표하기 시작한 시기였다. 물론 철학뿐만 아니라 국문학·사학·경제학 등 다른 서양 근대 학문도 이 시기부터 활발한 연구가 이루어졌다.

특히 중요한 사실은 사학계의 『진단학보震檀學報』와 마찬가지로 1933년 최초의 철학 전문지인 『철학』이 발행되었다는 점이다. 철학 전문 학술지를 발행한 주체는 유학생과 경성제대 졸업생으로 구성된 '철학연구회'였다. 철학연구회는 몇 차례에 걸쳐 철학 강연회를 개최하기도 하였다. 『철학』지에 나타난 철학 연구의 특징은 전통 사상 관련 논문이 한 편도 실리지 않았다는 점, 특정 철학자의 철학을 해설하고 비판하는 것이 아니라, 대부분의 논문이 문제 지향적이라는 점에서 찾을 수 있다.

1930년대는 전세계적으로 파시즘이 득세하고 있었고, 국내적으로도 일제의 민족 말살 정책이 고개를 들기 시작한 시기였다. 젊은 철학도들은 이러한 비극적 현실에 뿌리 박은 분명한 문제 의식을 지니고 있었다. 따라서 비록 서양 철학 일색의 연구였다고 할지라도, 어디까지나 그것은 문제 해결을 위한 방편이었음을 알 수 있다.

초창기 철학자들의 문제 의식은 그들이 다루는 철학 내용과 방법에도 영향을 미쳤다. 『철학』지에는 생철학과 실존 철학 관련 논문의 상대적 우세가 두드러지는데, 이들 논문에서는 당대의 정세(situation)에 촉각을 곤두세우는 인간학적 자각과 그에 기초한 실천이 강조되고 있었다. 위기의 시대, 전환기의 시대에 살고 있다는 철학적 자의식이 분명히 드러나 있고, 구체적 현실과 주체의 각성이 철학의 중심 주제를 이루었다. 마르크스주의 철학 관련 논문에서도 파시즘에 대한 경계와 이론과 실천의 통일이 주장되었다. 요컨대 파시즘의 바람이 점차 드세어지는 식민지 현실 앞에서 초창기 철학자들은 실천적 문제 의식을 가지고 철학적 탐구를 펼쳐 나갔던 것이다.

그들은 시대 현실에 주목하여 실천을 강조했을 뿐만 아니라, 거의 모두가 형식 논리를 배격하고 변증법을 선호하는 것을 볼 수 있다. 마르크스주의 철학, 실존 철학, 독일 관념론 철학은 물론이며, 생철학의 경우에도 가장 강도 높게 형식 논리의 무용성을 강조하고 주체와 객체의 변증법적 통일을 주장하였다. 초창기 철학자들이 관념론적이든 유물론적이든 변증법을 신뢰한 이유는 독일 철학의 전반적 특징과 일본 철학계의 영향을 배경으로 하고 있었지만, 무엇보다도 변증법이 전환기의 시대적 현실을 이해하고 올바른 실천으로 이끄는 현실의 논리라고 파악하였기 때문이다. 즉 이들에게 변증법은 식민주의와 제국주의 현실을 이해하는 열쇠를 줄 뿐만 아니라 민족 해방의 가능성을 보여 주는 것으로 인식되었기 때문이다.

1930년대 중반, 특히 1937년 중일 전쟁 이후 파시즘의 바람은 점점 거세어져 드디어는 폭풍으로 식민지 현실을 덮쳐 왔다. 중국 대륙 침략을 위한 견고한 후방 기지를 마련하려는 정치·경제·군사적 노력이 병참 기지화 정책이라면, 사상·문화적 노력은 황민화 정책으로 나타났다. 중일 전쟁 이후 병참 기지의 중요성이 확대된 식민지 조선으로부터 사상·문화적 뒷받침이 필요했고, 이는 황민화 정책의 정점인 '내선 일체'라는 주장으로 나타났다. 내선 일체는 내선 융화를 뛰어넘어 "모양도, 마음도, 피도, 육체도 모두 일체가 되지 않으면 안 된다"고 하는 조선 민족 말살론을 의미하였다. 이제 한반도는 한민족이 이 지구상에 존속할 수 있는지를 실험하는 인간 개조의 장소가 되어 버렸다. 이런 시대적 상황을 염두에 둘 때 철학 연구에서 고통스런 자기 성찰과 식민주의에 저항하는 첨예한 문제 의식을 찾는 것은 애초 무리일 것이다.

1930년대 전반기에 활발한 활동을 벌였던 철학연구회는 1936년 활동이 중단되고, 『철학』지도 3호를 끝으로 폐간되기에 이르렀다. 황민화 정책을 배경으로 한 일제의 사상 통제로 1937년 『신흥』지도 9호를 끝으로 폐간되었다. 『철학』지가 폐간되고 철학연구회가 그 기능을 발휘하지 못하자, 실질적으로 그 기능을 인계받은 것은 이미 1933년에 결성된 경성제대 철학연구실의 '철학담화회'였다. 원래 경성제대 철학과는 철학을 전공할 수 있는 유일한 곳이었고, 교수진들은 정책적으로 일본인 학자들로만 구성되어 있었다. 외국에서 유학한 한국인들은 대개 사립 대학에서 가르쳤는데, 사립대에서는 철학이 교양 교육의 일환이었기 때문에 다음 세대의 철학자들을 교육시킬 기회를 갖지 못했다. 따라서 철학연구회의 활동이 중단된 시점에서, 경성제대 철학연구실은 서양 철학 연구의 중심이 될 수밖에 없었다. 이제 식민지 시대 후반기의 철학 연구는 일본인 교수의 지도를 받는 철학담화회를 중심으로 이루어지게 되었다.

철학담화회의 연구 내용은 주로 독일 관념론과 실존 철학이었다. 해방 후 남한 철학계의 중진을 이루는 철학담화회의 구성원들의 철학 경향은 1960년대 중반 이후 철학적 관심이 다양화될 때까지 철학의 외연과 동일시될 정도로 이 땅의 철학계에 커다란 영향을 미쳤다. 주로 헤겔(Hegel)과 하이데거(Heidegger) 중심으로 철학 연구가 진행된 것은 일본 철학계의 영향을 직접적으로 받은 결과이며, 한편으로는 '대동아 공영 체제'가 허용하는 몇 안 되는 서양 철학의 조류였기 때문이었다. 초기 서양 철학 연구자들은 비록 독일 철학에 편중되어 있었다고는 하나, 서양 철학 사조를 비교적 균형 있게 연구하였다고 볼 수 있다. 그러나 이 시기의 철학 연구는 『철학』지에 나타난 내용과 비교해 볼 때 일본 철학의 영향을 거의 직접적으로 받은 것이었다고 할 수 있다. 이 땅의 철학계에 수십 년 동안 독일 계통의 관념론 철학이 커다란 영향력을 행사하게 된 데에는 이와 같은 역사적 배경이 자리 잡고 있었다.

1930년대의 비극적 현실에서 '철학함'의 출발점을 발견하였던 초창기 철학자들의 문제 의식은 아카데미즘에 의해 가려졌고, 시류에 따라 일본 철학계의 조류에 순응하고 말았다. 1930년대 전반기에 보여 준 철학 1세대들의 실천 지향적·현실 지향적 문제 의식은 순수 아카데미즘적 관념 일변도의 일본 추수적 방향으로 급격히 변모되고 말았다. 특히 초창기 철학자들의 변증법에 대한 관심은 점차 헤겔에서 유래한 일본판 절대 관념론으로 흡수, 통합되어 갔다. 일본 철학에 경도된 이러한 경향은 철학 1세대들로 하여금 철학적 노력을 통해 민족적 관심과 부합하는 창조적 철학이 나올 수 있는 기반을 빼앗아 버리는 결과를 가져 왔고, 분단 이후 남한 철학계의 흐름에도 큰 영향을 끼치게 되었다.

마르크스 철학의 수용과 전개

1920년대의 민족 운동이 민족주의와 사회주의로 사상적 분화를 했다는 점은 널리 알려져 있다. 사상사적으로 1920년대는 사회주의, 그 중에서도 마르크스주의의 급속한 수용으로 특징 지을 수 있다. 3·1 운동의 실패 이후 민족주의 운동이 계급적으로 분화되면서 민족 해방을 위한 이념으로서 마르크스주의가 수용되었다. 여기에서 마르크스주의는 단순히 철학뿐만 아니라 경제 이론과 정치 이론도 포괄하는 통일적 체계를 의미하며, 구체적으로는 러시아의 볼셰비즘을 가리킨다. 마르크스주의는 불과 몇 년 만에 민족 해방 운동의 주된 이념 가운데 하나로 자리를 잡게 되었다.

이렇게 급속히 마르크스주의 사상이 대두하게 된 것은 러시아 혁명의 영향이나 일제의 문화 정책에 따른 언론 매체의 활성화 탓도 있었지만, 무엇보다도 3·1 운동의 전개 과정에서 노동자·농민들이 광범위하게 참여함으로써 민족 해방의 주체 세력으로 등장했기 때문이었다. 물산 장려 운동을 둘러싼 민족주의와의 논쟁, 조선공산당 창당, 신간회 결성 등을 통해 알 수 있듯이 1920년대 마르크스주의 수용은 빠른 속도로 이루어졌다.

많은 지식인들이 마르크스주의에 경도된 것은 민족 해방에 대한 관심과 열정 때문이었다. 식민지 현실에 비판적·실천적 자세를 견지하려고 할 때, 민족 해방의 사상적 무기로서 마르크스주의가 갖는 매력은 당시의 지식인들에게는 대단한 것이었다. 민족 해방을 위해서 과거 애국 계몽 운동 이래의 '개량주의적 개혁 방법'으로는 더 이상 파탄한 민족 현실을 구제할 수 없다는 반성이 일어났고, 당시 세계적 사조로 등장한 마르크스주의 이념이 매력적 대안으로 등장한 것이다. 요컨대 마르크스주의는 서구의 상황과는 달리 출발부터 민족 해방의 새로운 이념적 지주로서 수용되었으며, 이 점은 식민지 시대 마르크스주의의 내용을 본질적으로 규정한 요인이 되었다.

1920년대의 마르크스주의는 주로 혁명 이론과 투쟁 방법으로 수용되었으며, 마르크스주의 철학은 계몽적 소개의 수준을 벗어나지 못했다. 마르크스주의가 한국에 수용되는 경로는 소련과 일본의 두 길이 있었는데, 이 중에서도 특히 일본 유학생의 역할이 중요했다. 일본에서는 1905년을 전후로 마르크스주의가 번역 소개되기 시작했고, 1927년 경에는 마르크스-엥겔스 전집이 번역되기 시작해서 1935년에 완결되었다. 식민지 지식인의 마르크스주의에 대한 학습은 정규 교과 과정을 통해 이루어진 것이 아니라, 주로 일본에서 번역된 마르크스주의 관계 서적의 탐독을 통해서였다. 마르크스주의는 철학·정치학·경제학을 총괄하는 통일적 체계인데다가, 사회 운동의 실천과 뗄 수 없는 연관을 지니기 때문에, 마르크스 철학의 연구만을 독립적으로 다루기는 어려웠다. 더욱이 1920년대 마르크스주의 철학은 실천 운동의 세계관으로 수용되기는 했으나 그 자체로서 본격적으로 탐구되지는 못했다.

마르크스주의 철학 연구가 전문적으로 시작된 시기는 1930년대부터였다. 1930년대는 철학뿐만 아니라 서양 근대 학문 전반이 비로소 연구되는 시기였다. 철학이나 문학 등 여러 지적 분야에서 지식인의 숫자가 급속히 증가했고, 1920년대와는 달리 지식이 전문화되고 세련화되던 시기였다. 이처럼 근대 학문의 출범을 알리는 1930년대는 또한 세계적으로 파시즘의 바람이 몰아쳤으며 그 선두 주자인 일본의 지배를 받았던 한반도가 그러한 파시즘의 가장 가혹한 희생자가 된 시기이기도 했다. 이 때문에 지식인의 수가 증가하고 그들 사이에 숱한 논의가 이루어졌지만, 1920년대에 볼 수 있었던 팽팽한 시대 의식이나 이념적 긴장은 사라지고, 사회적·역사적 책임 의식과 무관한 지적 작업이 대다수 논의의 주류를 이루었다.

1920년대에는 민족주의와 사회주의 사이에 혹은 사회주의 진영 내부에 이념적 지향을 뚜렷이 내건 많은 논쟁들이 있었으나, 1930년대의 논의는 앞서와 같은 이념적 긴장을 상실한 채 사상의 진공 상태를 드러내고 있었다. 파시즘의 바람 앞에 이러한 조짐을 최초로 드러낸 것은 프로 문학을 비롯한 좌파 논의의 퇴조였다. 물론 이러한 퇴조가 곧바로 사회 운동의 퇴조를 의미하는 것은 아니었다. 오히려 비합법 운동인 적색 노조·농조 운동이 활발하였고 노동 쟁의나 소작 쟁의의 수가 증가하였다. 그러나 철학·문학·종교 등 모든 사상 영역에서 정치적·사회적·이념적 지향성을 추방하고자 했던 일제의 가혹한 탄압 앞에 적극적 이념 추구는 사라지고, 그 대신 이데올로기의 내재화가 이루어지게 되었다.

마르크스주의 철학의 연구는 파시즘의 고조와 좌파 논의의 퇴조라는 시대적 배경 아래서 시작되었다. 마르크스주의 철학 연구자의 수는 철학 전공자 중 소수에 불과했고, 그나마 지속적인 연구도 이루어지지 못하였다. 마르크스주의가 일제에 의한 사상 통제의 주요 목표였던 당시의 상황에서 공개적이고 지속적인 연구가 다른 어떤 철학 분야보다도 어려웠기 때문이었다. 식민지 시대에서 마르크스주의 철학을 전문적으로 연구한 대표적 철학자는 신남철申南澈이다. 그의 다양한 논문은 식민지 시대 마르크스주의 철학의 수용에서 핵심 위치를 차지하는데, 관심 영역은 단순히 철학에 머무르지 않고 문학 비평·사회 과학 등에 걸쳐 광범위하였다. 신남철과 마찬가지로 경성제대 철학과를 졸업한 박치우朴致祐의 경우, 전문적 철학 논문은 한 편뿐이고 대부분 시사적인 논평에 치우쳐 있다. 이렇게 볼 때 식민지 시대에 이루어진 마르크스주의 철학 연구는 전체적으로 미미하며, 특히 일제 말기에 이르면 연구 자체가 아예 불가능하게 되었다.

해방이 되자 철학 연구를 위한 학문적 상황은 급격한 전기를 맞이하였다. 식민지 시대의 철학 교육은 주로 일본인 철학자들에 의해 이루어졌으나, 해방이 되고부터는 우리의 대학이 세워지고 철학 교육의 기초 작업의 일환으로 논리학·윤리학·철학 일반에 대한 입문적 개론서들이 쏟아져 나왔다. 교양 철학만 가르치던 한국인 교수들은 이제 전공 과목을 맡아서 깊이 있게 토론하고 원전 강독도 할 수 있게 된 것이다. 또한 마르크스주의 철학 연구도 활성화되어 각종 단행본이나 번역서들이 나오게 되었다. 식민지 시대에서 저류로 흐르던 온갖 사조들이 표면화되었고 철학자들의 사회 참여도 활발해졌다.

그러나 모스크바 3상 회의를 계기로 민족적 분열이 심화되어 가던 해방 정국은, 6·25 전쟁을 통해 돌이킬 수 없을 정도의 견고한 분단 체제로 귀결되고 분단 시대가 본격적으로 개막되었다. 이러한 역사적 현실의 급격한 변화는 해방 정국의 소용돌이 속에서나마 식민지 시대에서 이루어진 연구를 토대로 논리학·윤리학·철학사·원전 강독 등 조금씩 정지 작업을 진행시켜 나가던 철학계를 뿌리 째 흔들어 버리고 새로운 학풍이 싹트기도 전에 커다란 혼란에 빠뜨려 버렸다. 해방과 더불어 표면화된 마르크스주의 철학도 남한 철학계에서 자취를 감추어 역사적 단절이 이루어지고 말았다. 이제 전쟁이 빚은 참혹한 현실 앞에서 철학자들은 내면적 자아로 침잠해 버리고, 이러한 경향은 냉전의 흑백 논리에 의해 더욱 견고해지게 되었다.

■ 더 읽어 보아야 할 책들

1. 전기의 척사위정 사상 부분

김의환 외, 『근대 조선의 민중운동』 (풀빛, 1982)

금장태·고광직, 『유학근백년』 (박영사, 1984)

윤사순, 『한국유학사상론』 (열음사, 1986)

한국역사연구회, 『한국역사』 (역사비평사, 1992)

朱紅星 외, 『한국철학사상사』, 김문용 외 옮김 (예문서원, 1993)

한국철학사상연구회, 『논쟁으로 보는 한국철학』 (예문서원, 1995)

전기의 개화 사상과 서구 사상의 유입 부분

민경배,『한국기독교회사』(대한기독교서회, 1975)

신용하,『박은식의 사회사상연구』(서울대학교출판부, 1986)

강재언,『한국의 근대사상』(한길사, 1988)

강만길,『한국근대사』(창작과 비평사, 1989)

강재언,『한국의 개화사상』(비봉출판사, 1989)

민경배,『교회와 민족』(대한기독교출판사, 1992)

이광린,『한국개화사상연구』(일조각, 1992)

숭실대학교 부설 한국기독교문화연구소,『한국의 근대화화 기독교』(1992)

전기의 민중 사상과 종교 부분

황명선 외,『한국근대민중종교사상』(학민사, 1983)

강재언,『근대한국사상사연구』(미래사, 1986)

망원한국사연구실 근대민중운동사서술분과,『한국근대민중운동사』(돌베개, 1989)

이을호 외,『한사상과 민족종교』(일지사, 1990)

동학농민전쟁100주년기념사업회추진위원회 편,『동학농민전쟁연구자료집』(여강출판사, 1991)

최동희 외,『한국종교사상사』3 (연세대학교출판부, 1991)

김홍철 외,『한국종교사상사』4 (연세대학교출판부, 1992)

황준연,『한국사상의 이해』(박영사, 1992)

동학농민혁명기념사업회,『동학농민혁명과 사회변동』(한울, 1993)

한국역사연구회,『1894년 농민전쟁연구』3 (역사비평사, 1993)

전기의 불교 부분

불교신문사 편,『한국불교인물사상사』(민족사, 1990)

서경수,『불교철학의 한국적 전개』(불광출판사, 1990)

불교문화연구원,『한국불교사상사개관』(동국대학교출판부, 1993)

불교신문사 편,『한국불교사의 재조명』(불교시대사, 1994)

2. 후기의 전통 철학 부분

윤사순, 『한국유학사상론』(열음사, 1986)

금장태·고광직, 『속유학근백년』(여강출판사, 1989)

朱紅星 외, 『한국철학사상사』, 김문용 외 옮김 (예문서원, 1993)

금장태, 『한국유학사의 이해』(민족문화사, 1994)

후기의 서양 철학 부분

조요한, 「한국에 있어서 서양 철학 연구의 어제와 오늘」, 『사색』제3집 (숭전 대학교철학회, 1972)

조희영, 「현대한국의 전기철학사상연구」, 『용봉논총』제4집 (전남대, 1975)

진교훈, 「서양 철학의 수용과 전개」, 『한국철학사』하권 (동명사, 1987)

김재현, 「일제하 해방 직후의 맑시즘 수용」, 철학연구회, 『철학연구』제24집 (천지, 1988)

5. 현대의 사상
해방 이후 — 현재

1. 남한의 전통 철학

해방 후 남한에서는 동양 철학 전문 연구자들에 의해 강단 동양 철학이 본격적으로 전개되었다. 강단 동양 철학은 종래와 같이 주로 훈고와 해석에만 매달리는 경학적 방법을 벗어나, 서양의 근대적 학문 방법론 위에 자리를 잡는 것이 무엇보다 급선무였다. 이 과정에서 동양 철학은 서양 철학에 의한 격의格義의 과정을 불가피하게 거칠 수밖에 없게 되었다. 그 결과로 동양 철학은 '현대'란 특성을 부여받지만, 한편으로는 이전과는 다른 '격의 동양 철학', 곧 서양 철학의 세례를 받은 동양 철학이 되고 말았다. 이것은 동양 철학이 지역의 한계를 뛰어넘어 세계 철학, 보편 철학 속으로 편입되었음을 의미하며, 이와 동시에 동양 철학 본래의 모습으로부터 그만큼 멀어졌음을 의미한다. 동양 철학에 대한 이러한 현대화 작업은 중국에서는 이미 1920년대부터 본격화되었다. 따라서 해방 후 우리 나라의 현대 동양 철학은 주로 중국의 학문적 성과를 받아들이는 데 주력하였다.

해방을 맞으면서 동양 철학은 먼저 일제 강점이라는 절망적 현실을 맞아 전통 철학, 특히 유학에 가해졌던 비판들에 대한 재검토를 통해 비판적 정리와 함께 긍정의 단초를 마련하는 작업이 필요하였다. 다음으로 일제 강점 동안에 전개된 식민지 학풍의 잔재를 청산하고 극복하는 것이 과제로 대두되었다. 여기에서 식민지 학풍이란 주로 경성제국대학의 다카하시 고(高橋亨) 교수 등이 중심이 되어 전개한 한국 철학·사상의 부재론이나 정체론 등을 가리킨다.

일제 강점기 당시 많은 지식인들은 국망의 책임을 논하면서 그 많은 부분을 조선 왕조의 지배 이데올로기로 기능하였던 주자학으로 돌리는 데 주저하지 않았다. 특히 개명 지식인들은 주자학뿐만 아니라 유교와 전통 일반을 모두 봉건적 잔재란 이유로 청산의 대상으로 삼기도 하였다. 그러나 이러한 청산의 빈 자리에는 민족 허무주의밖에 남을 것이 없었다. 일제의 관변·어용 학자들은 바로 이 빈 자리에 민족성이니 뭐니 하면서 식민지 사관에 물든 내용물을 채워 넣기도 하였다. 그러나 당시 유교 지식인들은 그들과 달리 유교에 대한 비판적 반성과 아울러 시대의 문제를 해결할 수 있는 철학, 근대 철학으로의 변모에 남다른 노력을 기울였다. 이러한 비판적 반성 과정에서 비판의 표적이 주자학과 유교의 말폐에 집중되었으며, 신채호 같은 경우는 부분적으로 유교의 본질적인 부분에까지 비판의 화살을 겨누기도 하였다.

해방이라는 새로운 역사적 환경을 만나면서 이제 이 문제에 대한 재고의 필요성이 제기되었다. 유교에 대한 부정 일변도의 입장에서 벗어나 긍정의 단초를 가능한 한 확보하고자 했던 것이다. 이러한 작업에는 단절된 전통을 다시 잇는다는 의미와 더불어, 이 전통 시기의 철학을 엄연히 살아 있는 철학으로서 자리 매김한다는 의미도 함께 들어 있었다. 한국 현대 동양 철학의 개창자라고 할 수 있는 현상윤玄相允과 그에 이은 이상은李相殷 등이 이 문제에 적극적인 관심을 기울였다.

한편 이 시기에는 식민지 학풍의 비판과 극복에도 많은 노력을 쏟았다. 여기에서 일제 관변·어용 학자들의 주장을 조목조목 논파하는 작업도 이뤄졌지만, 이보다 더 중요한 것은 구체적인 연구 작업을 통해 저들의 주장을 발전적으로 극복하고자 한 점이다. 1949년 현상윤은 『조선유학사』를 발간하였는데, 이 책은 종래 학통 및 연원사 중심에서 벗어나 처음으로 철학 사상을 중심으로 씌어진 철학사이다. 현상윤을 한국 현대 동양 철학의 개창자로 보는 이유는 바로 여기에 있다. 그는 이 책에서 종래 부정적으로만 평가되던 주자학을 한국 유학과 철학을 대표하는 것으로 규정하였다. 이것은 조선 주자학이 지니는 역사적 공과功過를 떠나 순수히 철학적인 측면에서 평가한 것이라고 볼 수 있다. 그는 이 책에서 이황의 철학에 대한 일본 학자들의 평가를 덧붙이고 있는데, 이것은 그가 이황의 철학을 한국 유학의 최고봉으로 이해했음을 의미한다. 한국 유학 사상이 지니는 병폐의 대명사로 일컬어지던 이황의 철학이 이제는 정반대의 평가를 받기 시작한 것이다. 현상윤이 이황의 철학에 주목한 데 뒤이어 많은 학자들이 그에 대한 정리와 재평가 작업을 집중시킴으로써, 지금에 이르러서는 바야흐로 '퇴계학 르네상스'를 맞고 있다 해도 과언이 아니다. 그러나 여기에는 도통道統 의식과 문중門中 의식 등 부정적인 측면이 뒤섞여 있음도 부정할 수 없는 사실이다.

1970년대로 접어들면서 동양 철학 연구자들이 늘어나고, 정신문화연구원과 같은 연구 기관이 설립되어 활발한 연구 활동이 행해짐에 따라 동양 철학의 연구 대상이 확장되었다. 이황 이외의 여러 주자학자들, 나아가 양명학·경학·실학·서학 등에 대해서 심층적인 연구가 이뤄짐으로써, 고착성이니 종속성이니 하는 문제는 이제 더 이상 논의의 대상으로 다뤄질 수 없게 되었다. 이와 같은 남한 학계의 동양 철학은 대체로 민족주의 역사관 위에 서 있다고 할 수 있는데, 이는 크게 세 부류로 정리할 수 있다.

첫째는 중국과의 차별성과 내재적 발전에 주목하는 부류이다. 그들은 먼저 퇴계학을 위시한 한국 주자학을 중국의 그것과 비교하는 가운데 차별적·발전적 부분에 착안하면서, 바로 그 부분을 한국 철학의 지분으로 받아들이고 있다. 그리고 양명학·경학·실학 등에 대해서는 반주자학이라는 관점에서, 실학은 주자학과 질적으로 다른, 한국 유학이 이룬 내재적 발전의 총아로 보았다. 특히 그들은 실학 사상 속에서 근대의 모습을 그려 냄으로써 근대로의 주체적인 이행 가능성을 말하기도 하였다.

둘째는 유교 본원주의 입장에 선 부류이다. 이들은 우리 전통 사상의 본령은 유교이며, 그 유교는 이미 중국의 은·주 교체기인 기원전 12세기 기자箕子에 의해 전래되었다고 보고 있다. 이것은 주로 성균관이나 정신문화연구원 및 재야 계통의 일부 학자들이 주장하는 견해로서, 한말 장지연의 '유교종주국설'을 잇고 있다. 이러한 견해는 역사적 사실성 여부를 떠나 한말과 일제 강점하에서는 나름대로 긍정적 의미를 지닐 수 있었으나, 지금에 와서는 그와 같이 긍정적으로만 평가하기에는 곤란한 점이 있다. 왜냐하면 이것은 쉽사리 배타적 도통주의, 문화 일원주의, 극단적 민족주의와 결합할 수 있기 때문이다.

셋째는 고유 사상론에 선 사람들이다. 이들은 유교는 우리의 고유 사상이 아니라고 본다. 유교는 불교나 도교와 더불어 모두 외래 사상일 뿐이고, 시간적으로 이것들보다 더 오래 전에 형성되었으면서 이 후 전래해 온 외래 사상을 끊임없이 우리의 것으로 변질시키는 힘을 지닌 고유 사상이 있다는 것이다. 일찍이 신채호는 우리의 고유 사상으로 선교仙敎를 말한 적이 있다. 신채호의 이러한 주장은 당시에는 일제 관변·어용 학자들의 고유 사상 부재론에 맞선다는 의미를 가졌다. 그러나 오늘날까지도 이 주장을 그대로 받아들인다면 도리어 우리 사상을 볼품없는 것으로 만들어 버릴 우려가 있다.

위의 세 주장은 서로 겹치기도 하고 다른 부분이 있기도 하지만, 어느 것이나 나름대로 민족주의 역사관 위에 서 있다는 점에서 공통된다. 그러나 이것들은 지나치게 문화론적 입장에 치우쳐 있으며, 철학사를 관념의 자기 전개 및 발전의 역사로 보는 경향이 있다. 따라서 특정 철학이 특정 시대와 관련한 구체적인 내용을 확보하지 못하고, 또한 다른 철학으로 옮아갈 때 상호 철학간의 구체적인 연관성도 밝혀 내지 못한다. 다만 전통 철학을 온전한 형태로 복원해야 한다는 과제만 겨안은 채 강단 철학으로 일관하고 말았다. 이 모두는 '분단 시대'라는 역사적 성격이 남한 철학계에 부과한 과제와 무관하지 않을 것이다.

1980년대에 이르면 특정한 역사적 조건을 바탕으로 남한에서는 민족민주 운동이 드세게 일어나기 시작하였다. 이 민족민주 운동의 열기는 동양 철학계에도 영향을 미쳐 이들에게 실천적 요구를 하게 되었다. 이와 때를 같이하여 개혁·개방의 시대를 맞은 중국의 동양 철학 연구물들이 국내에 소개되기 시작하고, 아울러 북한 학계의 연구물도 소개되기에 이르렀다. 이러한 분위기 속에서 좀더 객관적이고 과학적이며 실천적으로 동양 철학을 연구하는 연구자 집단이 생겨나기도 하였다.

2. 남한의 서양 철학

실존 철학의 융성과 서양 철학 연구의 정착

전후의 정신적 황폐함 위에서 꽃핀 실존주의 및 실존 철학 연구는 제2차 세계대전 후 유럽 철학의 추세였으며, 1950년대 한국의 경우도 예외는 아니었다. 6·25 전쟁이 남긴 민족적 상처는 철학의 영역에서도 그대로 나타나, 구체적 역사 현실에 맞서려는 철학적 노력은 사라지고 허무주의적 기풍이 자리를 대신하게 된 것이다. 전후의 정신 상태는 불안이라든지 절망과 같은 용어가 호소력을 지닐 정도로 병적이었다. 이러한 상황에서 1930년대부터 우리에게 소개되었던 실존 철학이 철학도들의 정신과 가슴을 사로잡게 되었다. 철학도뿐만 아니라 전쟁과 굶주림 속에서 절망과 부조리를 뼈저리게 느꼈던 한국의 지식층에게 실존주의 및 실존 철학은 '시대의 사상'으로 호소력을 지니고 있었다. 실존 철학 연구의 효시를 이룬 박종홍朴鍾鴻이 1950년대 실존 철학의 광범한 수용기에 한국의 대표적인 철학자로 떠오른 것도 이런 배경 아래서였다.

경직된 냉전 체제로 인해 한국의 지성계에는 좌파 이념이 설 땅을 잃었으며, 민족주의 이념조차 용공으로 배척되기 일쑤였다. 사회주의와 민족주의 이념이 완전히 배제된 지적 지형에서 실존주의는 유행처럼 지식인들 사이에 번져 나갔다. 1950년대의 실존주의는 전후의 정신적 폐허를 극복하려는 지적 모색과 분단 의식을 강요하는 냉전 문화에 대한 개인적 수준의 항변을 부분적으로 드러내고 있지만, 전체적으로 보아 역사 현실에 대한 관심으로부터 개인의 내면적 자아로 빠져드는 경향을 보였다. 이 때문에 실존주의는 그 역사적 의미에 대한 숙고나 비판적 수용의 노력이 결여된 채 1950년대 분단 한국에 문자 그대로 직수입되었다고 볼 수 있다.

1960년대 중반까지 한국 철학의 중심에 자리 잡고 있던 서양 철학 사조는 독일 관념론과 실존 철학이었다. 이 두 철학 사조는 철학의 외연과 동일시될 정도로 이 기간 동안 한국 철학을 지배하였다. 이런 현상은 이 땅에 서양 철학이 수용되는 과정에서 독자적 수용의 길을 걷지 못하고 일본 철학계의 영향을 받은 결과였다. 일본 철학계가 독일 철학과 밀착되어 있었기 때문에, 한국 철학도 독일 철학의 영향을 받지 않을 수 없었던 것이다. 1931년에서 1968년까지 발표된 철학 논문 가운데 철학 사조로서는 독일 관념론과 실존 철학이 우세하며, 철학자로는 칸트·헤겔·하이데거가 가장 많이 다루어졌다. 독일 관념론은 식민지 시대에서 철학적 훈련을 쌓은 철학자들에 의해 1950년대에 와서도 계속 연구되었고 그에 따라 일정한 학문적 성과도 낳았다.

특정 철학에 대한 이러한 편중에도 불구하고 학문 분과로서 철학 발전을 위한 정초는 계속 다져져 갔다. 1953년 '한국철학회'가 발족되었고 초창기 철학자들과 연속성을 유지한다는 의미에서 이름을 그대로 따온『철학』지가 간행되었다. 또한 철학 교육을 위한 기초 작업의 일환으로 철학 교재의 집필과 철학을 보급하기 위한 사상 강좌류의 저술이 이루어졌다. 특히 1950년대 말 다수의 철학자들이 미국과 독일에서 공부를 마치고 돌아옴으로써 철학의 관심 영역이 과학 철학, 현대 논리학 등으로 차츰 폭이 넓어지기 시작하였다. 한국철학회 초청으로 미국과 독일의 철학자들이 직접 한국을 방문하면서 서양 철학과 직접 접촉하는 경험도 하게 되었다.

이러한 철학적 관심의 확대는 미국 문화 일변도의 수용에 따른 불가피한 추세로서, 이후 독일 계통의 철학과 아울러 한국 철학계의 중요한 관심 영역을 이루게 되었다. 철학뿐만 아니라 사회 과학의 연구 내용이나 방법론도 미국적 학풍의 영향을 받게 되었다. 6·25 전쟁을 거치면서 정치·경제·문화 등 모든 부문에서 미국과의 관계가 급속히 긴밀해졌기 때문이었다. 장학금을 제공하여 도미 유학을 장려하는 등 미국 정부의 정책적 배려를 통해 유학생이 증가하는 한편, 교수도 교환 교수와 연구원의 자격으로 미국 대학들에서 지식을 배워 왔다.

1960년대 들어오면서 철학적 관심이 서서히 다원화되는 한편, 한국 철학계의 세대 교체도 이루어져 갔다. 1963년 서울을 제외한 모든 지방 대학의 철학 교수들이 참여한 '한국칸트학회'와 박종홍 교수의 환력기념 논문 발간위원회가 모체가 된 '철학연구회'가 발족되었다. 그리고 1953년에 이미 성립하였지만 그간 활동을 중단하고 있던 '한국철학연구회'도 재정비되었다. 이제 개별적 연구 활동을 주로 하던 1950년대와 확연히 구분되는 움직임, 즉 학회라는 형식의 결집이 생겨나게 되었다. 특히 비교적 뚜렷한 목적 의식을 갖고 출발한 학회가 발족되었는데, 1958년에 세워진 '한국사상연구회'가 그것이다. 이 학회의 발족은 서구 수입 철학 일색의 한국 철학계를 반성하고 철학의 자기 터전을 재정립하려는 포부 아래 전통 사상의 의미를 복원하려는 의도를 지닌 것이었다.

이 땅의 서양 철학 연구와 식민지 시대를 거치면서 일본 철학의 영향을 드세게 받았다는 지각이 생기면서 이처럼 전통 사상에 대한 관심이 부활된 것이다. 그리고 이러한 식민지 철학 유산에 대한 반성과 아울러, 당시 새로운 외래 문물의 거센 파도 앞에 위기 의식을 느낀 나머지 전통 사상에 대한 관심이 더욱 고조되었다. 그러나 전통 사상에 대한 철학적 접근의 바탕에 민족 의식이 깔려 있기는 했지만, 철학적 접근의 방법론이 엄격하게 갖추어진 것은 아니었다.

대체로 1960년대 중반까지 한국 철학의 관심 영역은 독일 철학 계통이

압도적으로 우세한 크기였지만, 독일 철학·영미 철학·전통 철학의 세 영역을 중심으로 정착되었고, 이는 1970년대에 이르러 훨씬 세련된 형식으로 재현되었다. 1960년대 중반 한국 사회는 본격적인 자본주의화의 길을 걷게 됨으로써 경제면에서 물량적 증대를 이루게 되는데, 이처럼 사회 전반의 급속한 산업화는 사회의 여러 분야에 변동을 가져 왔으며 거기에서 철학도 예외는 아니었다. 종래의 독일 관념론과 실존 철학 중심에서 영미 철학·고대 철학·현상학 연구 등으로 철학적 관심이 다원화되고, 서양 철학계의 현황이 수시로 소개되었다. 또한 개인의 계몽적 연구에서 벗어나 학회 활동이 활성화되고 공통의 토론이 빈번해졌다. 그간의 철학적 연구 성과가 축적되고 많은 외국 학위 취득자가 귀국하여 인적 자원도 두터워졌으며, 서양 철학의 다양한 조류를 수용하는 데서 나아가 비판적으로 이해하려는 움직임도 활발해졌다.

서양 철학의 본격적 연구와 사회 철학의 대두

1970년대에 들어오면서 1960년대부터 본격화된 사회 변동이 가속화되어 전체 사회의 양적 발전이 이루어졌으며, 이에 따라 철학 연구 또한 이전의 모습과는 다른 새로운 면모를 보이게 되었다. 서양 철학의 다양한 조류를 수입하거나 훈고 또는 해석하던 데서 나아가 한국 철학을 새로운 토대 위에서 재검토하고 서양 철학에 대한 비판적 이해를 도모하려는 철학적 노력이 경주되었다. 한국 강단 철학의 이러한 변화, 즉 본격적 아카데미즘의 전개는 철학적 방법과 대상에 대한 명확한 정체 의식을 바탕으로 한 분석 철학에 의해 주도되었다. 명료한 언어 사용과 방법론적 반성을 앞세운 이러한 철학적 문제 의식은 강단 철학의 아카데미즘을 활성화시키고, 철학계에 신선한 충격을 가져다 주었다. 철학계 전반이 활성화된 데에는 분석 철학의 도입뿐만 아니라 그 동안 국내에서도 상당한 철학적 지식이 축적되어 비판적 안목이 성숙되었다는 점, 귀국 유학생들의 증가로 인적 자원이 풍부하게 되었다는 점도 배경으로 작용하였다고 볼 수 있다.

한국 철학계에 새 바람을 불고 온 분석 철학은 철학을 하나의 과학으로 성립시키려는 목표를 가지고, 세계에 대한 철학적 주장을 제시하기보다는 철학적 주장의 정당화 논변과 그 언어적 명료성을 중요한 철학적 과제로 간주하였다. 이에 따라 철학을 고립된 활동으로 보고 세계에 대한 독특한 주장을 내세우는 것으로 이해하던 철학관에서, 철학을 사회적 활동으로 보고 철학적 주장을 진정한 지식의 차원으로 끌어올리는 논증으로 이해하는 철학관이 점차 부상하게 되었다. 그리하여 더욱 치밀한 논증과 정확한 언어를 구사하여 독단적인 철학적 주장을 무력화시키고 파당적 이해에 근거한 이데올로기의 비과학성을 폭로하고자 하였다. 실존 철학과 독일 관념론에 지나치게 편중되었던 한국 철학계를 강타한 이러한 철학적 자기 규정의 전환은 이 시기에 철학의 문을 두드린 철학도들에게 긍정적이든 부정적이든 상당한 반향을 불러일으켰다.

철학적 논의에서 개념적 명료성과 엄정성을 요구하는 분석 철학의 문제 의식은 이처럼 철학계를 활성화시켰다. 분석 철학과 함께 1970년대에 가장 활발한 연구가 진행된 분야는 현상학이었다. 현상학은 사회 과학 방법론에서 실증주의나 행동주의에 대한 대안으로 많은 이들의 주목을 받았다. 학문 방법론은 1970년대의 핵심적인 철학적 관심거리였다고 할 수 있다.

1970년대에는 서양 철학 연구가 본격화되는 한편 중요한 또 하나의 경향, 즉 '사회 철학적 관심'이 대두하였다. 그 동안 고도 성장의 부정적 여파가 사회 문제화되면서 한국 사회 현실에 대한 실천적 관심이 고조되었다. 사실 실천이나 현실이 철학의 핵심적 관심사를 이루었던 것은 초창기 서양 철학의 연구가 시작되던 바로 그 때부터 있었다. 철학 1세대가 처한 식민지 현실의 중압감이 이들로 하여금 현실과 실천에 눈을 돌리게 만들었던 것이다. 이러한 '사회 철학적 관심'이 다시금 진지하게 떠올랐던 시기가 급속한 산업화를 거치면서 사회적 모순이 분출한 1970년대였다. 1975년 한국철학회가 특별 모임에서 롤즈(J. Rawls)의 사회 정의론을 소개한 이후 이 문제에 대한 철학적 관심은 실로 폭발적이었다. 롤즈의 정의론이 소개된 것을 계기로 각 분야의 철학자들이 정의의 개념을 둘러싸고 심포지엄을 열기도 하였다. 경제 성장의 결과를 공평하게 분배하는 문제, 성장과 분배의 선후 문제는 이론적 논의에서는 물론 실천적으로도 당시 논쟁의 초점이었다.

정의론이 1970년대 중반 이후 도입되는 배경에는, 한국 사회에서 부와 권력 등 주요 사회적 가치가 재벌과 군부에 의해 독점되는 불평등한 현상에 대한 비판 의식이 깔려 있었다고 볼 수 있다. 그러나 현실에 대한 이러한 논의는 1970년대의 연구 경향과 관련되어 지극히 추상적인 수준에 그치고 말았다. 이 무렵 네오 마르크스주의 계열의 비판 이론이 전격적으로 소개되면서 지식인들의 관심을 끌었다. 1970년대 중반부터 체계적으로 소개되기 시작한 비판 이론은 주로 1960년대 독일 학생 운동이 격렬했던 와중에 그곳에 유학을 갔다 온 지식인들에 의해 수용되었다.

비판 이론이 비판하고자 했던 내용은 전체주의 및 권위주의, 산업 사회의 도구적 이성, 비인간적인 소외 현상 등이었다. 이러한 비판 내용에 비추어 볼 때 1970년대의 정치·경제적 현실은 비판 이론이 비판하고자 했던 부정적 모습을 현저히 드러내고 있었다. 이처럼 비판 이론이 도입될 수 있는 객관적 상황이 조성되었기 때문이기도 하지만, 비판 이론은 특히 어느 계층보다도 학생층을 위시한 지식인들에게 상당한 호소력을 지니고 있었다. 비판 이론이 지식인들에게 호소력을 가질 수 있었던 것은 비판 이론이 주로 문화 현상에 치중된 이데올로기 비판을 중시했고, 지식인의 사회적 역할에 대해 커다란 비중을 부여했기 때문이었다.

마르크스주의 복원과 확산

한국 현대사에서 1980년대는 하나의 분수령이라고 할 수 있다. 왜냐하면 이 때는 분단 이후 경험해 보지 못한 온갖 진보적 국면들이 다양하게 돌출하였기 때문이다. 민족 문제가 저항적 인식의 지평에 진지하게 떠오르고, 자본주의 체제에 대한 심각한 반성이 사회 과학적 논거 위에 여러 수준에서 제기된 시대가 바로 1980년대였다. 사상사적으로 볼 때 1980년대는 마르크스주의가 40여 년의 단절을 뛰어넘어 한국의 지성계에 복원했다는 점에 그 본질적 특징을 찾을 수 있다. 마르크스주의는 분단 이후 남한의 현실에서 철저히 금기시되어 왔다. 그러면 세계적으로 마르크스주의의 위기가 공공연히 거론되고 전반적으로 퇴조해 가던 1980년대에 이러한 세계적 조류에 역행하면서 마르크스주의가 이 땅의 젊은 지성들을 사로잡은 이유는 무엇일까?

1980년대 중반 마르크스주의가 복원된 데에는 그럴 만한 이념적 배경이 자리 잡고 있었다. 그것은 한 마디로 민중 사상적 경향이라고 규정할 수 있다. 민중이라는 말은 학문상의 필요에서 나왔다기보다, 1970년대 이래의 사회 운동 과정에서 등장하였다. 그러니만큼 민중 개념을 둘러싼 다양한 논의에도 불구하고 민중 개념의 내포와 외연은 논자에 따라 한결같지만은 않았다. 그러나 1960년대 이후 급격한 사회 변동은 사회 전반의 양극화 현상을 낳았고, 이에 따라 정치·경제·문화의 각 분야에서 소외된 계급과 계층을 배경으로 그간 민중이라는 말은 민중을 역사의 주체로 파악하고 이를 이론화하려는 숱한 노력들과 함께 자연스럽게 유포되어 왔다고 볼 수 있다. 여기서 굳이 '민중 사상적 경향'으로 규정한 것도 이처럼 민중의 의미를 둘러싼 개념적 혼란과 심지어 이질적이기조차 한 다양한 경향을 포괄하는 민중 논의를 염두에 둘 수밖에 없기 때문이다. 따라서 민중 사상이란 다분히 추상적이며 사상 내용의 정형성도 결여되어 있다. 하지만 민중적 고통과 억압에 대한 연대감과 애정을 학문 이론이나 사상의 출발점으로 삼아 전개한 다양한 이론적 노력들을 민중 사상적 경향이라고 부를 수 있다.

민중적 관점에서 전개된 이론적 모색은 신학·사회학·문학·국사학·철학 등 여러 분야에 걸쳐 있었다. 그 이론적 자원은 무엇보다도 분단 시대의 역사적 현실이었지만, 아울러 종속 이론·서구 마르크스주의·헤겔 변증법 등의 기여를 빼놓을 수 없다. 종속 이론은 1970년대 말에 도입되어 특히 1980년대 전반기에 활발하게 논의되었고, 마르크스주의의 수용에 커다란 영향을 미쳤다. 1960년대 이후 근대화·산업화에 대한 부정적 평가를 배경으로 도입된 종속 이론은 한 마디로 근대화론에 대한 대항 이론이라는 특징을 지녔다. 종속 이론은 과거 선진 자본주의 국가들로부터 식민지 지배를 받았고, 제2차 세계대전 후 새로운 종속을 겪은 제3세계, 특히 중남미의 역사적 경험을 기초로 대두한 이론인 만큼 서구 자본주의의 역사적 경험에 기초한 근대화론과는 이념이나 분석틀에서 정반대의 경향을 보이는 것이었다. 따라서 종속 이론의 도입은 중심부 위주의 발전 이데올로기에 대한 반성을 동반한 것이었으며, 무엇보다도 이념적으로 친사회주의 발전 노선을 지향하고 있었다는 점에서 마르크스주의 수용을 부채질하였다.

마르크스주의의 복원에 영향을 미친 또 하나의 경향은 헤겔 변증법이었다. 1980년대 초의 사회적 격동을 겪으면서 이른바 '헤겔 르네상스'라 불러도 좋을 현상이 젊은 철학도들 사이에 널리 유포되었는데, 그것은 바로 변증법에 대한 관심 때문이었다. 물론 한국 철학사에 뿌리 깊었던 독일 관념론 전통을 배경으로 한 것이긴 했지만, 과거 헤겔 연구에서 지배적이었던 체계적·존재론적 접근보다는 시대와의 긴장 속에서 철학을 이해하는 헤겔 철학의 방법적·역동적 측면에 더욱 주안점이 놓여 있었다. 따라서 헤겔 변증법에 대한 관심은 헤겔 철학 자체나 독일 관념론 전통을 지향하고 있었다기보다, 오히려 마르크스주의의 예비적 전단계라는 의미를 갖는 것이었다. 이 점은 1980년대 중반을 전후하여 헤겔 변증법에 대한 관심이 유물 변증법에 대한 관심으로 급격히 선회한 데서도 확인된다.

서구 마르크스주의, 특히 루카치(G. Lukács) 철학 역시 마르크스주의의 복원에 촉매제 역할을 하였다. 역사 현실에 대한 총체적 파악을 변증법의 핵심으로 본 그의 입장은 변증법의 현실 변혁적 의미를 부각시킴으로써 헤겔 변증법에서 유물 변증법으로 관심의 방향을 돌리는 데 일정 정도 영향을 미쳤다. 프롤레타리아 계급만이 과학성(총체성)을 견지할 수 있는 유일한 계급이라는 주장 또한 노동자 계급의 주도적 역할을 부인하는 네오마르크스주의의 영향을 차단시키는 역할을 하였다.

1980년대 중반을 계기로 다양한 민중 사상적 경향은 마치 불순물이 하나하나 제거되어 가듯이 마르크스주의로 수렴되어 갔다. 마르크스주의 복원의 이념적 배경이 되었던 여러 사상 경향은 사실 1980년을 전후한 사회 운동의 주체적·객관적 조건과 밀접히 관련되어 있었다. 1970년대에는 민중 운동이 민주화 운동 속에 포함되어, 독자적으로 실천되지 못했으나 1980년대에 들어서면서 각 분야의 민중 운동은 급격한 신장세를 보이면서 독자적 이념과 주체를 강력하게 요구하고 있었다. 이러한 요구는 각 분야의 민중 운동이 조직적으로 통일되어야 한다는 필요성과, 이런 통일성을 보장할 수 있는 우리 사회에 대한 객관적이고 총체적인 분석 및 전망의 필요성으로 나타났다. 다양한 민중 사상적 경향과 이 시기의 숱한 논쟁은 이러한 요구에 대한 이론적 대응이었으며, 그것은 마르크스주의의 복원으로 귀결되었다.

이러한 귀결의 원인에 대한 정치·경제 등 여러 분야의 분석이 필요하겠지만, 여기서 지적해 둘 점은 당대 정치 권력의 억압성이다. 1970년대 이후 정치 권력은 대학·언론·노조 등 시민 사회의 여러 집단들에 의한 자율적 운동을 금지하고 국가 통제 아래 편입시켜 버렸다. 온건한 사회 운동을 포함한 사회 운동 일반을 전면적으로 봉쇄한 정치 권력에 대한 저항은, 따라서 평화적이고 합법적인 제도 개혁 운동의 형태를 띨 수가 없었다. 강압적 정치 권력에 대항하는 급진적 정치 이념이 호소력을 가지는 상황이 구조화되고, 이는 1980년을 전후한 사회적 격동을 겪으면서 현실화되어 나타났던 것이다. 바로 평화적·합법적 사회 운동이 설 자리는 좁아지고 혁명의 호소가 설득력을 지니는 풍토 아래서 마르크스주의가 확산되어 갔다고 볼 수 있다.

이상에서 마르크스주의의 개념을 막연하게 사용하였지만, 마르크스주의로 지칭되는 사상적 조류는 실제로 다양한 스펙트럼을 지닌 것이다. 정통 마르크스주의로 일컬어지는 마르크스-레닌주의, 네오 마르크스주의로 대표되는 서구 마르크스주의, 동구권의 마르크스주의, 그리고 마오주의의 영향을 받은 제3세계의 마르크스주의 등이 그것이다. 요컨대 마르크스주의란 마르크스 이후 그의 사상적 영향을 받아 형성된 여러 사상적 조류를 총칭하는 개념이다. 1980년대 중반 이후 우리 사회에 확산된 마르크스주의는 마르크스-레닌주의와 주체 사상이라고 할 수 있다. 그러나 마르크스-레닌주의와 주체 사상만이 마르크스주의의 이름 아래 논의되었던 것은 물론 아니다. 종속 이론과 서구 마르크스주의도 1980년대 마르크스주의의 중요한 일부를 담당하며, 오늘날 마르크스주의의 위기와 관련하여 서구 마르크스주의의 이론적 성과에 다시 관심이 쏠리고 있는 형편이다. 사실 1980년대는 포괄적 의미에서 마르크스주의의 모든 입장들이 소개되었다고 볼 수 있다. 그러나 그 중에서도 사회 운동의 지배적 흐름으로 정착된 것은 마르크스-레닌주의와 주체 사상이었다고 볼 수 있다.

마르크스주의의 두 흐름이 지배하게 된 것은 1980년대 중반 이후의 사회 운동의 전개와 밀접한 관련을 지니고 있다. 이 두 흐름은 사회 운동 진영 내부에서 발생한 숱한 노선 갈등의 세계관적 토대를 이루고 있었다. 서로 충돌하고 있던 두 흐름은, 마르크스주의가 장기적으로 단절되었던 역사를 감안하더라도, 그것들이 지적으로 폐쇄성을 보였다는 점, 민중 운동의 현실적 전개를 과도하게 앞지르거나 심지어 불필요한 논쟁 경향을 보이기도 했다는 점 등을 지적할 수 있다. 그러나 짧은 기간에 수많은 이론적 쟁점을 만들어 내면서 마르크스주의 연구의 수준을 높인 점도 함께 지적해야 할 것이다.

1990년대에 들어서면서 주지하다시피 소련과 동유럽의 현실 사회주의 체제가 붕괴되었고, 이러한 세계사적 변화의 물결이 한국 민중 운동의 이념에 심대한 동요를 가져 왔다. 마르크스주의에 대한 심화된 연구가 채 이루어지기도 전에 마르크스주의에 대한 사상적 동요가 일어난 셈이었다. 불과 5년 남짓하는 기간에 마르크스주의의 복원과 동요가 교차한 것이다. 그러나 이러한 이념적 상황이 어떻게 귀결될 것인가 하는 것과는 어느 정도 무관하게, 격동의 1980년대를 겪으면서 복원된 마르크스주의가 1990년대 한국 서양 철학 연구의 한 관심 영역으로서 학술적 연구의 대상이 되리라는 점은 틀림없다 하겠다.

3. 북한의 전통 철학

해방 이후 서로 다른 사회 체제를 구성한 남과 북은 같은 민족 문화 유산임에도 불구하고 서로 다른 관점에서 전통 철학을 이해해 왔으며, 그러한 연구 결과의 토대 위에서 서로의 연구 방법을 끊임없이 비판해 왔다. 그러나 통일을 지향하는 열린 마음으로 서로의 장점을 취해 단점을 보완한다면 전통 철학을 이해하는 데 새로운 전기를 마련할 수 있을 것이다.

전통 철학 연구의 원칙

북한에서 전통 철학을 연구해 온 원칙은, 첫째 비판 계승의 관점이었다. 비판 계승이란 전통 철학을 사회주의적 생활 조건과 민족 특성에 맞게 창조하고 발전시키는 일이라고 한다. 물론 북한도 사회주의 문화와 봉건 문화가 질적으로 다르다는 것을 인정한다. 그러나 역사 발전의 합법칙성이 문화 발전의 합법칙성으로도 나타난다는 전제 아래, 민족 유산 가운데 뒤떨어지고 반동적인 것은 버리고 진보적이고 인민적인 것을 비판적으로 계승·발전시키려고 한다는 것이다. 그리고 그렇게 가르는 기준은 초기에는 마르크스–레닌주의였지만 1960년대 중반 이후로는 주체 사상으로 대체되었다.

북한은 전통 철학을 비판·계승할 때 주의할 것으로 민족 문화 가운데 우수한 것들마저 부인하면서 덮어 놓고 서양화하려는 민족 허무주의와 옛 것이라면 뒤떨어진 것까지도 무조건 지키면서 남의 좋은 것마저 받아들이지 않으려는 복고주의를 지적하면서, 이런 풍토를 좌우경적 경향이라고 비판하였다. 하지만 북한도 전체 관점의 밑바닥에는 민족주의가 강하게 깔려 있으며, 이런 점에서 볼 때 중국의 전통 철학 연구 경향과 유사하다고 할 수 있다.

전통 철학 연구의 두 번째 원칙은 계급성과 역사주의이다. 계급성은 계급적 관점에서 각 사상의 역사적 진보성과 제한성을 평가하는 것이고, 역사주의는 그러한 진보성과 제한성을 당시의 역사적 관점에서 분석하고 평가하는 것이다.

먼저 계급성을 보자. 계급성 원칙은 레닌이 제기하였던 '두 개의 대립되는 문화 이론'을 적용한 것으로, 계급을 중심축에 놓고 문화를 분석하여 그 사상이 어떤 계급의 요구와 이해 관계를 반영하고 있느냐를 따지는 문제이다. 레닌의 이론은 민족을 중심축에 놓고 문화를 분석하는 스탈린의 '공동 문화론'과 함께 마르크스주의 문화학의 핵심 이론을 이룬다. 물론 두 이론이 실제 연구에서 별개로 적용되는 것은 아니다. 따라서 크게는 지배 계급과 피지배 계급의 문화 대립으로 나누면서도, 다시 지배 계급의 사상 속에서 진보적인 사상을 지적해 내기도 한다. 왜냐하면 지배 계급 내부의 대립 투쟁은 어느 정도 피지배 계급의 이익을 반영하고 있다고 보기 때문이다. 특히 외세와의 관계를 따질 때에는 계급 모순보다 민족 모순이 주요 모순으로 인식된다.

다음은 역사주의 원칙을 보자. 민족 문화 유산은 그것이 아무리 진보적이며 인민적이라 하더라도, 역사적 산물이기 때문에 당시의 계급적 제한성을 지닐 수밖에 없다. 따라서 계급적 본질의 해명도 당시 조건에 대한 역사적 분석을 전제로 해야 하며, 이러한 역사적 분석이 소홀했을 때 지나친 긍정이나 부정이 나오게 된다고 한다.

그러므로 북한은 계급성과 역사주의 원칙이 전통 철학 연구에서 반드시 유기적 결합을 이루어야 한다고 강조하였다.

계급성과 역사주의를 통해 본 철학사

위에서 살핀 연구 원칙은 구체적으로 철학사에 어떻게 적용되고 있는가? 먼저 시기 구분을 보자. 북한은 1950년대 중반의 다양한 논의를 거쳐 마르크스의 역사 발전 5단계설에 맞추어 역사를 원시 공동체, 노예 소유제, 봉건 농노제, 자본주의, 사회주의의 생산 방식에 상응하는 시기로 나누었다. 구체적으로는 고조선을 노예 사회로, 삼국 시대부터 17세기까지를 봉건 사회로, 실학파와 임성주의 철학 시기를 '봉건 사회 분해기'로, 동학·척사위정·개화파·의병 운동·애국 계몽 운동 등의 시기를 '자본주의적 관계 발전기'로 보았다. 그리고 마르크스주의가 들어온 1920년대 후반부터 현대 철학 발전 단계라고 하였다.

철학사를 보는 또 하나의 관점은 유물론과 관념론의 대립 투쟁이다. 이 관점은 각 시대마다 적용되며, 전체적으로는 유물론적 세계관이 승리하는 과정으로 파악되었다. 그러나 이 과정은 단선적이 아니라 실제로는 관념론과 유물론 두 진영 여러 변종 사이의 투쟁으로도 나타난다. 구체적으로는 불교와 주자학의 투쟁, 주자학 내부 여러 조류 사이의 투쟁, 주자학과 기타 철학 여러 조류 사이의 투쟁이 그것이다.

불교 안에서도 교종과 선종의 투쟁이 있었고, 14세기를 전후해서는 불교와 주자학의 투쟁이 생겨났다. 조선에 들어오면 서경덕 중심의 유물론 진영과 이황 중심의 관념론 진영이 대립하다가, 다시 관념론 진영 안에서 이황 중심의 주리론과 이이 중심의 주기론이 대립하였다. 특히 주리-주기 논쟁은 비록 스콜라적인 것이긴 하지만 주기론자의 유물론적 견해들이 한국 철학사의 유물론 발전에 기여하였다고 보았다.

이 같은 분석은 리는 관념적이고 기는 유물적이라는 도식을 낳게 되었고, 결과적으로 주자학의 사유 구조 가운데 기를 강조한 철학을 중시하게 되었다. 특히 주자학 전반에 대한 유물론적 논의는 다음과 같다. 리는 기의 내적 필연성으로 간주되며, 지와 행은 제한된 의미이기는 하지만 인식과 실천의 문제로 이해되었다. 마음(心)은 사유 기관 또는 인식의 생리적 기초이며, 인식 과정 또는 인식 내용의 의미로 파악하였다. 또한 성性도 마음과 마찬가지로 기의 작용일 뿐이라고 보았다.

그렇다면 철학사의 여러 사상 유파들에 대해서는 어떻게 평가하고 있는가? 1960년에 나온 『조선철학사』(상)는 기원전 3세기에 소박한 유물론인 기론氣論이 나왔다고 했지만, 민족의 우월성이 강조되면서 기원전 10세기로 소급되었다가, 다시 1990년대 들어와서는 기원전 6세기라고 수정·보완되었다.

고대 시기 주목받는 또 다른 사유 체계는 선仙 사상이다. 고대 부분의 서술이 강화된 1986년의 『조선철학사개요』는 선 사상을 한의학이나 약학에 기초하여 발생한 무신론적 사상으로 규정 지었다. 이 사상은 종교 관념론적 견해에 일정한 타격을 주었지만, 공상적 신비주의적 요소 때문에 지배 계급의 이용물이 되었다고 한다.

삼국 시대에는 자연 과학의 철학적 기초가 된 소박한 유물론 사상이 있었으며, 진보적 귀족 계급의 이익을 대변한 화랑도 사상이 도교·유교·불교와 유사한 측면을 가진 고유 사상 체계로서 삼국 통일에 진보적 역할을 했다고 한다. 또한 선 사상은 환상적인 내용과 함께 계급적 성격이 담기면서 두 방향으로 분화되었으며, 아울러 귀족 계급과 봉건 질서를 유지·강화하는 데 기여한 교종도 있었다고 지적하고 있다.

후기신라와 고려 시기는 불교 관념론이 지배하는 가운데서도 궁예나 묘청의 사상 같은 유물론이 발전하였다고 본다. 또 비판 대상인 관념론에 속하는 불교도 그 속에 변증법적 요소가 있음을 주목한다. 특히 지눌의 철학에 대해서는 반동적 신앙 철학인 교종을 반대하였다고 긍정하면서도 계급의식을 마비시켰다고 비판하는 것을 볼 수 있다. 그리고 선 사상은 현실 도피적이며 신비적인 성격이 강화되었다고 한다.

고려 말부터는 주자학에 주목한다. 그러나 안향·백이정·우탁·권보 등은 이론적 저술이 없다고 하면서, 중세 유물론의 독자적인 체계와 내용을 갖춘 사람으로 이규보를 꼽고 있다. 13세기에서 14세기 사이에는 불교 관념론에 타격을 주었다는 점에서 권근과 정도전 등을 높이 쳤다. 15세기에서 16세기까지는 유학과 불교, 도교의 조선화가 진행된 시기로 규정하며, 유교에서 그런 역할을 맡은 사람들은 사림파였다고 지적한다. 그들은 초기에는 인민적 요소를 가진 도덕 이론으로 평가되지만, 훈구파를 제거하고 집권자로 등장하면서 반동화되었다고 한다. 이 시기 가장 주목받는 철학자는 김시습과 서경덕이다. 그들은 기 일원론적 유물론의 대표자로서 하층 양반과 피지배 농민의 이익을 대변하였으며, 서경덕의 일정한 영향을 받은 사람들로는 허엽, 박순, 이지함, 조식, 이항 등이 거론되었다.

16세기에는 서경덕의 유물론에 대한 반동으로 이황과 이이를 비롯한 관념론자들이 객관적 관념론을 강화하였으며, 그 구체적인 전개가 지배 계급 내의 주기론과 주리론의 투쟁으로 나타난다고 하였다. 하지만 이이의 철학에는 유물론적 요소도 있으며, 사단칠정과 인물성동이 논쟁으로 이어지면서 독창적인 견해가 적지 않게 제기되었다고 한다.

조선 후기에는 주자학을 반대한 진보적 조류들로 실학·한학·양명학 및 임성주의 기 일원론적 유물론이 나온다고 말한다. 특히 17세기에서 18세기 사이에 가장 주목받는 사상은 유물론 입장에서 진보적 계급의 입장을 반영하여 선진적·유물론적 자연관과 탁월한 사회 정치적 견해를 수립한 실학이라고 한다.

또한 실학 사상은 과학 발전의 수준과 밀접하게 연관되어 있었다. 실학파는 초기·중기·말기로 나뉘는데, 초기에는 리수광·류형원·리익, 중기에는 홍대용·박지원·박제가·정약용, 말기에는 리규경·최한기를 두었다. 실학 사상은 그 뒤 개화 사상을 거쳐 애국 계몽 운동의 사상적 원천이 되었다고 본다.

19세기 도시 평민층의 이익을 대변하면서 새로운 자연 과학 사상에 기초하여 독창적인 유물론 철학 체계를 수립한 최한기가 나왔으며, 19세기 후반에는 자본주의적 관계를 반영한 부르주아 철학 사상이 발전하였다고 한다. 특히 계몽 사상은 유기론·양명학·서구 부르주아 철학·사회 진화론 등을 받아들이기는 하였지만, 사회·경제적 조건들과 자연 과학 발전의 미약, 신흥 부르주아지의 경제적 및 정치적 취약성 때문에 선진적인 부르주아 유물론으로 발전하지 못하였다고 한다.

전통 철학 연구의 변화

북한의 전통 철학 연구는 그 방법과 경향에 많은 변화가 있었다. 사회과학원 역사연구소에 철학연구실이 만들어진 것은 1957년이었다. 하지만 1962년 철학연구소가 독립되어 『철학연구』를 내기 전까지는 연구 성과의 대부분이 역사연구소에서 나오는 『력사과학』에 실려 있으며, 일부가 사회과학원이 낸 『철학론문집』에 실려 있다. 그런데 『철학연구』는 1968년부터 1985년까지가 공백기이고 사회과학원의 『철학론문집』도 1961년부터 1970년까지가 공백기이다. 따라서 공백기를 전후하여 많은 변화가 눈에 띈다.

그 가운데 먼저 논문 서술 형식을 보자. 1966년까지의 논문들은 대부분 논문의 양이나 원문을 각주 또는 후주로 처리하는 방식이 남한과 같다. 그러나 공백기를 전후해서는 논문량이 절반 정도로 줄었고, 대부분 각주를 달지 않았으며, 인용문도 별로 없다. 이 같은 상황은 쉽게 쓰려는 경향이 강화되면서 생긴 것이다. 또한 1980년대 이후 논문들은 모두 맨 앞에 김일성의 '교시'와 김정일의 '지적'을 싣고 있다.

다음은 논문 내용을 보자. 1950년대에는 남한과 마찬가지로 전통적인 주리 주기 이분법을 적용한 논문도 있었다. 그러나 1960년대 이후는 하층 양반의 이익을 대변하면서 근로 인민을 지향한 서경덕과 김시습, 결국은 이황과 같은 관점으로 귀결되지만 학술 내용에서 중소 토지 소유자들의 이익을 대변한 이이, 대토지 소유자들의 이익을 대변한 이황과 이황에 비해 소폭의 긍정점을 두는 권근 등 세 범주로 계급 분석을 한다. 그리고 여기에 김시습·서경덕이 기의 선차성을 인정했으며 그 기가 유물적이라는 것, 권근·이황이 리理의 선차성을 인정했으며 그 리가 관념적이라는 것, 그리고 이이가 초기에 리기를 이원으로 보았고 후기에는 리의 선차성을 인정했다는 이론 분석을 연결한다. 그러나 이 분류를 다시 계급 대립에 바탕을 둔 유물론 대 관념론의 투쟁으로 환원하면 권근—이황—이이와 김시습—서경덕의 등식이 성립된다.

또 순수하게 중국 철학만을 다룬 논문이 없다는 점도 특이하다. 1960년대의 개별 논문에서는 중국 철학과의 연관을 따졌지만, 주체 사상이 강화되면서부터 중국 철학에 대한 언급이 점점 적어지다가 마침내 한국 철학 자체의 발전만을 언급하는 수준에 머물게 되었다.

다음은 연구 풍토의 변화를 보자. 1960년대까지는 상당히 자유로운 토론들이 있었다. 1950년대에는 기가 물질인지 정신인지를 따지는 논의, 실학의 연원을 이이까지 소급할 것인가 아니면 직접적인 선구자들에 국한할 것인가를 따지는 논의 등이 있었다. 이 밖에도 홍대용 사상의 선진성에 대한 토론, 동학과 갑오농민전쟁의 관계에 대한 토론, 정도전 연구에 계급성과 역사성을 어떻게 적용할 것인가 하는 토론, 도덕적 유산과 공산주의적 도덕의 계승에 관한 토론, 부르주아 민족 운동에 관한 토론 등이 있었다. 하지만 1960년대 중반 이후 주체 철학이 강화되고 교조적인 해석이 주도적 위치를 차지하면서 자유로운 토론 문화가 없어지고 말았다.

이러한 변화는 대부분 주체 철학 성립과 관련이 있다. 주체 철학 성립 이후 나온 『조선철학사개요』는 민족주의가 강조되면서 고조선과 삼국 시대에 관한 서술이 늘었고, 발해의 철학도 다뤄지고 있다. 그래서 전체적으로 고려까지의 서술이 『조선철학사』에 비해 네 배나 된다. 또한 선仙 사상을 다룬 개별 연구도 눈에 띈다. 이 점은 가장 취약한 도교의 민족 전통적 사유를 일정하게 자리 매김하려는 노력으로 보인다.

특히 주목할 일은 이제까지 비판 대상이었던 이황, 김인후, 인물성동이론 등에 대해 이들이 구체적인 사람의 개성 문제를 제기함으로써 사람에 대한 견해를 더욱 심화 발전시켰다고 긍정한 점이다. 이 점은 주체 철학의 중심 과제인 인간 주체의 주관 능동성에 대한 강조가 일정하게 작용한 결과라고 짐작되며, 전통 철학에서 주체 철학의 윤리적 연원을 찾으려는 노력으로 보인다.

북한의 전통 철학 연구에 대한 평가

북한의 전통 철학 연구에는 몇 가지 특징이 있다. 먼저 부정적인 점을 보자. 첫째, 북한의 연구 주체는 사회과학원 철학연구소이다. 따라서 1960년대의 활발한 토론을 제외한다면 대부분의 연구 성과가 동일한 시각에서 동일한 목소리를 내고 있다. 둘째, 연구 역량이 열악하다. 이 점은 사회 체제뿐만 아니라 경제적 상황과도 밀접한 관련이 있을 것이며, 그 결과는 연구 성과의 부족으로 나타난다. 셋째, 연구 범위가 제한적이다. 북한에는 중국 철학이나 인도 철학처럼 우리 전통 철학과 긴밀한 연관이 있는 다른 나라의 전통 철학에 대한 연구가 없다.

다음은 긍정적인 면을 보자. 첫째, 사회 경제적 토대와 연관하여 분석하는 방법이다. 북한의 모든 연구는 반드시 사회적 배경이나 과학 기술 발전이 먼저 서술되고 있다. 철학 발전이 사회 변화나 자연 인식의 발전과 밀접하게 연관되어 있음을 잘 간파한 작업이다. 둘째, 학파의 흐름에 대한 새로운 분류 방식이다. 특히 조선 성리학을 김시습과 서경덕의 기 일원론, 이이의 이원론, 이황의 일원론으로 나누는 방식은 다카하시에 의해 만들어져서 식민사관 확산의 역할로 쓰였던 주리–주기의 이분법을 나름대로 극복한 대안인 셈이다. 셋째, 한글 중심의 평이한 서술이다. 이는 우리 말의 발전을 위한 노력이라는 면과 함께 전통 철학 대중화를 위해 필수적인 부분이다. 넷째, 연구 대상이 다양하다. 물론 북한의 관점으로 선택한 인물이기는 하지만 남쪽에서 주목하지 않은 인물들을 많이 발굴하였다.

4. 북한의 주체 철학

발생·성립기의 주체 사상

다양한 서양 철학 사상이 유입된 남한 철학계와는 달리 북한 철학계는 주체 사상이라는 단일한 사상만을 철학적 사고의 유일한 주제로 삼아 왔다고 할 수 있다. 따라서 북한 철학의 역사적 동태는 주체 사상의 발전 정도를 중심으로 서술될 수밖에 없다.

북한 철학사를 주체 사상의 내용적 특징과 이론적 위상을 기준으로 구분할 때 크게 세 단계로 나누어 볼 수 있다. 첫째, 사회주의 건설 과정에서 사대주의와 교조주의에 대한 대항 이념으로 발생하여 대외적 자주성의 이념적 기반으로까지 확대된 단계이다. 시기적으로 1960년대 중후반까지를 포괄하는 이 첫째 단계에서 주체 사상은 '마르크스-레닌주의의 창조적 적용'이라 간주되면서 당 정책의 실천적 노선으로 정립되었다. 둘째, 중소 분쟁과 당내 노선 수정론의 등장을 배경으로 '우리 시대'의 마르크스-레닌주의로 천명되다가 김정일의 부상과 더불어 독자적인 세계관으로 치닫게 되는 단계이다. '수령의 유일 영도'가 강조되는 1967년부터 주체 사상의 체계화를 일단락시킨 논문 「주체 사상에 대하여」가 발표되는 1982년에 이르는 이 시기는 완성된 체계화에 이르는 과도기에 해당된다. 셋째, 김정일이 후계자로 공식 인정되면서, 그의 논문을 전문화·세분화시킨 연구의 결과 이른바 주체 사상을 '전일적으로 체계화'하였다고 주장되는 단계이다.

북한에서 주체 확립의 문제가 공식적으로 제기된 것은 1955년 김일성의 「사상 사업에서 교조주의와 형식주의를 퇴치하고 주체를 확립하는 데 대하여」라는 연설에서였다. 1950년대 후반 내내 공격의 대상이 되었던 사상 경향은 교조주의와 사대주의였다. 물론 이러한 공격은 북한의 사회주의 건설 방법론을 둘러싼 이견과 북한 지도부 내의 권력 투쟁과 긴밀히 연관되어 있었다. 따라서 교조주의와 사대주의는 김일성 반대파에게 붙여진 명칭이었다.

교조주의는 마르크스-레닌주의의 고전을 절대적 지침으로 삼고 한 나라의 구체적 실정을 무시하는 사상 경향을 말하는데, 구체적으로는 김일성 지도부의 중공업 우선 경공업과 농업 동시 발전 노선과 농업 협동화 노선을 역사적 유물론의 기본 법칙에 위배된다고 주장한 반대파의 태도를 가리킨다. 사대주의는 원래 우리 민족의 강대국 의존주의를 의미하는데, 당시의 상황에서는 사회주의 강대국, 특히 소련의 사회주의 건설 경험에 의지하여 북한의 현실 문제를 풀어 나가려고 한 반대파의 태도를 가리킨다. 김일성은 결국 마르크스-레닌주의의 고전이나 선진 사회주의 국가의 경험을 부차적으로 보고 북한의 구체적 현실, 그리고 혁명 전통을 중심으로 사회주의 개조를 이루어 나가려고 하였다. 그 결과 북한의 현실적 조건, 혁명 전통의 강조는 김일성의 정치적 지도성을 강화하는 데 커다란 역할을 하였다. 이러한 김일성의 입장은 "마르크스-레닌주의를 북한의 구체적 조건과 민족적 특성에 맞게 창조적으로 적용한 것"이란 표현으로 정리되어 나타났다.

1950년대 후반기 북한 철학계의 동향은 『력사과학』에 잘 나타나 있는데, 이 종합 학술 잡지에는 1962년 철학 전문 잡지 『철학연구』가 발간될 때까지 북한 철학자들의 논문을 대부분 수록하고 있다. 북한 철학자들의 연구는 김일성이 이끄는 조선노동당의 정책을 정당화하고 선전하는 데 목적이 있기 때문에 전적으로 김일성의 입장을 기반으로 하여 이루어지고 있다.

당시 북한 철학자들의 문제 의식은 1957년 사회과학원 산하 '철학연구실'의 창설에 즈음한 발표문 「철학연구실의 과업」에서 엿볼 수 있다. 발표문에는 철학의 구체적 과업으로서 마르크스-레닌주의를 실천의 관점과 실사구시의 태도에서 연구할 것을 주장하고 있다. 철학은 보편성과 특수성의 종합인데, 만일 실천을 떠난다면 보편성과 특수성이 분리되어 교조주의와 경험주의가 나타난다고 본 것이다. 오직 실천의 관점에 설 때 양자가 종합된다고 하면서 실천적 관점을 강조하였다.

또한 마르크스-레닌주의 고전의 명제들을 구체적 현실과 관련하여 이해해야 한다는 점에서 실사구시적 태도가 필요하다고 주장하고 있다. 1959년부터 김일성의 글을 대폭 인용하기 시작하나, 여전히 철학사 연구, 소련 철학의 성과가 소개되고 있음을 볼 때 철학 연구가 주체 사상에 완전히 종속되어 있지 않음을 알 수 있다. 이 시기 철학자들의 연구 주제는 낙후한 생산력과 선진적 생산 관계의 모순, 토대와 상부 구조의 관계 등 역사적 유물론에 집중되었다. 그렇게 된 이유는 북한 사회의 경제 건설에서 제기된 문제, 특히 농업의 사회주의적 개조를 이론적으로 정당화하려고 했기 때문이었다.

북한은 1958년 생산 관계의 사회주의적 개조를 완료한 뒤, 본격적인 사회주의 공업화에 착수하였다. 1960년대에 이르러 이러한 과제를 해결하기 위해 사상·문화·기술의 3대 혁명이 강조되었는데 특히 사상 혁명과 문화 혁명이 중요하게 부각되었다. 김일성 지도부는 사상 의식을 발동하고 대중의 힘에 의거한 사회주의 건설 노선이 낙후한 북한을 혹독한 조건 속에서도 성공적으로 발전시켰다고 생각했다. 더욱이 대중의 열의를 이끌어 내기 위한 사상 의식의 강조는 단순히 경제 발전 전략에만 그치는 것이 아니라, 사상 의식의 개조를 통해 인간 개조를 이루고자 하는 사회주의 건설의 이상과 관련되어 있었다.

이에 따라 북한 철학계에서도 사상과 문화를 다루는 논문이 많이 쏟아져 나왔다. 북한의 철학 잡지들에 나타난 철학적 문제들은 의식의 상대적 자립성과 그 역할, 문화 혁명의 의미와 과제, 사회주의적 도덕의 확립, 공산주의적 교양의 방법과 과제 등과 같은 것이었다. 1962년에 창간되고

1968년에 정간된 『철학연구』에 수록된 논문들 가운데 다수가 이처럼 상부 구조의 능동적 역할을 중심 주제로 삼고 있으며, 바로 이 점이 1950년대 철학과 구분되는 뚜렷한 특징이라고 할 수 있다.

1960년대에 경주된 이러한 철학적 노력은 주체 사상의 성립과 맥락을 같이한다. '마르크스-레닌주의의 창조적 적용'으로 간주된 주체 사상은 사상의 개조를 통해 대중의 열의와 창의성을 고취하는 것을 핵심 내용으로 하고 있기 때문이다. 1955년 '사상에서의 주체'가 주창될 때부터 주체 사상은 이미 태동하고 있었으나, 실제로 주체 사상이란 용어가 처음 쓰인 것은 1962년부터이며 1965년에 오면 철학 논문의 제목으로 등장하기에 이른다.

주체 사상은 1960년대의 복잡한 대외 환경에 대응하면서 북한 정권의 독자적 자주성 확보라는 차원에서 제시되었고 1965년에 이르러 최초로 정식화되었다. 김일성은 1965년 인도네시아 알리 아르함 사회과학원에서 연설하면서, 주체 확립의 본질적 내용은 창조적 입장과 자주적 입장이며, 구체적으로는 사상에서의 주체, 정치에서의 자주, 경제에서의 자립, 국방에서의 자위로 구현된다고 주장하였다.

주체 사상의 등장은 필연적으로 역사적 유물론에 대한 개편으로 이어졌다. 이제까지 북한의 현실 경험을 단지 일반적 원리를 확증하는 실례로서 취급해 온 방식과는 달리, 북한의 현실 경험으로부터 일반적 원리를 이해하고 풍부화하려는 이른바 '마르크스-레닌주의의 주체적 재해석'이 강조되었다.

그러나 주체 사상은 마르크스-레닌주의의 창조적 적용으로서 일국에 적용된 당정책과 실천 지침의 수준을 벗어나지 않았다. 역사적 유물론을 개편하는 작업은 전반적으로 유물론의 기본틀 내에서 이루어졌으며, 북한 현실에 구체적이고 창조적으로 적용하려는 지향성을 지니고 있었다.

과도기의 주체 사상

사회주의 북한의 역사에서 중대한 변화가 발생한 시기는 1960년대 후반부터 1970년대 전반부까지이다. 1950년대 이래 진행되어 온 사회주의 혁명과 건설의 결과, 이 시기 동안 지도 사상과 권력 구조면에서 커다란 변화가 일어났다. 주체 사상이 당의 지도 사상으로 분명하게 천명되었고, 이른바 '수령의 유일 영도'가 법적으로 제도화되고 이론적으로 정당화되었다. 주체 사상은 이 시기 이후 단순히 실천적 지침의 차원을 넘어 세계관적이고 역사 철학적인 차원으로 격상되었고, 레닌주의적 당 운영 원칙이라고 할 수 있는 민주 집중제와 집단 지도 체제가 수령의 유일 영도 체계에 흡수 변모되어 버렸다. 주체 사상은 최초로 정식화된 지 얼마 되지 않아 '가장 정확한 마르크스-레닌주의'로 이론적 지위가 격상되었으며, 마침내는 '마르크스-레닌주의의 한계를 극복한 새로운 세계관'으로까지 주장되었다. 주체 사상은 이처럼 보편화와 체계화 과정을 거친 결과 오늘날의 주체 사상으로 그 모습을 드러내었다고 볼 수 있다.

이제까지 주체 사상은 마르크스-레닌주의를 북한 현실에 창조적으로 적용한 사상으로 규정되었고, 따라서 주체 사상의 적용 범위는 북한 현실에 국한된 것이었다. 그러나 1967년 12월 최고인민회의 제4기 1차 대회에서 주체 사상은 '가장 정확한 마르크스-레닌주의적 지도 사상'으로 규정되는 것을 계기로 일국 수준의 지도 사상에서 국제 공산주의 운동의 올바른 노선으로 주장되기에 이른다. 이 대회 이후 북한 이론가들은 주체 사상을 진수로 하는 '김일성의 혁명 사상'을 다방면에 걸쳐 확장하고 종합적 체계로 만들려는 노력을 기울이게 된다.

1968년부터 1972년까지 북한 이론가들이 경주한 노력을 한 마디로 표현하면 주체 사상의 보편화 시도라고 할 수 있다. 주체 사상의 보편화란 주체 사상의 적용 범위가 북한이라는 일국적 수준을 넘어 세계 혁명의 전략 노선으로 확장됨으로써 이론적 지위가 상승한 것을 말한다. 주체 사상은 단순히 창조적 적용의 수준이 아니라, 마르크스-레닌주의의 새로운 단계를 반영하는 사상이 된 것이다.

주체 사상이 보편화된 시기는 북한 현대사에서 유일 사상 체계 확립을 핵심으로 하는 심각한 상부 구조의 변화가 일어난 시기와 정확하게 일치한다. 주체 사상은 김일성 유일 사상 체계를 정당화하는 이론적 기초로 등장하면서 보편화되었고, 이 점은 1970년대 이후 주체 사상이 전면적으로 체계화되는 과정을 제약하는 이론 형성의 근원적 조건으로 작용하였다.

한편 주체 사상의 보편화에 영향을 미친 대외적 요인으로 특히 중소 분쟁을 들 수 있다. 중소 분쟁은 이념적 측면에서 보면 사회주의 혁명과 건설의 제반 원칙들에서 누가 더 마르크스-레닌주의의 이념에 충실한가를 놓고 벌인 '가장 정확한 마르크스-레닌주의' 경쟁이었다. 1966년 중국의 문화 혁명이 시작되면서 북한은 중국과 적대 관계에 돌입하고 이념적 대결을 벌이게 되었다. 주체 사상의 보편화는 중소 분쟁을 배경으로 하면서도 직접적으로는 문화 혁명 당시 모택동 사상과 이념적 대결을 벌이는 과정에서 더욱더 추진력을 얻었다.

보편화 시기(1968~1972)의 주체 사상은 '현시대의 혁명과 건설에서 반드시 지켜야 할 근본 원칙과 입장'으로 규정되느니만큼, 결국 여기에는 철학적 세계관으로서 기능이 부여되고 있다. 그러나 이 시기의 주체 사상은 여전히 마르크스-레닌주의의 보편적 진리를 구현한다고 간주되고 있기 때문에, 주체 사상과 마르크스-레닌주의 철학의 관계가 모호하게 남아 있었다. 주체 사상의 이론적 지위가 철학적 세계관 수준으로 격상되면서, 주체 사상의 원리에 대한 철학적 천착은 그 이론적 설득력을 높이기 위해서도 불가피한 과제로 대두되었다. 북한 철학자들은 주체 사상을 방법론적 지침으로 삼아 변증법적 유물론과 역사적 유물론을 새롭게 체계화하는 과제를 부여받게 되면서 본격적으로 마르크스-레닌주의 철학의 문제들과 이론적 대결을 펼쳐야 했다.

1973년부터 본격화되는 주체 사상의 체계화는 기존의 마르크스-레닌주의 세계관과 구별되는 독자적인 체계 구성과 내용을 갖는다. 주체 사상을 체계화하는 작업에서 핵심은 '주체 철학'의 확립이었다. 1970년에 전개된 주체 철학의 확립 노력은 그 체계화 정도에 따라 크게 두 단계로 나누어 볼 수 있다.

우선, 기존의 세계관이 갖는 실천적 한계의 근원이 철학적 세계관에 있다는 판단 아래 철학의 근본 문제를 새롭게 제기한 단계이다. 기존 세계관의 한계에 대한 자각은 마르크스-레닌주의를 공식 이데올로기로 삼고 있는 소련과 중국의 사회주의 현실에 대한 부정적 인식에 의해 영향을 받았다. 정통 마르크스주의의 진원지였던 소련은 여전히 수정주의적 경향을 강화하고 있었고, 중국은 북한이 제일의 공적으로 간주하는 미국과 외교 관계에 돌입하는 등 이러한 중소의 부정적 현실은 김일성 지도부로 하여금 중소의 사상적 기반인 마르크스-레닌주의의 '시대적 제약성'에 대한 인식을 부채질하였다. 그뿐만 아니라 '사회주의의 완전 승리'를 실행하는 과정에서 북한 주민에게 직접적인 호소력을 띠고 실천적인 힘을 이끌어 내는 새로운 철학적 세계관의 필요성이 고조되었다. 그에 따라 객관적 법칙을 강조하는 기존 세계관은 사람의 마음을 움직이는 호소력, 실천적 힘에서 한계가 뚜렷하다는 자각이 생겨났다. 그러나 1970년대 전반기에 경주된 주체 철학의 확립 노력은 철학의 근본 문제만 변화시켰을 뿐 여전히 마르크스-레닌주의 철학의 구성 체계와 기본 개념의 흔적을 강하게 남기고 있었다. 이 단계에서는 아직까지 인간론이나 사회 역사적 원리가 본격적으로 다루어지지 않으며, 따라서 주체 철학은 독자적인 내용과 구성 체계를 갖추지 못했다고 볼 수 있다.

둘째, 이른바 '사람 위주의 철학적 세계관'을 인간의 본질적 속성에 의해 정당화하고 사회·역사적 영역에 적용하는 단계이다. 이 두 번째 단계에 이르러 주체 철학의 핵심 주제들이 광범위하게 다루어진다. 첫째 단계에서 주체 철학이 철학의 근본 문제만 변화시킨 채 변증법적 유물론의 체계 구성을 반복하는 수준에 그치고 있다면, 1978년에 들어서면 인간론과 사회·

역사 원리를 포함한 주체 철학의 독자적 내용과 체계가 시도된다. 그러나 이 단계에서는 의식성은 빠진 채 자주성과 창조성이 인간의 본질적 속성으로 제시되거나, 북한 철학자들 사이에 새로운 역사 법칙에 대한 견해가 통일되어 나타나지 않고 있다. 인간론에 대한 좀더 진전된 규정, 역사 법칙에 대한 논의의 여지 없는 규정은 김정일의 1982년 논문 「주체 사상에 대하여」에서 이루어진다.

여하튼 이러한 주체 철학의 정립 노력이 1970년대 후반에 집중된 데에는, 당내에서 확고부동한 위치를 점한 김정일이 후계자로서 공식화될 시기를 불과 2년 앞두고, 본격적인 체계화를 독려했을 가능성을 빼놓을 수 없다. 그런데 1970년대 중반 이후 사회주의권, 특히 소련을 중심으로 개혁주의 이론이 등장하고 있었다는 사실도 고려에 넣어야 한다. 개혁주의의 파장은 철학 부문에도 미쳤는데, 소련 과학아카데미 철학연구소에서 발간하는 『철학의 제문제』지에 대담한 개혁 이론이 발표되고 있었다. 철학 부문에서 제기된 개혁 이론의 중심 주제는 인간론과 역사적 유물론이었다. 이와 같은 사회주의권의 이론적 동향은 주체 철학의 체계화를 촉진시키는 변수가 되었다.

완성기의 주체 사상

주체 사상의 기본 체계는 1982년에 김정일이 발표한 「주체 사상에 대하여」라는 논문에서 제시되었다. 김정일에 대한 연구 논문들이 1970년대 중반 이후 『사회과학』에 집중적으로 실린 바 있지만 철학적 주제를 본격적으로 다룬 글들은 아니었다. 1983년 이후 비로소 이른바 김정일의 철학 사상에 대한 논문들이 쏟아져 나왔다.

1983년에 주체 사상의 철학적 원리와 사회·역사 원리를 설명하는 단행본이 출판되다가, 1984년 『주체의 사상, 리론, 방법의 심화 발전』 전5권이 나오면서 주체 사상의 전모가 드러나기 시작하였다. 그리고 1985년에는 드디어 '위대한 주체 사상 총서' 전10권이 발간되어 주체 사상의 체계가 완성된다. 주체 사상의 기본 체계는 총10권 가운데 제1권『주체 사상의 철학적 원리』, 제2권『주체 사상의 사회력사적 원리』, 제3권『주체 사상의 지도적 원칙』에 나타나 있다.

세 권의 책에 나타난 주체 사상의 기본 체계는 '김일성주의'의 한 구성 부분으로 간주된다. '김일성주의'는 더 이상 마르크스-레닌주의의 하위 개념이 아니라, 그것을 대체한 독창적 개념임을 내세우기 위해서 사용된 말이다. 김일성주의는 철학적 원리·사회 역사적 원리·지도적 원칙을 내용으로 하는 좁은 의미의 주체 사상을 정수로 하되, 주체 사상보다 포괄적인 사상·이론·방법의 전일적 체계를 의미한다. 따라서 김일성주의의 3대 구성은 마르크스-레닌주의의 3대 구성인 철학·정치경제학·과학적 사회주의에 대한 대안으로 제시된 셈이다. 마르크스-레닌주의는 독일의 고전 철학과 영국의 고전 정치경제학, 프랑스의 공상적 사회주의를 비판적으로 극복하고 그에 대체되는 과학적 학설로서 철학·정치경제학·과학적 사회주의라는 3대 구성을 내놓았으나, 다시 사상 이론적 원천의 변화와 새로운 역사적 과제와 관련하여 주체 사상·혁명 이론·영도 방법이라는 3대 구성을 갖춘 김일성주의가 나오게 되었다는 것이다. 김일성주의의 한 구성 부분이 된 혁명 이론으로는 반제 반봉건 민주주의 혁명론, 사회주의·공산주의 건설 이론, 인간 개조 이론 등이 있으며 영도 방법으로는 영도 체계와 영도 예술이 있다.

주체 사상의 전문화가 본격적으로 진행된 시기는 1986년부터이다. 1986년 이후로는 『철학연구』가 복간되어 완성된 주체 사상의 체계를 각 전문 분야로 확대 발전시켜 나간다. 복간된 『철학연구』는 1960년대와 같은 다양한 기획은 사라지고 6쪽 정도의 짧은 논문들만 수록하고 있다. 논문들에는 각주가 완전히 사라지고 본문 중의 인용 문헌도 김정일과 김일성의 것뿐으로, 마르크스나 엥겔스, 레닌은 거의 자취를 감추고 만다. 『철학연구』의 복간과 함께 북한 철학은 다시 강단 철학적 성격을 회복하게 되었다. 철학의 기본 원리가 바뀌었으니 종래의 개념 체계를 전반적으로 재조정할 필요가 생겼기 때문이다.

강단 철학적 성격은 메타 철학적 논설이 늘어난다든가, 서양 철학사를 중시한다든가, 논의가 세분화·전문화된다든가 하는 경향에서 찾아볼 수 있다. 1960년대의 『철학연구』가 실천 문제의 이론적 정당화를 중심으로 이루어졌다면, 1986년 복간된 이후로는 주체 철학이 사용하는 개념을 독자적으로 확립하는 데 중점을 두며, 따라서 개념적 분석이 주류를 이루고 있다. 다시 말해 새롭게 정립한 패러다임을 세밀화하는 '정상 과학'의 시기가 도래한 것이다.

주체 사상의 전문화에서 이론적 관심이 집중된 것은 심리 철학적 문제였다. 주체 철학의 인간에 대한 논의는 변증법적 유물론을 대체하는 것이므로 단순한 인간론이 아니라 인간 중심의 세계관임이 강조되어 왔다. 그에 따라 구체적인 인간 심리를 다루는 인간론 연구는 1980년대 중반 이후에야 활기를 띠게 된다. 심리 철학적 논의의 핵심은 '사상 의식'이 무엇인지를 규정하는 문제이다. 사상 의식은 지식과 대비되면서 설명되는데 이 문제는 당파성과 과학성, 혹은 이데올로기와 과학의 문제를 주체 사상식으로 제기한 것이라 할 수 있다. 그 동안 주체 사상은 단순히 인간에 대한 지적 이해보다 인간을 실제로 행동하도록 만드는 문제를 중시해 왔다. 따라서 인간의 행동을 지배하는 여러 심리적 개념들, 예컨대 요구와 지향, 감정과 심리, 각오와 의지 등이 중요한 관심사로 떠오를 수밖에 없었다. '사상 의식'이 논의의 핵심이 되는 이유도 여기에 있다. 주체 사상에 따르면 의식은 사상 의식과 지식의 두 측면이 있는데 양자의 차이는 사상 의식이 감정과 의욕 의지를 포함하는데 있다.

심리 철학적 문제 외에도 1986년 이후 북한 철학자들은 주체사관과 유물사관을 대비시킴으로써 주체 사상의 사회 역사적 원리를 이론적으로 정당화하려는 노력들을 계속하고 있으며, 또한 서양 철학에 대한 연구 논문을 많이 발표하였다. 서양 철학 연구에 대한 관심의 증대는 1950년대 이래 남한에서 연구되는 현대 철학을 비판해 온 그 연장선상에 있지만, 특히 1980년대 들어서는 주체 사상을 서양 철학사의 가장 발달된 위치에 놓음으로써 주체 사상의 우월성을 증명해 보이려는 시도와 결부된다고 할 수 있다.

북한 철학의 역사적 전개는 서양이나 남한의 경우와는 달리 단 하나의 사상에 의해 완벽하게 지배되고 있다. 북한의 철학은 주체 사상이 제기하는 문제들을 이론적으로 분석하는 데 주력하고 있으며, 철학적 관심 자체가 이데올로기 문제에 집중되고 있다. 즉 북한 철학계의 주요 관심사는 과학의 근거로서 철학을 탐구하는 데 있는 것이 아니라 이데올로기적 문제를 정당화하는 데 있었다. 유일 사상이 지배하는 사회에서 철학은 그 유일 사상을 정당화하는 것말고는 설 자리가 없다고 하겠다. 북한 철학계는 실천적 지도 사상으로 성립된 주체 사상에 철학적 외피를 입히는 작업을 1970년대 이래 최대의 과제로 삼아 왔다.

이러한 과정에서 북한 철학계는 하나의 일관된 경향을 보여 왔는데 그것은 실천을 중심으로 하는 새로운 세계관을 확립하고자 하는 것이었다. 이론적 인식에 대한 감정이나 도덕 등의 상대적 자립성과 반작용을 강조하는 것은 지적 이론적 인식을 강조하는 서구 계몽주의의 전통보다 실천을 중시하는 동양의 전통과 맞닿아 있다. 또한 인간 실천의 성격을 중심으로 철학의 근본 원리, 인간론, 사회·역사적 원리를 수립하는 주체 사상의 세계관적 내용뿐만 아니라 그 체계 구성과 표현 방식에서도 실천적 효과를 의도하고 있다. 철학의 근본 문제를 인간 해방이라는 실천적 목표를 성취하는 것에 두고 그로부터 도출해 내는 목적론적이고 연역적인 체계 구성도 그렇지만, 일반 대중이 이해하기 쉬운 표현과 대중의 일상 언어를 통한 철학적 용어 선택 역시 실천적 의도를 지닌 것이었다. 그러나 북한 철학계의 실천적 지향이 유일 지배를 정당화하는 데 구조적으로 기능하고 있는 한, 북한 철학계의 철학적 문제 의식이 온전한 의미를 획득했다고 보기는 어려울 것이다.

■ 더 읽어 보아야 할 책들

1. 남한의 전통 철학 부분

박종홍, 『한국사상사』(불교편) (서문당, 1972)

이상은, 『유학과 동양문화』(범학도서, 1976)

현상윤, 『조선유학사』(현음사, 1982)

윤사순, 『한국유학사상론』(열음사, 1986)

금장태·고광직, 『속유학근백년』(여강출판사, 1989)

2. 남한의 서양 철학 부분

조요한, 「한국에 있어서 서양철학 연구의 어제와 오늘」, 『사색』 제3집 (숭전
대학교철학회, 1972)

이명현, 「한국철학의 전통과 과제」, 『이성과 언어』(문학과지성사, 1982)

김여수, 「한국철학의 현황」, 『한국에서 철학하는 자세들』(집문당, 1986)

3. 북한의 전통 철학 부분

정진석·정성철·김창원, 『조선철학사』 상, (사회과학원력사연구소, 1960)

최봉익, 『조선철학사상연구』(고대~근세) (사회과학출판사, 1975)

최봉익, 『조선철학사개요 —— 주체사상에 의한 『조선철학사』(1962)의 지양』
(사회과학출판사, 1986)

정성철, 『조선철학사』 II, (과학백과사전출판사, 1987)

철학연구회, 『철학연구』 제23집 (철학연구회, 1988)

유 엠 부찐, 『고조선 —— 역사 고고학적 개요』, 이항재·이병두 옮김 (소나무,
1990)

한국정신문화연구원, 『'90 인문과학 학술토론회, 북한의 한국학 연구 성과분
석』, (한국정신문화연구원, 1990)

김교빈, 「16세기 주자학」, 『역사비평』 제14호, (역사문제연구소, 1991)

김교빈, 「남북철학계의 시각차와 북한 철학계의 변화에 대한 검토」, 『인문논

총』제11집 (호서대학교인문과학연구소, 1992. 12)

김교빈, 「북한 철학계의 전통철학 연구경향과 앞으로의 변화 가능성에 대한 연구」,『시대와철학』제9호 (동녘, 1994)

4. 북한의 주체 철학 부분

이종석, 「조선노동당의 지도사상과 구조변화에 관한 연구」, 성균관대학교 박사학위논문 (1993)

이병창, 「해방이후 북한철학사」,『시대와철학』제9호 (동녘, 1994)

이 훈, 「북한철학의 흐름」,『시대와철학』제9호 (동녘, 1994)

이병수, 「주체사상의 보편화 및 체계화과정에 대한 분석」,『시대와철학』제9호 (동녘, 1994)

3

논쟁별로 본 한국 철학

1. 교선 논쟁

1. 교종과 선종의 대립 상황

후기신라 말기 선종禪宗이 본격적으로 수입되면서 한국 불교는 이전과는 전혀 다른 모습으로 바뀌었다. 선종은 기존 교종敎宗의 주류를 이루던 화엄종華嚴宗의 한계를 비판하면서 세력을 확장시켜 나갔고, 반대로 화엄종은 선종의 도입으로 말미암아 충격을 받고 크게 위축이 되었다.

그러나 당시의 불교 교단은 아직 종파를 형성할 정도는 아니었다. 화엄종과 선종은 대립하면서 공존하는 상황이었고, 이러한 대립조차도 불교 내적인 이유보다는 화엄종을 받아들이던 왕실측과 선종을 이데올로기로 삼은 지방 호족이라는 정치 세력간의 다툼으로 말미암은 측면이 더 강하였다. 이와 같은 상황은 고려의 건국 후까지 그대로 이어졌다. 하지만 고려 초 중기부터 불교 내에 종파가 형성되기 시작하자 교·선의 대립은 훨씬 격화되어 갔으며, 이에 따라 각각 상대를 비판하기 위한 고도의 논리를 계발해 나갔다.

선종이 교종을 비판하던 초기 양상은 주로 선·교 사이의 고하高下와 동이同異에 관한 문제를 중심으로 이루어졌다. 선종은 자기들이 말하는 수증修證의 세계가 화엄에서 말하는 내증內證의 세계, 즉 해인삼매海印三昧보다 한 차원 더 높다고 주장하여 선종의 우위성을 입증하고자 하였다. 그런 점에서 이것은 일종의 헤게모니 싸움이라고 할 수 있었다.

후기신라의 화엄 사상은 징관澄觀의 선교일치론禪敎一致論적 화엄 사상에서 영향을 많이 받은 것이었다. 화엄의 선禪은 석가의 경전에 근거하는 여래선如來禪인 데 반해, 선종의 선은 언어문자에 의존하지 않는 교敎 밖의 특별한 전통인 조사선祖師禪이었다. 선종은 조사선의 입장에서 화엄에 포함되어 있는 선적인 요소까지도 비판의 대상으로 삼았다.

이상과 같은 선종의 비판에서 영향을 받아 많은 화엄 승려들이 선종으로 전향하였고, 또 화엄 사원이 선종 사원으로 바뀌었다. 고려 태조의 「훈요십조訓要十條」의 제1조에 교·선간의 사원 쟁탈을 금하는 조항이 있을 정도였으니만큼, 이 당시 교·선간의 사원 쟁탈이 얼마나 심각했는지를 짐작하기란 어렵지 않다.

선종의 비판에 맞선 화엄종의 일차적 반응은 결사結社를 통한 자체 반성으로 나타났다. 9세기 말 경에 화엄 결사가 성행하였는데, 이는 말할 것도 없이 선종의 비판에 대한 위기 의식의 표현이라 하겠다.

화엄에 대한 선종의 격렬한 비판에도 불구하고, 선종이 본격 수입되는 신라 헌덕왕 이후부터 고려 초에 이르기까지 200년 동안은 교선이 병립하는 형세를 이루었다. 이 시기에는 비록 선종이 교종의 한계를 비판하고는 있었지만, 그 근본을 부정하는 데까지 이른 것은 아니었다는 데서 그 원인을 찾을 수 있다. 이와 아울러 왕실에서 교종과 선종을 융합시키려는 노력을 기울인 것도 중요한 원인이었다.

교종은 석가의 일반적 가르침인 경전의 언어문자를 분석하고 본체와 현상을 분별해서 보는 이론 불교였던 데 반해, 선종은 언어문자를 배격하고 마음에서 마음으로 전하는(以心傳心) 좌선坐禪의 실천을 통해 사람들의 본래 성품이 아무런 차별이나 분별도 없는 부처 자체임을 직관하는 실천 불교요 수행 불교였다. 선은 "언어문자에 의존하지 않고, 교 밖에 따로 전하며, 인간의 마음을 직접 가리켜서, 본래의 성품을 보아 부처를 이루는"(不立文字, 敎外別傳, 直指人心, 見性成佛)것을 요체로 하는 것이다. 이로써 선종은 교종과 직접 대립하게 되었고, 더욱이 선사禪師들 대부분은 선·교 양립적 교판관敎判觀을 가지고 있었다.

선종은 화엄의 지나친 이론주의적 경향을 비판하였다. 원래 해동海東 화엄종의 비조인 의상義湘의 화엄 사상은 실천적인 신앙을 특징으로 하였다. 그런데도 이것이 점차 학문적이고 이론적인 방향으로 진행되었던 까닭은, 중국 화엄에서 온 영향도 무시할 수는 없겠지만, 그보다는 후기신라에서 크게 유행한 또하나의 불교, 즉 신유식 계열의 법상종法相宗으로부터 받은 영향에서 찾아야 할 것이다. 어쨌거나 이와 같은 교종의 이론화 경향은 신라 하대로 갈수록 더 심해져 관념화되기에 이르렀고, 이에 불교의 진면목을 찾으려는 자각이 일어나면서 선종이 대두하였다고 말할 수 있다.

교종과 선종은 모두 '열반'(해탈, 즉 깨달음)을 궁극적 목적으로 하는 점에서는 일치하지만, 최고 깨달음의 내용과 그 수위首位에 대해서는 견해를 달리하였다. 또 열반에 이르는 길(수단)이 무엇이냐에 대해서도 하나는 이론 중심에서 찾았고, 다른 하나는 수행 중심에서 찾았다는 차이가 있다.

이상과 같은 교·선의 대립은 고려 불교가 안은 최대의 문제이자 해결해야 할 가장 시급한 과제였다. 그러나 이 과제를 풀어 가는 방식에서도 역사적으로 실천을 이론에 종속시키려는 교주선종敎主禪從의 경향과, 실천을 중시하고 이론을 부차적으로 보려는 선주교종禪主敎從의 경향이 각각 다르게 나타났다. 이것은 교·선 대립의 극복이 동일한 차원에서의 통합을 의미하는 것이 아니라, 그 중 하나의 선택을 요구하는 가치의 문제였음을 보여 주는 것이기도 하다.

전반적으로 볼 때 신라 시대에는 화엄·유식·반야·정토 등 대승 불교 전반이 신앙되고 연구되었으며, 하대에 선종이 들어와 점차 세력을 확대해 나갔다. 그런 반면 고려 시대에는 교종과 선종이 공존하면서 대립을 격화시켜 나가다가 결국에는 유학자들에게 배불排佛의 빌미를 제공하였다. 그런가 하면 조선 시대는 국가 권력에 의해 정책적으로 교종과 선종이 통폐합되어 초종파적인 종합 불교의 양상을 띠었다. 이 때문에 조선 시대에 불교는 비록 종파적 갈등은 없었으나, 교종과 선종을 통합하는 데서 오는 갈등, 다시 말해 선과 교의 기본적 차이가 무엇이며, 선과 교를 어떻게 닦아 나가야 하는가 하는 점이 중요한 문제로 대두되었다. 그 결과 선사가 직접 경을 주석하는 일이 빈번하게 일어났는데, 함허涵虛 기화己和와 설잠雪岑 김시습金時習 등이 그 대표적인 경우라 할 수 있다. 이는 고려의 지눌知訥과 보우普愚의 선교일원론이나 선교원융 사상에서 받은 영향이었다. 이것은 뒤에 휴정休靜의 선교회통설禪敎會通說로 발전하여 사실상 선종으로의 통합이 이루어지게 되었다. 백파白波 긍선亙璇의 의리선·여래선·조사선이라는 3종선론三種禪論과 초의草衣 의순意恂의 조사선·여래선 또는 격외선·의리선이라는 2종선론 사이의 논쟁은 조선 불교 최대의 논쟁이었다. 현대의 한국 불교는 여전히 선종이 중심이 되어 돈오점수 논쟁을 재연하기도 한다. 이렇게 보면 한국 불교사의 문제 의식은 거의 전적으로 고려 불교가 안았던 교선 논쟁의 연장선상에 있다고 할 것이다.

2. 교·선 대립의 주요 논점

교종과 선종의 대립은 이론과 실천의 대립이라는 성격을 가진다. 따라서 그 대립은 통일을 전제할 수밖에 없는 것이다. 그러나 여기에도 무엇이 우선이냐 하는 우위의 문제와 그것들이 같은가 다른가 하는 동이의 문제가 있다. 교·선의 대립 또한 이와 같은 두 가지 점을 중심으로 하여 진행되었다.

우위 논쟁은 최고 '경지'를 둘러싼 것으로 삼매三昧에 관한 논쟁이라 할 수 있다. 동이 논쟁은 방법론에 관한 것이다. 하지만 동이 논쟁은 곧 우위 논쟁과 같은 선상에서 이루어졌고, 주로 선종측의 공격에 대한 교종의 방어 형태로 전개되었다.

삼매의 중요성은 화엄에 의해 강조되었다. 『화엄경』에는 해인삼매海印

三昧가 강조되는데, 이는 망상이 다하고 맑고 깨끗한 마음이 터득되면 일체의 것(萬象)이 가지런히 이 마음속에 나타나는 것을 의미한다. 일반 대중에게는 마음의 정화라든지 지극한 정성을 의미하는 심청정心淸淨으로 이해되는 것이다. 해인삼매는 표면적으로는 선종의 그것과 별 차이가 없었다. 의상의 『화엄일승법계도華嚴一乘法界圖』는 모든 것(事事)이 아무 장애가 없이(無碍) 그대로 발현(性起)되어 있는 해인삼매의 상태를 도식화한 것이다. 선종에서는 바로 이와 같은 것을 두고 지나치게 현학적이라고 공격했던 것이다.

중국 선종의 개창자인 달마達磨로부터 6조 혜능慧能까지 일관되게 강조한 것은 일상一相·일행一行의 삼매이다. 현상(相) 가운데 있다고 하더라도 취하거나 버림이 없고, 이익과 불이익을 따지지 않으며, 성공과 실패를 생각지 않고, 미워한다거나 좋아하는 마음도 내지 않아, 그저 편안하고 고요하고 안온한 것, 그래서 조금도 마음에 거리낌이 없이 아주 깨끗하게 밝아지는 경계가 일상삼매이다. 천지 우주 전체가 조금도 차이 없는 하나의 진리 자리, 즉 만법萬法을 귀일시키는 자리가 곧 일상삼매이다. 그리고 일상삼매를 확신하는 순수한 하나의 곧은 마음이 그 본체를 잃지 않을 때 현실 그대로 정토淨土를 성취한다는 것이 일행삼매이다.

해인삼매는 모든 것(相, 象)이 각각 아무 장애 없이 그대로 발현되는 것을 말하지만, 선종의 삼매는 이처럼 나타난 상 자체에 얽매이지 않음을 말한다. 따라서 선종에서는 그것이 해인삼매보다 한 단계 높은 차원이라고 주장했던 것이다. 일상삼매를 통해서는 그것이 교종의 경지보다 높음을 주장하고, 일행삼매를 통해서는 현실에서의 실현 가능성을 주장한 것이 선종이 교종을 비판하는 주요 요지였다.

또 방법론에서 교종은 '교관敎觀'을 제시하는 반면, 선종에서는 '이입사행론二入四行論'을 주장하였다. 교관은 교상敎相과 관심觀心을 가리키는 것으로, 불교 교리를 비판적으로 검토하는 교상판석敎相判釋과 자기 종파에서 세운 진리를 공부(觀)하는 방법을 의미한다. 법상종의 경우 삼시교三時

敎를 교상으로 하고 유식관唯識觀을 관심으로 하며, 화엄종에서는 오교십종五敎十宗을 교상으로 하고 일진법계관一眞法界觀을 관심으로 한다. 교종의 일반적 특징은 교관병수敎觀並修로서 교종 내에서 이론과 실천의 일치라 할 수 있다. 교종의 교관일치관은 선종을 대할 때도 선종을 양립적 세계관으로 보기보다는 '일치'의 관점에서 바라보게 하는 작용을 하였다.

한편 이입사행론은 흔히 달마의 최고 법문으로 알려져 있는데, '이입'이란 말은 『금강삼매경金剛三昧經』에도 보인다. '이입二入'은 '리입理入'과 '행입行入' 두 가지를 의미하는 것이다. 리입은 교敎를 빌려서 종지를 깨달으면 일체중생과 우주만유가 바로 동일한 불성임을 통찰하게 되는 것을 말한다. 이것은 이치를 먼저 알아차리는 것을 가리킨다. 행입은 행으로 리에 들어가는 것이다. 거기에는 보원행報冤行·수연행隨緣行·무소구행無所求行·칭법행稱法行의 4행이 있다. 선종에서 말하는 '리理'는 이치나 규율을 의미하는 것이 아니라 '자성청정심自性淸淨心'을 가리킨다. 따라서 교종은 자성청정심의 획득을 목적으로 한다면, 선종은 그렇게 획득된 자성청정심을 바탕으로 구체적 실천으로 나아감을 목적으로 한다고 할 수 있다.

선종의 리입은 교종의 교관과 근본적인 차이가 하나 있다. 교종의 교상판석은 이른바 중생들의 '근기根機'에 따라 교설의 수준 차이가 있게 된다는 차별관이 바탕이 되고 있다. 그 반면 선종의 리입은 순수한 마음을 관조하기만 하면 거기에 어떠한 차별도 없음을 알게 되고, 나아가 우주만물과 더불어 동등한 차원이 된다는 뜻을 담고 있다. 이를 두고 "언어문자에 의존하지 않고, 교 밖에 따로 전하며, 인간의 마음을 직접 가리켜서, 본래의 성품을 보아 부처를 이룬다"고 하였던 것이다.

이상에서 보면 교종은 기본적으로 일치적 세계관을 가진 데 반해, 선종은 양립적 세계관을 갖는다고 할 수 있다. 따라서 선종이 수입되고 상당 기간 교종과 선종이 공존을 유지할 수 있었던 이유를 불교 내적으로 찾자면 바로 화엄종에서 찾아야 할 것이다.

3. 고려 불교의 이상 —— 이론과 실천, 그 대립의 극복

고려 시대 불교 통합 운동을 통틀어 말하자면, 첫 번째 단계는 본체와 현상의 일치를 주장하였던 균여均如의 성상융회性相融會와 이에 대비되는 선승禪僧들 중심의 선교 일치 운동을 들 수 있고, 두 번째 단계는 교종으로 선종을 흡수하는 의천義天의 천태종天台宗 성립을 들 수 있으며, 세 번째 단계는 선주교종을 주창한 지눌知訥의 '정혜쌍수定慧雙修' 및 '수선결사修禪結社', 그리고 이에 영향을 받았음에도 결국은 교종으로 회귀한 요세了世의 '백련결사白蓮結社' 운동을 들 수 있다.

성상융회라는 말은 화엄 사상의 한 경향을 가리키는 것으로서, 의미로는 본체와 현상의 일치를 나타내며, 내용으로는 현상의 존재를 그대로 인지하려는 상종相宗(법상종法相宗, 유종有宗) 계통과 현상의 존재란 독립성·독자성이 없이 인과 관계에 의존하므로 공空이라 보는 성종性宗(법성종法性宗, 공종空宗) 계통의 대립을 조화시키는 것을 의미한다. 결국 이는 중관中觀과 유식唯識의 통합을 의미한다고도 할 수 있다.

공종과 유종의 대립에서 최대 논점은 성불의 가능성을 둘러싸고 이루어진 불성론에 관한 것이었다. 공종에서는 일체만유가 같은 법성을 가졌고, 따라서 모두 성불할 수 있다고 보았다. 이를 연구하는 학파를 삼론 학파라 한다. 한편 유종, 그 가운데서도 특히 신유식 학파는 제한적 성불설인 오성종성五性種姓설을 주장하였다. 가장 낮은 단계에 속하는 중생들에게는 불성이 존재하지 않는다는 견해이다. 이 불성에 관한 논쟁은 교종을 더욱 현학적이게 만든 가장 큰 원인이 되었으며, 결국 민중과 유리되는 결과를 낳았다. 따라서 균여가 이것들을 통합하고자 한 것은 정치적 이유말고도 교종 내의 이론적 통합을 통하여 선종의 공격에 대비하려는 의도도 있었던 것이다. 더욱이 균여는 후삼국 시대부터 분열. 대립하였던 화엄종 내 남·북악南北岳의 갈등을 통합하려는 의지를 굳게 가지고 있었다.

균여의 성상융회에 대해 당시 선종측의 뚜렷한 대응은 찾기 어렵다. 이 당시까지만 해도 선종의 영향력은 미미했다. 다만 광종은 중국에서 선종 계통의 법안종法眼宗을 받아들여 교종 세력에 대항시키는 이중 정책을 폈는데, 이는 법안종의 선교 일치 주장이 중앙 귀족과 지방 호족 세력을 통합하는 데 유리하였기 때문이다.

법안종은 문익文益에 의해 개창되어 천태天台 덕소德韶와 영명永明 연수延壽로 이어져 내려오면서 확립된 사상 체계이다. 연수는 자신의 저서『종경록宗鏡錄』을 통해 화엄종·법상종·천태종 등 제 교학의 장단점을 절충하고 이를 선종의 입장에서 체계화하려고 한 동시에, 또『만선동귀집萬善同歸集』을 지어 선과 염불을 융합시키는 등 종합 불교를 지향하였다. 법안종의 실체에 대해서는 많은 논란이 있으나 우리 나라 선종사에서 차지하는 연수의 영향력은 의심의 여지가 없다. 법안종은 한국 선종의 방향과 관계되어 있는 것이다.

교선 논쟁의 본격적인 시작은 의천義天이 천태종을 성립한 데서 찾을 수 있다. 의천은 당시 교종 내의 분립과 선종 계통의 분파를 놓고 '말법末法 시대'로 인식하고, 불교를 교리·교단 양면에서 일대 개혁하고자 시도하였다. 이로써 그는 천태종을 개창하게 되는데, 특히 중국 화엄의 5대조인 규봉圭峯 종밀宗密의 '교관병수敎觀幷修'설에 크게 영향을 받았다.

의천의 교관병수론은 교종의 입장에서 선종을 포섭하려 한 교주선종敎主禪從이었을 뿐만 아니라, 보수화되고 귀족화된 교종 내의 맹목적인 이론 추종 경향에 대해서도 비판 의지를 담은 것이었다. 한편 이론적 측면을 무시하는 선종에 대해서는 옛 선과 지금의 선을 구분하여, 옛 선은 이론에 입각하여 실천을 닦는 습선習禪인 반면 지금의 선은 이론을 도외시하는 말장난의 설선說禪이라 하여 신랄하게 비판하는 것을 볼 수 있다.

의천의 교관병수론에는 적어도 세 가지 이론적 전제를 가지고 있었다. 화엄의 '삼관오교三觀五敎',『법화경法華經』의 '회삼귀일會三歸一', 천태학의 '삼제원융三諦圓融'이 그것이다. 이것들은 세계에 대한 시간적 파악법인 연기론緣起論과 공간적 파악법인 실상론實相論 등 모든 존재 이론들의 통일을 의미하는 것이라 할 수 있다. 특히 삼제(속제·진제·중도)원융설은 본체와 현상을 분리시켜 보는 모든 논의에 반대하면서, 본체와 현상의 통일에서 세계의 진면목을 찾으려 하였다. 화엄의 삼관三觀(유有와 공空의 두 가지 집착을 떠나 모든 현상적 존재가 참다움이 없이 진공眞空임을 아는 진공관眞空觀, 차별 있는 현상, 즉 사事와 평등한 본체, 즉 리理가 분명하게 존재하면서도 서로 융통되는 것임을 아는 리사무애理事無碍觀, 우주간의 온갖 존재들이 서로서로 일체를 포용하고 포섭하는 것임을 아는 사사무애관事事無碍觀) 또한 본체와 현상의 통일에 관한 것이다. 그런데 이와 같은 '통일성' 또는 '연속성'을 설명하기 위해 주로 연기설의 인과율에 의존하는 것이 교종의 일반적 특징이었다.

이와 달리 선종은 기본적으로 이러한 현상계(相)의 인과성을 부정하고, 현상 세계란 단지 우리의 마음이 짐짓 꾸며 낸 환상과 같은 것이라고 주장하였다. 그에 따라 본체와 현상이라는 구별 자체를 반대하였다. 이것은 교관병수설의 기초인 삼관설이나 삼제원융설에 대한 직접적인 비판이었다.

의천은 『법화경』의 '회삼귀일'설에서 실천적인 기초를 찾았다. 불설佛說에 성문·연각·보살의 삼승三乘으로 나누어진 교법은 방편이고, 삼승은 일승에서 나누어 말한 것이므로 일승 밖에 삼승이 없고 삼승 밖에 일승이 없다고 아는 것이 '회삼귀일'의 의미이다. 이것은 모든 존재에 불성이 있음을 인정하는 데까지 확대되었다. 의천의 교관병수설은 결국 모든 인간이 성불할 수 있음을 주장하는 데 그 근본 목적이 있는 것이었으나, 이론을 중시함으로써 실제로는 대부분의 무지한 중생들을 제외시키는 결과를 초래하고 말았다. 더욱이 본체와 현상을 구분하고 본체 세계만을 중시하여 중생의 실제 삶의 세계를 무가치한 것으로 만들어 버림으로써 바로 이 세계에서 이상 사회인 불국토佛國土를 건설하겠다는 근본 이념과도 배치되는 결론에 이르고 말았다. 그러므로 의천의 교선 일치 사상은 천태의 교관 일치 사상의 연장선상에 있는 것이었고, 또 그에 의한 교선 대립의 극복은 제2단계의 사상사적 시도로서 의미를 가진 것이긴 했지만 아직 과도기적 성격을 벗어나지 못한 것이었다고 할 수 있다.

이상과 같은 교주선종의 한계를 인식하고 이를 선주교종으로 전환하여 교선 대립을 극복하고자 한 사람이 지눌이다. 지눌 또한 종밀의 영향을 받았으나, 그보다는 이통현李通玄의 『화엄론華嚴論』에 나타난 선교 일치 사상으로부터 더 큰 영향을 받았다. 지눌은 교선 대립이 순서상 무엇을 먼저 하느냐 하는 문제를 둘러싸고 심각한 대립을 보이고 있다고 생각하였다. 교종의 이론 중심적 경향은 지나치게 분석적이어서 본래의 목적과 정반대 되는 결과를 초래하고 말았다고 보고 "자기의 마음이 본래 부처임을 반조한다"는 간단한 방법을 제시하였다.

의천의 사상은 기본적으로 인과론에 근거한 것이었다. 이에 반해 지눌은 자신의 『진심직설眞心直說』에서 "선종의 바른 신념은 교종과는 달리 일체의 유위인과有爲因果를 믿지 않고 단지 자기가 본래 부처임을 믿고자 한다. 천진무구한 자기의 본래 마음(自性)이 사람마다 갖추어져 있어 열반의 묘체를 각각 원만히 완성하되, 다른 것에서 구할 필요가 없고 처음부터 스스로 가지고 있는 것이다.…… 진심眞心의 본체는 인과를 벗어나 있다"고 하였다.

방법론에서 볼 때도 의천이 분석적 방법을 취했다면, 지눌은 종합적이고 직관적인 방법을 취하였다. 지눌의 방법은 분석적 방법에 내재해 있는 이론적 공허함을 극복하고, 이를 실천론의 입장에서 포섭하려는 의도를 담은 것이기도 하였다. 이론적 공허함이란 그것이 앞에서 말한 의천의 사상이 특히 불성론과 불국토의 근본 사상에 심각한 문제를 야기함을 두고 하는 말이다. 지눌은 '간편한' 방법으로 자신의 본래 마음(自性淸淨心)을 직접 돌이켜 아는 이른바 '회광반조廻光返照'를 들고, 이것이야말로 '근본적인 지혜'(根本知)라고 하였다. 근본지에 의한 반조는 '심즉불心卽佛'을 돈오頓悟(직각)하는 것이다. 이렇게 먼저 자기의 마음이 바로 부처임을 깨치고, 그 깨침에 의거하여 점차로 닦아 나간다는 선오후수先悟後修가 바로 유명한 돈오점수頓悟漸修 사상이다.

종파의 입장에서 이상과 같은 지눌의 사상 계통은 매우 복잡한 맥락을 가지고 있다. 선종의 입장을 견지하면서도 종밀이나 이통현의 영향이 강하게 보이는 점이나, 혜능의 북선北禪 계통에 있으면서도 하택荷澤 신회神會의 남선南禪 계통의 영향 또한 강하게 표출되는 등 결코 간단히 정리될 수 없는 사상적 맥락을 가지고 있는 것이다. 그뿐 아니라 그가 간화선看話禪을 주장하는 점에서는 또한 임제종臨濟宗의 영향도 볼 수 있다.

이와 같은 복잡한 맥락을 종합하여 지눌은 '정혜쌍수定慧雙修'설을 제시하였다. 정定은 먼저 깨치는 것을 의미하고, 혜慧는 교종 계통의 이론을 포함한 일체의 점차적 수행을 의미한다. 정혜쌍수설은 그의 돈오점수설의 구체적 실천이라 할 수 있는데, 그 전체적인 경향은 선주교종이었다. 이미 마음을 본체와 작용(현상)으로 구분할 수 없는 것과 마찬가지로 선정禪定과 지혜(慧)도 분리되지 않는다는 것이 정혜쌍수설의 요점인데, 지눌은 이것으로 당시 과제였던 교종과 선종의 대립의 극복하고자 하였던 것이다.

지눌의 정혜쌍수설은 의천의 교관병수설이 교종 일방에 치우친 것과 달리 본격적인 의미에서 선교 일치를 주장한 것이라 할 수 있다. 그러나 여기에는 의천의 교관병수설과는 달리 성적등지문惺寂等持門·원돈신해문圓頓信解門·경절문徑截門이라는 3문의 실천 체계를 더 가지고 있다. '성적등지문'은 상성성常惺惺의 교종 이론과 선종의 좌선(寂)법을 동시에 지녀야 함을 말하는 것이며, '원돈신해문'은 화엄과 선이 근본에서 둘이 아님을 밝히고 여기에서 주로 회광반조廻光返照의 의미를 말하여 교선 일치가 하나의 신념의 문제임을 말하는 것인데, 거기에 간화선의 '경절문'을 말함으로써 모든 지해知解의 장애를 떨쳐 버리기 위해 선문의 화구話句를 탐구할 것을 주장한 것이다. 이리하여 지눌의 정혜쌍수설은 실질적인 의미에서 이론과 실천의 일치를 주장하고 있다.

지눌은 이에 그치지 않고 '수선결사' 또는 '정혜결사'라는 구체적 실천 운동으로 나아갔다. 이 신앙 결사는 대체로 혼탁한 사회를 비판하고 개혁하려는 동기에서 출발한 것으로, 정토淨土 사상과 참법懺法을 바탕으로 불국토 건설을 주창하는 등 기층 사회에 새로운 방향을 제시한 본격적인 불교 대중화 운동이라고 할 수 있다.

지눌의 수선결사는 선을 표방하는 참선 수행 방법으로서 이 후 혜심慧諶에게 계승되었다. 당시 최씨 무신 정권은 이 결사 운동을 적극 지원하여 15국사를 배출하기까지 하였다. 이 후 이 운동은 한국 불교에 선을 정착시키는 데 지대한 영향을 끼쳤다. 이들은 단지 참선 수행만을 강조한 것이 아니라, 당시 유행한 간화선을 더욱 정밀하게 정리하기도 하였고, 일반 백성의 세속적인 정토 신앙까지도 포용하는 불교관을 피력하기도 하였다. 이러한 성격을 가졌기에 이 결사 운동은 당시 지방 사회의 일반 백성들로부터 광범위한 지지를 얻을 수 있었다.

요세의 백련결사는 이에 영향을 받아 일어난 교종 쪽의 운동이었다. 백련결사 운동은 법화·정토 사상에 입각한 '염불결사念佛結社'로서 정토구생淨土求生을 강조하는 등 주로 참법懺法의 성격이 강하였다. 요세는 지눌의 수선결사에 직접 참여하기도 하였으나, 실천 위주의 수선결사는 결국 연수가 『선종유심결禪宗唯心訣』에서 지적한 120가지의 수행상의 제약, 즉 이론적 기반이 없는 실천의 맹목성에서 오는 여러 제약들을 극복할 수 없다고 생각하고, 이를 극복하기 위해서는 천태의 묘해妙解에 의존해야 한다는 결론을 내려 1216년 전남 강진의 만덕산에서 백련결사를 결성하였다. 요세는 천태교관을 이루기 위한 실천 방향으로 수참修懺(참회정진법)과 정토를 제시하였다.

지눌과 요세의 신앙 결사 운동은 지눌이 '돈오'와 '정혜'를 강조하는 데 비해, 요세는 '참회'와 '정토'를 강조함으로써 운동적 성격이 더 강하였다는 점에서 차이를 엿볼 수 있다. 이 두 운동은 세부적인 면에서 여러 차이가 있음에도 수행과 교화의 일치를 주창한 점에서는 일치하였다. 그런데도 이와 같은 입장의 차이를 빚게 된 까닭은 교화의 대상으로 삼고 있는 중생의 근기根機를 인식하는 데 서로간에 차이가 있었기 때문이다. 지눌은 '즉심즉불'을 주창하면서도 실제로는 '돈오'와 '정혜쌍수'를 중시하여 결과적으로 그 대상은 여전히 최소한의 지해知解 정도는 갖고 있는 중생이었다. 그러나 요세가 대상으로 한 근기는 자력으로는 도저히 해탈할 길이 없는 가련한 중생이었다. 요세가 참회와 정토를 강조하는 까닭도 바로 여기에 있었다. 이와 같이 중생의 근기에 대한 이해에서 지눌과 요세는 크게 차이가 났다. 사실 지눌은 자기 마음의 직관을 강조하기 때문에 중생 근기에 대한 구별을 하지 않는다고도 할 수 있다. 하지만 요세는 중생의 지해의 정도 차이가 수행에 분명한 제약이 된다고 보고, 최하 근기의 사람들을 위하여 정토 참회법을 제시하였던 것이다.

요세의 결사 운동은 지눌의 그것에 영향을 받아 일어난 것인 만큼 당연히 지눌의 한계를 극복하려는 모습을 보였다. 요세의 결사 운동이 최소한의 지해도 전제하지 않고 염불 중심의 '참회멸죄懺悔滅罪'와 '정토구생淨土求生'의 행법에 중점을 둔 결사 운동을 일으키게 되었던 것은 바로 그런 까닭이다. 그와 함께 요세는 그 가능 근거를 『법화경』과 『천태지관天台止觀』에서 찾음으로서 교종 계열에 서게 되었던 것이다.

4. 교선 논쟁의 의의

요세의 결사 운동은 교종 쪽의 실천 운동이기는 하였으나 현세 구복적인 것을 주내용으로 하는 등 의천, 지눌, 보우 등의 교선 일치 운동에는 미치지 못하는 것이었다. 그래서 고려 불교의 교선 논쟁에서 실제적인 내용을 이룬 것은 의천의 교주선종과 지눌의 선주교종이라고 할 수 있다.

그러나 이 교주선종과 선주교종의 논쟁에는 한국 고대 불교의 최대 쟁점이었던 불성론과 불국토 문제가 그대로 계승되고 있었다.

의천은 비록 실천을 중시하였으나 결과는 차별적 불성론을 주장하게 되었다. 또 본체와 현상의 통일을 주장하였지만, 이와 같은 통일은 우선 '분리'를 전제로 해야 하는 것이고, 이러한 분리로 말미암아 현실적 삶의 공간을 본체에 대비되는 현상 세계로 간주하게 되며, 결국에는 현실 삶을 무가치한 것으로 여기게 됨으로써, '바로 여기'가 불국토요 내 마음이 불법이라는 정토 사상을 신앙하였던 민중들로부터 자연히 멀어지게 되었다.

지눌은 불성을 일반인들이 통상 가지고 있는 평상심平常心으로 본다는 점에서 의천의 입장과 대비되었다. 나아가 지눌은 이를 근거로 회광반조라는 '쉬운' 방법을 주장하여, 보살(실천)의 도만 행하면 삶의 공간인 삼계三界가 불토가 아님이 없다고 하였다. 이리하여 지눌은 난해한 불교의 교리를 모든 사람의 주관 의식과 결부시켜 바로 인간 자신의 문제로 해결하려 했다. 말하자면 중생과 부처는 곧 한 몸임을 밝혀 자기가 곧 부처라는 신념 아래 수행해 나가도록 하였던 것이다.

그러나 고려 불교가 교선 대립의 극복을 과제로 하게 된 배경에는 불교 내부의 문제보다는 외적인 문제가 크게 작용하였음을 간과해서는 안 된다. 이것은 교주선종에서 선주교종으로 진행된 것을 두고 불교 역사의 발전 단계로 이해하기 어렵게 하는 점이기도 하다. 하지만 전기의 불교가 성종과 상종 사이의 이론적 문제를 둘러싼 갈등과 해소를 주과제로 한 것이었던 데 반해, 고려 불교는 이론과 실천의 일치 문제를 주요 과제로 한 점에서 긍정적인 특징을 가졌다고 평가하는 것은 어렵지 않다. 더욱이 고려 시대 정신계를 주도하였던 가장 커다란 문제였던 교선 대립의 극복 문제는 불교의 가장 근본적이자 궁극적인 문제인 성불의 문제에서 첨예한 대립을 빚으면서, 그 해결의 과제를 다음 시기인 조선 불교의 과제로 넘기게 되었으며, 이는 다시 오늘날까지도 여전히 계속되고 있다고 할 수 있다.

■ 더 읽어 보아야 할 책들

고익진,『한국의 불교사상』(동국대학교출판부, 1987)
정허영 옮김,『인도사상사의 역사』(민족사, 1988)
서경수,『불교철학의 한국적 전개』(불광출판부, 1990)

김상현, 『신라화엄사상사연구』 (민족사, 1991)

칼루파하나, 『불교철학 ── 역사적 분석』, 최유진 옮김 (천지, 1992)

불교문화연구원 편, 『한국불교사상사개관』 (동국대학교출판부, 1993)

히리안나, 『강좌인도철학』, 김형준 옮김 (예문서원, 1994)

불교신문사 편, 『한국불교사의 재조명』 (불교시대사, 1994)

2. 유불 논쟁

1. 유불 논쟁의 배경

통일 신라와 고려 시대는 불교의 전성기로서 사회적인 영향력에서 불교가 유학을 압도하였다. 비록 현실의 정치·교육 제도 등에서는 유학의 이념이 근간을 이루고 있었지만, 그것은 어디까지나 불교가 제공하지 못하는 이른바 세간법世間法에 대한 보조적인 기능의 제공에 그치는 것이었을 뿐이다. 그리고 유·불은 이러한 현실적 우열과 주보적 역할 분담의 전제 아래 상대의 존립 가치를 인정하는 상호 병립을 유지했던 것이다. 특히 고려 왕조는 건국 이념이라고 할 수 있는 태조의「훈요십조訓要十條」에서 불교의 우위성을 공표한 이래 적극적인 불교 진흥책을 지속했다. 그리하여 고려 시대에 불교는 유례 없는 번영을 이루었다.

그런데 왕실의 비호에 의한 불교의 과도한 성장은 고려 말기로 오면서 점차 그 부작용을 드러내게 되었다. 사상적인 측면에서 내적으로는 독창성을 잃고 사상적 심화를 이루지 못했을 뿐 아니라 선종과 교종간의 갈등이 심화되어 가고 있었다. 외적으로는 현실적 권력에 밀착함으로써 사회 윤리의 규범적 역할을 감당하지 못하고 민간 신앙과 결합하여 개인적 안심입명이나 기복을 위한 세속 신앙으로 전락하였다. 사회·경제적 측면에서는 권력과의 밀착을 통해 정치·경제적 영향력을 확대하여 각종의 사회적 폐단을 초래하였다.

이처럼 불교가 사상적 측면에서 본연의 기능을 상실하고 사회 경제적으로 폐단을 가져 오는 상황에서 고려 사회는 불교를 대체할 새로운 이념을 요구하게 되는데 이에 부응한 것이 주자학이다. 주자학은 이전 사장학詞章學 위주의 유학과는 달리 적극적인 도통道統 관념에 의한 벽이단 의식을 바탕으로 하여 불교의 이론에 정면으로 맞설 수 있는 이론적 무장을 갖춘 체계적인 이론 형태였으므로 이러한 시대적 요구에 충실히 호응하였다. 따라서 조선에서의 본격적인 유불 논쟁은 주자학의 수용과 보급에 따른 주자학자들의 배불론에 의해 촉발되었다고 할 수 있다.

주자학을 최초로 도입한 안향安珦이 유학의 일상적인 인륜의 도리를 들어 불교를 배척한 것이 그 효시였다. 이제현李齊賢은 한·당의 경학과 더불어 불교를 배척하고 '실학'으로서의 주자학을 제시했다. 이색李穡은 불교의 말폐를 비판하면서 개혁을 주장하였다. 정몽주鄭夢周는 유학이 인륜을 중심으로 하는 일상의 도를 추구하는 반면, 불교의 가르침은 가족과 남녀의 인연을 끊고 산림에 들어가 적멸을 추구하는 것이라고 비판하였다. 그런데 이들의 불교 비판은 주로 유학의 일상적 윤리를 강조하고 불교의 사회적 폐단이나 출세간적인 경향을 지적한 것이고 불교 교리 자체를 대상으로 한 본격적인 이론적 비판은 아니었다.

조선 초 주자학자들의 불교 비판 중 가장 체계적인 형태는 정도전鄭道傳의 배불론이다. 정도전은 이성계를 중심으로 한 개혁파에 가담하여 한편으로는 전제田制를 정비하여 권문 세가와 사원이 중심이 된 대지주의 토지 겸병을 억제함으로써 중앙 집권을 강화하고 사회적 모순을 완화시켰다. 또 다른 한편으로는 지도 이념로서의 기능을 상실한 불교를 철저히 비판하여 새로운 정신적 무기인 주자학으로 그에 대체하였다. 전자가 새로운 시대를 위한 사회 경제적 토대의 정비라면, 후자는 새로운 시대에 부응하는 상부 구조의 건립이라고 할 수 있는데, 이 두 가지 과제는 모두 불교의 배제를 전제로 가능한 것이었다. 정도전의 불교 비판은 바로 이러한 현실적 요청에서 나온 것이다. 그리하여 정도전은 중국 성리학, 주로 주자학의 배불론과 고려 말 이래 주자학자들의 배불론을 종합하여 전면적인 불교 비판론을 제시했다.

조선 초기 정도전으로 대표되는 주자학자들의 불교 비판에 맞서 불교를 옹호하는 이론을 제시한 유일한 인물이 기화己和이다. 기화는 정도전과 거의 동시대를 살았던 승려로 정도전을 중심으로 한 배불론에 의해 억불숭유 정책이 실현됨으로써 날로 불교의 입지가 위축되어 가던 시기에『현정론顯正論』과 『유석질의론儒釋質疑論』을 지어서 유학와 불교의 상통성과 불교의 존재 가치를 역설하였다.

2. 유불 논쟁의 주요 논점들

불교의 이단성에 관한 논쟁 ── 중국 중심주의와 보편주의의 대립

정도전은 유학의 도통 관념에 근거하여 불교가 옛 성인의 도와는 다른 이단의 가르침이라는 점을 배불론의 한 근거로 삼고 있다. 유학에서 도통 관념이 확고하게 정립된 것은 주자학에 와서이지만, 그 원류는 멀리 맹자에게까지 소급된다. 맹자는 전국 시대 양주楊朱와 묵적墨翟의 세력 팽창에 유학의 존립 기반의 위기감을 느끼고 유학의 도를 지키는 것을 자신의 사명으로 삼고 유학사상 최초로 요·순에서 공자로 이어지는 유학의 도통을 제시하였다. 맹자 이후 이러한 도통론은 당대의 한유를 거쳐 최종적으로 송대의 주희에 의해 공자 이후 다시 안자·증자·맹자에서 이정二程 형제로 이어지는 도통의 계보가 완성되어 주자학의 일반적인 도통관으로 정착되게 되었다.

정도전은 이러한 도통관에 의거하여 요순이 사흉四凶을 주벌한 예를 역사상의 벽이단의 원류로 보았으며, 또 탕왕과 무왕이 걸·주를 친 것을 상제의 명과 하늘(天)의 명을 따른 것이라 하여 이단 배척의 당위성을 천명과 연결 지어 절대시하였다. 그는 특히 맹자가 양주와 묵적을 배척한 것은 묵적의 겸애兼愛설과 양주의 위아爲我설이 사람들을 미혹시켜 어버이도 없고 임금도 없는 지경으로 만들었기 때문이라고 하고, 불교는 이론이 심오한데다 겉보기에 유학과 비슷하게 성명性命과 도덕道德을 언급하고 있기에 그 폐단이 이들보다 더 심하다고 하였다. 그리하여 그는 자신이 이단을 물리치는 것을 임무로 삼은 것은 세상 사람들이 이단의 설에 현혹되어 빠져들고 인간의 도리가 사라질 것을 걱정하기 때문이라고 하면서 불교 비판의 동기를 제시하였다.

기화는 이 같은 유학의 도통론에 근거한 불교 배척에 대해 상대적이고 협애한 지역 개념에 의한 것이므로 부당하다고 비판하였다. 그는 어떤 사상을 평가할 때 중요한 것은 그것이 어느 지역에서 나왔는가가 아니라, 그 가르침이 어떠한 내용을 담고 있는가 하는 점이라고 한다. 왜냐하면 동이니 서이니 하는 이름은 상대적인 개념일 뿐이기 때문이다. 예를 들어 중국에서 스스로 세계의 중심을 자처하고 불교의 발상지인 천축국을 일러 서쪽 오랑캐라고 한다면, 마찬가지로 천축국에서도 중국을 동쪽 오랑캐라고 할 수 있다는 것이다. 그러므로 그는 "오직 그 도가 따를 만한 것인가 그렇지 않은가를 보아야지 그것이 나온 바의 자취에 구애되어서는 안 된다"고 주장했다.

이상이 불교의 이단성과 관련한 정도전의 비판과 기화의 대응이었다. 그런데 정도전이 불교를 이단으로 지목한 것은 단순히 지역적인 기준에 의거해 불교가 중국이 아닌 서역에서 생긴 것이라는 점 때문만은 아니었다. 오히려 그가 문제삼은 것은 불교의 가르침이 유학의 가르침과는 상이하다는 점이었다. 기화의 반론을 인용한다면 과연 "그 도가 따를 만한 것인가 그렇지 않은가" 하는 점에서 불교의 도는 따를 만한 것이 아니며 따라서 이단이므로 배척해야 한다는 것이다. 결국 정도전이 문제삼은 것은 불교가 가진 내용의 이단성이었으며, 그 주된 대상은 유학와 대비되는 불교의 인륜 경시 혹은 부정의 측면이었다. 그런 점에서 기화의 반론은 정도전의 비판에 대한 적절한 대응이 아니라고 할 수도 있다.

그러나 관점을 확대해서 보면 기화의 대응은 오히려 정곡을 찌른 것이라고 할 수 있다. 비록 유학이 단순히 지역적 기준에서가 아니라 가르침의 내용으로 이단과 정통을 가르고 있다 하더라도, 유학자들이 가진 이단성의 판별 기준은 어디까지나 그들이 정통으로 선점한 이른바 "성인들이 서로 주고받은" 유학의 도였다. 실제로 정도전이 불교를 이단으로 규정한 것 또한 유학의 가르침이 옳다는 전제하에서 불교의 가르침은 유학의 가르침과 상이하다는 점 때문이었다. 그런데 그 유학의 도는 중국에서 생기고 발전한 것이다. 그런 점에서 볼 때 유학자들의 도통론에서는 유학과 중국이 등치 가능한 개념이다. 따라서 이단성의 잣대가 외래 사상인 불교에 적용될 경우 그것은 지역적 편가름의 성격을 띠게 마련이다. 기화의 반론은 바로 지역적 개념의 상대성을 들어 유학의 이단론이 근거로 하는 유학 중심주의 혹은 중국 중심주의의 부당성을 지적하고 진리의 보편성을 강조한 것이라고 할 수 있다. 그런 점에서 우리는 불교와 유학의 이단성 논쟁은 중국 중심주의와 보편주의의 대립이라고 부를 수 있다.

불교의 멸인륜성에 관한 논쟁 —— 입세간주의와 출세간주의의 대립

불교의 이단성에 관한 논쟁에서 유학이 불교를 이단으로 배척한 유학 중심주의라는 잣대의 실질적 내용을 이루는 것은 유학적 인륜관이었다. 따라서 이러한 인륜 문제는 유불 논쟁에서 가장 중심적인 주제를 이룬다.

유학자들이 불교를 비판하는 가장 주된 논거 중의 하나는 불교가 출가에 의해 현세간의 일상적 윤리, 구체적으로 효와 충의 도리를 저버려 "인륜을 부정하고 나라에 해를 끼치는" 가르침이라는 점이었다. 유학적인 세계는 가족과 국가를 두 개의 중심축으로 한다. 그 중 가정 윤리의 핵심은 효孝이며, 사회 윤리의 핵심은 충忠이다. 그런데 이러한 효와 충을 중심으로 하는 윤리 원칙의 타당성을 본체론과 리기론을 근거로 한 심성론의 확립을 통해 강화한 것이 주자학이라는 점을 생각한다면, 유학자들의 불교 비판이 윤리적 측면에 중점을 두는 것은 자연스런 귀결이라고 할 수 있다.

고려 말 이래 주자학자들이 한결같이 불교가 일상적인 윤리를 부정한다고 비판한 것은 그러한 맥락에서였다. 정도전도 자신이 불교를 이단으로 배척하는 근본적인 동기가 "위로 여섯 성인과 한 분의 현인을 계승하고 싶어서가 아니라 세상 사람들이 이단의 설에 미혹되어서 함께 빠져들고 인간의 도리가 사라질 것이 두렵기 때문"이라 하여 유학적인 인륜 체계를 옹호하기 위한 것이라고 밝히고 있다.

정도전은 정호鄭顥의 "도 밖에 사물이 없고, 사물 밖에 도가 없다"는 말을 인용하여 도라는 것이 인간의 일상적인 생활과 유리된 어떤 초월적 원리나 원칙이 아니며 천지 사이에서 부딪치는 모든 일들이 바로 도라고 하였다. 예를 들면 아비와 자식, 임금과 신하, 남편과 아내, 어른과 아이, 친구와 친구 관계와 같은 일상 생활 속에서 지켜야 할 인륜이 모두 도라는 것이다. 따라서 인간이라면 한 순간도 거기에서 벗어나서는 안 된다고 하였다. 이것은 유학의 도 개념, 즉 '일상 생활 속의 도'(日用事物之道)를 강조한 것이다.

정도전은 이러한 도 개념을 근거로 세간 속에서의 일상적인 윤리 체계의 실천을 강조하면서, 불교는 세간을 떠나서 초월적인 도를 추구하는 이른바 '임금도 모르고 아비도 모르는' 가르침이라고 비판하였다. 이것은 주로 불교에서 출가에 의해 일상적인 인륜의 실천을 외면하고 산림에 은둔하여 도를 추구하는 경향을 비판한 것이다.

기화는 이러한 비판에 맞서 먼저 인륜의 중요성을 긍정하면서도 불교의 출가 수행의 당위성을 옹호하였다. 그는 인간이 도를 추구하는 방식으로 경經과 권權의 두 가지를 제시하고, 경을 지키는 것이 유학적인 실천 방법이라면 권을 따르는 것은 불교적인 실천 방법이라고 하였다. 그런데 유학처럼 경을 통하여 인륜의 도리를 지키는 방법, 즉 세간의 일상적인 인간 관계 속에서 직접 부모를 봉양하고 임금을 섬기며 죽어서 제사를 지냄에 마음을 지극히 하고 엄숙히 하는 것과 같은 것은 살아서 애욕을 끊지 못하며 죽어서 윤회의 굴레에서 벗어날 수 없는 근본적인 한계를 지닌다고 한다. 따라서 그러한 한계를 극복하기 위한 방법으로서의 출가가 요청된다는 것이다.

불교의 문제 의식은 바로 애愛와 욕欲에 기인한 현세간의 고통에 둘러싸인 인간의 실존적 상황에 대한 통찰에서 출발하여 고통이 없고 윤회의 굴레를 벗어난 경지를 성취하는 것을 귀착점으로 한다. 따라서 그러한 경지의 성취를 위해서 현실적 인간 관계에서 기인하며 윤회의 원천이 되는 애욕을 끊는 출가 수행이 요청되었다.

기화는 바로 그러한 불교의 출가가 결코 인륜을 저버리는 것이 아니라 결국은 더 높은 차원에서의 인륜의 실천으로 나타나므로, "권權으로써 변變에 응하되 마침내는 상常으로 돌아와 도에 합치되는" 인륜 실천의 또 다른 방식이라고 설명하였다. 그리고 그 구체적 예증을 석가의 행적을 들어 제시하였다. 즉 석가는 자신의 직분을 버리고 출가를 하였지만, 깨달음을 얻은 후에 고향으로 돌아와 부모를 뵙고 진리의 말씀으로 제도하였다는 것이다. 또 덕을 후대에 펴서 후세 사람들이 그의 부모를 위대한 성인의 부모라고 칭찬하도록 하고, 그의 성姓으로 모든 이의 성이 되게 하여 출가한 사람을 모두 석가의 아들이라 부르게 되었으니 오히려 더 큰 효를 실천한 것이라고 할 수 있다고 하였다. 기화는 그러한 석가의 효는 "몸을 세워 도를 행하여 후세에 이름을 떨침으로써 부모를 드러내는 것이 효의 궁극적인 완성"이라고 한 공자의 말에도 부합된다고 보았다. 따라서 불교가 인륜 중 가장 중요한 효의 도리를 외면한다는 유학자들의 비판은 부당하며, 다만 그 실천 방법이 다를뿐이라고 항변하였다.

또 불교는 임금으로 하여금 계품戒品을 받아 몸과 뜻을 정결하게 한 후에 정사에 임하게 하고 출가자들로 하여금 임금과 나라를 축수하게 하는데, 그것이 바로 충의 실천이라고 하였다. 그리고 불교는 응보설에 의해 선을 행하면 복을 받고 악을 행하면 화를 받음을 보여서 백성들을 교화하므로 임금과 나라에 도움이 된다고 하였다. 따라서 불교가 충의 도리를 저버린다는 비판 역시 부당하다고 한다.

인륜 문제는 유불의 논쟁에서 가장 날카롭게 대립하는 주제였다. 그것은 그 근저에 문제 의식의 출발점과 귀착점, 그리고 현실 세계에 대한 관점 등에 관한 유학과 불교간의 근본적인 간극이 놓여 있기 때문이었다. 먼저 현실 세계에 대한 관점의 차이를 보자.

유학은 현실 세계를 실재하는 존재로 긍정하였다. 유학에서 제시하는 세계의 모습은 하늘이 덮고 땅이 실은 공간 속에서 모든 존재가 시간의 축을 따라 살아가는 실재하는 세계였다. 따라서 유학에서 세계는 인간의 가치를 실현하는 유의미한 장으로 간주되었다. 그 반면에 불교에서는 현실 세계란 인연에 의해 생겨난 것으로 고정 불변의 본질을 지니지 못한 것으로 보았다. 따라서 현상의 모든 존재들을 환영幻影과 같은 것으로 여기며 그 실유성을 부정하였다.

정도전은 이러한 현상계의 실유성을 부정하는 불교에 대해 "심心·성性을 참된 것으로 여기고, 천지만물을 헛것(假)으로 본다.…… 천지만물이 있기 전에 반드시 태극이 있었으며 천지만물의 이치가 반드시 혼연히 그 가운데에 갖추어져 있었다. 그러므로 '태극이 양의를 낳고 양의가 사상을 낳는다'고 하였다. 천만 가지 변화가 모두 그것에서 나온다.…… 또한 천지만물이 헛것(假)이라면 일시적으로 잠시 있을 뿐 천만세토록 있을 수 없을 것이며, 환영이라면 한 사람만을 속일 수 있을 뿐 천만 사람을 속일 수 없을 것이다. 그런데도 항상되고 영원한 천지와 변함없이 태어나는 만물을 헛것이라거나 환영이라고 하니 어찌된 말인가?"라고 하면서 비판하였다.

이와 같은 세계에 대한 상이한 이해에 따라 문제 의식의 출발점과 귀착점도 자연히 다르게 설정되었다. 유학은 세계의 실유성을 근거로 현실 세계를 긍정한 후 그 속에서 살아가는 인간을 도덕적 주체로 파악하여 인간의 도덕적 본성의 온전한 실현과 그를 통한 조화롭고 질서로운 현실을 구축하는 것을 궁극적인 목표를 설정하였다. 이른바 '내성외왕內聖外王' 혹은 '수기안인修己安人'의 전통적인 명제와, 주자학 시기에 강조되는 정심正心·성의誠意·수신修身이라는 내면적인 도덕 수양의 기초 위에서 제가齊家·치국治國·평천하平天下를 도모하는 『대학』의 사상은 이러한 유학적 이상을 표현한 것이라고 할 수 있다. 따라서 유학의 가치관은 현실과 현세의 문제에 치중하는 입세간적인 특징을 지니며, 그러한 가치의 실현에 있어 인륜의 실천은 본질적 요소로 간주되었다.

한편 현실 세계를 부정하는 불교는 현실적인 인간의 실존 상황에 대한 고찰을 통해 현실을 넘어서기를 요구하였다. 불교에서 보는 인간의 실존 상황은 인연에 의해 일어나고 생겨나며, 따라서 독립적인 본질(自性)을 지니지 못한 가상假相을 고정 불변의 실체로 간주하여 집착함으로써 고통과 번뇌 속에 처해 있는 것이다. 따라서 불교의 궁극적인 목표는 이러한 상황 속에서 자신의 몸을 포함한 모든 존재가 일종의 인연에 의해 생겨난 가상임을 통찰하여 자아에 대한 집착을 버림으로써 일체의 고뇌에서 벗어나 해탈 혹은 열반의 경지를 이루는 것이다. 따라서 불교의 가치관은 현실 부정의 출세간적인 특징을 지니며, 일상적 인륜의 실천 문제는 부차적인 요소로 간주될 뿐이었다.

양자의 이러한 차이 때문에 유학자들은 항상 불교의 출세간적인 가치 지향과 그에 따른 출가 수행을 주된 대상으로 삼아 유·불의 차별성과 유학의 우월성을 강조하였다. 그리고 그러한 비판에 대응하기 위해 불교도들은 애써 불교가 결코 인륜의 실천을 포기하거나 부정하는 것이 아니라 유학과 마찬가지로 인륜의 실천을 중시하며, 다만 그 실천 방법이 유학과 다를 뿐이라고 강조하였다. 그러므로 불교의 멸인륜성을 둘러싼 유불 논쟁은 양자의 상이한 지향, 즉 입세간적 가치 지향과 출세간적 가치 지향의 대립에서 기인한 것이었다. 그리고 그러한 대립의 근저에는 세계와 인생에 대한 양자의 상이한 이해가 놓여 있었다.

불교 교리에 관한 논쟁 —— 윤리주의와 종교주의의 대립

불교에서는 정신의 불멸과 업보의 인과에 근거하여 윤회를 주장하였다. 즉 사람의 육체는 음양이 흩어짐과 함께 사라져도 정신은 없어지지 않고 불멸하여 자신이 지은 업에 따른 보응을 받으며, 과거와 현재 그리고 미래의 삼세를 윤회한다는 것이다. 기화는 정신의 불멸과 윤회에 대해 "음양은 사람이 그것에 의존해서 태어나는 것이다. 음양이 합해지면 태어나고 음양이 흩어지면 죽는다. 그러나 원래부터 지닌 진명眞明(心)은 형체에 따라 생겨나거나 형체에 따라 없어지지 않고 천만 가지 변화에도 불구하고 담연히 홀로 존재한다.…… 심은 몸의 주인이고, 형체는 심에 의해 부림을 받는다. 선행과 악행은 군주인 심이 명령하고 신하인 형체가 짓는 것인데, 그에 따른 응보는 살아서는 심과 형체가 다 같이 받고, 죽어서 형체가 사라지면 심이 홀로 받는다"고 설명하였다.

정도전은 기의 모임과 흩어짐(聚散)으로 생과 사를 설명함으로써 불교의 윤회설과 그 근거가 되는 정신 불멸설이 비합리적이라고 비판하였다. 즉 불교에서는 "사람은 죽더라도 정신은 없어지지 않고 마침내는 다시 형체를 받는다"고 하여 정신의 불멸과 윤회를 주장하지만, 만물을 구성하는 것은 음양 오행의 기로서 사람이 태어나고 죽는 것은 이 기의 모임과 흩어짐에 의한 것이며, 따라서 기가 모이면 태어나고 흩어지면 죽게 마련이라는 것이다. 사람의 정신 역시 육체와 더불어 기가 모이면 생겨나고 흩어지면 죽는 것이며, 이미 생겨난 것이 지나가면 생겨나지 않은 것이 와서 그것을 이음으로써 만물의 생성 변화와 교체가 끊임없이 일어난다는 것이 정도전의 주장이었다.

정신의 불멸설과 더불어 윤회설의 근거가 되는 것이 업보설이었다. 업보설에서는 현상계에서 보이는 사람과 다른 사물의 차별 및 사람 사이의 사회적 지위나 처한 상황의 차이를 전생에서 지은 선업과 악업이 원인이 되어 그에 대한 보응으로 나타난 결과로 설명한다. 이러한 업이 원인이 되어 보응의 결과가 온다는 불교의 업보설은 정신 불멸설과 더불어 윤회설의 논리적 근거가 되며, 종교적인 측면에서 불교가 일반 대중에게 지닌 가장 큰 흡인력으로 작용한 교리라고 할 수 있다. 기화는 "이른바 인과라는 것은 콩을 심으면 콩을 얻고 보리를 심으면 보리를 얻는 것을 말한다. 그러므로 '봄에 한 알의 곡식을 심으면 가을에 만 알의 씨를 거둔다'고 하였다. 인생이 선악을 지으면 과보도 또한 이와 같은 것이다.…… 또 '전세의 인因을 알고자 한다면 금생에 받은 것이 바로 이것이고, 미래세의 과果를 알고자 한다면 금생에 지은 것이 이것이다', '백천 겁을 지나더라도 지은 바의 업은 없어지지 않고 인연이 회우할 때에 과보를 스스로 다시 받는다'고 하였으니, 이는 부처님이 보이신 가르침이 인과를 먼저 함이다"라고 하여 업보설을 설명하였다.

정도전은 이와 같은 불교의 업보설을 비합리적이라고 비판하고, 현상계의 차별상을 기의 자연스런 작용으로 설명하였다. 그에 따르면 현상계에는 음양 오행의 기가 운행하는데, 그러한 기는 다양한 속성을 지닌다고 한다. 그리고 인간을 포함한 모든 존재는 그러한 기에 의해 생겨나기 때문에, 인간이나 사물들이 다양한 차이를 보이는 것은 기의 다양한 속성에서 기인하는 것이라고 한다.

예를 들어 태어날 때 바르고(正) 트인(通) 기를 얻으면 사람이 되고, 치우치고(偏) 막힌(塞) 기를 얻으면 여타의 사물이 된다. 또한 사람들간에 현실적으로 다양한 차별이 있는 것 역시 마찬가지 원인에 의한 것이다. 결국 현상계의 다양한 차이는 기의 필연적인 법칙에 의한 것이지 불교에서 말하는 것과 같은 정신이 주체가 되어 받는 업보에 따른 의도적인 작용의 결과로 나온 것이 아니라는 말이다.

정도전은 불교에서 말하는 천당과 지옥의 존재에 대해서도 앞에서 제시한 기론적 설명 방식에 따라 그 전제가 되는 정신의 불멸성을 부정함으로써 배척하였다. 즉 기가 흩어져 죽고 나면 형체도 썩고 정신 또한 흩어져 버리므로 내생이 있을 수 없고, 따라서 지옥이나 천당을 말하는 것은 잘못이라고 하였다.

기화는 이러한 정도전의 비판에 대해 두 가지 방식으로 천당과 지옥의 존재를 설명하였다. 첫째는 천당이나 지옥이란 어떤 실체적인 세계가 아니라 사람이 평소에 지은 선업과 악업 때문에 죽은 후에 정신이 느끼는 감정의 상태를 의미한다는 것이다. 생시에 선을 추구한 선한 자는 당당하고 기쁜 감정의 상태를 지니는 데 반해 악을 저지른 악한 자는 두려움에 떨며 재앙을 피하려는 감정의 상태를 지닌다는 것인데, 그는 이것을 정신이 꿈속에서 즐거운 꿈과 악몽을 꾸는 것과 비슷하다고 설명하였다.

둘째, 천당과 지옥이 비록 실재하는 것이 아니라 하더라도, 그를 통해 선으로 나아가게 하고 악을 꺼려하게 하여 사람들을 교화하는 데 유익한 수단이 될 수 있으므로 굳이 배척할 필요가 없다는 것이다.

정도전은 천당과 지옥이 비록 실재하지 않는다 하더라고 교화의 유익한 수단이 된다는 기화의 옹호론에 대해 사람을 교화하기 위해서 거짓된 가르침을 내세워서는 안 된다는 점을 들어 비판하였다. 또한 도덕적 행위의 실천은 억지로 시켜서 되는 것이 아니라 인간 내면의 도덕적 본성에서 자연스럽게 발현되어 이루어지는 것이므로, 천당과 지옥과 같은 외재적인 강제력을 둘 필요가 없다고 역설하였다.

불교의 교리와 관련된 양자의 논쟁에서 정도전은 주로 기론적 사유에 근거한 유학의 합리주의와 현실주의로써 불교 교리의 비합리성과 초월적인 성격을 비판하였다. 그런데 실제로 이러한 유학의 합리성과 불교의 교리의 비합리성은 우열을 평가할 수 있는 성질의 것이 아니다. 그것은 유학의 본질은 경험적이고 상식적인 세계 속에서 인간의 도덕적 자각과 실천을 주된 관심사로 삼는 윤리 사상이며, 불교의 본질은 경험적이고 상식적인 세계를 넘어선 초월적 가치를 지향하는 종교 사상이기 때문이다. 그런 점에서 불교 교리를 둘러싼 양자의 논쟁은 합리적 윤리주의와 초월적 종교주의간의 대립이라고 이름 붙일 수 있을 것이다.

유불조화 가능성에 관한 논쟁 —— 유학 독존주의와 유불 조화주의의 대립

정도전은 유학적 기준을 전제로 한 불교 사상의 이단성·멸인륜성·비합리성에 대한 비판을 통해 불교의 무용성 혹은 폐해성을 지적하여 유학과 불교는 절대로 양립할 수 없으므로 불교를 배척해야 한다고 역설하였다. 그러한 정도전의 현실적인 지향점은 불교를 대체한 유학 독존의 정립이라고 할 수 있다.

정도전의 현실적 지향점인 '유학의 명교' 혹은 '유학의 도'를 중심으로 한 유학 독존의 정립은 역성 혁명의 전면에 서서 기존의 주도 세력이었던 불교를 배척하고 새로운 시대에 맞는 이념과 제도를 정착시키기 위한 경세가로서의 의욕의 발로였다고 할 수 있다. 그런데 그와 같은 정도전의 사고에는 맹자와 한유 이래 주자학자들의 의식에 깊게 각인된 극단적 유학 정통주의에 근거한 유학 독존주의가 자리 잡고 있다.

정도전은 이러한 유학 독존의 타당성을 앞서 본 바와 같은 불교 자체에 대한 이론적 변론 외에 중국에서 불교가 전래된 이래 끼친 현실적 폐단들의 예증을 통해 불교의 무용성 또는 폐해성을 드러냄으로써 확보하려고 하였다. 즉 한의 명제明帝가 불교를 들여와 불교 폐해의 시단을 열었고, 양梁의 무제武帝는 불교를 깊이 신봉하여 결국은 나라를 기울어뜨리고 자신은 죽임을 당했으며, 당의 대종代宗은 불교의 응보설을 믿고 부처를 섬겨 재앙을 막으려고 했으며 또 대신들과 더불어 불사佛事를 논하기만 하였으므로 마침내는 형정刑政이 문란하게 되었다는 지적이 그것이었다. 이는 주로 예법과 형정에 의한 유학의 다스림을 정치의 정도로 전제하고, 무차별적인 자비의 실천이나 보응설 등 종교적 교화의 현실적인 무용성과 폐해를 지적함으로써 불교 배척의 정당성을 역설하려는 것이었다.

유학 독존주의에 맞선 기화의 호교론적 대응은 교화를 주된 수단으로 한 불교의 가르침이 유학 중심의 현실 정치에 보완적인 기능을 할 수 있는 유용한 것이며, 따라서 유학과 양립이 가능하다는 유불 조화주의라고 할 수 있다. 즉 기화는 하늘에서 사시가 순환하면서 만물을 생성하는 것처럼 성인이 가르침을 세워 세상을 교화하는 것도 서로간에 잇고 보완함으로써 최대의 효과를 가져 오므로 유학의 가르침과 불교의 가르침이 조화를 이루어야 한다고 주장했다. 구체적으로 유학은 상벌에 의한 형정을 위주로 한 현실 정치에 장점을 가지고, 불교는 인과의 업보설을 위주로 한 교화에 장점이 있다는 것이다. 유학의 형정의 정치는 백성들을 심복시키기에 부족하므로, 이상적인 정치를 이룩하려면 불교를 통해 이들을 심복시킬 필요가 있다는 것이다. 따라서 유학과 불교는 서로를 배척할 것이 아니라 조화를 이루어야 한다는 것이 기화의 논지였다. 결국 유·불의 조화 가능성을 둘러싼 논쟁은 유학자들의 배타적 유학 독존주의와, 불교측의 절충적 유불 조화주의 사이의 대립이라고 이름 붙일 수 있다.

3. 유불 논쟁의 평가

정도전의 불교 비판론은 극단적인 불교 배척론이라고 할 수 있다. 즉 적극적으로 유학의 우월성을 역설하면서 유학의 인륜주의와 현세간주의에 입각하여 불교의 반윤리성과 이단성을 지적하고, 유학의 현실적 합리주의에 입각하여 불교 교리의 비합리성을 지적하며, 유학의 현실 경영의 논리에 입각하여 불교의 무용성 또는 폐해성을 지적함으로써 배불의 타당성을 역설하는 것이었다. 그런 점에서 정도전의 불교 비판에는 철저한 불교 배척을 통해 주자학을 새로운 시대의 이념으로 정착시키려는 고려 말 조선 초라는 역사적 상황에서 기인하는 극단적 배불의 논리가 관철되고 있다.

그런 반면 기화의 호교론은 수세적이고 절충적인 조화론이라고 할 수 있다. 구체적으로 첫째, 유학과 불교의 유사성을 제시하는 것이다. 특히 인륜의 문제와 관련하여 기화는 불교도 인륜을 긍정하며 단지 그 실천 방법을 달리하는 것임을 강조하였다. 둘째, 유학의 현세간 경영에 대한 불교의 보완적인 기능을 제시하는 것이다. 즉 유학의 형정에 의한 다스림에 대해 불교의 교리가 교화적인 측면을 강화하여 보완적인 역할을 할 수 있다는 것이다. 결국 기화는 불교가 가르침의 내용에서 유학과 유사성을 띨 뿐 아니라 나아가 유학의 미비점을 보완할 수 있기에 결코 무용한 것이 아니며, 따라서 유학자들의 불교 배척은 부당하고 유·불이 조화 속에서 양립해야 한다고 역설했다 하겠다.

　이러한 양자의 논쟁은 대등한 대립 관계 속에서 진행된 것이 아니라, 현실적 우위성과 주도성을 바탕으로 한 유학의 극단적인 배척에 대해 불교가 유·불의 조화라는 소극적인 대응으로 자신의 존립 기반을 확보하려는 것이었다. 따라서 유학은 이미 논점을 선취한 채, 즉 자신의 사상 체계에 대한 타당성을 전제로 불교는 그와 다르므로 배척되어야 한다는 논리를 주로 사용하였다. 그 반면 불교는 자신의 사상 체계에 대한 타당성을 전제로 유학의 불교 비판에 정면 대응하지 못하고 주로 유학의 비판 내용에 대해 해명하고 유학과의 친연성을 제시하며 보완적 기능을 제시함으로써 양립 필요성을 호소하는 소극적인 호교론에 머무를 수밖에 없었다.

　조선 초기 유불 논쟁에서 나타나는 불교의 이러한 절충적인 태도는 유학이 전면적으로 세력을 확장하고 고착시켜 가던 상황 아래 자기 보존책에서 나온 태도라고 할 수 있다. 즉 부단히 유학적 제 개념들과의 친연성을 제시함으로써 유학적 세계와의 공존 가능성을 모색하고 설득한 결과 나온 것이었다.

　불교의 이러한 소극적이고 절충적인 자세가 부정적인 것만은 아니었다. 오히려 중국에 수입된 외래 사상인 불교가 중국 불교로 개화한 것은 불교의 이러한 생존 전략에서 나온 창조적인 결과라고 할 수 있다. 그러나 한국의 유불 논쟁은 주자학이나 불교 모두에게 이론적인 방면에서 창조적인 발전의 결과는 가져다 주지 못했다. 그것은 우선 유불 논쟁에서 양자의 주장이나 그 주장을 정당화하기 위한 논거들이 기본적으로 중국 유불 논쟁의 성과들을 그대로 답습한 데 그 원인이 있다. 그런 점에서 한국의 유불 논쟁은 적어도 이론적 측면에서는 한국 철학의 독자적 성과나 한국 철학 상의 특수 문제로서의 의의를 찾을 수 없다. 단지 유학과 불교간의 갈등에 서 드러나는 보편적인 양상을 재현한 것에 지나지 않았다.

그럼에도 한국에서의 유불 논쟁의 의의를 자리 매김할 여지는 있다. 일 반적으로 조선 주자학의 특징으로 심성론적 사유의 심화를 지적하는데, 고 려 말에서 조선 초기에 걸쳐 활발했던 윤리의 실천 문제가 중심이 된 유불 논쟁이 그러한 조선 주자학의 특징적 전개에 단서를 제공했을 가능성이 있다. 유불 논쟁의 주된 쟁점이 인륜의 실천 문제라고 할 때 그러한 인륜 의 실천 문제에 논리적 근거를 제시해 주는 것이 다름 아닌 심성론 혹은 인성론이기 때문이다. 조선 초기 권근權近의 『입학도설入學圖說』이 조선 주자학의 심성론적 전개에 내재적 단서를 제공했다면, 유불 논쟁은 외재적 요인으로서 주자학의 심성론적 전개에 하나의 촉매 역할을 했다고 볼 수 있을 것이다. 유불 논쟁에 대한 진전된 논의는 이러한 추측을 확정시킬 수 있을 것이다.

한편 유불 논쟁은 여타의 논쟁과는 달리 동일한 활동 공간 안에서 서로 용납 불가능하거나 절충 불가능한 대립적인 두 이론간의 논쟁이 아니라, 서로 다른 영역에서 독자적이고 필수적인 존재 가치를 가질 수 있는 사상 간의 대립이었다. 그러므로 양자는 이론적 논쟁에서는 얼핏 양립 불가능한 듯한 세계관과 인간관 윤리관의 대립으로 나타나지만, 실제로는 절충과 양 립의 여지가 없지 않았다. 즉 기화의 유불 조화론이 지적하는 바와 같이 유학은 현실의 사회 질서를 정초하는 기능에서는 장점을 지닌 반면, 불교 는 현세 부정을 통해 현실의 고통을 넘어서는 초월 가능성을 제시하고, 인 간의 내면에 잠재하는 종교적 심성을 충족시키는 데 장점을 지니고 있기 때문이다.

따라서 중국에서 유·불의 대립이 그러하듯 한국에서의 유·불의 대립도 결국은 유학이 불교의 자리를 대체하는 과정에서는 극단적인 대립으로 나 타나지만, 일단 유학이 자신의 확고한 영역을 확보한 이후에는 극단적 대립은 사라지고 각자의 영역을 인정하는 상대적으로 안정된 병립의 상태가 지속된다. 실제로 조선 시대 중기 이후 유학 윤리가 대중에게 널리 보급되고 나서, 즉 16세기 이후 즉 주자학의 예학화와 향약이 널리 실시된 이후 세간법과 출세간법의 역할 분담에 따른 양립 경향이 두드러지는 점은 그러한 양자의 현실적 기능에서 기인한 것이라고 할 수 있다. 그것은 바로 현세적 가치 지향의 윤리 체계와 출세적 가치 지향의 종교 체계가 각기 독자적인 영역을 지닌다는 점을 보여 준다.

■ 더 읽어 보아야 할 책들

島田虔次, 『주자학과 양명학』, 김석근 외 옮김 (까치, 1986)
윤사순, 『한국의 성리학과 실학』 (열음사, 1987)
삼봉선생기념사업회, 『삼봉정도전연구』 (삼봉선생기념사업회, 1992)
송석구, 『불교와 유교』 (역경원, 1993)
주홍성 외, 『한국철학사상사』, 김문용 외 옮김 (예문서원, 1993)

3. 태극 논쟁

1. 태극 논쟁의 발단

태극 논쟁이란 주자학의 핵심 개념인 태극에 대한 이해 문제를 놓고 회재晦齋 이언적李彦迪과 망기당忘機堂 조한보曺漢輔가 벌인 논쟁을 가리킨다. 이언적은 사화의 격동기에 조선 주자학의 기초를 다져 간 인물이다. 경주에서 태어나 어려서 아버지를 여의고부터 외삼촌 손숙돈孫叔暾의 도움으로 공부하였고, 24세 때 벼슬에 나아가기 시작하여 중종의 신임을 받기도 했지만 을사사화에 연루되어 강계에 귀양 가서 죽었으며, 광해군 2년에 이황李滉 등과 함께 문묘에 모셔졌다. 논쟁의 상대자인 조한보의 생애와 사상은 정확히 알기 어렵다. 다만 일찍이 진사 시험을 거쳐 성균관에 들어갔으나, 성종 때 유생들의 동맹 휴학 사건 주모자로 지목되어 장형을 받고 낙향한 뒤 홀로 학문을 닦던 선비로 추정된다.

논쟁은 1517년부터 1518년까지 2년 동안 이어졌다. 논쟁이 시작될 때 이언적은 27세였고 조한보는 이미 50세가 넘은 상태였다. 이 논쟁은 아주 우연한 계기로 시작되었다. 이언적의 글에 따르면 먼저 이언적의 외삼촌 망재忘齋 손숙돈과 조한보 사이에 논쟁이 있었다. 그런데 조한보가 손숙돈에게 보낸 「답망재무극태극변答忘齋無極太極辯」이라는 글을 벗 사우당四友堂을 통해 얻어 보고 「서망재망기당무극태극설후書忘齋忘機堂無極太極說

後」라는 비평을 썼는데, 그 글이 뜻하지 않게 조한보에게 전해져서 조한보가 먼저 편지를 보내 오면서 논쟁이 시작되었다.

두 사람은 모두 네 차례에 걸쳐 편지를 주고받으면서 논쟁을 벌인 것으로 추정되는데, 조한보의 문집이 불에 타 없어졌기 때문에 논쟁 내용을 알 수 있는 현존 자료는 앞에서 언급한 「서망재망기당무극태극설후」와 이언적이 조한보에게 보낸 편지 네 편뿐이다. 그러나 이언적이 자신의 편지에서 조한보의 말을 인용하면서 조목조목 반박하고 있기 때문에 이를 통해 대체적인 조한보의 주장을 알 수 있으며, 이언적의 아들이자 제자였던 이전인李全仁이 중국의 주희朱熹와 육구연陸九淵의 논쟁을 전편으로 묶고 후편으로 이언적의 비평문과 편지를 묶어 만든 『태극문변太極問辯』에 조한보의 사상을 잘 드러내는 시가 두 편 실려 있고, 『회재선생문집』에 조한보에게 보낸 시 다섯 수가 실려 있다.

2. 태극 논쟁의 내용과 전개

태극 논쟁의 문제 제기 —— 조한보의 견해에 대한 이언적의 평

태극 논쟁은 좁게 보면 「태극도설」에 대한 해석의 차이인 셈이며, 넓게 보면 주자학적 세계관과 노장 또는 불교적 세계관의 차이인 셈이다. 이언적은 손숙돈과 조한보의 글을 얻어 보고 손숙돈의 주장은 육구연의 설에 뿌리를 두고 있으며, 조한보의 설은 주돈이周敦頤의 설에 근거하면서도 잘못을 범하고 있다고 하면서 다음과 같이 평하였다.

조한보는 '무극이태극無極而太極'을 해설하여 태극이 바로 무극이라고 하면서 무극과 태극을 유무有無와 내외內外로 나눌 수 없다고 보았다. 또 '무극이태극'은 큰 근본이자 통달한 도(大本達道)로서 나눌 수 없는 한 덩어리이기 때문에, 그 근본만 깨달으면 모든 사물의 이치를 다 갖추게 된다고 하였다.

이러한 견해에 대해 이언적은 주돈이가 '무극이태극'이라고 한 까닭은 사물이 생겨나기 이전의 형체 없는 존재라는 뜻에서 무극이라고 한 것이며, 또 실제 모든 사물의 뿌리가 된다는 뜻에서 태극이라고 한 것이라 하였다. 그리고 그 근본 자리를 둘로 나눌 수는 없지만 체용體用·동정動靜·선후先後를 구별하지 않을 수 없으며, 만약 조한보처럼 본다면 눈금 없는 저울이나 자와 같다고 하였다. 그러므로 '무극이태극'이란 그 이치가 극히 미묘하여 모든 사물의 변화가 다 여기서 나오지만 실제 형상을 말할 수 있는 것이 아님을 가리킨 표현이라고 하였다.

이런 입장에서 이언적은 조한보가 '무극태허無極太虛'의 본체를 내 마음의 본체로 삼으면 모든 만물이 내게 막힘 없이 쓰일 수 있게 된다고 한 견해에 대해서도, 바다를 건너려고 하면서 다리가 없음을 헤아리지 못하는 생각이며 하늘에 오르려고 하면서도 사다리가 없다는 사실을 알지 못하는 견해라고 비판하였다. 그리고 이 같은 잘못이 나온 까닭은 합쳐 보려고만 하고 나누어 보기를 싫어하기 때문이며, 태극을 태허처럼 이해하여 태허의 본체를 적멸寂滅한 존재로 이해하는 바로 그 '멸滅'자 때문이라고 하였다. 왜냐하면 본체를 적寂이라고 보는 것은 옳지만 그 본체가 만물 속에 드러나는 것이기 때문에 멸滅이라고 할 수는 없다는 것이다. 그렇기 때문에 앞선 선비들이 태극의 본체를 말할 때 '적이감寂而感'이라고 했다고 하였다.

첫째 논쟁

이러한 비평에 대한 조한보의 답장과 그에 따른 이언적의 첫 번째 논쟁은 다음과 같다. 이언적의 답신에 따르면 조한보는 태극을 적멸로 보아야한다는 본체론에 대한 이해와 존양상달 공부를 통해 태극의 본체를 터득한다는 수양론을 말하고 있다. 조한보는 '무극이태극'을 유무로 이해할 때 무라고 하더라도 없는 것이 아니어서 마음속에 신령스러운 근원으로 존재하는 것이며, 유라고 하더라도 정말 있는 것이 아니어서 마침내 점점 줄어들어 없어진다고 하였다. 이언적은 이러한 조한보의 견해를 노자가 무에서 나와 유로 들어간다고 한 것이나 석가가 말한 공空과 같다고 전제하고, 이 이치는 지극히 높고 지극히 묘하지만 우리 주변의 구체적인 것들 속에 원리로서 들어 있다고 하였다. 그래서 지극히 없는 것 같으면서도 지극히 있는 것이기 때문에 '무극이태극'이라고 한 것이라 하였다. 또한 그 본체를 점점 줄어들어 없어진다고 한 것은 리理를 기氣처럼 보기 때문이라고 하면서, 그 리는 만물이 생겨나기 전에도 있었으며 만물이 다 없어지더라도 없어지지 않는 영원불변의 존재라고 하였다.

또한 조한보는 본체의 체득을 말하면서 무극의 참세상에서 마음을 노닐게 하고 허령한 본체를 내 마음의 주체로 삼는다고 하면서 존심양성存心養性을 통한 형이상학적(上達) 공부만을 말하였는데, 이것은 무극태극을 마음 밖에 있는 것으로 보고 그 사이에서 노닌 뒤에 주체로 받아들이는 것이기 때문에 옳지 못하다고 하면서, 형이하학(下學)적인 것을 토대로 형이상학으로 가는 하학이상달下學而上達 공부를 주장하였다. 그리고 이러한 조한보의 견해는 유학의 이론과 불교를 하나로 뒤섞은 것이라고 비판하였다.

둘째 논쟁

두 번째 논쟁은 다음과 같다. 조한보는 이언적의 견해를 받아들여 무극에서 마음을 노닐게 한다는 주장에서 마음을 노닐게 한다(遊心)는 표현을 빼 버렸으며, 아울러 본체를 적멸이라고 했던 데서도 멸滅자를 뺀 답서를 보내 왔다. 그러나 허령한 무극의 본체(虛靈無極之眞)를 말하면서 허무가 바로 적멸이며 적멸이 바로 허무라고 하였다. 이러한 조한보의 생각에 대해 이언적은 노장이나 불교의 허虛는 빈 듯하면서 정말 아무것도 없는(虛而無) 것이지만 유학의 허는 빈 듯하면서도 있는(虛而有) 것이며, 저들의 적寂은 고요하면서 마침내 없어지는(寂而滅) 것이지만 유학의 적은 고요한 듯하면서도 감응하는(寂而感) 것이라고 하였다.

또한 조한보가 경敬을 주로 삼아 마음을 보존하고 위로 천리에 이른다고 본 것을 불교의 깨달음 이론과 같다고 비판하면서, 사람이 해야 할 일들을 잘 배우면 저절로 천리에 이르게 된다고 하였다. 사람의 일이란 형이하적인 것이지만 그 속에 들어 있는 이치가 천리이므로, 그 일을 배움으로써 그 속에 담긴 이치에 통하게 되기 때문이다. 그런 점에서 이언적은 유학에서 강조하는 궁리窮理가 다만 앎의 문제만이 아니라 몸으로 체득하여 실천으로 나오는 것이라고 말하였다.

셋째 논쟁

세 번째 논쟁은 완전히 수양적 측면으로 나아갔다. 이언적의 편지에 따르면 조한보는 여전히 위로 천리에 이르는 공부를 강조하면서 경으로 내면을 곧게 할(敬以直內) 것을 강조하였다. 이 점의 중요성에 대해서는 이언적도 동의하였다. 그러나 이언적은 아직 마음이 밖의 사물에 대해 움직이지 않았을 때의 공부로는 좋지만, 그렇다고 하학下學 공부를 소홀히 하면 직접 몸으로 체험하고 되돌아 살피는 실천이 부족하게 되어 일상 생활이 인욕人欲에 빠질 수도 있다고 하면서 의로써 밖을 절제할(義以方外) 것을 강조하였다. 물론 성인의 경지에 이르면 의로 밖을 절제하는 것도 불필요해지겠지만, 그렇다고 이 과정을 소홀히 하는 것은 문을 나서지 않고 천리 길을 가려는 것이며 걷지 않고 태산에 오르려 하는 것과 같다고 하였다.

두 번째로 조한보가 자신이 적멸이라고 한 까닭은 사람들이 현실이 헛된 환망임을 알지 못하고 집착하는 것을 부수기 위해 썼다고 했다. 그러나 이언적은 형체를 떠나 이치가 있는 것이 아니며 형기形氣를 떠나 도道가 있는 것이 아님을 강조하면서 공자의 행적 등을 들어 이를 인증하였고, 이러한 조한보의 견해는 불교의 돈오頓悟와 같으므로 잘못을 깨닫고 유학의 설로 돌아오라고 하였다.

넷째 논쟁

네 번째 오간 마지막 논쟁은 다음과 같다. 이언적의 편지에 따르면 조한
보는 이언적의 견해를 받아들여 적멸이란 표현을 빼 버렸고, '상달천리上
達天理' 아래 '하학인사下學人事'를 덧붙였다. 그러나 "나와 모든 것은 같
다"(物我無間)고 하면서 경을 주로 삼고 마음을 보존하는(主敬存心) 공부를
통해 본체를 먼저 확립한 이후에 하학인사해야 한다고 하였다. 그러나 이
언적은 이러한 논리는 그물의 윗줄만을 보고 그 아래 펼쳐져 있는 그물의
눈들을 따지지 않는 것이며, 피부를 빼 놓고 뼈만 가지고 사람이라고 하는
것과 같다고 비판하면서, 『논어』·『맹자』 등을 근거로 이것과 저것, 취할
것과 버릴 것, 좋은 것과 나쁜 것, 옳은 것과 그른 것의 구별이 없을 수 없
다고 하였다.

3. 태극 논쟁이 한국 철학사에서 차지하는 의의

한국 주자학의 핵심적 논의가 이황李滉과 이이李珥에서 이루어졌지만,
그 같은 논의의 지평을 연 선구자는 서경덕徐敬德과 이언적이었다. 두 사
람은 모두 본격적으로 우주론적인 형이상학을 탐구하였으며, 리기론에 대
한 주장을 통해 각기 뚜렷이 강조점을 달리함으로써 독자적인 학문을 개
척했다는 공통점을 지닌다. 그래서 서경덕이 이이에게 많은 영향을 주었다
면 이언적은 이황에게 많은 영향을 주었다. 이이가 서경덕을 호의적으로
평가하면서 이언적을 비판한 것과 이황이 서경덕을 비판하면서 이언적을
긍정적으로 평가한 것은 좋은 대조를 이룬다.

이언적의 철학은 그 뿌리가 주자학이다. 훗날 정조가 이언적의 글에 서
문을 붙이면서 주희를 잘 배웠다고 평가하였고, 이언적이 스스로 붙인 '회
재晦齋'라는 호가 주희의 호인 회암晦庵에서 왔다는 사실에서 이언적의 학

문이 주자학의 진수를 잘 드러내고 있음을 알 수 있다. 실제 이언적의 주장은 주희를 비롯한 송대 주자학자들의 말을 그대로 인용하고 있는 부분이 많다. 하지만 그는 송대 주자학자들의 견해를 답습하는 것으로 끝나지 않았으며, 심성론으로 논쟁의 축을 바꿈으로써 주자학의 한국화에 많은 공을 남겼다.

이언적과 조한보의 태극 논쟁은 중국에서 태극에 대한 이해 문제를 놓고 주희와 육구연이 벌였던 이른바 주륙朱陸 논쟁과 쌍벽을 이루는 것으로 평가된다. 주륙 논쟁은 아호사라는 절에서 시작되었기 때문에 아호鵝湖 논쟁으로도 불리는데, 논쟁의 핵심 주제가 존재론적 범주에 있었다. 구체적으로는 주돈이의 「태극도설」에 나오는 '무극無極'이라는 표현이 필요한 것인가, 극極을 어떻게 해석할 것인가, 리와 기는 어떻게 연관되어 있으며 형이상과 형이하가 어떤 연결을 갖는가 하는 것들이었다. 그런데 태극 논쟁은 여기서 한 걸음 더 나아간 모습을 보인다. 이 논쟁의 출발점은 주륙 논쟁의 주제들과 같았지만 주륙 논쟁처럼 존재론적 범주에 머무른 것이 아니라, 무극과 태극으로 표현되는 '절대'를 어떻게 체득할 수 있으며, 그러한 체득이 실천과 어떠한 관련을 갖는가를 따지는 수양과 실천의 문제로 발전시켜 갔다.

한국 유학사에 남아 있는 최초의 논쟁으로 꼽히는 태극 논쟁이 한국 철학사에서 차지하는 의미는 다음과 같다. 첫째, 조선조 주자학 정립에 결정적 기여를 했다는 점이다. 조선 초기 권근과 정도전은 불교를 배척하면서 주자학을 관학화하였다. 이것은 주자학을 국가 이념으로 채택한 데 따른 당연한 귀결이었다. 그런 연장에서 보면 이 논쟁을 통해 이언적은 같은 주자학 범주에 속하기는 하면서도, 주희의 이론에 철저하지 않고 불교와 노장적 견해를 바탕으로 주자학을 이해하는 태도를 배척해 냄으로써 주자학 내부에 기초를 튼튼하게 세운 셈이다.

이언적의 논쟁 상대였던 조한보의 호는 망기당忘機堂이었으며 망기당과 논쟁하던 손숙돈의 호는 망재忘齋였다. 두 사람의 호에 공통으로 들어 있는 '망忘'자는 『장자莊子』에 나오는 '좌망坐忘'을 연상시키며, 실제 두 사람의 주장은 노장적 색채가 강한 것으로 평가된다. 그리고 좀더 구분한다면 망재 손숙돈의 주장이 육구연의 주장에 가깝고, 망기당 조한보의 주장은 도가와 불교적 요소가 많다고 평가한다. 그렇기 때문에 뒤에 이황은 이언적을 평가하면서 이 논쟁을 통해 도를 지킨(衛道) 공이 크다고 말하였다.

둘째, 주자학의 한국적 특성을 이루는 기초가 되었다는 점이다. 앞서 보았듯이 태극 논쟁은 중국의 아호 논쟁과 달리 인간의 심성에 대한 이해와 실천 문제로 집약되어 들어갔다. 특히 태극을 리로 규정하면서 그 리에 능동적이며 창조적인 도덕성을 부여한 이언적의 주장은 뒷날 리를 우위에 두고 심성론을 철학의 주축으로 삼아 도덕적 가치를 강조한 이황의 철학에 토대가 되었던 것이다. 이런 점은 선조 때 조선에 들어온 명의 사신들이 조선에도 공자·맹자의 학문을 다룬 심학心學이 있느냐고 물었을 때, 그들에게 이언적의 글을 보여 주었던 사실에서도 잘 나타난다. 이처럼 이 논쟁에는 주자학적 이론의 깊이와 아울러 한국적 전개가 잘 드러나 있다고 하겠다.

4. 태극 논쟁의 사회·역사적 의의

리를 중시하는 이언적의 철학은 그 리가 창조적이며 능동적 힘을 가진 도덕 근원임을 강조함으로써 도덕을 중시하면서 이 도덕적 이상을 사회에 실현한다는 생각으로 나타났다. 이 같은 이언적의 사상을 당시의 사회·역사적 상황과 연관하여 검토해 보면 다음과 같은 평가를 내릴 수 있다.

먼저 긍정적인 면을 보자. 첫째 이언적의 철학은 당시 조정의 권력을 틀어쥐고 자신들의 이익만을 추구하는 훈구 세력들에 대한 비판적 대안이었다. 15~16세기는 조선 왕조 중기에 해당하며 이미 많은 부분에서 사회 내의 구조적 문제들이 드러나기 시작한 때였다. 그러한 문제들은 무오사화부터 을사사화까지 이어진 기성 관료와 사림 사이의 대립이었던 4대 사화로 나타난다. 물론 훗날 을사사화 때 나타난 이언적의 처신에 문제가 있다는 이이의 비판이 있기는 하지만, 이언적은 훈구 세력이었던 김안로金安老를 탄핵하다 파직당하기도 했고, 을사사화의 연장이었던 정미사화 때 강계에 유배되어 돌아오지 못하고 죽음을 맞았다. 이러한 상황을 근거로 볼 때 이언적 철학의 중심축인 도덕성 강조는 사림들의 정당성에 대한 근거를 밝혔다는 의미가 있다.

둘째, 그러한 도덕성을 봉건 왕조의 특성과 관련 지어 보면 임금을 바로잡아 그 임금의 바른 통치를 통해 사회 국가의 도덕성을 회복하려 한 노력이었다. 이언적은 도덕의 현실적 실천자로 임금을 설정하였으며, 따라서 임금을 바로잡아야 한다는 격군론格君論으로 나아갔다. 또한 이 같은 생각은 임금 한 사람의 도덕적 수양만을 기대한 것이 아니었으며, 실천의 현실적 수혜자를 백성으로 삼음으로써 백성을 근본으로 삼아야 한다는 민본론으로 이어졌다.

그러나 이언적의 사상을 부정적 측면에서 본다면 많은 문제점을 안고 있다. 첫째는 기보다 리를 우위에 두는 사고를 바탕으로 개인의 수양을 통한 도덕적 완성을 강조함으로써 관념 지향적 경향성을 보이고 있기 때문에, 당시 점점 심화되어 가던 사회적 모순들에 대한 대안이 되기에 부족했다는 점이다. 이언적은 인간의 마음을 모든 것의 근본으로 삼았다. 리는 바로 그 마음속에 들어 있는 도덕적 능력이었다. 따라서 마음이 모든 가치를 만들어 내는 근본이며 개인이나 사회의 실천 근거라고 보았다. 이러한 생각은 사회적 문제들을 대할 때에도 그 원인을 구조적인 부분에서 찾는 것이 아니라, 토대를 무시한 채 마음이 절대적 도덕 근원을 깨달았느냐 그렇지 못하느냐를 따지는 문제로 나타났다. 따라서 경敬을 중심으로 수양을 강조하는 논리로 이어졌으며, 임금을 바로잡겠다는 생각도 임금의 마음을 바로잡는다는 것으로 귀결하였다. 마음속에서 사사로운 욕심을 제거하기 위한 양심養心과 존심存心의 강조는 도덕 지향이라는 점에 있어 이미 관념적 해결이라는 한계를 그 안에 담고 있는 셈이다.

둘째는, 이언적이 강조한 근원적인 도덕을 구체적인 현실에 적용해 본다면 보수적이며 체제 유지적인 이데올로기가 될 수 있었다는 점이다. 본래 유학의 근원적 도덕률은 현실에서의 강상 윤리이다. 강상 윤리란 임금과 신하, 아버지와 아들, 남편과 아내, 형과 동생, 친구 사이의 관계 규정이었다. 이것은 유학 사상의 발생 토대였던 종법적 질서가 반영된 것이며, 당시 사회가 봉건적 전제 군주 시대였다는 점에서 지배 논리의 역할을 할 수밖에 없었다. 따라서 이미 시대적 한계를 그 사상 속에 담고 있었던 셈이다. 그러므로 논의 구조를 바꾸지 않는 한 이언적의 사상 속에서 중세적 체제를 변화시킬 주장을 찾는다는 것은 무리일 수밖에 없다.

그러나 사상은 사회와 서로 영향을 주고받으면서 발전해 간다. 비록 이언적의 사상 속에 앞에서 살핀 것 같은 부정적 요소들이 들어 있기는 하지만, 사상과 사회의 발전 과정에서 본다면 이러한 도덕의 강조와 그 실천으로서 백성을 수혜자로 두는 것이 전제 왕조와 관료들에 대한 견제 역할을 함으로써 양심적 지식인들의 견해를 논리적으로 반영해 낸 것이었으며, 이를 통해 제한된 조건에서나마 대다수 피지배 민중들의 이익을 보장하려 했다는 점에 큰 의미가 있다.

5. 태극 논쟁의 보편적 의의

태극 논쟁의 중심 주제는 인간의 도덕 근거가 무엇이며, 그 본질을 어떻게 체득하여 이를 바탕으로 한 실천이 나올 수 있겠는가에 관한 논쟁이었다. 물론 이 논쟁에서 다루는 인간을 구체적으로 적용한다면 그것은 당시 봉건적 토대에서 살았던 중세적 인간을 의미한다. 중세적 사회 구조는 지주-전호 관계를 바탕에 두고 있었다. 따라서 당시 사회 구조적 측면에서 볼 때 이 논쟁에서 이야기되는 인간상은 지주 입장에 속하는 사람들이며 아울러 유학을 긍정하는 양반 계층을 의미한다. 그러나 유학을 긍정하는 지배 계층이 모두 같은 것은 아니었다. 그 가운데에는 자신들의 존재 기반인 기득권을 유지하려는 집단이 있었고, 여기에 맞서 사회의 새로운 세력으로 등장한 사림들이 있었다. 실제 논쟁의 주체인 이언적과 조한보는 모두 사림에 속하는 사람들이었다. 그들은 당시 개혁 세력이었던 사림들의 철학을 마련하려 한 셈이다.

사림의 강점은 도덕과 그 도덕을 바탕으로 한 실천에 있었다. 이 논쟁의 초점이 도덕성의 확보에 있음은 분명하다. 그러나 그러한 도덕성을 어디에서 확보할 것인가 하는 점에서 보면 두 사람은 완전히 입장을 달리하고 있다. 조한보는 초월적인 데서 찾으려고 했던 것이며, 이언적은 현실 속에서 찾으려고 한 것이다. 또한 사림 철학의 완성을 개인에 두고 있는가 아니면 사회적 실천을 통한 현실에서 찾으려 한 것이냐에서도 이들은 갈라졌다.

태극 논쟁은 거의 500년 전에 있었던 논쟁이다. 그러나 그 논쟁 속에서 오늘날에도 암시하는 의미를 찾아 본다면 우리는 무엇을 말할 수 있을까? 인간의 도덕성을 현실적인 인간을 넘어선 초월적인 무엇에서 찾을 것인가, 아니면 현실의 구체적인 삶 속에서 찾을 것인가? 종교라면 초월적인 신을 상정하고 그 이상에 대해 의심을 품지 않을 수도 있다. 그러나 유학은 현실을 떠난 인간을 인정하지 않는다. 바로 그 점에 유학의 강점이 있다. 아울러 유학은 인간이 살아가는 현실 밖에 다른 세계를 두지 않는다. 그러기 때문에 자신의 현실적 행위에 대한 보상 개념이 없다. 다만 도덕적인 삶을 사는 것만이 인간다운 것이었다. 유학의 사회적 헌신성은 이러한 인간 이해에 바탕을 두고 있다.

오늘날 사회 구조에서 본다면 이상적인 인간의 모습이 태극 논쟁에서 나오는 인간과 다를 수밖에 없다. 그러나 현실에 의미를 갖는 도덕과 현실 삶에 바탕을 둔 도덕성의 체득은 여전히 의미가 있다. 물론 이 경우는 그 도덕의 내용을 채우는 봉건성을 전제하지 않을 때 가능해진다.

■ 더 읽어 보아야 할 책들

한국동양철학회 편,『동양철학의 본체론과 인성론』(연세대학교출판부, 1982)
夏乃儒 주편,『중국철학문답』, 황희경·황성만 옮김 (한울, 1991)
중국철학연구회,『논쟁으로 보는 중국철학』(예문서원, 1994)

4. 사칠 논쟁

1. 사칠 논쟁을 다시 보는 이유

모든 철학자들은 "인간이란 무엇인가?" 하는 물음에 대답해야 할 의무를 지닌다. "아는 것이 무엇이냐?"라고 묻는 제자의 질문에 "사람을 아는 것이 아는 것"이라고 대답했던 공자나, "너 자신을 알라"고 했던 소크라테스도 스스로에게 먼저 이 질문을 던졌던 철학자들이다. 아마도 우리가 열거할 수 있는 철학자들의 수만큼이나 대답의 종류도 다양할 것이다. 이처럼 인간에 대한 물음은 가장 보편적이고 근본적인 철학적 과제 가운데 하나임에 틀림없다.

이 물음에 따라 철학자들은 각기 나름대로의 방법으로 인간이라는 존재를 규정했다. 고대 중국의 경우처럼 인간을 본질적으로 선한 존재라고 규정한 맹자의 경우가 있었는가 하면, 그 반대라고 주장했던 순자의 경우도 있었다. 기본적으로 욕망을 지니고 있는 인간이라는 존재를 어떻게 규정하고 그 욕망을 어떻게 조절하고 통제하느냐가 이들의 주된 관심거리였던 것이다. 문제는 이와 같은 인간에 대한 가치론적 규정이 옳으냐 그르냐에 있다기보다는, 그러한 규정에 따라 인간의 행동 양식을 어떤 식으로 이끌어 갔느냐에 있다. 왜냐하면 인간에 대한 규정의 필요성은 사회 현실을 더욱 적절한 방향으로 이끌어 가려는 의도에서 비롯된 것이기 때문이다.

이와 같은 점에서 조선 시대 주자학자들이 '사단四端'과 '칠정七情'이라는 두 가지 개념을 통해 인간의 심리 현상을 분석한 것은 나름대로 충분한 자기 이유를 지니고 있다고 평가할 만하다. 더욱이 이러한 분석이 개인의 주관적인 독단에 그치지 않고 타자와의 논쟁을 통해 객관화된 사고로 넘어가기 위한 노력이었다는 것은 특기할 만한 사건이 아닐 수 없다. 따라서 이 논쟁에 대한 연구를 통해 조선 시대 주자학자들의 인간관을 고찰해 보는 것은 오늘날의 인간관을 재고해 보기 위해서도 필요한 작업이 아닐 수 없다. 예나 지금이나 인간의 욕구는 나타나는 모습은 다르더라도 기본적 성격이 달라졌다고는 할 수 없기 때문이며, 극도로 기능화된 모습으로 비치는 오늘날 인간의 모습을 이상적이라고 할 수도 없기 때문이다.

더욱이 사상사적인 입장에서 볼 때 이 논쟁의 가치는 더 이상 논의의 여지가 없다고 할 수 있다. 주자학의 한국적 발전을 주도했던 심성론과 리기론의 결합이 처음으로 시도되었을 뿐만 아니라, 주요 개념인 사단칠정에 관한 제규정이 이 논쟁에 이르러 비로소 개념적 명확성을 획득하기 때문이다.

그러나 이 논쟁의 주인공들 중에서 누가 옳고 누가 그른가를 따지는 것은 이 글의 목적이 아니다. 이미 주자학적 사유의 틀이 통용되지 않는 오늘날 그러한 작업은 무의미하기 때문이다. 따라서 논의의 중심은 자연히 그들이 주자학을 어떤 방식으로 이해했는가 하는 문제로 옮겨갈 수밖에 없다. 그런 점에서 조선 중기 이 논쟁의 주역이라 할 이황李滉과 기대승奇大升이 각각 어떤 방식으로 주자학을 이해하였고, 그 내용이 무엇이며, 왜 그렇게 이해했는가를 알아보는 데 대부분의 지면이 할애될 것이다.

2. 논쟁의 철학사적 의의

조선 초기의 주자학은 단순히 사상계만을 지배했던 것이 아니라 국가 통치의 기본 이념으로서의 역할까지 담당함으로써 명실 공히 새로운 사회의 새로운 이념으로 각광받게 되었다. 그러나 이 시기의 주자학은 엄밀한 학문적 체계나 독자적인 성격을 아직 갖추지 못하고 일종의 정치적 입장을 표명하는 수단으로서 기능하는 데 그쳤다고 할 수 있다. 그 때문에 당시의 대표적인 학자들은 주자학적 세계관이나 인간관을 전개시키기보다는 주로 국가 통치의 방법으로서의 정치 이론에 관심을 가졌다.

이러한 초기 주자학의 자기 한계성은 이언적과 서경덕에 이르러 점차 해소되기 시작했지만, 그들은 주로 리기론을 중심으로 자신의 학문적 체계를 수립했고, 조선조 주자학의 본격적인 논란거리였던 심성론의 체계를 수립하는 데까지는 이르지 못했다. 곧 세계관과 인간관이 일관성을 지니는 논리적 정합성을 획득하지 못했던 것이다.

따라서 조선 중기 주자학의 역사적 성격을 가름하는 가장 중요한 철학적 전환은 이황과 기대승 사이에 일어났던 사칠리기 논쟁에서 비롯되었다고 해도 과언이 아니다. 사단칠정 논쟁은 본격적으로 주자학이 수입되어 연구된 결과 주자학 자체가 지니고 있던 문제점이 노출되어 재정리하는 입장에서 논쟁을 전개한 것이므로, 이를 통해 조선 주자학의 전개 양상을 한눈에 파악할 수 있기 때문이다.

3. 논쟁은 왜 일어났는가

사단이라는 개념은 원래 맹자가 성선설의 근거로 제시한 인간 심리 현상 중의 일부를 말한다. 곧 측은지심惻隱之心·수오지심羞惡之心·사양지심辭讓之心·시비지심是非之心을 각각 인仁·의義·예禮·지智의 단서로 설명한 데서 비롯된 것이다. 또 칠정은 본래 『예기禮記』에서 인간의 감정을 통칭하여 '희喜·노怒·애哀·구懼·애愛·오惡·욕欲'으로 지칭한 데서 비롯된 것이지만 주자학자들이 문제삼는 것은 대체로 『중용中庸』에서 언급한 희喜·

노怒·애哀·락樂의 네 가지 감정을 의미한다. 물론 양자간에 개념적인 차이는 없다. 네 가지로 나누든 일곱 가지로 나누든 인간의 감정 일반을 통칭했다는 점에서는 동일하기 때문이다.

문제는 각기 의도하는 바가 다른 이 둘을 어떤 관계로 파악하느냐에서 시작된다. 주희는 인간의 심리 현상을 성性과 정情으로 나누어 설명했다. 그는 성이 정의 근거가 되고 성이 움직이면 그것이 정으로 바뀐다고 규정하면서, 맹자가 말한 사단은 정이고 사덕은 성이라고 했다. 그러나 주희는 다시 희·노·애·락, 곧 칠정은 정이고, 아직 발동하지 않은 것을 성이라고도 했다. 성을 인·의·예·지로 보는 것은 마찬가지이지만, 사단과 칠정이 다 같이 정임에도 동일 개념으로 보지는 않은 것이다. 사단은 맹자가 성선설의 근거로 제시한 것인 만큼 순선무악한 것이고, 칠정은 발동하여 중절中節한 경우는 선이지만 그렇지 않은 경우는 악이므로 유선유악有善有惡하다고 본 것이다.

이 경우 인간의 선한 심리 현상을 설명하는 것은 문제가 없다. 사단 곧 선한 정은 순선무악한 성에 의해서 보장받을 수 있기 때문이다. 여기까지의 논의는 주희의 심성론으로 충분히 설명될 수 있다. 그러나 한 걸음 더 나아가 칠정 중의 악은 어디에서 비롯되었는가 하는 질문을 던진다면 문제가 다르다. 단순하게 보면 칠정은 정이고 정의 근거는 성이므로, 칠정도 성에서 비롯된 것으로 볼 수 있다. 그렇다면 칠정 중의 악도 순선무악한 성에서 비롯되었다고 아니할 수 없다. 그뿐만 아니라 주희는 "사단에도 부중절不中節이 있다"고 한 적이 있기 때문에 깊이 따지고 들어가면 사단의 경우도 반드시 순선무악한 것은 아니라는 주장도 가능하게 된다. 이 경우 앞서의 전제와 어긋나게 되는 것은 물론이고, 선한 심리 현상마저도 일관성 있는 설명을 기대하기 어렵게 된다.

사단칠정 논쟁은 이처럼 주자학의 심성론으로 해결되지 않는 문제점을 중심으로 전개되기 시작하였다. 두 사람의 논지는 사단과 칠정의 관계를 어떻게 파악하느냐에서 갈라진 것이다.

4. 논쟁의 내용과 전개

논쟁의 발단은 추만秋巒 정지운鄭之雲의 「천명도天命圖」를 이황이 수정하면서 비롯되었다. 「천명도」에서 정지운이 "사단은 리에서 발한 것이고, 칠정은 기에서 발한 것이다"(四端發於理, 七情發於氣)라고 작성했던 부분을, 이황이 "사단은 리가 발한 것이고, 칠정은 기가 발한 것이다"(四端理之發, 七情氣之發)로 고치도록 정지운에게 권했던 것이다. 그런데 이에 대해 세간의 학자들 사이에서 논란이 일어났고, 그로부터 6년이 지난 뒤에 이황은 기대승에게 짧막한 편지를 보내 자신의 입장을 설명하기에 이르렀다. 이황의 편지를 받은 기대승은 사단칠정에 대한 자신의 견해를 정리하여 이황에게 편지를 보내게 되었고, 이황이 다시 화답하는 글을 보내면서 본격적인 논쟁으로 접어들게 되었다.

기대승은 이황에게 보낸 제1서에서 사단과 칠정이 다 같이 정이라고 규정함으로써, 사단도 정이므로 칠정을 벗어날 수 없다고 주장하였다. 곧 이황과 같이 사단과 칠정을 리발理發·기발氣發로 나누면 리와 기를 두 가지로 나누는 오류를 범하게 된다는 것이었다. 더 나아가 그는 사단은 칠정 속에 포함된 것이므로 사단과 칠정을 상대적 개념으로 대응하여 논할 수 없다고 하였다. 곧 칠정은 인간의 심리 현상을 통칭한 것이며, 그 중에서 선한 것이 사단이라는 것이다.

또 기대승은 리와 기의 관계를 정리하면서 현상 세계에서는 리와 기를 나눌 수 없다고 규정했다. 그뿐만 아니라 리는 약하고 실질적인 모습이 없다고 말함으로써 리를 기 속에 부속된 내재 원인 정도로 보고 있다. 만약 기대승이 이 입장을 그대로 지킨다면 당연히 리의 무작용성을 강조함으로써 이황의 전제 자체를 부정하는 데까지 이를 수 있었다.

이황은 이에 화답하면서 자신의 입설에 무리가 있음을 인정하면서도, 장문의 편지를 통해 자신의 주장이 타당함을 설명하고, 아울러 기대승의 주장을 일부는 수긍하는 한편 자신의 의견과 다른 점을 반박하기 시작하였다. 우선 이황도 사단과 칠정이 다 같은 정이라는 점에는 동의했다. 그러나 그는 다 같은 정이라 하더라도 나아가서 말하는 바가 다르기 때문에 당연히 구별해야 한다고 주장했다.

이황은 또 자신이 리발·기발로 사단칠정을 설명하는 것이 타당하다는 것을 증명하기 위해서 본연지성과 기질지성을 근거로 내세웠다. 주자학에서 성은 리가 기 속에 타재墮在할 때만 성립하는 개념이다. 그럼에도 불구하고 주자학에서는 본연지성과 기질지성을 구분하여 각각 리와 기로 나누어 설명해 왔다. 따라서 정도 그렇게 나누지 못할 것이 없다는 것이다.

이황은 또 사단은 인·의·예·지에서 발생하지만, 칠정은 외물에 감촉되어 발출된다고 주장했다. 이를 보면 그가 사단과 칠정의 발생 내원을 구분함으로써 이 둘을 완전히 나누려 시도했음을 짐작할 수 있다. 그의 이러한 생각은 사단과 칠정의 소종래所從來를 구분함으로써 구체화되는 것이다.

마지막으로 그는 주희도 사단과 칠정을 각각 리가 발하고 기가 발한 것으로 말했다는 점을 들어 자신의 입설에 무리가 없다고 자신하였다. 아마도 그는 이 부분을 제시하면서 논쟁에 종지부를 찍으려 했던 듯하다. 특히 자신이 제대로 설명하지 못한 부분은 주희의 본설로 대신하자는 데서도 그의 이러한 생각을 엿볼 수 있다.

이황의 편지를 받은 기대승은 당초 자신이 제기했던 문제점이 해결되기는커녕 도리어 강한 반박을 받게 되자, 다시 논점을 정리하여 훨씬 구체적으로 이황의 입장에 무리가 있음을 지적하기 시작했다.

기대승은 먼저 사단과 칠정이 서로 대응하는 개념이 아니라 칠정 중에서 중절한 것이 사단이라고 주장하였다. 그의 입장에 따르면 칠정이라는 인간의 심리 현상은 선한 경향을 지니는 사단과 그렇지 않은 비사단非四端으로 구분된다. 그의 심성론은 사단과 비사단이 그보다 상위 범주인 칠정 속에 포함되는 구조를 지니고 있는 것이다. 이렇게 보면, 사단과 칠정을 대거 호언하여 도식의 위치를 달리하면 설명하기는 좋지만 두 개의 정과 두 개의 선이 있는 것으로 의심하게 되므로 옳지 않다는 그의 지적이 타당성을 얻을 수 있다. 왜냐하면 이황과 같이 사단과 칠정을 각각 다른 그림으로 표기하여 대응시킨다면 범주를 잘못 적용시킬 뿐만 아니라, 칠정 속의 선 곧 사단을 둘로 나누는 오류를 범하게 되기 때문이다. 이황도 칠정 속의 선을 인정하고 있다. 그렇다면 사단의 선과 칠정의 선이 어떻게 다른가 하는 의문을 피할 수 없고, 결국 기대승의 지적처럼 두 개의 정과 두 개의 선을 인정할 수밖에 없다.

다음으로 기대승은 이황이 본연지성本然之性과 기질지성氣質之性을 들어 사단과 칠정을 리발과 기발로 나누어 보는 것이 정당하다는 주장에 반박하고 있다. 즉 주희를 비롯한 선유들이 성을 기질과 본연으로 나눈 것은 성이 있는 곳을 따라 말하는 것이므로, 실제로는 리와 기를 별개의 사물로 나누어 본 것이 아니라는 말이다. 특히 성의 경우는 이런 식으로 본연지성과 기질지성으로 나누어도 무리가 없지만, 정의 경우는 성이 기질에 타재한 뒤에 말할 수 있는 것으로 이미 리와 기를 겸하여 선악이 있는 것이므로 나누어서는 안 된다는 것이다.

아울러 그는 『주자어류朱子語類』에서 사단에도 부중절한 경우가 있다고 한 구절을 들어서 사단도 순선무악한 것이 아니라고 주장하였다. 이는 사단과 칠정이 동일한 정이라는 자신의 입설을 강화시키는 한편으로, 사단이 순선무악하기 때문에 리발로 설명할 수 있다는 이황의 입장을 반박한 것이다.

이황은 제2서에서도 여전히 기대승이 주장한 사단과 칠정의 개념 규정을 받아들이면서도 이들을 나누어 설명할 수 없다는 주장에는 반대하였다. 즉 리를 중심으로 말한 것이 사단이고 기를 중심으로 말한 것이 칠정이라는 입장이다. 또 천지지성天地之性이라고 해도 사실상 기가 없는 상태라고 할 수는 없다는 점을 들어 마치 기 없는 리가 없다는 주자학의 기본 입장을 긍정하는 듯하면서도 도리어 그것을 근거로 리와 기를 나누어 이해하는 자신의 입장을 강화하고 있다. 또 맹자가 말한 사단은 주리적 측면에서 말한 것이라고 규정하고, 사단에도 부중절한 경우가 있다는 것을 인정하지 않고 있다.

사실상의 논쟁으로서는 마지막인 제3서에서 기대승은 좀더 강한 어조로 이황에게 입장을 반박하는 한편 새로운 수정안까지 제시하였다. 먼저 기대승은 사단을 리가 발한 것으로 보는 것은 괜찮지만, 칠정을 기가 발한 것으로 볼 수는 없다고 주장한다. 또 사단이든 칠정이든 다 같은 근원을 가졌음을 비유를 통해 설명함으로써 각각을 리발·기발로 나눌 수 없는 근거를 제시하였다. 아울러 칠정 중에서 중절한 것은 사단과 마찬가지로 리에서 발한 것이라고 하여 사단은 칠정 중의 중절한 것이라는 자신의 입장을 재확인하고 있다.

기대승은 이 편지에서 "정이 발하는 것은 혹은 리가 움직임에 기가 갖추어지고, 혹은 기가 감응함에 리가 탄다"고 하여 이황의 입설에 대한 수정안을 제시하고 있다. 이것은 사단과 칠정을 다 같은 정으로 보는 자신의 심성론 구조는 그대로 두고 이황의 입장을 일부분 수용한 것이다. 결국 정의 움직임을 사단과 비사단으로 구분함으로써 사단의 경우는 리가 움직임에 기가 갖추어지는 것으로 보고, 사단이 아닌 경우는 기가 외물에 감응하여 움직임에 리가 타는 것으로 보았다. 이는 다 같은 정이 어떤 경우는 선이 되고 어떤 경우는 악이 되는 현상을 합리적으로 설명하기 위한 것이었다. 이는 사단을 리가 발한 것으로 보았다는 점에서는 이황의 입장에 가까워진 것이기는 하지만, 기본적으로 사단과 칠정의 관계를 상대적인 것으로 보지 않고 있다는 점에서 논쟁은 다시 원점으로 되돌아간 것이나 다름이 없었다.

5. 이황과 기대승의 입론 근거

이황의 입장에 대한 기대승의 반론은 상당한 설득력을 띠고 있다. 그의 반론은 다음과 같은 두 가지 근거를 지녔다.

첫째, 사단과 칠정의 내포와 외연을 따질 때 사단은 칠정 속에 포함되는 구조이므로 결코 상대적인 개념으로 볼 수 없다는 것이다. 주희 심성론의 기본 명제라고 할 수 있는 성과 정의 관계를 기준으로 본다면, 사단이든 칠정이든 다 같은 정임에 틀림없다. 또 칠정은 인간의 감정 전체를 지적한 것인 데 비해, 사단은 선한 경향을 지닌 일부분을 의미하는 것이므로, 부분은 당연히 전체 속에 포함될 수밖에 없는 것이다.

기대승이 이황의 주장을 반박하는 또 다른 근거는 리와 기의 관계를 이들이 서로 떨어질 수 없다는 입장에서 파악하는 것이다. 리와 기의 불가분리성을 강조하는 입장에서 성정을 논하게 되면 리의 발동은 설 자리가 없게 된다.

그럼에도 무슨 이유에서인지 기대승은 리의 발동을 인정할 수 없다는 직접적인 표현을 쓰지 않았다. 도리어 "사단은 순수하게 천리가 발한 것"이라고 규정하는가 하면, 이황의 입장을 수정하면서도 "정이 발하는 것은 혹은 리가 움직임에 기가 갖추어지고, 혹은 기가 감응함에 리가 탄다"고 하여 리의 작용성을 분명히 인정하였다. 모순이 아닐 수 없다.

그렇다면 기대승이 이와 같이 모순을 범할 수밖에 없었던 이유는 무엇일까? 사실상 "리는 기에서 벗어나지 않으며, 기가 자연스럽게 발현한 것이 리의 본체와 같다"고 한 제1서의 표현에서, 그가 리기의 불가분리성과 함께 리의 무작용성을 논증하려는 의도를 일찍부터 지니고 있었음을 알 수 있다. 그러나 그는 시종 논의의 중점을 리기 관계를 밝히는 데 두기보다는 사단과 칠정의 범주를 명확히 하는 데 두었다. 아마도 그는 이황과의 관계를 고려할 때 대립되는 주장으로 팽팽히 맞서는 것보다는 차라리 자기 설의 가능성을 축소시킴으로써 논의의 일치점을 구하는 것이 좋다고 생각한 듯하다.

한편 사단과 칠정을 각각 리와 기에 분속시키는 이황의 입장이 타당성을 지니기 위해서는 다음의 조건을 만족시켜야 했다. 먼저 기대승의 지적처럼 서로 포함되는 관계를 지니는 사단과 칠정을 상대적인 개념으로 대거할 수 있음을 논증할 수 있어야 한다. 왜냐하면 그도 기대승이 제기한 사단과 칠정의 개념적 범주를 부정하지 않았기 때문이다.

그는 사단은 순선무악한 것이므로 욕구와는 성질이 다른 반면, 칠정은 유선유악하므로 절제되지 않으면 악으로 흐르게 되는 욕구로 보았다. 순선무악한 사단은 절제의 필요성이 없고 유선유악한 칠정은 절제를 필요로 한다. 따라서 완전무결한 본연지성이 그대로 발현되는 사단은 '완전한 것'이고, 형기에 가려져 선이 보장되지 않는 칠정은 '불완전한 것'이다. 따라서 그는 완전한 사단과 불완전한 칠정이 동일한 발생 내원을 가진다는 것을 인정할 수 없었던 것이고, 그 때문에 각각을 리와 기에 분속시키는 것이 가능하다고 생각했던 것이다. 결국 기대승에게는 사단이 칠정이라는 상위 범주 속에 포함되었던 구조가 이황에게서는 완전과 불완전으로 서로 등치된 것이다. 이는 인간의 도덕성을 결코 욕구 속에 매몰된 미약한 것으로 파악하지 않으려는 이황의 의지에서 비롯된 것이다.

그러나 이황의 입론이 타당성을 지니기 위해서는 한 가지 조건을 더 만족시켜야 한다. 즉 주희가 리의 작용성을 인정했다는 근거가 필요한 것이다. 물론 그는 논쟁중에 주희가 사단과 칠정을 각각 리발과 기발로 본 것을 직접 인용하여 그 근거를 밝히고는 있지만, 문제는 그와 상반되는 주희의 입장, 즉 리의 작용성을 인정하지 않는 점을 과연 해결할 수 있는가에 있었다.

결론부터 말하자면 주희가 리의 작용성을 인정하지 않았다는 일반적인 분석을 그대로 받아들이는 한 이 문제를 해결할 방법이 없다고 하겠다. 그러나 주희가 리의 작용성을 인정한 듯한 부분이 전혀 없었던 것은 아니다. 예를 들어 『주자어류』에서 "리에 동정動靜이 있다"고 한 부분을 보면 주희가 리의 동정을 인정한 것이 아니냐는 혐의를 피할 수 없다.

"리에 동정이 있다"는 것이 리 스스로가 움직일 수 있다는 것을 의미하는 것은 분명 아니다. 그러나 "리는 음양에 실려 있으니 마치 사람이 말에 타고 있는 것과 같다"고 하여 사람과 말을 각각 리와 기에 비유한 것을 볼 때, 리의 작용성을 완전히 부정한 것으로 보기는 어렵다. 따라서 주희는 리가 직접 움직일 수는 없지만 리는 음양이라는 기를 통해서 자신의 움직임을 실현할 수는 있다고 규정한 사실을 볼 수 있다. 이는 결국 말을 사람에 통제하에 두듯이 기를 리의 통제하에 둠으로써 기에 대한 리의 주재성을 확보하려는 의도라고 해야 할 것이다. 다시 말하면 작용성과 주재성의 개념적 차이가 리의 동정에 대한 해석을 결정한다고 할 것이다.

곧 리의 주재성을 강조하는 주희의 입장을 극대화한 것이 리의 작용성을 인정한 이황의 입장인 것이다.

6. 논쟁에 대한 종합적 고찰

이상의 분석을 통해서 볼 때 주자학의 리기와 사단칠정을 개념적 차원에서 더욱 정확하게 이해했던 것은 분명 기대승이다. 비록 입설 자체의 완성도는 떨어진다 하더라도 주자학의 기본 명제인 리기의 불가분리성을 만족시켰을 뿐만 아니라, 사단과 칠정의 범주에 대한 분석도 주희의 심성론 체계와 일치하기 때문이다. 따라서 주자학 전체를 포괄하는 논리적 구조에 더욱 근접했다고 평가할 수 있다.

그러나 다른 한편으로 과연 누가 주자학의 기본 이념에 충실했는가를 따져 본다면 기대승보다는 이황이 이에 더 가깝다고 할 수 있다. 주자학에서 밝히고자 하는 궁극적 대상은 사물에 내재하는 물리적 법칙이라기보다는 그 속에서 확인할 수 있는 '필연지리必然之理' 곧 '사물당연지리事物當然之理'이다. 곧 일체의 사물을 지배하는 도덕적 표준을 객관적 사물에서 찾고자 한 것이다. 따라서 이러한 의도를 더욱 정확하게 이해하고 그의 실현을 위해 노력했던 사람은 리의 작용성을 강조한 이황이었다. 이는 선과 악을 서로 대응하는 개념으로 파악함으로써 개인의 행위에 대한 자기 반성적 수양을 무엇보다 중시한 이황의 의지에서 비롯된 것이다.

이 때문에 이황은 사단칠정도 상대적인 개념으로 보아야 한다는 입장을 제기했다. 이 같은 그의 입장은 사단이 칠정 속에 포함되는 것으로 보는 것이 도리어 인간의 도덕적인 행위에 제한을 가하는 것이라고 보고, 칠정보다는 사단을 그리고 악보다는 선을 중시하는 입장에서 이들을 각각 리와 기에 분리 소속시킴으로써 사단의 독립성을 확보하려 했던 것이다. 결국 그는 현실에서의 선과 악이라는 문제를 주자학 본래의 범주로 구분하지 않고, 양자간에 긴장 관계를 조성함으로써 개인의 도덕적 실천을 더욱 절실하게 촉구할 수 있다고 생각한 것이다.

이처럼 대조적인 입론이 가능하다는 것은 주자학의 심성론 체계가 그자체로 완전하지 않다는 것을 의미한다. 따라서 이 논쟁이 주자학 이론에 대한 자기 검증이라는 문제 의식을 중심으로 전개됨으로써 심성론과 리기론의 결합이 훨씬 다양하게 진행될 수 있었다는 것은 의미 있는 성과라 하겠다.

■ 더 읽어 보아야 할 책들

윤사순, 『퇴계철학의 연구』(고려대학교출판부, 1980)
한국철학회, 『한국철학연구』(동명사, 1982)
민족과사상연구회, 『사단칠정론』(서광사, 1992)

5. 인심도심 논쟁

1. 인심도심 논쟁의 배경

인심도심 논쟁이 시작된 조선 중기는 조선 주자학의 두 대표격인 이황李滉과 이이李珥가 살았던 시기이다. 일반적으로 잘 알려져 있는 인심도심 논쟁은 이이와 성혼成渾 사이에 벌어졌던 논쟁인데, 이 논쟁이 있기 6년 전 이황과 기대승奇大升 사이에 사칠 논쟁이 벌어진 바 있었다. 이 두 논쟁은 그 학술 용어와 논쟁의 범주에서는 약간 차이가 있으나, 내용으로 볼 때는 동일한 문제 의식 위에 있는 것이었다. 그것들은 중국 남송 시대 주희朱熹의 철학 사상에 내재된 이론적 문제점을 여러 가지 시각으로 해석하여 이들이 필요로 한 시대적 요구에 부응하려는 형이상학적 논의였다.

한편 이러한 인심도심 논쟁은 중국 명대 중기 왕수인王守仁의 논적이었던 나흠순羅欽順이 '리기 일체'와 '심성 일물'을 주장하면서 문제가 되는 인심도심을 일원론적인 체용 관계로 본 설을 조선의 노수신盧守愼이 받아들인 것과 깊은 연관이 있다. 나흠순의 내재론적 기철학은 후일 조선과 일본의 기철학 형성에 큰 영향을 주었다. 그러나 당시 주자학 일변도였던 조선의 주자학적 세계에서 이러한 기철학적 입장은 당연히 문제를 일으킬 수밖에 없었다. 더구나 이황은 철저한 주자학도로서 양명학을 이단으로 배척한 인물이었다. 리기론에서는 이항李恒과 기대승 등이 나흠순의 논의를 일정 정도 받아들이기도 하지만, 인심도심설에서는 노수신을 제외하고는 누구나 나흠순의 인심도심설을 비판하고 나섰다. 이이와 성혼의 인심도심 논쟁도 이 범주를 크게 벗어나는 논쟁이 아니었다.

2. 인심도심 논쟁의 연원

'인심도심人心道心'이라는 말은 『서경』「대우모大禹謨」에 "인심은 위태하고 도심은 미미하니 정성을 다하고 하나에 집중해야 진실로 그 중中을 잡을 수 있다"는 구절에서 연원한다. 이것은 자기 내부의 도심과 인심을 뚜렷이 구분하여 오직 도심으로 중심을 잡고 성실히 행하여야 사물에 가장 합당하게 대처할 수 있다는 뜻이다.

『논어』나 『순자』 등에서도 인심도심이란 용어가 등장한다. 그런데 인심도심이라는 주제가 유학에서 본격적으로 관심의 대상이 되고 중요한 논쟁거리가 된 것은, 주희가 「중용장구서中庸章句序」에서 그 의의를 서술하고부터이다. 주희는 이 글에서 "'인심은 위태하고……'라 한 것은 순임금이 우임금에게 준 말이다.…… 대개 이것을 분석하여 말하자면 마음의 허령虛靈과 지각은 한 가지이지만 인심과 도심의 다른 점이 있다. 그것은 어떤 경우에는 형기形氣의 사사로움에서 나오기도 하고, 어떤 경우에는 원래 타고날 때 받은 천성의 올바름에서 근원하기도 하므로 그것을 지각하는 것이 다르게 되는 것이다. 그러므로 인심은 위태하여 불안하고 도심은 미묘해서 보기가 어렵다"고 하여, 인심이란 대체로 인간의 신체적 기운에서 생기고, 도심은 선천적인 본성에서 우러나오는 것이라고 주장하였다.

다시 말해서 우리의 마음에서 순수하게 도덕적인 것이 도심이고, 그 자체는 부도덕한 것이 아니지만 신체의 기운과 욕구에 따라서 부도덕하게 될 위험이 높은 것이 인심이라는 것이다. 그런 이유로 도심은 선하다고 할 수 있고, 인심은 선한 경우와 악한 경우가 함께 있다고 하였다. 이것은 물론 맹자의 성선설에 바탕을 둔 것이다. 그리하여 주희는 배우는 자는 모름지기 천리를 보존하고 인욕을 제거해야 한다(存天理, 人欲)고 역설하였다.

그런데 나흠순은 자신의 기철학적 입장에서 정이程頤와 주희의 리기이원론을 비판하고 리기를 혼연일체로 보는 정호程顥의 관점을 받아들여, 리란 실체가 아니며 기의 법칙에 불과하다는 기 일원론을 주장하였다. 그는 심지어 장재張載의 '태허太虛' 역시 기와 대립하는 리적인 것이라 보고 리기를 두 가지 것으로 보았다고 비판하였다. 그런 의미에서 나흠순은 리기론에서는 주희와 장재를 싸잡아 비판하고, 심성론에서는 주희와 왕수인의 이론을 함께 비판하는 입장에 섰다.

나흠순은 주희 등 리기이원론자들이 성을 천명지성과 기질지성으로 나누는 것을 비판하면서, 심성을 두 가지로 보는 것이나 한 가지로 보는 것이나 다 잘못이라고 하였다. 그는 심을 제외한 성도 없고 성을 제외한 심도 없다고 하면서, 오직 한 가지 가운데 두 가지를 분석해야만 성을 알 수 있다고 하였다. 또 나흠순은 도심을 양지良知라 한 왕수인의 이론은 체용體用을 혼동하고 기를 리라고 한 잘못이 있다고 비판하였다.

주희는 인심이건 도심이건 모두 이미 발동한 것으로 보고 있는 데 반해, 나흠순은 "도심은 성이요 인심은 정이라"고 하여 도심은 미발未發의 상태요 인심은 기발既發의 상태라고 보았다. 또한 나흠순은 "도심은 체이므로 지극한 정체精體를 볼 수 없어 은미하다 하였고, 인심은 용이므로 그 지극한 변화를 헤아릴 수 없어 위태롭다고 하였다"고 주장하였다.

3. 인심도심 논쟁의 전개

이언적과 조식 및 이황과 노수신 등의 논쟁

조선 중기 인심도심에 관한 논쟁이 최초로 나타나는 것은 이언적李彦迪

이 그의 아들 이전인과 문답한 내용을 적은 「관서문답關西問答」가운데 인심도심에 관한 내용에 대해, 조식曺植이 「해관서문답解關西問答」에서 반박한 데서 찾아볼 수 있다. 조식은 "이언적이 귀·눈·입·코의 욕망을 사욕이라고 한 것은 잘못이다. 귀·눈·입·코의 욕망이 생겨나는 것은 성인이라도 보통 사람과 다를 바가 없으니, 이것은 누구에게나 똑같은 천리라 할 수 있다. 그것이 착하지 못한 쪽으로 기울고 난 뒤에라야 비로소 욕심이라고 할 수 있다. 인심과 도심의 구별이 있는 것은 다만 형기形氣와 의리義理의 차이로 인한 것일 뿐이다. 그러므로 인욕人欲이라 하지 않고 인심人心이라 부르는 것이다"라고 하였다.

여기에서 나타난 이언적의 논의는 주희의 학설을 답습한 것으로 이 후 이황과 성혼의 입장으로 이어지는 반면, 조식의 논의는 나흠순의 영향을 엿볼 수 있는 것으로 이 후 노수신과 이이 그리고 윤휴의 입장으로 이어진다고 할 수 있다.

이황은 인심도심에 관한 논의를 펴면서 주희의 "어떤 경우에는 형기의 사사로움에서 나오기도 하고, 어떤 경우에는 원래 타고날 때 받은 천성의 올바름에서 근원하기도 한다"는 주장에 영향을 받아, "나누어 말한다면 인심은 진실로 형기에서 발생하고 도심은 진실로 천성의 올바름에서 근원한다. 합해서 말한다면 도심은 인심 사이에서 섞여 나오는 것이니, 실상은 서로 발하는 것으로서 판연하게 두 가지라고 할 수 없다"고 주장하는 것을 볼 수 있다.

그러나 이황은 다른 글에서는 인심과 도심을 두 가지로 볼 수 있는 것으로 말하고 있다. 즉 "인심은 칠정이 되고, 도심은 사단이 된다. 「중용장구서」의 주희설과 허동양許東陽의 설을 가지고 본다면, 인심과 도심이 두 가지로서 칠정과 사단이 됨은 진실로 불가할 것이 없다"고 하였기 때문이다. 이것은 이황이 인심도심을 사단칠정과 연결시키면서 자신의 이원적인 입장을 드러낸 것이다. 그런데 실은 이 또한 주희가 리와 기를 두 가지로 보려 한 태도에 따른 것이다. 일반적으로 주희는 리와 기를 리기론에서는 한

가지 것으로, 심성론에서는 두 가지 것으로 논의했다고 말해진다. 조선에서 권근權近과 이황을 위시하여 리를 중시하는 후기의 주자학자들까지 리기심성론의 논의 구조는 대체로 이와 대동소이하였다.

아무튼 인심도심에 관한 이황의 불분명한 논의는 비록 부분적으로 다른 점은 있어도 바로 주희와 허동양 그리고 정이의 논의를 답습하였기 때문에 일어난 것이다. 그러나 이황의 인심도심설에서 중요한 것은 그것들이 한 가지이냐 두 가지이냐 하는 논리적 일관성과 이론적인 치밀성보다는, 그가 이 논의를 통해 실천적인 면을 강조하고자 했다는 데 있다. 다시 말해서 윤리적인 측면에서 그가 인심을 인욕과 구별하여 인심을 인욕보다 앞에 둔 점과, 인심과 도심을 구별하여 도심과 사단을 인심과 칠정보다 우위에 놓은 점, 그리하여 마침내는 도심을 천리의 보존이라는 경지로까지 높이고자 한 점이 중요한 것이라 하겠다.

이와 같이 주희의 논의 구조를 답습하고 도덕적 실천을 강조한 이황의 인심도심설에 맞서, 노수신은 나흠순의 『곤지기困知記』에 나타난 논의 구조에 따라 이황과는 다른 인심도심설을 피력하였다. 노수신은 「곤지기발困知記跋」에서 "내가 만년에 『곤지기』를 얻어 보니 그 말이 정대하고 정미하였다. 이는 대부분 앞사람이 드러내지 못한 것을 밝혀 정주학에 크게 공이 있었다"고 하여 스스로 나흠순의 논의를 참고하였음을 밝히고 있다. 그런데 노수신이 나흠순의 견해에 동조하여 인심도심 논의를 편 데 대해 이황, 이항, 김인후金麟厚 등이 계속 비판을 가함으로써 조선 주자학계에 인심도심 논쟁이 활발하게 전개되기 시작하였다.

먼저 이황은 "'그 광령光靈을 모으고 그 생각들을 끊어 버린다'는 말은 선학禪學적 폐단이 있으니 제거하기를 바란다"고 하여 노수신의 입장을 반박하였다. 그런가 하면 김인후는 "'신령함을 모으고 생각을 그친다'는 말은 곧 주희가 말하는 '경敬'이라는 것이니, 뜻과 생각을 정하여 정신을 통섭하는 것이 바로 근원을 함양하는 도이다. 다만 뒤의 현인들이 말을 끌어 옴에 단적으로 표현하지 않은 것은 선학에 떨어질까 염려해서이다"라고 하여 노수신의 인심도심 논의에 불교의 선학적 요소가 있다고 비판하였다.

이 같은 반박에 대하여 노수신은 "인심이 인욕이라면 도심은 이미 발한 것이라고 해야 옳지만, 인심이 선악을 겸했다고 한다면 도심은 아직 발한 것이 아니라고 해야 옳다"고 하고, 또 "인심은 선악을 겸했다는 주장에서 본다면 반드시 도심이 체가 됨을 알 수 있다"고 하여 자신의 입장을 변론하는 것을 볼 수 있다.

이이와 성혼의 논쟁

조선에서 인심도심과 관련하여 각기 다른 입장에서 오랫동안 체계적으로 논쟁을 벌였던 사람은 이이와 성혼이다.

먼저 이이의 기본 입장을 보자. 이이는 사단을 칠정 가운데 선한 부분으로 보았기 때문에, 그에게서 도심은 천리로서의 사단이었다. 그러나 이이는 인심도심이 곧바로 정情을 가리키는 것은 아니라고 보았다. 사단칠정은 모두 정이라 할 수 있지만, 인심도심은 심의 비교·측량 기능으로서의 의意가 더해진 것이기 때문에 정이라 할 수 없다는 것이다. 곧 사단칠정은 성性과 정情의 합으로 이루어진 구조이지만, 인심도심은 여기에 의가 더해진 구조로 이루어졌다는 것이다. 이에 비해 이황이나 이황의 논의를 지지한 성혼은 사단을 도심에 그리고 칠정을 인심에 분속시키면서도 도심을 사단과 완전히 같다고 보지는 않았다. 왜냐하면 사단은 천리가 드러난 단서만을 가리키는 것이나, 도심은 마음의 시종과 유무를 관통해서 가리키는 것이라 여겼기 때문이다.

이이는 리기론에서 "기가 리를 포함한다"(氣包理)거나, "기가 발동하여 리가 그것을 타는 것이다"(氣發而理乘之)라고 하여 리는 기의 법칙이라는 설을 제시하였으며, 이로부터 "기질이 본성을 포함한다"(氣質包本性)거나, "칠정이 사단을 포함한다"(七情包四端說)는 논리를 이끌어 내었다. 바로 이러한 바탕 위에서 이이는 이황의 리기론과 사단칠정론을 반박하였던 것이다. 이이의 인심도심설은 리기론과 마찬가지로 훨씬 더 논리적인 입장에 서 있었다. 이이는 이렇듯이 칠정이 사단을 포함한다는 설 및 사람의 마음은 리기가 혼륜渾淪되어 있는 것이라는 설을 근거로 심은 곧 기라고 주장하였다. 심 가운데의 이치가 곧 성이며, 심心·성性·정情·의意는 한 가지 길(一路)이라는 것이 그의 종지였다. 이이에 따르면 심이 아직 발동하지 않으면 성이고, 이미 발동했다면 정이 되며, 발동한 뒤에 헤아리는 것은 의가된다는 것이다. 아울러 심이 고요하고 움직이지 않을 때(寂然不動)는 성의 경계에, 감응하여 따라 통할 때(感而遂通)는 정의 경계에, 그리고 감응한 바로 말미암아 실마리를 풀고 헤아리는 것(紬繹商量)은 의의 경계에 해당한다고 하였다.

이이와 성혼의 인심도심 논쟁은 선조 5년(1572)부터 아홉 차례에 걸쳐 서신 왕래를 통해 전개되었다.

성혼은 이황과 주희의 「중용장구서」에 입각하여 자신의 논지를 펴는 데 반해, 이이는 스스로는 밝히지 않았지만 대체로 노수신의 인심도심설과 나흠순의 『곤지기』에 바탕을 두고, 혹은 적어도 이들의 이론을 참고로 하여 논의를 펴 나갔다. 물론 이이와 성혼의 논의가 선배들의 그것과 동일한 것은 아니었다. 또 리기론에 대한 이황과 기대승의 논쟁이 상호 보충하는 모습을 보이고 결론에서도 어느 정도 합일된 방향으로 나아간 것과는 달리, 이이와 성혼의 논쟁은 서로의 입장이 끝내 합일되지 않은 채 매듭을 지었다.

논쟁은 먼저 성혼이 이이에게 리기론에 대한 문제를 묻는 데서 출발하여 인심도심 논쟁으로 번져 나갔다. 성혼은 이황의 주장, 즉 "사단은 리가 발동하여 기가 그것을 따르는 것이므로 본래부터 순수한 선이요 악이 없고, 반드시 리의 발동이 완수되지 못해서 기에 가려진 연후에 흘러 선하지 않게 된다. 칠정은 기가 발동하여 리가 그 위에 타는 것으로 사단과 마찬가지로 선하지 않은 것이 있는 것은 아니지만, 기의 발동이 절도에 맞지 않아 리를 없애 버리게 되면 방탕해서 악이 된다"고 한 것을 두고, "리기의 발동이 처음에는 선하지 않은 것이 없지만 기가 절도에 맞지 않게 된 뒤에야 마침내 악으로 흐르는 것일 따름이다"라고 해석하였다. 이어서 그는 "인심도심설이 저처럼 구분되어 있고 리기의 발동을 예부터 성현이 모두 그것을 근본으로 삼았으니 이황의 논의도 잘못된 것이 아니다"라고 주장하였다.

여기에 대한 이이의 제1차 답변은 "성현의 말씀도 혹 횡설수설이 있고 그 본뜻을 잃어버리기도 한다"는 전제 위에서 "마음은 하나이지만 도심이다 인심이다 일컫는 것은 성명과 형기의 구별이 있기 때문이다. 정도 하나이지만 혹은 사단이다 혹은 칠정이다 하는 것은 오직 리를 말할 때와 기를 겸하여 말할 때가 같지 않기 때문이다. 그러므로 인심과 도심은 능히 서로 겸할 수는 없어도 서로 시작과 끝이 될 수는 있으며, 사단은 칠정을 겸할 수 없으나 칠정은 사단을 겸할 수 있다"는 것이었다.

나아가 이이는 인심과 도심이 서로 상대적으로 관여하여 처음에 사의私 意로서 형기가 작용한 것은 인심이지만, 그것을 제대로 잘 살펴 바른 이치대로 나아가면 도심의 명령을 받아 도심으로 바뀐다고 보았다. 마찬가지로 성명性命의 바른 마음에서 곧바로 나온 것은 도심이지만, 그것에 따라 완수하지 못하고 사의를 섞는다면 인심이 된다고 하였다.

그것은 바로 인심과 도심을 상대적으로 파악하며, 처음에 인심이었던 것이 도심으로 될 수도 있고 도심으로 시작하였더라도 인심으로 끝날 수 있다고 본 것이다. 그리하여 이이는 성혼에게 다음과 같이 답장을 보내었다. "인심과 도심이 서로 처음과 끝이 된다는 것은 어떤 것을 말하는가? 지금 사람의 마음이 성명의 마음에서 바로 나왔다고 하더라도 혹시 그것을 능히 따르고 완수하지 못하여 사의로 한가하게 느긋해진다면, 이는 처음은 도심이다가 끝에 가서는 인심이 되는 것이다. 혹 형기에서 나왔다고 하더라도 바른 이치에 거슬리지 않는다면 곧 진실로 도심에 어긋나지 않을 것이다. 혹 바른 이치에 거슬려도 그 잘못을 알아서 억제하고 눌러서 그 욕심을 좇지 아니하면 이것은 처음에 인심이다가 끝에 가서는 도심이 되는 것이다."

바로 이 점이 이이의 인심도심설이 성혼의 인심도심설과 달라지는 곳이다. 즉 이이는 인심도심이란 서로 발단하는 것은 다르나 그 과정에서 상호 관련에 따라 처음과 끝이 달라질 수 있다는 것이다. 그러나 인심도심 자체는 본래 다른 방향으로 지향하려는 양면적인 심인 만큼 서로 내포할 수 없는 상대적 개념이다. 이와 달리 사단과 칠정의 경우는 사단은 칠정을 포함할 수 없으나 칠정은 능히 사단을 포함한다고 하여 서로 상대적으로 대치하지 않는다는 것이 이이의 논지였다.

성혼과 처음 인심도심 논쟁이 시작된 지 10년 후인 선조 15년(1582)에 왕에게 지어 올린 「인심도심도설人心道心圖說」에서 이이는 자신의 학설을 정리하고 있다. 이 글에서 그는 "천리가 사람에게 부여된 것을 성이라 하고, 성과 기를 합하여 한 몸의 주재가 된 것을 심이라 하며, 심이 사물에 응하여 밖으로 발동하는 것을 정이라 하는데, 이 때 성은 심의 체가 되고 정은 심의 용이 되며 심은 미발과 이발을 합하여 말하는 것이므로 심이 성과 정을 통섭한다"고 하여 심·성·정의 관계를 일목요연하게 구분하였다.

즉 심이 한 몸의 주재가 되고, 체용의 기미가 되며, 미발과 이발을 포섭하는 개념, 다시 말해 성과 정을 통섭하는 개념이라고 한 것이다. 물론 이 개념은 이이의 독창설이 아니라 주희나 이황 등 주자학자 일반이 주장하는 바와 다름이 없으나, 단지 논리적인 구조에서 심의 정의를 찾고 있다는 데 특색이 있는 것이다.

이어서 그는 인심과 도심을 두 가지 다른 작용으로 설명하였다. 즉 도심은 도의를 위해 발하는 것이고, 인심은 구체를 위해 발한다는 것이다. 심의 체인 성은 미발의 상태로 한결같지만, 심의 용인 정은 기가 발한 것으로 도심과 인심의 두 가지 작용으로 나타난다는 것이다.

여기에서 더 나아가 이이는 인심도심을 선악 문제와 연결시켜, 칠정은 인심도심의 선악을 합하여 말한 것이고, 사단은 도심과 인심 가운데 선한 부분을 말하는 것이라고 하였다. 이 부분이 이황과 다른 부분이기도 하다. 왜냐하면 이황은 단순히 인심은 칠정이고 도심은 사단이라고 단정했기 때문이다. 이와 달리 이이는 주희가 「중용장구서」에서 말한 "도심은 천리이기 때문에 선만 있고 악이 없다고 하고(有善無惡), 성현도 음식이나 남녀 문제 따위에서 인욕이 있기 때문에 인심은 선도 있고 악도 있으며(有善有惡), 어리석은 사람도 도심이 없을 수 없다"고 한 주장을 되풀이하고 있다. 또한 이이가 평생의 목적이 성인이 되는 것이라고 한 것도, 맹자가 인간의 본성이 선하므로 누구나 다 요순堯舜같이 될 수 있다는 데 그 근거를 둔 것이다.

이러한 주장들에서 우리는 이이가 인심도심설에서 일심一心을 바탕으로 하면서 나흠순의 사상, 더 나아가서는 양명학파의 현성양지現成良知나 불교의 선학적 요소까지도 받아들이고 있음을 엿볼 수 있다. 그러나 이이 스스로는 이황과 성혼의 리기심성론에 대해서는 비판의 칼날과 논리를 번득이면서도, 주희의 이론에 대해서는 이이 자신의 논리를 위해 인용하거나 유보 조항으로 남겨 놓는 데서 머무르고 말았다. 이이의 제자와 후예들의 리기심성론도 이이의 논리 범주에서 벗어나지 못하고 주희를 존숭한 이이의 태도에 따라 마침내는 『주자언론동이고朱子言論同異攷』와 같은 책을 내기에 이른 것이다.

이이가 인심도심설과 아울러 리기심성론과 같은 뛰어난 이론을 펴고도 조선 후기 오랫동안 번쇄하고 지리멸렬한 리기심성 논쟁을 유발한 것은 이와 같은 그의 한계와 상관된다고 하겠다. 조선 후기의 리리심성 논쟁에 비록 몇 가지 주목할 만한 것도 없는 바가 아니지만, 끝내 주희 학문의 문턱에서만 맴돌고 만 데에는 이이 자신에게 일말의 책임이 남는다고 할 수 있다.

4. 논쟁 이후의 인심도심설

앞서 살핀 선배 학자들의 인심도심설은 크게 보아 주희와 나흠순의 논의에서 파생된 것이라 할 수 있으며, 여기에 그들 특유의 논점이 부가된 것임을 알 수 있다. 조선 후기에 이르면 이러한 논의 범주와는 달리 인간의 마음과 도덕 그 자체에 대한 새로운 해석과 실천을 주장한 학자들이 나타난다.

이러한 학자는 무엇보다도 후대에 실학 사상의 이론적 모태를 제공하거나 실학을 실천한 사람들 가운데서 쉽게 찾아볼 수 있다. 그러한 인물들 가운데 특히 두드러진 인물로서 허균許筠과 윤휴尹鑴를 들 수 있다. 이들과는 달리 이황의 입장을 대변하는 경우로서 또한 이현일李玄逸을 살펴볼 필요가 있다.

허균

허균은 이른바 양명 좌파라 불리는 태주 학파의 후기 학자들, 구체적으로 이지李贄의 '동심설童心說'에서 크게 영향을 받은 사람이라고 할 수 있다. 이지는 현성양지現成良知의 입장에서 동심이 진심이라고 말하며, 명교名敎와 같은 주자학적인 도덕주의 이론을 거짓 도학이라고 비판하였다. 이지는 주희를 비롯한 수많은 주자학자들이 내린 도심에 관한 해석들이 실제로는 허식에 지나지 않으며 오히려 동심에 장해가 되는 백해무익한 것이라고 주장하였다. 그뿐 아니라 동심 속에서 이른바 이단 사상들까지 포괄하려는 경향을 보여 주기도 하였다.

허균의 학문은 이와 같은 이지의 사상에서 적잖이 영향을 받았으며, 삶의 궤적 또한 이지와 비슷하게 벼슬을 버리고 장삼가사를 걸친 채 유랑하면서 인간의 욕구 그대로를 실천하고자 할 뿐 그런 욕구의 '바름'에 구애되지 않았던 것을 볼 수 있다. 그러나 바로 이러한 사정 때문에 그의 사상은 간접적으로 전하는 언설을 통해 살펴볼 수밖에 없다.

안정복과 심재沈鐗등은 "허균은 총명하고 문장에 능하였으나 행동하는 데는 검속함이 전연 없었다. 그러기에 그는 '남녀의 정욕은 하늘(이 품부한 것)이고 남녀 분별의 윤리 기강은 성인의 가르침이다. 하늘이 성인보다 높은즉 차라리 성인의 가르침을 어길지언정, 감히 하늘이 품부한 본성을 어길 수 없다'고 하였다"고 전한다.

사사로운 욕심으로서의 인심이나 하늘의 이치라는 도심도 모두 대상에 감응하는 데 근원하여 생겨나는 것이라면, 성인도 육체가 있는 이상 인심이 없을 수 없고, 아무리 악한 인간이라도 천품이 있는 이상 도심이 없을 수 없다. 그런데 굳이 주자학자들이 리기심성을 논하며 형식적인 도덕률과 예학을 강조, 이를 인간의 자연적 감정보다 우위에 두면서 인간 일반을 구속하고 오히려 자신들의 이익을 챙기는 허위적인 모습을 허균은 폭로하고, 나아가 인간성의 해방을 통해 실학 정신을 구현하고자 한 것이다.

윤휴

윤휴는 조선 시대 박세당朴世堂과 함께 반대당인 송시열宋時烈과 그 후예들에 의해 이른바 '사문난적'으로 배척되었던 사람이다. 더구나 당시 노론과 소론으로 갈라진 서인이 학문적으로도 대체로 노론은 이이의 계통을 잇고 소론은 성혼의 계열을 계승하던 상황이었기 때문에, 근기 남인 계열의 학자인 윤휴의 인심도심설을 이들이 추종하던 이이와 성혼의 학설과 비교하는 것은 의의가 결코 작다고 할 수 없는 것이다.

윤휴는 학문적으로 남인인 이원익李元翼과 허목으로부터 영향을 받기는 하였지만, 이와는 별도로 부친 윤효전이 서경덕의 제자인 민순閔純한테 배웠던 관계로 해서, 남인 계열의 리 중심 철학과 함께 기철학적인 영향을 받았음도 무시할 수 없다.

윤휴는 처음에는 주희의 학설을 따라 인심은 형기의 사사로움에서, 도심은 성명性命의 바름에서 근거하므로 지각하는 바가 달라 차이가 날 뿐, 처음부터 두 가지 마음이 있는 것은 아니라고 하였다. 그는 이이가 "이미 도심이라고 하면 인심이 아니고, 인심이라고 하면 도심이 아니다"라고 하여 인심과 도심의 개념을 다르게 본 것에 대해, 그렇게 하면 도심과 인심을 리와 기에 분속시켜 결국 인심도심을 이원적으로 여기게 된다고 비판하였다.

그러나 윤휴는 다른 한편으로 나흠순의 인심도심설에서도 영향을 받은 것을 볼 수 있다. 즉 윤휴는 「제순인심도심지도帝舜人心道心之圖」 등에서는 인심도심을 기발旣發이요 유행流行이라 하여 주희의 학설과 별로 다르지 않는 주장을 하고 있지만, 「인심도심도人心道心圖」의 중도中圖에서는 도심을 미발로 보고 인심을 기발로 보아 나흠순에 가까운 주장을 하고 있는 것이다. 그는 실제로 "인심도심을 정자程子는 천리와 인욕이라 하고, 주자는 인심은 형기에서 나오고 도심은 성명에서 발하는 것으로 생각하는데, 나흠순에 이르러서는 기발과 미발로 생각하였으니 대개 각각 지적한 바가 있었다"고 하여 절충적인 발언을 하고 있는 것이다. 하지만 주자학 일변도였던 당시의 학문 분위기를 감안한다면, 이와 같은 절충안은 실은 주자학설보다는 나흠순의 학설을 지지한 것이라 생각할 수 있다.

이처럼 윤휴의 인심도심설은 비록 이이의 인심도심설을 날카롭게 지적하는 한편, 이황의 리기 이원적 입장도 지지하지 않음을 알 수 있다. 윤휴의 인심도심설은 오히려 노수신이나 중국의 나흠순에 가깝다고 해야 할 것이다.

이현일

이현일李玄逸은 영남의 퇴계 학파 적전으로서 이이의 학설을 비판하면서 자신의 인심도심설을 피력하였다. 그는 "심의 허령지각虛靈知覺은 두 가지 체體가 있는 것은 아니지만, 그 지각이 의리에 따르는 것을 도심이라

하고, 혈기에서 작용하는 것을 인심이라 한다. 지각은 하나이지만 그 기원한 것에 각각 주된 바가 있으니 한 마음으로서 두 가지 양태가 있다 해도 해로울 것이 없다. 이제 이이가 '리기는 혼륜渾淪하여 나눌 수 없는 까닭에 인심과 도심의 발동이 하나의 길 위에 있을 뿐'이라 한 것은 천리와 인욕을 통틀어 하나로 삼게 되고 성과 기라는 두 글자를 판별하지 못하는 병통이 있다"고 하였다. 이것은 이현일이 이이의 인심도심설을 "근원은 하나이지만 그것이 흘러 두 가지로 된다는 학설"이라고 비판하면서, 자신의 것은 "두 가지 근원을 가지고 두 가지 양태로 나타나는 학설"이라고 주장한 것이다.

또한 이현일은 더욱 구체적으로 이이의 인심도심설은 나흠순의 "도심은 체요, 인심은 용"이라는 일원적인 경향과 관계 있는 것이라고 보고, 이이가 비록 겉으로는 나흠순의 인심도심체용설을 비판하지만 속마음은 이를 주장하는 것이라고 과감하게 지적하기도 하였다.

5. 논쟁이 지닌 의의

현대 산업 사회의 발전과 자본주의 체제의 과도한 경쟁으로 인간 소외라든지 도덕성의 타락이 큰 문제로 지적되고 있어서인지, 이와 같은 도덕심의 회복을 요구하는 주장들이 여기저기서 제기되는 것을 볼 수 있다. 그래서 가정 학교 사회에서 도덕 교육과 개인적 실천을 주장하는 소리가 요란하기까지 하다. 그러나 공자가 "사람이 도를 넓히는 것이지 도가 사람을 넓히는 것이 아니다"라고 하였듯이, 사람이 살아가는 환경과 조건이 크게 변한 상황에서 주자학자들의 주장과 똑같은 도덕적 엄격주의만을 곧이곧대로 강조할 수만은 없는 일이다. 바로 이런 점에서도 허균과 같은 사람의 인심도심에 대한 견해는 주목해 볼 필요가 있는 것이다. 그것은 시대 상황의 변화에 따라 그와 같은 체제 내적 논의가 어떻게 변용될 수 있는지를 보여 준 하나의 예라 할 수 있을 것이기 때문이다.

조선 시대의 인심도심 논쟁에 관한 연구 자체만을 보더라도 일반적으로 이황과 이이의 이론이 갖는 차이점을 비교한다든지, 이이와 성혼 사이에 수 차례에 걸쳐 오간 서신 논쟁을 문제삼는 차원에서 크게 벗어나고 있지 않다. 그러나 이들과 아울러 이언적, 노수신, 조식, 허균, 윤휴 등 조선 시대를 통틀어 인심도심에 관한 논의가 지속되어 왔던 것을 볼 수 있다. 이들의 논의 속에 나타나는 견해들은 비단 주자학적 사고 속에만 매몰되어 있는 것이 아니고, 나흠순이라든지 양명학적인 경향도 적지 않이 드러나는 것을 확인할 수 있었다. 그만큼 인간의 마음에 관한 논의는 조선 시대 학자들의 주된 관심 대상 가운데 하나였으며, 이를 바라보는 관점도 다양했음을 알 수 있다. 특히 윤휴처럼 같은 성리학적 논의 구조이지만 이로부터 탈피하고자 노력했던 사람이나, 허균과 같이 인심도심에 대한 형이상학적인 사변 논쟁 자체를 부정함으로써 인간의 자연스런 심성의 발로를 강조한 사람의 논의는 이 논의의 변용 가능성과 관련해서도 비중 있게 다루어져야 할 것이다.

■ 더 읽어 보아야 할 책들

유명종, 『송명철학』(형설출판사, 1979)
유명종, 『한국사상사』(이문출판사, 1985)
이종술, 『퇴계 율곡의 비교연구』(수덕출판사, 1985)
유명종, 『조선후기성리학』(이문출판사, 1988)
이병도, 『한국철학사』(아세아문화사, 1989)
유명종, 『성리학과 양명학』(연세대학교 출판부, 1994)

6. 인물성 동이 논쟁

1. 논쟁의 발단과 배경

　주자학의 관점에서 보면 우주만물의 발생과 변화는 리와 기의 결합에
의해 이루어진다. 조선 초부터 인간의 성정性情에 관심을 기울이고 심성의
올바른 발현을 통한 주자학적 이상 사회를 건설하고자 했던 조선 주자학
자들은, 인간의 성정이 우주만물 사이에서 어떻게 구성되고 현실 속에서
어떻게 적용되는지에 관해 이미 깊은 탐구를 해 왔다. 그 가운데 대표적인
성과를 사단칠정四端七情 논쟁이라 부른다.

　인간만이 만물의 영장으로서 다른 동물들과 달리 사회 규범을 가지고
이를 실천해 나갈 수 있다고 할 때, 이제 시야를 인간의 성정에서 인간과
동물의 차이로 확장시키는 것은 논리적으로도 자연스런 일이라 할 수 있
다. 실제로 인성人性과 물성物性이 같은가 다른가(同異)에 관한 논의가 본
격화되는 18세기 초 이전에도 이에 관한 관심과 논의의 맹아는 여러 군데
에서 찾아진다.

　인간이 왜 동물과 같지 않은가에 관한 일반적 관심이라면 이황李滉과 이
이李珥를 비롯한 주자학자 대부분의 글에서 찾을 수 있다. 그리고 인성과
물성의 차이에 대한 좀더 구체적인 관심이라면 김장생金長生, 정시한丁時
翰, 이식李栻, 김창협金昌協 등에게서도 발견된다. 그러나 아무래도 본격적

인 논의의 시작은 권상하權尙夏의 문하에서 시작된다고 할 수 있다.

권상하는 이이, 김장생, 송시열宋時烈의 뒤를 잇는 기호 학파의 맥을 계승하고 있었다. 그 문하에는 인물성동이 논쟁의 주인공이 되는 이간李柬과 한원진韓元震이 있었다. 이 둘은 논쟁 이전부터 나름대로의 견해를 가지고 있었지만, 실질적인 토론은 1712년에 시작되었다. 이간이 스승 권상하에게 아직 발현되지 않은(未發) 상태의 심心이 순선純善한가에 대해 문제를 제기하면서 논쟁이 벌어진 것이다.

처음에 권상하는 이간의 설에 수긍하였으나 한원진이 자기의 의견을 설명하자 이번에는 한원진의 설을 인정하였다. 이제 이간은 스승 권상하에게 편지를 보내 스승과 한원진의 설에 대해 이의를 제기하였고, 한원진은 이간이 스승에게 보낸 편지에 대해 스승을 대변해서 반박을 함으로써 이들 둘 사이의 논쟁은 본격화되었다.

이들의 논쟁은 십여 년간에 걸쳐 진행된 후 마무리되었지만, 이 둘의 논쟁은 둘 사이에서 그치지 않고 집단적 논쟁의 성격을 띠면서 조선 말기까지 계속되었다.

이간이나 한원진은 모두 권상하의 문인들로서 기호 지방인 충청도 사람이었다. 그러나 이후 이간의 설을 지지했던 사람들은 주로 김창협·김창흡金昌翕 계열을 잇는 어유봉魚有鳳·이재李縡·박필주朴弼周 등이었다. 이들은 대체로 서울에 사는 노론·낙론 계열이었으므로, 이들의 이론을 낙론洛論(洛下, 즉 서울 부근)이라고도 한다. 한편 권상하와 한원진의 이론을 지지했던 사람들은 윤봉구尹鳳九·최징후崔徵厚·채지홍蔡之洪 등 주로 충청도 근방에 살았기 때문에 호론湖論(湖西, 즉 충청도)이라고도 한다. 이 때문에 이들 사이의 논쟁은 '인물성동이 논쟁'이라는 명칭 이외에 '호락 논쟁'이라는 이름으로도 불리게 되었다.

2. 논쟁의 전개

성 개념의 다의성

주자학에서의 성性이란 인간 또는 사물 안에 내재된 리理를 가리킨다. 성은 구성상으로는 '기 안의 리'(氣中之理)인 셈이지만, 이것은 보는 관점에 따라 두 가지 이상의 함의를 지닌다. 동론을 주장하는 측과 이론을 주장하는 측이 이용하는 논거를 살펴보면 이러한 사실이 명확히 드러난다.

명命은 영令과 같고, 성은 곧 리이다. 천天은 음양 오행으로써 만물을 화생하게 하지만, 기로써 형태를 이룰 때에는 리 역시 부여되니 마치 명령하는 것과 같다. 그러므로 사람과 사물이 생겨날 때에는 각기 부여된 리를 얻어 가지고 건순오상健順五常의 덕을 삼는 것이니, 이것이 이른바 성이다.(주희, 『중용장구』, '천명지위성天命之謂性'의 주)

사람과 사물이 생겨남에 성이 없을 수도 없고 기가 없을 수도 없다. 그러나 기로써 말하면 지각 운동에서는 인간과 사물에 다름이 없는 듯할지라도, 이로써 말하면 사물이 어찌 인의예지를 온전하게 받았겠는가? 이것이 인간의 성이 선하며 만물의 영장이 된 까닭이다. 고자告子는 성이 리임을 알지 못하고서 이른바 기를 리에 해당시켰다.(주희, 『맹자집주』, 「고자장구告子章句」 상, '견지성유우지성犬之性猶牛之性'의 주)

사람과 사물이 생겨남에 반드시 리를 얻은 다음에 건순오상의 성을 이루게 되고, 반드시 기를 얻은 다음에 혼백오장백해魂魄五臟百骸의 신체를 이루게 된다.…… 그런데 그 리로 말하면 만물의 근원은 하나이므로 참으로 사람과 사물은 귀천의 차이가 없다. 그러나 그 기로 말하면 기의 정正하고 통通한 것을 얻어 사람이 되고, 그 편偏하고 색塞한 것을 얻어

물物이 된다. 그러므로 귀천의 차이가 있을 수밖에 없다.(주희, 『대학혹문大學或問』, 4쪽)

『중용』의 주석에 따르면 사람과 사물이 모두 천天으로부터 리를 부여받아 성으로 삼고 있으므로 사람과 사물의 성은 동일하다고 할 수 있다. 그러나 『맹자집주』에 의하면 부여받은 리의 차이에 의하여, 『대학혹문』에 의하면 기의 차이에 의하여 인과 물이 달라진다. 성이란 리가 기와 결합되었을 경우를 말하는 것이므로 리의 차이에 의한 것이든 기의 차이에 의한 것이든 기와 결합된 리는 다 똑같을 수 없다는 것이다.

여기서 리와 성의 다중적 의미에 대한 주희의 혼용이 문제된다. 만물 생성과 변화의 원리라는 의미에서 리는 우주 전체에 관통하고 있고, 그러한 의미에서는 개체 내의 리인 성도 동일하다. 그러나 각종의 사물이 유적 특성을 이루게 하고, 또한 각각의 개체이도록 하는 원리를 성이라 할 때, 이 성은 사람과 사물에서, 나아가 각각의 개체에서 모두 다를 수밖에 없다. 그 차이의 원인을 기라고 하든 리라고 하든 그것은 그 다음의 문제이다. 이러한 두세 가지 의미가 내포된 성 개념을 사용하는 한 인물성동이 논쟁의 전개는 불가피한 것이었다.

성을 보는 관점에 따라 본원적인 리에 초점을 맞출 수도 있고 각 종류의 유개념 또는 개별적 특성에 초점을 맞출 수도 있다는 것은 이 논쟁에 참여하는 주자학자들도 이미 염두에 두고 있었다. 문제는 그 중 어느 관점을 택하며, 굳이 그 관점을 택하는 이유는 무엇인가에 있다.

한원진은 성삼층설性三層說로 이를 해명하려 하였다. 기질을 초월하여 말할 때(超形氣)는 만물의 리가 동일하고, 기질과 같이 있는 것으로서의 리인 성을 말하자면(因氣質) 사람과 사물의 성이 다르며, 기질과 섞여 있는 것으로써 말하자면(雜氣質) 모든 개체의 성이 모두 다르다는 것이다. 한편 이간은 '일원一原'과 '이체異體'라는 개념으로 이를 설명하였다. 근원으로 말하자면(一原) 만물에 다름이 있을 수 없고, 기질에 구애됨으로 말하자면

(異體) 사람과 사물이 다를 뿐 아니라 사람과 사람 사이에도 차이가 있다는 것이다.

이렇게 관점에 따라 다르게 볼 수 있음을 인정하는 두 사람이므로 결국 논쟁의 쟁점은 어느 관점을 위주로 보아야 하는가에 달려 있다. 이간은 '일원'의 관점을 택하였다. 성은 곧 리이므로 일원의 관점을 택해야 한다는 것이다. 이에 반해 한원진은 성을 기와 결합된 리라고 보면서 '인기질'의 관점을 택하여 인성과 물성이 서로 다름을 주장하였다. 리는 기와 상대되는 것이고 성은 기와 결합된 리(氣中之理)이므로 우주의 보편 원리로서의 리와 개별성 또는 유개념으로서의 성은 구분되어야 한다는 것이다.

리통기국理通氣局

서로의 관점을 인정하면서도 의견의 대립을 이루는 양측이 공통으로 이용하는 또 하나의 논거가 있다. 그것은 이이의 리통기국설理通氣局說이다. 이이로부터 비롯된 기호 학파의 권상하 문하에서 수학한 이들이 이이의 학설을 자신들의 논거로 이용하는 것은 당연한 일이다. 그런데 같은 학설을 양측에서 똑같이 논거로 삼고 있다는 것은 이이의 리통기국설에 어떤 개념의 혼란이 내재함을 의미한다. 그리고 이것은 이들 사이의 논쟁의 쟁점을 파악하는 데에도 좋은 단서가 된다.

이이의 리통기국설은 리의 무형무위無形無爲한 특성과 기의 유형유위有形有爲한 특성에 기초하여 리기의 불상잡不相雜·불상리不相離한 구성 관계를 리일분수理─分殊의 체계에 따라 설명하고자 한 것이었다. 리통에 의하면 사람과 사물의 리가 동일하고 기국에 의하면 사람과 사물의 성이 다를 뿐만 아니라 사람과 사람, 사물과 사물 사이의 성도 다르다. 따라서 리통에 따르면 인물성 동론이 지지되고 기국에 따르면 인물성 이론이 지지될 수 있다. 이렇게 보면 리통기국은 인물성동이 논쟁을 야기할 수도 있지만, 한편으로는 이 논쟁을 하나의 체계 속에서 포용할 수도 있는 상위 개념이라고도 할 수 있다. 그런데 논쟁의 양측은 이것을 받아들이는 관점이 서로 달랐다.

이간은 일원과 이체의 구분 가운데 일원의 입장에서 리통을 이해하였다. 성은 기와 결합된 리(氣中之理)이지만 리의 온전한 성질을 그대로 지니고 있으므로 기와 섞지 않고 말할 수 있다는 것이다. 그러나 한원진은 통과 국을 각각 리와 성에 대비시켰다. 성을 리가 기와 결합되어 변화된 것으로 보는 한원진은 초형기로서의 리와 인기질로서의 성을 각각 리통과 기국에 대비시킨 것이다.

본연지성과 기질지성

이러한 견해의 차이는 본연지성과 기질지성에 대한 이해에서도 나타난다. 한원진은 현상계의 인간과 사물에서 리만을 가리킨 것을 본연지성, 리기를 함께 가리킨 것을 기질지성이라고 하고 인기질의 관점에서 기질지성에 초점을 맞추었다.

그러나 한원진처럼 기질지성과 본연지성을 구분하여 기와 별개로서의 리를 따로 끄집어 내어 그것만을 본연지성이라 한다는 것은 이간이 보기에도 성이라고 하기가 곤란하였다. 이간은 기와 분리된 리를 성이라 주장하는 것이 아니라, 기와 결합된 리로서의 성이 본래의 리의 특성을 그대로 지니고 있다고 주장하였다. 그러므로 리와 기가 공존하고 있는 리기 동실同實·심성 일치의 상태를 고수하고자 하였다. 본연의 심에 나아가서 리만을 가리키면 본연지성(大本之性)이고, 기질의 심에 나아가서 리와 기를 함께 가리키면 기질지성이라는 것이다.

그러나 이것은 한원진의 격렬한 비판을 유발하였다. 물론 이간은 자신의 이야기가 심이 두 개 존재한다는 말은 아니라고 덧붙이지만, 한원진은 이러한 이간의 이론이 결국은 이심이성론二心二性論이라고 비판하였다. 한원진은 하나의 물物, 하나의 심心에서 리만을 가리키느냐 아니면 리와 기를 함께 가리키느냐 하는 것으로써 본연지성과 기질지성을 구분하고 기질지성의 관점을 택한 것이다. 이간은 자신의 일관된 리기의 불상리·불상잡 및 리기 동실同實·심성 일치의 원칙은 고수할 수 있었지만, 하나의 인·물 안에 두 개의 심과 두 개의 성이 존재하게 된다는 문제에 부딪힌 것이다.

오상론

이상에서 성에 대한 관점, 리통기국 개념에 대한 이해, 그리고 본연지성과 기질지성에 대한 개념 규정 등에서 이들 둘의 입장 차이는 분명히 드러났다. 이러한 관점의 차이에 따라, 이들은 인성과 물성의 동이에 대한 보다 구체적인 증거를 오상五常에서 찾았다.

한원진에 의하면 리는 기와의 결합에 의해 성이 되고 기의 청탁수박淸濁粹駁에 따라 오상을 가짐이 다르다. 사람만이 빼어난 기를 얻은 까닭에 오상도 온전히 갖춘 반면, 나머지 다른 사물들은 거친 기를 얻었으므로 다섯 가지 오상 중 일부만 갖춘다는 것이다. 그러므로 인간과 사물의 성은 다를 수밖에 없다.

그러나 이간의 생각은 전혀 달랐다. 천지만물이 모두 하나의 근원에서 비롯되었고 그 근원을 세부적으로 지칭할 때 오상이라고 하는 것이니, 인간과 사물이 오상을 온전히 받지 못했을 리가 없다는 것이다. 이간에 따르면 오상을 온전히 갖추지 못하였다는 것은 태극을 온전히 갖추지 못했음을 의미한다. 그러므로 사람이건 사물이건 오상을 온전히 갖추고는 있지만, 다만 겉으로 드러남에서 차이가 날 뿐이라는 것이다.

이간에 의하면 우주만물의 이치인 리가 기 속에서도 그대로 보존되므로 사람과 사물의 차이는 그 드러남에서 보일 뿐이다. 그러나 한원진의 경우 리가 기 안에 들어갔을 때는 그 원인이 기이든 리이든 이 때의 리는 이미 기와 결합하면서 리와는 다른 성으로 변화된다. 따라서 모든 사물이 성이 온전한 오상을 갖추고 있을 수는 없다는 것이다.

미발의 심체 문제

　사람과 사물의 성을 어떻게 보는가 하는 것은 단지 존재론의 문제에 그치지 않는다. 결국은 가치론의 문제로 귀결되기 마련이다. 성에 윤리적 가치 실현 능력인 오상이 어떻게 갖추어져 있는가를 문제시하는 한편, 이들은 보다 구체적으로 선악의 가치 실현 가능성을 미발未發·심체心體의 문제에서 다루었다. 성을 기와 결합된 리로 보는 한원진은 심체도 성과 대비되는 기의 측면에서 바라보았다.

　리만을 가리키면 본연지성이고 리기를 함께 가리키면 기질지성이지만, 한원진이 사람과 사물의 성을 이야기할 때 택하는 관점은 기질지성이었다. 그러므로 심체에서 기가 발하지 않았을 때에도 기의 선악이 드러나지 않을 뿐 본체에 기의 청탁미악이 존재하지 않는 것은 아니라는 것이다. 이와 같이 한원진은 미발을 외물에 접촉하지 않은 고요한 상태에서 기가 발하지 않은 것으로 보았다. 그러나 이간은 일반적인 기와 심의 기를 구분하고 있다. "기는 하나이지만 그 거친 것을 말하면 혈기이고 그 섬세한 것을 말하면 신명"인데, "심이라는 것은 혈기가 아니고 신명"이라는 것이다.

　한원진과 달리 심체의 기와 일반적인 기질을 구분한 이간은 다시 진정한 미발을 혈기와 뒤섞여 있는 미발과 구별하였다. 이간에 따르면 한원진은 단지 발하지는 않았지만 혈기가 심에서 작용(用事)하는 것을 미발이라하였다. 반면에 자신이 말하는 미발은 단지 외물에 접촉하지 않은 상태를 말하는 것이 아니라, 천명(天君)을 따르는, 리의 순수한 실현 가능태를 말한다고 하였다. 그리고 이를 각각 '부중저미발不中底未發'과 '중저미발中底未發'이라 하여 구분하였다. 이간 자신이 이야기하는 진정한 미발 심체란 중저미발을 말하는 것이므로 미발 심체는 선하지 않을 수 없다는 것이다.

3. 논쟁 이후의 인물성동이론

이들 두 사람 사이의 논쟁은 10여 년을 거치며 마무리되었다고 할 수 있다. 그러나 이것은 어느 한쪽이 다른 한쪽에 승복하거나 다른 한쪽을 포용할 수 있는 것이 아니었다. 서로 다를 수 있는 관점의 다양성을 인정하고 그 중에 자신이 바람직하다고 여기는 관점을 택한 것이기 때문이다. 따라서 그 뒤에 이들의 논쟁을 계승하여 양측에 각각 동조하는 일군의 학자들이 생겨났지만 이론적 깊이는 더해 갈지라도 궁극적인 해결책을 찾지는 못했다.

얼마간 세월이 흘러 논쟁을 좀더 객관적으로 볼 수 있게 되면서 관점의 차이를 인정하고 이를 포괄하려는 시도가 이루어졌다. 조선 말기를 대표하는 유학자였던 이항로李恒老·기정진奇正鎭·이진상李震相 등에게서 그러한 시도를 찾아볼 수 있다. 그러나 이들도 객관적인 입장에서 논점의 장단점을 인정하고 제삼자의 입장에 서 있을 수만은 없었다. 이들이 인물성론에 관심을 기울인 것 역시 자연 과학적인 관심에서라기보다는, 조선 말기의 현실 문제에 대한 고민을 전제로 한 것이었기 때문에, 이들도 가치론적 선택을 피할 수는 없었던 것이다.

이항로는 인성물성의 동이 문제를 대동소이·분이합동分異合同의 개념으로 설명하였다. 집단적 존재(大, 合)와 개별적 존재(小, 分)의 사이에 내재하는 무수한 층차와 그들간의 다양성도 인정하는 한편, 결국은 근원적인 보편의 원리인 하나의 리(一理, 太極)로 귀결된다는 점에서는 동일하다는 점도 인정한 것이다. 그러나 만물은 하나의 근원으로부터 분화되어 나온다는 리 중심적 입장을 취하는 그로서는 역시 대동·합동에 치중하게 되었다.

기정진은 유리론唯理論이라고 불릴 만큼 철저한 리 위주의 체계, 즉 리일분수의 체계로 우주만물의 생성·변화를 설명하였다. 그리고 다양한 만물(萬殊) 가운데서 리의 동일성을 보고(異中有同), 하나의 이치(理一) 가운데서 다양한 만물의 가능성(萬殊)를 보아야 한다(同中有異)고 주장하며 동론과 이론의 논리를 모두 비판하였다. 그러나 유일한 원리로서의 이를 강조하는 그로서는 동론으로 기우는 것이 당연한 일이었다.

이진상은 성의 본체적인 면을 유성有性, 현상적인 면을 위성爲性으로 구분하고, 동론과 이론은 각각 유성과 위성의 한쪽에만 매달린 것이라고 비판하였다. 이러한 구분은 이간의 일원一原·이체異體의 설, 한원진의 성삼품설과 유사한 것으로 볼 수 있으나, 사실은 간과할 수 없는 차이가 있다. 이진상은 유성과 위성 모두를 리만으로 설명하기 때문이다. 오히려 기정진의 논리 구조와 유사한 셈이다. 현상계에서 성의 차이도 성이 본래 가지고 있는 다양성으로 설명하는 것이다. 그 역시 리일理一의 통일성·동일성에 비중을 두는 까닭에 동론 쪽으로 기울었다.

조선 말기를 대표하는 세 학자에게서는 공통점을 찾을 수 있다. 리의 강화에 의해 외세에 대처하며 주리학적 이상 국가의 체제를 정비하기를 바랐던 이 사람들은 인물성동이 논쟁의 성과와 이에 대한 평가를 통해 자신들의 이론을 정립시켜 갔으며, 또한 동론이나 이론의 어느 한 편에 치우치지 않고 한 차원 높은 이론으로 포용하려 하였다. 이들은 인물성동이 논쟁에 대한 검토를 거쳐 조선 주자학의 이론을 한층 더 심화시켜 갔다. 기정진은 인물성 동이론에 대한 치밀한 분석과 비판을 통하여 그의 리일분수론 체계를 형성하였고, 이항로와 이진상은 인성·물성에 대한 논의를 거쳐 성이 발현되는 곳으로서의 '심'에 대한 이론을 발전시켜 조선 시대 마지막 주자학 논쟁이라 할 수 있는 심설心說 논쟁을 이끌어 냈다.

4. 논쟁의 의의

인성과 물성의 동이 문제는 18세기 초에 시작된 후 19세기 후반에 이르기까지 조선의 거의 모든 지식인이 관심을 기울였던 문제였다. 당시로서는 최대의 논쟁거리로서 많은 사람들이 진지하게 추구했던 이 논쟁의 의의는 아마도 관련 학문 분야의 좀더 체계적인 연구가 뒷받침되어야 밝혀질 수 있을 것이다. 아쉬운 대로 지금까지의 연구를 토대로 논쟁의 의의를 정리해 보면 다음 세 가지를 들 수 있다.

첫째는, 성 개념의 다의성, 특히 주희가 사용하는 성 개념의 혼란을 정리한 것이다. 사단칠정 논쟁을 거치면서 조선 주자학의 이론적 깊이는 이미 중국을 능가하였다. 우주와의 관련 속에서 인간의 심·성·정에 대한 정밀한 탐구를 해 왔던 이들은 성 개념의 다의성에 주의를 돌리지 않을 수 없었다. 이는 인간 심성의 긍정적 능력을 고양하여 주자학적 이상 국가를 실현하고자 했던 조선 주자학자들에게는 필연적인 과제였다. 그리하여 인성과 물성에 대해 논구하면서 주희의 개념 사용에 대한 검토 작업이 요구되었고, 그 과정에서 『주자언론동이고朱子言論同異故』라는 부산물도 낳을 수 있었다.

둘째는, 중국 이외의 새로이 등장하는 세력에 대한 대처 문제와 관련된 논의라는 것이다. 병자호란에서 굴욕적인 패배를 맛본 후, '가장 사람다운 사람의 문화'로서의 중화 문화를 추구하며 소중화小中華를 자부했던 조선이 짐승에 가깝다고 여기며 천시했던 오랑캐의 강대한 세력을 현실적으로 어떻게 받아들여야 하는가 하는 문제였다. 따라서 이 논쟁을 화이론적인 문화적 우월성에 입각하여 거론되었던 북벌론의 논의와 같은 맥락에서 파악하려는 시도도 있다. 또한 같은 논의의 차원에서 정반대의 입장으로 북학파의 인물성론에 주목하는 시도도 있다. 북학파, 특히 홍대용洪大容과 박지원朴趾源은 사람을 포함한 만물이 모두 똑같이 기로 구성되고 공통된 생명의 원리로 이루어져 있으므로 만물은 균등하다고 주장하였다. 이들은 사람의 입장에서만 세계를 바라볼 것이 아니라 사물의 입장에서 사물을 바라보는 객관적·상대적 관점을 주장하였다. 이러한 관점의 상대화·객관화는 중세 사회의 계층적 질서를 부정하고 근대적인 사회 질서를 만들어 가는 데 중요한 사고의 전환이라 할 수 있다. 따라서 이들이 화이론에 기초한 중국 중심의 동아시아 질서를 세계의 시각에서 재검토하는 사고의 전환을 이루는 데 인물성동이 문제의 탐구가 중요한 이론적 기여를 했다고 할 수 있다.

셋째는, 조선의 마지막 주자학 논쟁이라 할 수 있는 심설 논쟁의 기반을 제공했다는 점이다. 리가 기와 결합되어 성을 이룬다고 할 때 그러한 리기의 작용과 발현의 실질적인 핵심은 심에 있다. 심을 통해 인간의 성정이 발현되기 때문이다. 인물성동이 논쟁에서도 중요한 쟁점이 되었던 미발 심체의 문제는 그 성이 현실 속에서 발현되기 직전의 모습을 논의한 것이었다. 이는 리와 성의 관계에 초점을 맞추어 살펴본 것이었지만, 성의 문제에 대한 논의가 어느 정도 정리되자 이제는 급박한 조선 말기의 현실 속에서 실질적으로 작용하는 심의 근원 문제로 초점이 모아지게 되었다. 그 심의 핵심 문제는 심의 성에 해당하는 명덕明德의 문제였다. 이에 이항로·이진상 등은 인물성동이 논쟁을 거쳐 명덕 주리·주기 논쟁 또는 심설 논쟁이라 불리는 새로운 문제에 접근하게 된 것이다.

■ 더 읽어 보아야 할 책들

윤사순,『한국유학사상론』(열음사, 1986)
민족과사상연구회,『사단칠정론』(서광사, 1992)
한국사상사연구회,『인성물성론』(한길사, 1994)

7. 서학 논쟁

　우리 민족의 역사를 되돌아보면, 우리도 여느 민족들과 마찬가지로 다양한 문화를 소화하고 때로는 배척하면서 사회를 유지해 왔음을 알 수 있다. 나름의 무속 신앙이 있었고 불교·도교·유교, 그리고 역사에 거의 기록되지 않은, 유입에 실패한 숱한 문화들이 있었다. 어느 민족, 어느 사회든 독창적인 문화만을 고수한다는 것은 실제로 불가능한 일이지만, 여기에서 다룰 서학은 우리 나라에 유입된 외래 문화 중에서도 특별한 의미를 지닌다. 다른 문화 유입의 경우에는 우리 민족이 자주적인 입장에서 수용 또는 배척에 관한 합의를 이끌어 냈던 것과 달리, 서학은 당시 정권 담당자들과 민중들의 거센 반발 속에서 강제적으로 유입된 측면이 강하기 때문이다. 물론 그 표면적 이유는 서학과 결부된 제국주의의 물리력에 있었다.

　어느 봉건 사회와 마찬가지로 조선 사회도 종교와 정치는 분리되지 않은 채로 있었다. 조선 사회의 국가 종교라고도 할 수 있는 유교에 대한 다른 종교의 도전은 곧 정치권에 대한 도전으로 받아들여졌다. 따라서 다른 종교에 대한 대응은 종교 논쟁에 의해서라기보다는 정치권의 세력 향배에 의해 큰 영향을 받게 마련이었다. 그리고 그것은 대외적으로는 서학 배후에 있던 서양 세력과의 대립을 의미하는 것이기도 했다.

　조선 후기 사회에서의 '서학'이라고 하면 넓은 의미에서는 서양 문물에 관한 모든 지식과 정보를 의미하지만, 좁은 의미에서는 새로운 종교로서의 천주교를 뜻하기도 한다. 조선 후기에 많은 사람이 접하였던 천주교와 과학 기술은 그 전래 과정과 영향을 고려할 때 서로 분리하기가 매우 곤란하다. 서양의 과학 기술 때문에 천주교를 포함한 서양 문물에 관대한 입장을 취했던 사람들도 많았고, 또한 천주교를 받아들임은 곧 서양의 자연관·우주관·인간관의 수용을 의미했기 때문이다. 당시에 동아시아에 전해진 천주교는 아직 중세 사회에 뿌리를 둔 것이었지만, 서양 근대 문명을 탄생시킨 문화의 토양이기도 했다. 따라서 천주교에 대한 대응은 곧 서양 근대 문명의 수용 양식과 직접적인 연관성을 지니며, 종교로서의 서학과 서양 근대 과학 기술로서의 서학에 대한 차별화 및 그 수용 방식의 이질성에 따라, 조선·중국·일본은 그 이후의 역사를 달리하게 되었다.

1. 서학의 전래

마테오 리치(Matteo Ricci)와 그의 선배인 루제리(Michael Ruggieri)가 중국에서 활동을 펼친 것은 1583년이었고, 리치를 비롯한 '예수회' 신부들의 업적이 조선에 전해지기 시작한 것은 1603년부터였다. 이들은 근대적 과학·의학 지식과 중국 문화 및 언어에 대한 철저한 준비를 무기로 하여, 중국에 천주교를 이질감 없이 정착시키기 위해 여러 지식인들과 접촉하며 많은 서적들을 중국어로 저술·번역하였다.

서학에 대한 조선인들의 본격적인 관심은 1630년 경부터인 것으로 전해진다. 서학에 대한 관심은 크게 두 가지로 나누어질 수 있다. 과학 기술에 대한 것과 종교에 대한 것이 그것이다. 중국을 드나들며 천문·역학·무기 제조술 등 서양 과학 기술의 우수성을 직접 확인한 사람들이 그들의 과학 기술을 받아들이려 적극 노력한 것은 당연한 일이었지만, 천주교의 문제는 달랐다. 천주교에서는 국가 이데올로기로서의 유학과 배치되는 점이 많이 발견되었기 때문이다.

조선에서의 서학 유입은 중국이나 일본과 그 양상이 달랐다. 서양인들은 중국이나 일본에서 그들의 천주교를 적극적으로 전파하려고 하였고, 그 도구로서 서양의 발달한 과학 기술을 이용하였으며, 그들과의 경제적 교류도 추진하였다. 그러나 그들은 조선에 대해서는 그다지 큰 관심을 기울이지 않았다. 조선인들은 스스로 내부의 요구에 의해 서양의 과학 기술과 천주교를 받아들였던 것이다. 이는 한편으로는 서양인들의 적극적인 관심을 끌 만한 문물이 조선에 별로 존재하지 않았기 때문이기도 하지만, 중국에만 선교하면 조선은 저절로 따라오리라는 서양인들의 인식이 반영된 것이기도 했다. 이 때문에 또 한편으로는 선교사에 의한 이식이 아니라 내부의 요구에 의한 자생적 발생이라는, 가톨릭 선교사상 유래가 없는 독특한 선교 사례로서의 의미를 지닌다. 그러나 천주교에 대한 논쟁은 당쟁과 연결되어 비참한 교난으로 이어졌다. 그러고는 서양 과학 기술에 대한 개방성마저도 닫혀 버린 채, 개항 이후 거의 강제적으로 천주교가 허용될 때까지 종교도 과학 기술도 모두 근대적 변혁에서 한 걸음 물러서 있어야 했다.

2. 천주교에 대한 찬반 양론

조선에 서학에 관한 자료가 도입되었다는 기록은 이수광李睟光의 『지봉유설芝峰類說』(1614)과 유몽인柳夢寅의 『어우야담於于野談』(1621)에서부터 등장한다. 그러나 이들의 기록은 단지 서양 문물과 천주교에 대한 지적 호기심에서 나온 독서와 비판에 불과했을 뿐 천주교의 본뜻을 이해하려는 데까지는 나가지 않았다.

그러나 그러는 사이에 한문으로 번역된 서양 서적들이 조선에 계속 유입되었고, 중국에 다녀온 사람들과 서학 서적을 통하여 조선의 지식인들은 점점 더 서학에 관심을 기울이게 되었다. 안정복安鼎福에 따르면 당시에 "서양 서적은 고관이나 학자들 중에 보지 않은 이가 없다"고 할 정도로,

서학에 대한 관심은 지식인들 사이에서 유행처럼 번지고 있었다. 서학에 대한 인식이 점차 깊어지면서 서학에 관심을 기울이는 학파까지 형성되었으니, 그 거두가 바로 이익李瀷이었다. 이익은 한편으로 천주교를 이해하여 조선의 유학을 보완하려 하면서도, 또 한편으로는 천주교의 문제점을 비판하기도 하였다. 그의 영향을 받아 그 문하에서는 천주교에 대한 접근이 두드러졌고, 그 사이에서 천주교를 신앙으로 받아들인 신서파信西派와, 천주교의 문제점들을 공격하는 공서파攻西派로 나누어졌다.

천주와 상제

천주교에서 유일신으로 받들고 있는 천주를 어떻게 인정하는가 하는 문제는 천주교의 수용 여부에서 핵심을 이루는 문제였다. 조선 지식인들이 초기에 천주교에 접하게 되었던 서적은 『천주실의天主實義』였다. 『천주실의』는 마테오 리치가 "천주교는 유학을 보완한다"(補儒論)는 입장을 표방하면서 저술한 교리서였다. 그러므로 "천주가 곧 유교의 상제"라는 그의 설명은 조선 유학자들에게도 일단 납득이 가는 것이었다. 이익도 "천주란 곧 유가의 상제"라고 긍정하였다. 그러나 이익을 비롯하여 천주가 곧 상제라고 받아들였던 당시의 유학자들은 순수한 선진先秦 유학자가 아니라, 주자학적 체계로 유학을 이해하고 있던 사람들이었다. 즉 상제를 초월적인 신앙 대상이라기보다는 태극 또는 리라는 생성·변화의 법칙 원리의 의미로 받아들인 것이다. 따라서 인격신으로서의 신앙 대상이나 창조주로서의 존재는 인정될 수 없었다.

그렇지만 『천주실의』 등을 통해 신서파들이 이해한 '천주=상제'의 개념은 분명 신앙 대상으로서의 창조주였다. 정약용丁若鏞의 셋째형인 정약종丁若鍾의 둘째아들이자 당시 천주교 지도자로 큰 영향력을 가졌던 정하상丁夏祥에 의하면, 온갖 만물이 조화롭게 생성되고 유지되는 것은 사람이 여러 가지 재료를 사용하여 집을 짓듯이 어떤 창조주가 있기 때문이라는 것이었다.

그러나 비판하는 입장에서는 법칙 원리라는 의미에서 상제의 주재성만 인정할 뿐 상제의 창조 능력과 인격성을 부정했다. 신후담愼後耼은 상제를 집 짓는 목수에 비교할 수 없으며, 상제란 도道와 기器를 합쳐서 이름한 것이라고 주장하였다. 또 이헌경李獻慶은 추상적인 상제에게 제사를 지내는 일이란 들판에 나가 땅을 깨끗이 쓸고 제물로 지극히 공경하는 것일 뿐으로, 그것에 이목구비 등의 형상을 가하는 것은 오히려 상제를 귀신과 같게 하여 모욕을 가하는 것이라고 비판하였다.

물론 과거 유학자들이 말한 상제가 천주교의 창조주로서의 천주와 반드시 일치하는 것은 아니었다. 그러나 보유론을 표방한 '천주＝상제'의 논리는 조선인들에게 천주에 대한 거부감을 상당히 완화시켰던 것이 사실이었고, 그에 대한 이상의 비판과 옹호도 나름의 타당성을 지니고 있었다. 하지만 더 큰 문제는 당시의 유교 가치관에 입각한 사회 현실 속에서 천주 우선의 가치관이 빚어 내는 충돌이었다.

무부·무군

가정과 국가에서의 계층적 인간 관계를 사회 유지의 기본틀로 여겼던 유교 국가에서 부자 관계나 군신 관계에 대한 변화 요구는 그 사회 체계를 뒤흔드는 커다란 변란일 수밖에 없었다. 이미 '아비도 없고 임금도 없는 놈'(無父無君)이란 깃발 아래 불교를 배척한 바 있던 유학에서는 새로운 질서를 요구하는 천주교에 대해서도 같은 칼을 들이대었다.

그러나 천주교 쪽의 입장에서는 이를 인정할 수 없었다. 정하상은 「상재상서上宰相書」라는 글에서, 천주교의 십계명에도 효의 가르침이 있으므로 효를 부정하는 것이 아니라 다만 허황한 우상 숭배를 하지 않겠다는 것이라고 주장하였다. 또한 군신 관계에 대해서는 임금을 존숭하지 않는 것이 아니라 전우주적 차원의 천주를 임금 위에 인정하지 않을 수 없다고 항변하였다.

그러나 이에 대한 비판의 초점은 바로 제사를 거부하고 지존의 임금보다 천주를 우위에 놓는 태도에 맞추어졌다. 아무리 효도를 한다고 해도 제사를 거부하는 것은 유교적 가족 질서에 대한 정면 도전으로 여겨졌고, 천주교로 유교를 보완하는 것이 아니라 유교인들의 제의를 천주교식 제의로 대치하려는 시도로 받아들여졌다. 이기경李基慶 같은 사람은 천주교에서 효도를 부정하지는 않을지라도 "그 서학의 십계명 가운데 군왕을 섬기는 것은 없으며, 효도 역시 네 번째에나 있으니 결코 선비가 볼 것이 아니라"고 주장하였다. 또 성직자가 결혼을 하지 않는 것은 불교에서 가족을 이탈하는 것과도 비교될 수 있었다. 유교 사회의 전통에서 결혼에 의한 가문의 계승과 효도는 분리될 수 없는 것이었다.

예수회가 보유론적 입장에서 유교의 제사를 우상 숭배가 아닌 관습으로 인정했던 것과 달리, 1742년 교황 베네딕토 14세에 의해 유교 의례 금지령이 반포되면서 중국과 조선에서 천주교에 대한 배척이 심해졌다. 이로 인해 신도들, 특히 양반층의 이탈이 많아졌지만, 그래도 천주교를 따르는 사람들은 제사의 거부를 강행하였다. 이것은 유교의 기반 위에 천주교를 보완적 의미로 받아들이는 것이 아니라 유교 전통을 거부함으로써 천주교 신앙을 지키려 한 것이었다.

또한 왕정을 부정하는 것은 아니라고 해도 왕보다 더 고차원적인 위치에 천주를 상정하는 것은, 서양 가톨릭 사회의 전통에서는 자연스러운 것일지 몰라도 동양 사회의 전통 속에서는 오랜 동안 누려 온 왕의 절대적 위엄을 손상하는 것이었고 왕정 국가의 체제에 대한 도전이었다.

천당·지옥설

천주교에서 천당지옥설은 천주의 존재와 영혼의 불멸을 뒷받침하는 주요한 근거였다. 현세에서의 상벌은 공정하지 못하지만 천주에 의해 죽은 후에 공정성을 회복한다는 것이었고, 이 때 영혼의 불멸은 필수불가결한 것이었다. 그렇지만 삶과 죽음을 기의 모임과 흩어짐으로 보는 유학에서는 영혼의 불멸이라는 것이 별다른 의미를 가질 수 없었다. 이 때문에 유학자들의 비판은 영혼 불멸설의 부당함에 그 초점이 맞추어졌다. 신후담은 "사람이 태어난다는 것은 음양의 정기가 모여서 물질을 이루는 것이며, 죽는다는 것은 혼魂이 올라가고 백魄이 내려가 흩어져 변하는 것이다. 변하면 존재하는 것이 없어진다"고 하였는데, 이러한 주장은 천당이나 지옥으로 가야 할 영혼의 불멸을 근본적으로 부정하는 것이었다.

사후의 세계를 인정하지 않는 유교 전통에서 천주교의 천당지옥설은 혹세무민이라는 비판의 표적이 되었다. 특히 천당지옥설은 불교의 그것과도 거의 상통하는 것이었으므로, 불교 배척의 맥락에서 쉽게 비판될 수 있었다. 천당지옥설에 의해 사람들을 미혹되게 하는 것은 유교적 수양에 의해 천지의 이치를 체득하여 그 흐름에 따라 자연스럽게 살기를 바라는 것이 아니라, 단지 천당에 가려는 이기적 욕구, 즉 이利의 추구로 사람을 유혹하는 것이라고 비판되었다.

하지만 어느 종교에서나 그러하듯이 사후 세계의 심판이란 것은 현실의 탄압 속에서도 그들의 종교를 유지시켜 주는 버팀돌이 되어 주게 마련이었다. 더욱이 현실의 모순 속에서 실질적인 개혁의 돌파구를 찾지 못하던 당시의 소외 세력에게 천당지옥설이 갖는 힘은 무시할 수 없었다. 이것은 처절한 탄압 속에서도 천주교가 계속 퍼져 나가는 데 커다란 역할을 한 것이 사실이었다.

3. 우주관의 변화

17세기 이전에 조선에서의 세계 인식은 중화적 세계관에 입각한 것이었다. '천원지방설天圓地方說'에 기초하여 조선인들은 중국이 세계의 중앙에 있고 그 외의 나라들이 중국의 주변에 흩어져 있다고 생각하였다. 그러나 17세기에 도입된 한역漢譯 세계 지도와 세계 지리서(『직방외기職方外記』, 『곤여도설坤輿圖說』 등)를 접한 조선인들은 세계에 대한 인식을 다시 하지 않을 수 없었다.

이수광은 북경 사행원 이광정李光庭이 도입한 유럽 지도(『구라파국여지도歐羅巴國輿地圖』)를 보고 서양이라는 존재가 환상이 아닌 현실임을 인식하였다. 이익은 '천원지방설'을 극복하고 '지구地球'설을 받아들였다. 이익은 한역 서양 천문서를 보고 감탄하며 그것을 받아들였지만, 그가 수용한 서양의 천문학설은 티코 브라헤(Tycho Brahe)의 천문학설이었다. 그것은 지구를 중심으로 하여 각기 다른 높이에 있는 여러 별들이 지구 주위를 돈다는 지구 중심의 천동설이었다. 이는 과학과 종교가 아직 분리되지 않은 서양 중세의 우주관이었으나, 이익은 이를 통하여 동양의 우주관을 근본부터 비판적으로 바라보려 하였다.

그리고 지구설은 홍대용에 이르러 '지전설地轉說'로까지 발전하였다. 그리하여 중국이 우주의 중심이라는 중화론적 세계관을 부정하고, 더 넓고 다양한 세계가 눈앞에 펼쳐져 있으며 세계 각지가 모두 세계의 중심일 수 있다는 혁신적인 세계관을 제시하게 되었다. 이러한 세계관의 변화는 곧 화華와 이夷의 구분, 내內와 외外의 구분을 부정하는 것이었다. 이는 중화 중심적인 춘추대의의 명분론을 거부하는 것이었으며, 평등하고 개방적인 세계관으로의 사상적 전화를 이룰 수 있는 실질적인 근거를 제공하는 것이기도 하였다.

그러나 신후담처럼 전통적인 우주관에 기초를 두고 서학을 비판하는 입장에서는 여전히 화이론적 지리관을 펼치기도 하였다. 중국은 천하의 중심에 있고 유럽의 모든 다른 나라들은 바다 끝의 외딴 지역이므로, 그 토지의 대소에서는 다소 서로 비슷하다 할지라도 중국과 같은 대열에 놓고 혼동하여 일컫는다는 것은 실로 질서를 모르는 일이라는 것이다.

이러한 지리적 화이론은 서양 세력이 물밀듯이 밀려 오던 19세기 말에서 20세기 초의 척사위정 유생들에까지도 이어졌을 만큼, 쉽게 벗어나지 못할 뿌리 깊은 것이었다. 또 한편으로 이러한 화이론적 우주관은 서양 세력에 대해서 조선인들의 자주적 의식을 지켜 줄 이론적 기반이기도 했다. 그러나 중국보다도 훨씬 더 넓은 세계를 두 눈에 접한 충격으로 인해 조선인들은 화이론적 세계관에 의심의 눈길을 보내지 않을 수 없게 되었다.

4. 인간관의 변화

주자학에서는 인간이 태어날 때 도덕 본성을 지니고 태어난다고 보았다. 그러나 『천주실의』에서는 "이치를 추론할 수 있는 것"을 이른바 인성이라고 하였다. 또한 "인의예지는 추리한 후에 존재하는 것이고, 리는 곧 다른 것에 의지하는 것이므로 인성이 될 수 없다"고 하였다. 이는 바로 인간이 태어날 때 우주의 이치인 리를 부여받아 선천적으로 성을 갖춘다는 것을 부정하는 것이며, 그 성에 근거한 주자학적 사회 윤리관에 근본적으로 반기를 드는 것이었다.

이는 유교적 인간관과는 당연히 배치되는 것이었다. 사단·오상이 인간에게 본래 갖추어져 있다는 주장은 주자학적 이념을 현실 속에서 인간이 실현할 수 있는 전제 조건이었고, 그 본성을 얼마나 잘 실현하는가에 따라 그 사회에서 군자와 소인을 구분하는 기준으로 삼았다. 그리고 그것은 곧 봉건적 계급 질서의 이론적 기반이었다. 본성에서 이러한 가치관적 성질을 인정하지 않을 때, 유교의 기본적 사회 윤리, 즉 자연의 이치가 사회에도 그대로 반영되어 나타난다는 '삼강오륜'은 의심을 받게 되는 것이다.

이 때문에 신후담은 인간의 본성은 본래 가지고 태어나는 것이지 추리에 의해 생겨나는 것이 아님을 맹자의 성선설을 빌려 주장하였다. 이는 곧 우주의 이치와 인간의 본성에 따른 사회 질서를 무시하고 양반과 상민 및 남자와 여자가 대등하게 함께하는 천주교의 예배 방식이나 그들의 그러한 평등적 인간관을 비판한 것이었다.

그러나 그러한 인간관의 변화는 거스를 수 없는 추세였다. 신분 차별 철폐의 주장은 이미 여러 사람에 의해 거론되고 있었다. 결국 조선에서는 1886년의 노비 세습제 폐지를 거쳐 1894년 갑오 개혁에서 노비제 폐지와 반상간의 신분 차별 폐지가 공식적으로 이루어졌다.

5. 자연관의 변화

조선인들이 서양에 대해 관심을 가지게 된 것은 무엇보다도 그들의 발달한 과학 기술 때문이었다. 이익·홍대용·박제가·정약용 등은 서양의 천문학뿐만 아니라 수학·의학 등 과학 기술 전반에 관심을 기울이고, 스스로 서양 과학 기술을 받아들여 응용하기도 하였다.

그러나 여기서 더 중요한 것은 조선 학자들이 서양의 과학 기술과 만나면서 그들 사이에 자연을 보는 관점에 변화가 왔다는 것이다. 서양 과학 기술에 관한 지식과 그들의 합리적인 자연 이해 방식에 영향을 받은 조선 학자들은 자신들의 주자학적 자연 이해를 재검토하게 되었다.

주자학에서는 자연 법칙과 인간 사회의 윤리 법칙을 통괄하는 것으로서의 리와, 물질을 상징하는 기에 의해 우주만물이 구성되고 운용된다고 보았다. 그리고 그 기는 음과 양이라는 두 기와 수·화·금·목·토라는 오행으로 상세화되었다. 그러나 북학파라 일컬어지는 박지원·박제가·홍대용 등은 음양을 태양빛의 옅고 짙음에 의한 구분으로, 그리고 오행을 구체적인 물질로 환원시켰다. 그러므로 이들에게서 굳이 '오'라는 숫자를 고집하는 것은 의미가 없는 것이었다. 정약용도 음양을 태양빛의 가림과 드러남으로, 오행을 단지 우주만물 중의 다섯 가지 물건으로 격하시켰다. 또한 리기론에서 리도 기와 병존하는 자립자가 아닌 의뢰자로 보아 리의 실체성을 부인하였다.

이상과 같이 서양 과학에 접한 조선 학자들은 서양 과학의 경험주의적 자연 철학적 사고에 자극받아 전통 유학의 자연 철학을 벗어나 합리적인 근대적 사고로 전화하는 면모를 보이기 시작하였다. 자연에 대한 가치론적 사고를 탈피하여 자연을 객관적 대상으로 바라보기 시작한 것이다.

그러나 천주교 박해가 심해지면서 북경으로부터 서적 수입도 금지되고 서양 과학 기술의 수용도 거의 중지되었다. 다만 신앙으로서의 천주교만은 박해를 받으면서도 교세를 서서히 확장해 갔다.

6. 서학 논쟁의 의의

17세기 초 조선에 서학이 유입되기 시작한 것은 서양 문화 충격의 서곡이었다. 그러나 이 시기 서양 문화와의 접촉이 18~19세기에 서양 열강의 침입과 달랐던 점은 서양 열강의 적극적 침투가 아니라 조선 내부의 자발적 요구에 의해 서양 문화에 관심을 기울였다는 것이다.

서학의 유입과 그에 대한 조선 지식인들의 상반된 반응은 단지 외래 문화의 충격에 대한 동조와 배척이라는 관점에 기초하여 이해해서는 곤란하다. 당시 주자학의 이데올로기적 기능에 만족하지 못하고, 또한 당시 사회적 문제들에 대한 다양한 대처 방안을 모색하던 조선 지식인들에게 서학이라는 전혀 새로운 사상과 문화는 우선 학문적 호기심의 대상이었고, 지식인들이라면 누구나 한 번 귀를 기울여 보는 것이 당시의 유행이었다. 그것은 물론 서양 중세에 기초한 것이었지만, 그것이 또한 서양의 근대를 싹틔우는 기반이었음을 상기한다면, 그 사상의 파급력은 그다지 놀라운 것이 못 된다. 더욱이 천주교와 함께 전해진 서양 과학 기술의 우수성은 유학의 척사위정 전통에서 단련된 조선 지식인들의 관심을 끌기에도 충분하였다.

이렇게 보면 서양 열강이 조선에 대해 관심을 가지고 침략의 야욕을 드러내기 전, 그들이 중국과 일본에 몰두해 있을 때, 조선은 서양 문화를 나름대로 섭취·소화해 낼 수 있는 기회를 가진 셈이었다. 그러나 불행하게도 조선인들은 그 기회를 충분히 활용하지 못한 채 뒷날 그들의 물리력 앞에 강제적으로 무릎을 꿇게 되었다.

새로운 사상과 과학 기술의 수용은 당시 봉건제 사회의 모순을 해결해 보려는 지식인들의 동향과 밀접한 관계를 가지고 있었다. 당시 지식인들은 공리공론에 빠져 들어가는 주자학의 한계를 보다 현실적인 학문을 통해 극복해 보려 했고 그 성과가 바로 실학이었다. 엄격한 권위주의적 계층 질서보다는 실용적인 개방성을 가지고 있던 그들은 중국을 통해 접하게 된 천주교와 과학 기술에 대해서도 적극적인 관심을 기울였다. 실학자들의 생각은 개방적이고 진보적인 것이었지만, 그들은 자신들의 생각을 직접 국가의 경영에 활용해 볼 기회를 가지지 못한 소수의 지식인들이었다. 그러나 서학의 수용 문제에 관한 논란은 조선 사회의 개혁 요구에 대한 충격과 자극이라는, 훨씬 광범위한 영향으로 다가왔다.

서양인들의 발달된 과학 기술의 도입 필요성에 대해서는 별다른 논란이 필요치 않았지만, 전통적인 유학적 사고 방식과 대립되는 점이 많았던 천주교에 대해서는 입장이 다를 수밖에 없었다. 그것은 지식인들에게는 새로운 가치관을 어떻게 수용하는가의 문제였고, 일반인들에게는 당시 봉건제 사회의 쇠락을 마감하고 새로운 세상을 기원하는 진보적인 민중 종교적 흐름으로 받아들여졌다. 실제로 천주교에서 주장하는 신분 철폐·남녀 차별 철폐 등의 혁신적인 인간관은 바로 혼란기마다 불교·도교 계통의 민중 종교가 높이 들었던 깃발이었다.

그러나 마테오 리치를 비롯한 예수회 선교사들이 내세웠던 '보유론'적 입장이 철회되고 유일신교의 배타적 성격과 서양 문화 우월주의의 오만함이 드러나자, 천주교에 대한 거부감이 깊어졌다. 더욱이 노론과 남인간의 정쟁까지 얽혀서 천주교의 수용 문제에 대한 논란은 심각해졌다. 보수적인 노론이 승리를 거두자 천주교에 대해 가혹한 탄압이 가해졌음은 물론 과학 기술을 비롯한 서양 문화 전반에 대해 문을 굳게 닫아 걸게 되었다. 그렇지만 서양 문화와의 만남은 조선인들이 인간관이나 우주관·세계관 등에 대해 근본적인 반성의 기회를 갖는 데 커다란 역할을 하였다. 그러나 그 후 서학은 처절한 탄압 끝에 학문적인 접근이 거의 차단되어 지하의 종교로만 전파되었고, 19세기 후반 서양 열강이 거센 물리력을 앞세우고 밀려 들어올 때 조선인들은 부끄러운 강제 개항을 당해야만 했다.

■ 더 읽어 보아야 할 책들

금장태,『동서교섭과 근대한국사상』(성균관대학교출판부, 1984)
윤사순,『한국유학사상론』(열음사, 1986)
이원순,『조선서학사연구』(일지사, 1986)
노길명,『가톨릭과 조선후기 사회변동』(고려대학교 민족문화연구소, 1988)
조　광,『조선후기 천주교사 연구』(고려대학교 민족문화연구소, 1988)
최동희,『서학에 대한 한국실학의 반응』(고려대학교 민족문화연구소, 1988)
강재언,『조선서학사』(민음사, 1990)

8. 심설 논쟁

1. 심설 논쟁에 담긴 문제 의식

주자학의 이론 구조에서 볼 때 심설心說 논의가 갖는 중요성은, 주자학이 단순히 존재론적 논의에만 그치는 것이 아니라는 점에 있다. 그것은 심에 관한 논의가 현실의 윤리적 삶과 연관되어 있으며, 이러한 심설의 정립과 함께 '거경궁리居敬窮理'라는 주자학의 학문 방법론이 완성을 보게 되기 때문이다. 예를 들어 주희朱熹에게서 심이 발하지 않았을 때의 공부, 즉 거경은 심이 발했을 때의 공부, 즉 궁리의 전제이며, 그것은 쇄소灑掃·응대應對·진퇴進退와 같은 외재적 규율을 따름으로써 주체 의식을 확보한다는 형태로 전개되고 있다.

따라서 현실에서의 일상적 예 규범은 심설 논의를 통해 그 형이상학적 이론 근거를 갖게 되고 그 당위성을 확보하게 된다. 그런데 주희에게서 심은 두 가지 측면에서 이해되고 있다. 첫째는 기氣로서의 심이다. 둘째는 성性과 정情을 통합하는 것으로서의 심이다. 이 경우 두 측면은 논의의 각도를 달리해서 설명될 수밖에 없다. 이는 윤리의 존재론화라고 하는 주자학의 특성 때문으로, 이러한 특성은 주자학의 이중적 논의 구조(리 일원론을 지향하면서도 리기 이원론의 논의 구조를 이루고 있다거나 가치의 문제를 존재론화시키는 것 등)를 이루는 주된 요소이다.

주자학의 이중적 논의 구조에 따른 심설의 논리적 모순성은 주자학의 형이상학적 논의에 대한 이해의 심화에 따라 이황李滉과 이이李珥 이후 조선 주자학에서 주된 논쟁점을 이루게 되었다. 주자학적 논의 구조의 모순점을 해결하기 위해 이황은 기에 대한 리의 주재 및 통제 작용이라는 리의 능동적 원인성(이 때 리는 기의 동인으로서 초월적 성격이 강조된다)을 긍정하면서 심을 구조적으로 이해하고자 하였다. 그러나 이러한 이해는 주희의 본래 의도와는 상충되는 것이었다. 이 때문에 이이는 리의 능동적 원인성을 부정하면서 심을 질적으로 규정하고자 하였던 것이다. 조선 후기의 주자학자들에게서 성리설 논의의 가장 중요한 기준은 이황과 이이에 의해 제기되었던 바로 이러한 문제 의식이었다.

조선 후기의 심설 논쟁에서 주된 이론 근거는 크게 세 가지 입장으로 나누어 볼 수 있다. 첫째는 심을 리와 기의 합으로 보는 입장이고, 둘째는 심을 리로 보는 입장이며, 셋째는 심을 기로 보는 입장이다. 조선 후기의 심설 논쟁은 이러한 입장에서 학파간에 혹은 같은 학파라 하더라도 입장을 달리하는 인물들 사이에서 전개되었다.

화서 학파의 경우 화서華西 이항로李恒老의 문인인 유중교柳重敎가 이항로의 심설에 이의를 제기함으로써 역시 이항로의 문인인 김평묵金平默과 벌인 논쟁이 대표적이다. 이 후 이항로의 문인은 두 입장으로 나누어져 6여 년 동안 논쟁을 계속하였다. 또 유중교는 간재艮齋 전우田愚와 14년 간에 걸쳐 왕복 논변을 벌였으며, 전우는 화서 학파로부터 절교를 당한 후 여러 편의 글을 통해 이항로의 심설을 비판하였다. 그리고 전우가 한주寒洲 이진상李震相의 심설을 양명학과 비교하여 비판하자, 이진상의 제자 곽종석郭鍾錫은 이진상의 심설을 옹호하면서 전우의 심설을 비판하였다. 이러한 논쟁은 문인들에게도 이어졌지만, 크게 볼 때 그 입장은 앞에서 이야기한 세 입장에서 벗어나지 않는다.

2. 심설 논쟁의 이론적 배경

주자학에서 심은 어떤 의미를 갖고 있는가

주자학에서 말하는 심이란 주로 지각을 가리키는 것이며, 여기에는 '인간의 지각 능력' 및 '감각과 사유까지도 포함하는 의식 일반'이라고 하는 의미가 내포되어 있다. 주희가 말하는 '지각'은 오늘날 우리가 사용하는 '지각'하고는 상당한 정도로 겹치는 개념이지만, 그것보다도 외연이 조금 넓어서 감각에서 인식까지를 포함하고 있다. 주희에게서는 감각과 사유 활동을 포함한 인간의 심리 활동이 모두 지각으로 이해되었다.

그런데 이 심은 의식 활동의 결과로서 두 가지 측면으로 나타난다고 이해되었다. 도심道心과 인심人心이 바로 그것이다. 이것은 지각할 수 있는 주체는 하나이지만 지각된 내용은 다르다는 것을 말한다. 도덕 의식의 지각은 도심이고, 각종 정욕의 지각은 인심이다. 그러나 도심과 인심을 막론하고 모두 심인 점은 마찬가지이다. 따라서 심의 의미는 지각과 사유의 능력 외에 구체적인 지각과 사유까지도 가리키게 되는 것이다.

심에 대해서는 또 두 가지 측면에서 규정이 내려졌다. 첫째는 구조적 측면의 규정이고, 둘째는 그 본질적 속성 측면의 규정이다. 첫 번째 측면에서 내려지는 규정은 '심통성정心統性情'으로 표현되었다. 심통성정이라 할 때 통統자에는 겸兼(포괄한다)과 주재主宰(통솔한다)의 두 가지 의미가 들어 있다. 두 번째 측면에서 내려지는 규정은 심은 기라는 것이었다. 주희의 관점에서 볼 때 모든 존재는 리와 기로 설명될 수 있다. 따라서 심에 대해서도 리나 기로 설명해야 하며, 리도 아니고 기도 아닌 존재일 수는 없다. 물론 심을 단순한 기로 설명하는 것은 아니다.

심을 규정할 때의 기는 이른바 영묘한 기이며, '텅 비고 밝으며'(虛明) '텅 비고 영묘함'(虛靈)을 본질로 한다고 설명되었다. 지각이라는 것이 작용성을 갖는 한 주희에게서 그것은 리로 다루어질 수 없었다. 성은 심의 체體(제일의적인 것. 이에 대해 용用은 제이의적인 것이다)이며, 심은 성을 알맹이처럼 감싸고 있는 것이다. 심이 단순한 기가 아니라 기의 정상精爽(정령)이라고 하는 까닭은 작용이라고 하는 측면에서 심이 인간의 감각 기관과 신체에 언제나 관련되어 있기 때문이다.

심을 이야기하면서 주희가 언제나 강조하고 있는 점 가운데 하나는 심은 몸(一身)의 주재主宰라고 하는 것이었다. 인간의 신체적 활동이 의식에 따른다는 것은 일반적 경험에 의해서도 쉽게 이해할 수 있는 것이다. 그러나 심이 인간의 신체를 주재한다고 하더라도 그것은 리와 동일시될 수 있는 것은 아니다. 주희에게서 심이 리와 동일시될 수 없는 이유는 심이 지각을 갖고 있기 때문이며, 심에는 선악善惡이 있기 때문이다. 그렇지만 주희에 의하면 심과 리가 일치하는 경우를 상정할 수도 있다. 성현의 단계에 이른 인자仁者의 심은 이미 리와 합일한 상태에 있기 때문에, 모든 생각과 행동이 리와 합치한다. 이런 경우에 인자의 심은 곧 리라고 할 수 있다는 것이다. 그렇다고 해서 심 일반을 모두 이와 같이 생각할 수는 없다는 것이 주희의 생각임은 분명하다.

그러나 주희의 심에 대한 이러한 이해는 훗날 심설 논쟁 주체들 각각의 입장에 근거를 마련해 주었다. 심을 리적 측면에서 강조하는 심주리心主理, 즉 심은 리를 주로 한다는 입장에서는 심이 일신을 주재하고 심이 리와 합일된다는 점이, 심을 기적 측면에서 강조하는 심주기心主氣, 즉 심은 기를 주로 한다는 입장에서는 심이 지각이라고 하는 작용성을 갖는다는 점이 주된 근거가 되었다. 그러므로 심설 논쟁은 주자학의 이론 구조에서 볼 때 당연히 제기될 수밖에 없다고 하겠다. 그것은 주자학이 지향하는 바가 기본적으로는 윤리적 측면에 있지만, 그 윤리적 당위성과 근거를 존재론적 측면에서 마련하고자 하였기 때문이다.

이황과 이이에게서 심은 어떤 의미를 갖는가

심에 대한 이황과 이이의 이해차는 후대 조선 주자학의 성리설 분화에 중요한 입각점으로 자리하였다. 이황의 "심은 리와 기가 합해진 것"(心合理氣)이라는 주장은 주자학을 수정하는 입장에서 "심이 곧 리이다"(心卽理)라는 명제로 전화되었으며, 이이의 "심은 기이다"(心是氣)는 전통적 입장의 중요한 근거가 되었다.

이황은 주희의 심에 대한 규정에서 구조적 측면에 주목하여 심을 리기의 합으로 보았다. 물론 리와 기가 합해졌다고 하는 말이 리나 기가 아닌 다른 어떤 것이 되었다는 뜻은 아니다. 이황 역시 주자학에 기초하고 있는 만큼 모든 존재를 리와 기로 설명할 수 있다고 생각했다. 그러나 이황은 심을 기로만 규정하지는 않았다. 다만 심을 리와 기가 합쳐져 있는 것이라고 규정하였을 뿐이다. 심이 리기의 합이라고 하는 점은 이황에게서 리기의 호발互發을 주장하는 주요한 입각점이었다.

심을 구조적인 측면에서 리와 기의 합이라고 규정할 때 심을 리의 측면에서 볼 수 있는 개연성이 있다. 이러한 개연성은 이황을 존숭했던 이진상이 심이 곧 리라고 주장하는 점에서나, 심을 리와 기가 합해진 것이라고 주장하는 이항로가 심에서의 리의 측면을 보편화시켜 이해하는 데서도 확인할 수 있다. 물론 이것은 이황이 심을 리로 보았다고 말하는 것은 아니다. 그러나 19세기 조선 주자학자 가운데 이황의 설을 존숭하는 주자학 수정의 입장에는, 주희와 이황의 이러한 언급에 나타나는 의식이 주요 근거로 자리한다는 점에서 개연성을 엿볼 수 있다는 것이다. 그것은 이황이 심과 태극太極을 연관시켜 논의한 데서도 잘 드러난다.

그 반면에 이이는 "심은 기이다"라고 주장함으로써 기에 대해 리기론적 규정을 분명히 하였다. 여기서 이이가 심을 기라고 규정하는 이유는 심에 지각이라는 작용이 있기 때문이었다. 이이 역시 심을 단순한 기로 보지는 않았다. 심은 아주 맑고 텅 비고 밝은 것을 본체로 하며, 온갖 리를 전부 갖추고 있는 것이다. 그리고 이이는 심의 허령함은 성이 있어서 그런 것이 아니라, 기 자체의 속성이 그런 것이라고 강조하였다.

　이이에게서도 심이 기라는 명제는 사단칠정四端七情에 관한 논의에서 기발氣發만을 인정하는 주요 근거가 되었다. 이이의 심心·성性·정情·의意에 대한 이해는 주희와 다름없이 나타나지만, 그는 이러한 관계 속에 있는 성을 단지 기질지성으로만 이해하는 특징을 보여 준다. 리와 기는 떨어져서 존재할 수 없는 관계에 있다는 점을 분명히 했기 때문이다. 리가 인간에게 내재된 이상 그것은 형질形質과 결합한 것이므로 성이라고 해야 하고, 그것이 기와 연관을 맺는 한 기질지성이며, 그 가운데 리만을 따로 말하면 본연지성이라고 부를 수 있다는 것이다. 그럼으로써 본연지성은 사단과 연결되고 기질지성은 칠정에 연결되어 칠정 안에 사단이 포함된다(七情包四端)는 명제가 성립되었다. 이와 같이 심이 기라는 명제는 이이의 사단칠정론에서 '기발리승일도'와 '칠정포사단' 논리의 기점으로 자리 잡았던 것이다.

　이황이나 이이 모두 심에 대한 규정은 자신들의 논리적 정합성을 확보한다는 점에서 중요한 의미를 지니고 있었으며, 그 차이는 위와 같이 나타나고 있었다. 이황과 이이의 이러한 심에 대한 규정은 19세기 조선 주자학자들에 이르러 '심즉리'와 '심시기'로 나누어지면서 더욱 분명한 의미로 제기되기에 이르렀다.

3. 심설 논쟁의 전개

화서 학파 내부의 심설 논쟁

　이항로의 리기론에서 나타나는 리 일원의 지향은 "리는 존귀하고 기는 천하다"(理尊氣卑)는 주장처럼 가치 의식을 전제로 이루어졌으며, 그것은 심성론에서도 마찬가지로 나타났다. 주자학에서 인간의 본질 해명이라는 문제는 인간의 도덕적 행위와 직접적 연관을 갖는다는 점에서 퍽 중요하다고 할 수 있다. 그러나 그러한 문제가 좀더 강력한 형태로 제기될 때 세계에 대한 이해조차도 인간의 본질 해명이라는 영역에 흡수되고 만다. 이항로의 성리설은 이러한 이해의 전형적인 모습을 보여 준다.

이항로에게서는 심에 관한 주희의 논의 가운데 "심이 일신의 주재"라는 점과 심과 리가 일치할 수 있다는 점이 오히려 중요한 문제로 등장하였으며, 그것은 이항로의 심성론에서 가장 근저에 자리 잡게 되었다. 즉 심이 일신의 주재라는 면에서 리의 주재가 규정되고 있으며, 아울러 성인의 단계에서 상정되었던 심과 리의 일치가 오히려 보편성을 가지고 이해된 것이다. 바로 이 점이 이항로의 제자들 사이에서 일어난 심설 논쟁의 주요 원인으로 작용하였다. 유중교가 스승의 심설에 이의를 제기함으로써 벌어진 화서 학파 내의 심설 논쟁은 신명神明과 명덕明德, 심성물칙心性物則의 문제를 둘러싸고 전개되었지만, 결국은 일반 사람의 심과 성인의 심을 같은 것으로 볼 수 있느냐 없느냐 하는 문제로 귀결되었다고 할 수 있다.

화서 학파 내에서의 심설 논쟁은 1886년 겨울 유중교가 스승 이항로의 심설에 이의를 제기하면서 시작되었다. 유중교가 김평묵 및 동문들에게 이 문제에 대한 질정을 청하자 다음 해에 김평묵이 장문의 글을 지어 유중교의 논점을 비판하고 나섰던 것이다.

유중교의 스승인 이항로는 심은 리기가 묘하게 합해진 것이라고 주장하였다. 이것은 심은 리의 측면과 기의 측면에서 상대적으로 파악해야 한다는 것으로 이해할 수 있었다. 그렇다고 해서 이항로가 심의 상대적 측면만을 강조한 것은 아니었다. 그에게서 심에 대한 상대적 이해는 자기 설의 정당성을 주장하기 위한 것이었으며, 논의의 기저에는 심의 리적인 측면이 강조되고 있었다. 결론적으로 보면 이항로의 심설은 심을 리로 이해한 것이라고 볼 수 있는 것이다.

이 때문에 유중교도 스승의 심설이 리로써 심을 단정한 것이라고 보았던 것이며, 이것은 후대에 스승의 뜻과는 상관없이 잘못 이해될 폐단이 있어 스승의 설을 '조보調補'하고자 한다는 뜻을 밝혔던 것이다. 여기서 유중교가 주장한 것은 크게 세 가지 점으로 나누어 볼 수 있다. 첫째 심과 명덕은 분합分合해 볼 수 있다는 것이고, 둘째 명덕은 마땅히 형이상에 속한다는 것이며, 셋째 심은 마땅히 형이하에 속한다는 것이다.

이에 대해 김평묵은 유중교가 기를 주로 하는 입장에서 스승을 배척한다고 하여 장문의 글로 신랄하게 비판을 가하였다. 김평묵 역시 심을 리와 기의 측면으로 나누어 파악할 수 있다고 주장하였다. 그러나 기의 측면으로 심을 이해하는 것은 유가의 설이 아니며, 리의 측면으로 이해하는 것이 심의 진정한 면목이라고 하였다. 여기에서 심을 리로 말할 수 있는 것은 예지睿智 때문이며, 스승 이항로가 리로써 심을 말한 것은 바로 이 예지를 가리킨 것이라고 하였다.

유중교가 스승의 심설에 이의를 제기한 이후 화서 학파의 문인들은 두 입장으로 나누어져 격렬한 서신 논쟁을 벌이게 되었다. 유중교와 김평묵 사이의 논쟁은 1888년 유중교가 김평묵에게 「화서심설정안華西心說定案」을 올려 질정을 구하면서 김평묵의 의견에 따라 2개조의 글을 덧붙이고, 1891년 유중교가 김평묵을 다시 방문하여 이견을 조정하여 귀일시킴으로써 끝나는 것처럼 보였다. 그러나 그 논쟁은 두 사람의 제자들 사이로 이어졌고, 김평묵이 죽고 난 이후에도 계속 고조되어 심한 갈등과 분열의 조짐마저 보이게 되었다. 이에 유중교는 1893년 죽음을 하루 앞둔 자리에서 「화서심설정안」을 회수하여 소각시킬 것을 명하기까지 하였다.

화서 학파와 간재 학파의 심설 논쟁

앞에서 살펴본 화서 학파 내의 심설 논쟁에서 유중교가 스승의 설에 대해 이의를 제기한 시기를 보면, 유중교가 전우와의 심설 논쟁을 마감한 시기와 일치한다. 유중교와 전우는 1873년부터 14년간에 걸쳐 서신을 통해 논변을 벌였다. 이 과정에서 나타난 유중교의 심설은 김평묵과 논쟁을 벌일 때의 입장하고는 차이를 보이는데, 이것은 유중교의 심설 정립에 전우와의 논쟁이 얼마간 영향을 끼쳤음을 짐작하게 하는 대목이다.

전우는 심성론에서 기호 학파의 전통적인 논의에 따라 "성은 곧 리이고, 심은 기이다"는 논리를 고수하였다. 여기에서 이 명제의 기준이 되었던 것은 '작용의 없음과 있음'(無爲有爲)이었다. "리는 작용이 없고 기는 작용이 있다"(理無爲氣有爲)는 주장은 "성은 곧 리이고, 심은 기이다"는 명제와 결합되어 "성은 작용이 없고 심은 작용이 있다"(性無爲心有爲)는 주장으로 이어졌다.

전우는 심에는 지각과 허령이 있으므로 기라고 하고, 성은 순선純善한 리이지만 심은 본선本善한 기라고 하였다. 여기에서 심이 본래 선하다는 것은 성의 절대성에 비해 심이 악으로 흐를 가변성이 있음을 말하는 것이다. 지각과 허령이라고 하는 의식의 작용과 가변성은 전우가 심을 기라고 규정하는 데 절대적 근거가 되었다.

심이 일신의 주재가 된다는 것은 이항로와 같이 심을 리와 연관시키는 입장에서는 중요한 입각점이 되었다. 주재라는 말은 리에만 적용시킬 수 있는 것이므로 이항로의 입장에서 심은 리가 되고, 이 때 심과 리의 일치는 보편적 의미를 갖는다. 그 반면에 전우한테서는 심이 일신의 주재가 된다는 것이 성을 전제로 하여 말해졌다. 심이 일신의 주재로서 의미를 갖는 것은 그것이 성을 따를 때이므로, 이 성을 근본으로 해서 기를 주재하는 것이 심이라고 한 것이다. 성인처럼 심이 리와 일치하는 경우도 있지만, 그런 경우는 성인의 경지에서나 가능하며, 그 경우에도 심이 리와 일치한다고는 할 수 있을지언정 심이 곧 리라고 말할 수 없다는 것이 전우의 '심즉리' 혹은 '심성일리心性一理'에 대한 이해였다.

따라서 전우에게서 볼 때 심설 논쟁에서 주된 주제로 등장하는 신명·명덕·본심 등은 모두 다 리로서 이해될 수 없는 것이었다. 전우는 신神은 리의 묘용이라고 말할 수는 있지만, 리라고 말할 수는 없다고 하였다. 그것은 정을 성의 용用이라고 할 수는 있지만, 곧바로 성이라고 말할 수 없는 것과 같다고 하였다. 그리고 명덕이 포함하는 것은 리이지만 곧바로 명덕을 리라고 말할 수 없다고 하여 명덕주리설明德主理說을 비판하였다. 본심을 태극이라고 한다면 본심이 갖추고 있는 리는 무엇이냐 하는 의문이 제기된다는 것이다.

이에 대해 유중교는 전우와의 논변중에 자신의 설과 전우의 설에서 같은 점과 다른 점을 밝혀 자신의 입장을 정리하였다. 첫째, 심을 기라고 하는 점에서는 자신도 전우와 마찬가지라고 하였다. 다만 전우는 심을 기라고만 여기는 반면에, 자신은 심의 본체를 리라고 하는 점이 다르다는 것이었다. 여기서 유중교가 이야기하는 심의 본체는 본심 혹은 명덕이라고 하는 것이다. 둘째, 리가 무위하다고 여기는 것은 자신도 전우와 마찬가지라고 하였다. 다만 전우는 리가 무위하다고 할 뿐이지만, 자신은 리를 유위의 주인이라고 보는 점이 다르다고 하였다. 곧 리기는 서로 떨어질 수 없는 것이므로 기의 작위는 리의 작위라 할 수 있다는 것이다.

전우가 작용이라는 점에서 기로 보았던 심은, 유중교의 입장에서는 반대로 리의 측면으로 이해될 수밖에 없었다. 따라서 신명·명덕·본심은 모두 리로 이해되었다. 이를 입증하기 위해서 유중교는 체용·본말·능소能所·경위經緯 등의 논리를 동원하였다.

14년간에 걸친 유중교와 전우의 논쟁은 유중교가 이항로의 사후 스승으로 모셨던 김평묵의 제문과 관련해서 중단되고 말았다. 그런데 유중교가 전우와 논쟁을 벌이면서 취했던 입장은, 이미 언급하였듯이 김평묵과 논쟁을 벌일 때의 입장하고는 다소 다른 모습을 보였다. 그것은 신명이나 심을 어떻게 이해해야 하느냐 하는 점에서 잘 나타나고 있다.

한주 학파와 간재 학파의 심설 논쟁

전우는 이항로와 그 문하인 유중교, 김평묵 등의 심설을 비판한 이후 71

세 되는 1911년에「이씨심즉리설조변李氏心卽理說條辨」을 지어 이진상의 심즉리설을 비판하기에 이르렀다. 전우는 '심즉성心卽性'을 내세운 불교의 견해와 육구연·왕수인의 견해를 이진상의 심즉리설과 대비시켜 비판하였다. 그러나 이러한 전우의 비판은 곽종석과 그의 제자들로부터 다시 재비판을 받게 되었다.

이진상은 주희의 심에 대한 언급들을 이른바 초년설과 만년설로 구분하고, 심을 리로 인식한 것을 주희의 만년설이라고 보아 자기 설의 논거로 삼고 심즉리설을 주장하였다. 여기에서 이진상이 심을 리로 보아야 한다고 주장하는 논거는, 심이 일신의 주재라고 하는 점과 심에 지각이 있다는 점이었다. 리는 주재하고 기는 작용하는 것인데 심을 기로 규정하면 기가 기를 주재한다는 것과 마찬가지가 되고 만다는 것이었다. 그리고 성은 심의 체이고 지각은 심의 용이며, 성과 지각을 합하여 심이라는 이름이 있게 되는 것이라고 하여, 심의 지각을 리의 측면에서 이해하였다.

그는 질質이나 기氣로써 심을 말하는 것은 의가醫家나 불교에서 말하는 심이지 유가에서 말하는 심은 아니라고 주장하였다. 이와 같이 심을 리로 규정한 이진상은 심·성·정을 동정動靜·체용體用·리일분수理一分殊의 관계로 설명하고 심·성·정을 일리一理로 파악하였다. 심을 리라고 하는 것은 심의 본체를 두고 말하는 것인데, 성은 미발未發의 리이고 정은 이발已發의 리이므로 심·성·정은 일리라는 것이다. 이러한 관점에서 이진상은 이황의 "심은 리기가 합해진 것"이라는 주장을 자신의 관점에서 재해석하고, 심지어는 이이의 "심은 기이다"는 주장도 자신의 입장에서 재해석하였다.

전우는 이에 대해 심과 성을 일리라고 할 수도 있겠지만, 그것은 군신君臣이 일체가 되는 경우와 같으며, 이 하나가 된 것 안에서 둘을 보아야 한다고 하여 이진상의 관점을 비판하였다. 만약에 이진상의 경우처럼 심·성이 일리라고 한다면 도道·기器라든지 형形·리理 역시 둘이라고 볼 수 없다는 것이다. 그에 따르면 심이 곧 성이라고 하는 것은 사이가 없음을 말하는 것이며, 성이 곧 리라고 하는 것은 둘이 아니라 하나임을 말하는 것이다. 그는 이진상이 비록 육구연이 말한 심은 기이고 리란 것도 진정한 리가 아니라고 한 것은 잘 지적한 것이긴 하지만, 영묘하게 깨닫고 신묘하게 아는 그러한 작용을 리라고 본 것은 역시 육구연과 별 차이가 없다고 하였다. 또 왕수인이 심의 본체가 곧 천리라고 주장하는 것 등의 논리에서 볼 때 그것과 이진상의 논의 사이에서 다른 점을 발견하기 힘들다는 점에서 역시 마찬가지라고 비판하였다.

곽종석은 이러한 전우의 비판에 맞서 스승 이진상의 설을 따라 심즉리를 주장하면서 전우를 재비판하고 나섰다. 그는 우선 영남 학파와 기호 학파의 심설에 대해, 영남 학파는 이황이 "심은 리기가 합해진 것"(心合理氣)이라고 말하였지만 리만을 가지고 심의 진면목을 삼았던 점을 살피지 않으며, 기호 학파는 이이가 "심은 기이다"(心是氣)라고 말하였지만 리기가 합해진 것(合理氣)으로 심을 말했던 점을 고려하지 않는다고 비판하였다. 그에 따르면 심은 기라고 할 수도 있고 리라고 할 수도 있지만 심의 진면목은 바로 리였다. 또 성이 되기도 하고 정이 되기도 하면서 동정을 주재하는 것은 오직 리가 그렇게 하는 것이며 이것이 심의 진면목이라는 것이다. 심의 질적 측면(즉 혈육)은 의가에서 중시하는 것이고, 기적 측면(즉 정신)은 선가에서 중시하는 것이며, 유가에서는 리의 측면을 중시한다고 한다. 따라서 유가에서 심을 말할 때는 당연히 '심즉리'라고 하여야 본체가 서고 갖추어질 것이 갖추어진다는 것이다.

이러한 입장에서 곽종석 역시 심·성·정을 일리―理의 관계로 파악하며, 전우가 기라고 보았던 심의 측면은 반대로 심을 리라고 주장하는 근거로 삼았다. 그에 따르면 사려思慮라고 하는 것은 지각의 용用이며, 지각은 지智의 덕이 전일專―한 심이라고 한다. 이 때 기라고 하는 것은 사려의 도구가 될 뿐이다.

곽종석과 전우가 심설에 관해 직접 논쟁을 벌인 것은 아니었지만, 전우가 곽종석의 스승인 이진상의 심설을 비판하고, 곽종석이 전우를 비판했던 것은 또 그의 제자로 이어져 학파간의 대립 양상이 뚜렷했음을 엿볼 수 있다. 그런 점에서 이들 학파간의 차이는 이 시기 심설 논쟁의 대표적인 한 예로 꼽을 수 있다.

4. 논쟁의 의의

조선조 후기 주자학자들의 성리설 논의는 주자학 본래의 논의와 연관시켜 볼 때 크게 두 가지 입장으로 나누어 볼 수 있다. 첫째는 주자학에 대한 수정주의적 경향이고, 둘째는 정통주의적 경향이다. 그들 가운데 주자학 수정의 입장에서 가장 중요한 입각점은 심·성·정을 리의 측면에서 일관된 형태로 파악하는 것이었다. 여기서의 심은 심의 본체라고 하는 측면을 보편화시킨 것이며, 그 주된 문제 의식은 심이 일신一身을 주재한다는 것이었다.

주재라고 하는 측면, 즉 인간의 의식이 행위를 주재한다고 하는 것은 리의 능동적 원인성을 강조하게 된 주요 원인으로 작용하였으며, 이것은 인간의 선善 행위의 근거를 심에서 직접 구함으로써 그 실천성을 더욱 강조하고 보편화시키는 의미를 갖는다고 할 수 있다. 그러나 주자학에 대한 전통적 논의의 입장에서 볼 때 이러한 주장은 비판받을 수밖에 없었다.

조선 후기에 벌어진 심설 논쟁은 이황과 이이 이후 줄곧 문제가 되어 왔던 논쟁점에 대해 최종적이고 총괄적인 형태로 진행되었다. 그것은 주자학적 논의의 마지막 지점에까지 이른 것이었다는 점에서, 그리고 척사위정斥邪衛正이라고 하는 현실 인식의 이론적 근거를 마련해 준 것이었다는 점에서 의미를 찾을 수 있을 것이다.

그런데 문제는 심설과 관련된 논쟁이 격렬하게 이루어졌음에도 불구하고 이러한 심설 논쟁에서 각각의 입장에 근본적인 차이가 있느냐 하는 것이다. 즉 리기론에 이은 심성론에서의 이러한 차이가 주자학과 양명학의 차이처럼 인식론이나 수양론의 방면에까지 이어지고 있지 않다는 것이다.

물론 인간 의식의 현상적 측면을 중시하느냐 본체적 측면을 중시하느냐 하는 차이는 있지만, 그것이 인식 주체와 대상간의 논의로 연결되고 있지는 않았다.

그리고 심을 리기의 합이나 리 자체로 이야기할 때, 그 리의 측면으로 이야기되는 심의 본체라는 것이 성 개념과 얼마나 차별성을 가질 수 있는 가 하는 점도 문제가 된다. 그것은 심을 기라고 주장하는 입장에서 성을 이해하는 관점과 그다지 차이가 나지 않는다. 게다가 그들의 심설 논의가 지향했던 방향은 당시 현실에 대한 그들의 인식이 보여 준 방향과 똑같은 것이었다. 심설에 대한 여러 견해가 제시되고 부단한 논쟁이 이루어졌음에도 여전히 이러한 의문이 제기되는 것은, 심설 논쟁이 기본적으로 주자학의 틀을 벗어나지 않고 이루어졌기 때문이라 하겠다.

■ 더 읽어 보아야 할 책들

배종호, 『한국유학사』 (연세대학교출판부, 1974)

현상윤, 『조선유학사』 (현음사, 1982)

島田虔次, 『주자학과 양명학』, 김석근 외 옮김 (까치, 1985)

유명종, 『조선후기성리학』 (이문출판사, 1985)

배종호, 『한국유학의 철학적 전개』 (연세대학교출판부, 1985)

윤사순, 『한국유학사상사론』 (열음사, 1986)

송석구, 『율곡의 철학사상연구』 (형설출판사, 1987)

안병주, 『유교의 민본사상』 (성균관대학교출판부, 1987)

민족과사상연구회, 『사단칠정론』 (서광사, 1992)

최근덕, 『한국유학사상연구』 (철학과현실사, 1992)

9. 돈점 논쟁

1. 돈점 논쟁의 발단과 대립 논점들

　1981년 당시 조계종 종정이던 성철性徹 스님은 『선문정로禪門正路』를 세상에 냄으로써 이른바 '돈오점수와 돈오돈수의 논쟁'은 사실상 시작됐다. 보조국사 지눌知訥의 돈오점수를 두고 성철 스님은 "몹쓸 나무가 뜰 안에 났으니 베어 버리지 않을 수 없다"(毒樹生庭, 不可不伐)고 준엄하게 단죄하였던 것이다. 이 비판의 반향은 실로 엄청난 것이었다. 조계종으로 대표되는 현재의 한국 불교를 거슬러 올라가면 지눌에 의해 그 가닥이 제대로 잡혀졌다는 사실은 어느 누구도 인정하고 있었다. 그런데 성철 스님은 지눌 사상의 골간인 돈오점수가 선문禪門에서 바른 길잡이 역할을 한 것이 아니라, 도리어 역기능을 했다고 하니 놀라울 수밖에 없었다.

　이것은 단순히 이론과 이론의 대결이라는 성격을 넘어 전승된 한국 불교가 바로 되었는가 아니면 잘못되었으니 이제라도 다시 제대로 세워야 하는가 하는 본질적 문제의 성격까지 띠게 되었다. 지눌의 돈오점수는 전승된 한국 불교의 정맥으로 수용되고 있었고, 현재 한국 불교의 탁월한 지도자로 추앙받는 성철 스님의 돈오돈수는 지금의 지도 노선이니 이 논쟁에는 섣부른 논리로 쉽게 개입할 수 없는 분위기가 있었다. 그래서인지 『선문정로』가 나온 지 10년이 되는 1990년에 가서야 비로소 '돈오점수와 돈오돈수'의 문제는 학술적으로 논의되기에 이르렀다.

그 이후 이 주제에 대해서 불교계 내외를 막론하고 많은 관심과 논의가 이어졌는데, 이 과정에서 드러난 입장은 대개 세 갈래로 나눠지고 있다. 그 첫 번째로 성철 스님의 돈오점수 비판을 다시 비판하면서 돈오점수설을 지지하거나 옹호하는 보조사상연구원측 입장이 있다. 두 번째로는 성철 스님의 돈오돈수설을 지지하거나 옹호하는 해인총림측 수행승들의 입장이 있다. 세 번째로 양자의 입장이 가진 근본 취지를 최대한 받아들인 박성배 교수의 이른바 '돈오돈수적 점수'설이 있다.

그런데 이들 사이에 전개된 돈점 논쟁의 전체적 양상은 처음 성철 스님의 돈오점수 비판에서 시작하여 성철 스님에 대한 반비판으로 이어지다가 마침내 돈오점수설과 돈오돈수적 점수설 사이의 논의 형태로 발전되었다고 할 수 있다.

지눌에 대한 성철 스님의 비판으로 야기된 이 돈점 논쟁에서 궁극적인 대립 논점은 무엇인가? 그것은 깨달음의 문제라고 할 수 있다. 성철 스님이 지눌의 돈오점수를 신랄하게 비판하는 근저에는 돈오점수의 돈오가 참된 깨달음이 아니라는 데서 출발한다. 여기에 대해 돈오점수의 입장은 그것이 비록 불완전한 깨달음이라 하더라도 그 기능을 인정하고 그것을 통해 완전한 깨달음으로 나아갈 수 있음을 주장한다. 깨달음에 대한 이와 같은 견해의 차이는 깨달음의 체험과 인간관, 그리고 주어진 역사적 조건들에 의해 드러난다고 할 수 있다.

한편 깨달음의 내용이 무엇이든간에 깨달음은 적어도 체험적인 전환의 과정이 수반된다. 이것이 바로 닦음의 문제이다. 따라서 돈점 논쟁의 또 다른 대립 논점은 닦음의 문제일 수밖에 없다. 깨달음 그 자체가 전인격적인 변화를 가져다 주는가 그렇지 못한가 하는 것과 관련해서 닦음의 문제가 거론되고 있다. 즉 완전한 깨달음이라면 닦음이 필요 없다는 주장과 불완전한 깨달음과 그 보완으로서 닦음이 필요하다는 주장과의 대립이라고 볼 수 있다.

이와 같이 깨달음과 닦음 그리고 양자의 관계에 대한 견해차가 돈오점수설과 돈오돈수설의 논쟁을 야기시키는 근본적인 대립항들이다. 그러나 이러한 견해의 차이는 더욱 복잡한 주변적 조건들에 의해 결정된다는 사실이다. 이를테면 지눌이 살았던 당시 고려 불교의 과제와 성철 스님이 산 현재 한국 불교의 과제를 배제하고, 돈오점수설과 돈오돈수설 그 자체만을 단순 비교해서는 안 될 것이다. 또 돈오점수가 수행의 효과적 지침으로 적용될 수 있는 사람과 돈오돈수가 더 효과적 지침으로 적용되는 사람이 서로 다를 수 있다는 점이다.

2. 지눌의 돈오점수설과 성철 스님의 비판

지눌의 돈오점수설의 대강은 이렇다. 깨달음이란 일시에 이루어지지만 닦음은 일시에 이루어지지 않으므로 수도자는 먼저 깨치고 그런 다음 오랜 세월을 두고 점차적인 수행을 쌓아 가야 한다는 것이다. 지눌의 이러한 불교 수행 이론은 당시 고려 불교 사회의 병폐를 치유하고자 하는 데서 나왔다.

지눌이 진단한 병폐란 불교인들이 도를 닦지 않는다는 것과 불교계 전체에 밀어 닥친 사상적인 혼란이었다. 특히 후자의 경우는 원효와 의상으로부터 면면히 이어져 오면서 많은 감화를 준 화엄 사상과 당시 새로운 물결로 다가온 임제계의 간화선 사이의 소용돌이에서 나타난 불교계의 방향감 상실을 말한다. 지눌은 이러한 시대적 과제를 해결하기 위해 수도 중심의 체계적인 종합 이론을 제시했다. 그것이 바로 돈오점수인 것이다.

불교인들의 수도 이론으로 돈오점수설을 주장할 때, 지눌이 전제하고 있는 수도修道는 어떤 의미를 가지고 있는가? 또 돈오의 깨달음(悟)과 점수의 닦음(修)은 무엇을 의미하는가?

먼저 지눌에게 도를 닦는다는 것의 의미는 불경을 읽고, 참선을 행하며,

이타행을 실천하는 것을 말한다. 그에게 있어 올바른 수도 이론이란 누구나 할 수 있고 어느 누구도 해야 하는 것이었다. 특히 그는 자기 체험을 근거로 불경 읽기를 통해 오는 내면적 변화를 깨우침으로 인정했고, 그러한 깨우침은 그 이전의 자기 모습과는 현격히 다른 자기 혁신이라는 점에서 '일시에(頓) 오는 깨우침(悟)'이라 했던 것이다. 그러나 이러한 깨우침을 두고 궁극적인 깨달음(證悟)이라고 하지는 않았다. 궁극적인 깨달음과 구별하기 위해 종밀宗密이 사용한 해오解悟라는 용어를 썼다. 그럼에도 보조국사는 이 해오의 기능을 대단히 중요하게 생각했다. 비록 궁극적 깨달음은 아니라 해도 이 해오를 실마리로 참선參禪과 같은 닦음을 계속해 나갈 때, 마침내 궁극적인 깨달음(證悟)을 성취할 수 있다고 본 것이다. 요컨대 그의 돈오점수설의 골격은 불경 읽기→해오(돈오)→점수→증오의 구도로 짜여 있는 셈이다.

어쨌든 해오는 대상적 지식과는 다른 일종의 '생명의 탄생'이라 할 수 있는 깨달음이기 때문에, 해오를 얻고서야 비로소 진정한 의미의 '닦음'이 이루어진다는 것이다. 이 닦음은 해오라는 생명의 탄생에서 시작하는 생명의 자기 확대 혹은 성장 과정으로 볼 수 있을 것이다. 한 생명체가 그 탄생만으로 생명의 총체성이 완결되지 않듯이 해오라는 인격적 변화의 시작이 변화된 인격의 총체적 실현을 보증하지는 않는다. 그리하여 한 유기체의 탄생과 그 성장의 관계로 유비되는 돈오와 점수의 관계는 정합적 논리보다는 유기체의 역동성으로 이해되어야 한다는 것이다.

지눌의 이러한 돈오점수설에 대해 성철 스님의 비판은 신랄하다. 성철 스님에 의하면 돈오점수설은 똑바로 깨치지 못한 거짓 선지식이 아무런 증처證處도 가지지 못한 채 알음알이, 곧 지해知解로 조작해 낸 잘못된 수행 이론이라는 것이다. 지해는 깨침을 이끌지 못할 뿐만 아니라 도리어 깨침을 가로막는 최대의 장애물이라는 것이다. 성철 스님은 돈오점수의 돈오는 해오이며 해오는 곧 지해이므로 돈오점수에 따르는 수행은 결코 참된 깨달음을 담보해 주지 못한다고 단언한다.

더구나 지눌의 돈오점수설은 원래 그 발상이 선종의 이단이라 할 수 있는 하택荷澤 신회神會에서 비롯되었다는 것이다. 이것을 교가敎家인 화엄종 제5조 규봉圭峰 종밀宗密이 화엄선의 옹호 논리로 재천명했고, 다시 지눌이 받아들였던 것이니, 간화선을 위주로 하는 한국선의 정맥인 임제선으로 볼 때도 맞지 않는다는 것이다. "겉은 임제이고 속은 종밀"인 돈오점수설을 따르게 된 한국 불교가 "겉다르고 속다른 병리"를 계속 앓아 왔다고 비판한 것이다.

또 돈오점수설은 깨친 다음에 오랜 시간에 걸쳐 닦으라고 하는 것이니, "깨친 다음에 또 닦을 것이 있다면 어찌 그런 깨침이 진정한 깨침이라 말할 수 있느냐"고 비판한다. 성철 스님의 닦음에 대한 비판의 초점은 점수의 닦음이 수단적이고 과정적인 성격을 가지고 있다는 점에 있다. 지눌에 의하면 해오 이전의 닦음은 닦음이 아니고 해오 다음의 닦음이 참된 닦음인데, 이 닦음이 증오에 이르게 한다고 했다. 지눌의 돈오점수설을 그대로 인정한다고 하자. 그렇더라도 그러한 닦음이란 최종적 목적인 증오에 이르기 위해 해오를 안으로 품고 그것의 확대 재생산으로 이루어지는 닦음이므로 결국 하나의 수단일 뿐이다. 그 닦음이 수단적인 한, 그것은 "일체 중생이 있는 그대로 완전한 부처님"이라는 증오(구경각)의 내용을 실현시키는 것이 아니라, 오히려 또 다른 업장을 쌓을 뿐이라 지적한다.

3. 성철 스님의 돈오돈수설과 그에 대한 비판

'돈오돈수'란 깨침과 닦음이 점차적으로 이루어지는 것이 아니라 일시에 완성된다는 말이다. 돈오돈수에서 중요한 것은 돈오에 있다. 이것은 해오가 아니라, 궁극적인 깨달음인 구경각究竟覺을 뜻한다. 이 궁극적 깨달음을 얻는 데에 최대의 장애는 깨달음(悟)이 아닌 것을 깨달음으로 착각하는 일이다. 그런데 돈오점수설은 궁극적 깨달음으로 이끌어 주기는커녕 깨달음이 아닌 것을 깨달음으로 착각하게 하여 도리어 궁극적 깨달음을 얻지 못하게 방해하고 있다는 것이다.

그렇다면 깨달음이 아닌 것을 깨달음으로 오인하는 잘못을 저지르지 않고 어떻게 완전무결한 깨달음을 얻을 수 있겠는가? 그 길은 오로지 공안참구公案參究의 방법밖에 없다고 한다. 여기에서 참구參句한다는 것은 알 수 없는 한 마디의 화두에 몸으로 부딪친다는 말이다. 이것은 화두의 뜻을 머리로 되새겨 알려고 하는 참의參意와는 다르다.

그러나 공안참구의 길을 가더라도 자기의 공부가 구경각에 이르렀는지 어떻게 알 것인가? 성철 스님은 그것을 감정하는 몇 가지 기준을 제시하고 있다. 이른바 일상일여日常一如·몽각일여夢覺一如·오매일여寤寐一如라는 삼관三關의 돌파가 그것이다. '일상일여'는 자기의 공안참구가 일상시에 한결같음을 말하고, '몽각일여'는 깨어 있을 때뿐만 아니라 꿈 속에서도 한결같음을 말하며, '오매일여'는 꿈마저 없는 완전한 숙면 상태에서도 한결같은 경지를 말한다. 돈오돈수의 돈오는 오매일여의 경지를 넘어서 제8 아라야식의 미세망념微細妄念마저 끊어진 경지라야 한다는 것이다. 아직도 닦을 것이 남아 있다면 그 경지는 결코 돈오라고 할 수 없다는 것이다. 그래서 성철 스님은 "돈수라야 돈오요, 돈오면 돈수라야 한다"라고 주장한다. 이와 같은 성철 스님의 돈오돈수설 속에는 조금이라도 거짓된 것은 용납될 수 없다는 엄정함이 서려 있다. 만약 한 치의 거짓이라도 허용한다면, 거짓 그 자체보다도 그것을 허용하는 마음이 이미 깨우침을 불가능하게 하고 있다고 보기 때문이 아닐까? 완전한 깨달음은 한 치의 거짓마저 용납하지 않으려는 마음에서나 가능하다고 역설하는 것 같다.

그러나 이렇게 철저한 성철 스님의 파사현정의 정신이 대상적이 되었을 때, 즉 돈오점수라는 다른 수행 이론을 비판하는 것으로 나타났을 때 강한 종파주의적인 태도가 있다는 혐의를 면치 못한다. "돈오점수설은 교가教家의 주장이고 돈오돈수설은 선문禪門의 정설"이라든가 "돈오점수를 주장하면 이단이고, 돈오돈수를 주장하면 정통"이라는 『선문정로』의 논리는 그런 비난을 받을 소지가 충분히 있다.

성철 스님의 『선문정로』에 나타나는 또 하나의 문제점은 지눌의 돈오점수설에 뒤집어 씌운 죄목이 과연 사실이냐 하는 점이다. 노골적으로 말하면 성철 스님은 지눌이 거짓 깨침을 궁극적 깨침으로 위증하고 있다고 고발하고 있는 셈이다. 성철 스님에 의하면 돈오점수의 돈오는 해오解悟를 말함인데 이 해오는 곧 지해知解이니 교教이다. 그러므로 돈오점수는 선이 아니라 교이며, 구체적으로 화엄선의 논리에 불과하다는 것이다. 그러나 보조국사는 돈오점수의 돈오를 결코 궁극적 깨우침이라 주장하지 않았을 뿐만 아니라, 이러한 깨침은 해오에 불과하니 자만하지 말고 계속해서 부지런히 닦으라고 말했을 뿐이다.

흔히 지적받고 있는 것으로 『선문정로』가 가진 또 하나의 문제점은 문헌 취급이 객관적이거나 엄밀하지 못하다는 사실이다. 크게는 경전 비평의 부재에서부터 작게는 단장절구斷章絶句식 문장 해석에 이르기까지 매우 주관적으로 다룬 점이 많다. 예컨대 선종의 근본 경전이라 할 수 있는『육조단경六祖壇經』에 대하여 고본古本 『단경』이나 돈황본 『단경』과 더불어 그것의 성립사적인 이해가 어느 정도는 필요하다. 지눌도 이미 『육조단경』이 성립사적으로 문제가 있음을 알고 있었다. 이 때문에 "하택신회는 지해종사知解宗師이며 조계의 적자가 되지 못한다"는 말에 적서嫡庶의 관념을 갖지 않았고, 따라서 그의 사상을 평가하고 수용하는 데 비교적 자유로웠다. 이에 비하면 성철 스님은 『단경』에 있는 말을 절대적으로 신뢰하여 하택신회는 지해종사이며 조계 적자가 아니라는 말을 정통과 이단의 기준으로 받아들이고 있다. 또 박성배 교수가 지적한 바와 같이 단장절구식 문장 해석의 문제점에 대한 예로는 『선문정로』의 머리말에 지눌의 『법집별행록절요병입사기法集別行錄節要并入私記』(간단히 『절요』라 함)를 인용하면서 지눌의 취지와 다르게 자의적으로 해석해 버린 경우 등이다.

마지막으로 돈오돈수설 자체가 가지고 있는 약점을 거론하지 않을 수 없다. 돈오점수나 돈오돈수는 어쨌든 깨달음과 닦음에 관한 수행론이기 때문에, 닦음이 필요하지 않다는 돈오돈수설은 아무래도 현실적 인간의 수행론으로 받아들이기 어렵다는 점이다. 그래서 돈오돈수설은 깨침이 무엇인가에 대한 근본적 정의를 내리는 것이지, 그러한 깨침을 얻을 수 있는 구체적 방법의 문제가 결여되어 있다고 비판받는다.

결국 같은 논리이지만 돈오돈수적 점수설을 주장하는 박성배 교수도 이러한 문제를 체體와 용用의 관계 혹은 리理와 사事의 관계로 보고 그러한 입장에서 점수설을 긍정하고 있다고 보인다. 즉 돈오를 근본으로 하는 돈오돈수설이 체體와 리理만을 지나치게 강조하므로 그 용用과 사事로 나아가는 측면에서 점수를 받아들여야 한다는 것이다. 특히 박성배 교수는 전범성성轉凡成聖의 개념을 통해 이를 매우 설득력 있게 설명한다. 깨달음의 측면에서 미迷에서 오悟로 가는 길은 돈頓이지만, 전인격적인 측면에서 범凡에서 성聖으로 가는 길은 점漸일 수밖에 없다는 것이다. 그는 두 수행론을 다음과 같이 평가한다. 돈오점수설이 '깨침의 본질'을 한 인간으로서 인간 사회 속에서 매일매일 어떻게 살아야 하느냐 하는 '닦음의 문제'와의 관계 속에서 이야기하는 매우 넓은 의미의 종합적인 수행 이론이라면, 돈오돈수설은 이타적 보살행에 대한 관심 표시나 구체적인 언급을 일체 거부하고 오직 깨침 하나만을 위해서 사는 깊은 산 속 수도자들의 용맹정진반 경책警策과도 같은 매우 좁은 의미의 특수한 수행 이론이라 말할 수 있다고 한다.

4. 지눌 사상의 체계와 돈오돈수적 점수설

『선문정로』에 나타난 문제를 하나 더 지적한다면, 지눌이 만년에 돈오점수를 버리고 경절문徑截門(간화선을 말함)을 열어 돈오돈수를 설하였다는 주장이다. 요컨대 미숙했던 돈오점수설을 버리고 만년에 돈오돈수설을 취하게 되는 사상적 전환을 했다는 것이다. 이것은 지눌의 체계 문제로서

『절요』 가운데 있는 「경절문서설」에 관한 해석에서 비롯된다.

먼저 『선문정로』에서는 이 부분이 돈오점수보다 경절문이 더 중요하다는 것으로 받아들인다. 그리하여 마침내 지눌이 만년에 돈오돈수로 사상적 전환을 했다는 근거로 삼는다.

여기에 대해 김호성 교수는 『선문정로』가 문장을 자의적으로 해석한 것이라고 비판한다. 김호성 교수는 지눌이 결코 사상적 전환을 한 것도 아니고, 돈오점수설을 버린 것도 아니라고 하며 경절문은 지눌 사상 체계에서 보완적인 것으로 이해되어야 한다는 것이다. 김호성 교수가 이해하고 있는 지눌 사상 체계는 정혜쌍수定慧雙修와 돈오점수頓悟漸修를 그 내용으로 하는 성적등지문惺寂等持門이 중심이 되고, 원돈신해문圓頓信解門과 경절문은 성적등지문의 보완으로서 정혜쌍수의 전개와 확산을 위한 것이라고 본다. 지눌의 성적등지문은 육조가 말한 자성정혜自性定慧 사상에서 이루어진 것이고, 원돈신해문은 화엄(圓敎)의 사사무애관事事無碍觀과 같으며, 경절문은 임제의 간화선을 지칭한다는 것이다. 지눌이 말한 삼종문三種門은 이와 같은 관계이므로 성적등지문에서 원돈신해문으로, 원돈신해문에서 경절문으로 계차적인 발전을 한 것으로 보는 『선문정로』의 입장은 잘못이라는 것이다.

한편 박성배 교수는 성철 스님의 해석도 잘못되었지만 그것을 비판하는 김호성 교수의 해석도 매우 잘못된 것이라 다시 비판한다. 박성배 교수에 의하면 「경절문서설」은 그 앞부분까지 돈오점수설을 이야기해 오다가 여기에서부터 방향을 바꾸어 경절문을 이야기를 하기 위해 앞뒤를 회통시키는 부분이라는 것이다. 무엇의 회통인가? 돈오점수와 간화선의 회통이요, 그의 표현으로 간변揀辨 사상과 전신轉身 사상의 회통을 말한다. 앞의 것은 언설의 차원이고 뒤의 것은 친증親證의 차원이다. 요컨대 경론經論의 언설로 얻은 지해적인 깨달음을 바탕으로 닦아 나아가다가 마침내 온몸으로 부딪쳐 여전히 남아 있는 지해적인 속박에서 완전하게 벗어나야 한다는 것이다. 그러므로 간변 사상과 전신 사상은 성철 스님의 해석처럼 계차적인 발전 관계도 아니고, 김호성 교수의 해석처럼 계층적인 주종 관계도 아니라고 한다. 아마 일체적인 상보 관계로 보고 있는 것 같다.

그렇다면 박성배 교수는 왜 돈오돈수적 점수설을 주장하며 그 취지는 무엇인가? 우선 돈오점수의 돈오와 돈오돈수의 돈오의 차이를 먼저 밝혀야만 그의 입장이 이해된다. 이것을 위해 그는 깨침 그 자체와 깨침이라는 사건을 구별한다. 깨침의 내용은 리理이지만, 미혹한 현실적 인간에게 일어나는 일일 때 그것은 사事인 것이다. 그러나 리로서의 깨침과 사로서의 깨침은 서로 어긋나지 않아야 한다. 그런데 그 사는 필연적으로 닦음과 관계된다. 그래서 이 닦음의 구조는 매우 미묘하다는 것이다. 문제는 깨침을 사로 다루면서 리적 깨침에 얼마나 충실한가를 검토하는 일이라 하였다.

그는 돈오점수의 돈오가 보편적 본질로서의 깨침이라면, 돈오돈수의 돈오는 하나의 사건으로서의 깨침이라고 본다. 그리하여 전자가 추구하는 것이 깨침과 닦음의 관계를 밝히는 것인 반면, 후자가 겨냥하는 것은 어떤 수행자의 깨침이 진짜이냐 가짜이냐를 밝히는 데 있다는 것이다. 말하자면 돈오점수는 깨침이라는 사건이 인간의 일로서 어떻게 일어나고 있는가 하는 일반적 과정을 예상한 수행 이론이라면, 돈오돈수는 한 인간에게 일어나는 깨침의 진위를 어떻게 점검해야 하는가 하는 수도 이론이라고 할 수 있다.

5. 논쟁의 의의와 과제

성철 스님의 『선문정로』의 논지에 동의하든 하지 않든, 그것은 오늘날 한국 불교인들에게 스스로를 반성하고 점검하는 기준을 뚜렷이 제시하면서 앞으로 풀어야 할 중요한 과제를 안겨 주었다는 점에서 한국 선 사상의 역사에서 길이 기억될 문제작이라 할 수 있다. 또 『선문정로』로부터 시작된 돈점 논쟁도 현시점에서 한국 불교의 과제를 그 원점에서부터 다시 쌓아 가려는 진지하고도 생기 있는 노력의 일환이었다고 평가할 수 있다. 앞으로 이 논의는 더욱 활성화되어 한국 불교 중흥의 초석이 되어야 할 뿐만 아니라, 나아가 한국의 역사 발전에도 기여해야 할 것이다.

그럼에도 불구하고 이 돈점 논쟁의 양상이 엉뚱한 방향으로 흘러갈 우려도 여전히 남아 있음에 유의해야 할 것이다. 이러한 과오를 막기 위해 무엇보다 중요한 것은 일체의 교단적 권위나 종파적 선입견을 버려야 할 것이다. 그리고 다음 몇 가지의 과제를 진솔하게 받아들이고 풀어 나갈 때, 돈점 논쟁의 결실은 기대 이상으로 맺어질 것이다.

첫째, 이 논쟁의 기본 목적을 늘 기억해야 할 일이다. 즉 돈오점수가 옳으냐 돈오돈수가 옳으냐의 판가름이 우리의 목적이 아니라는 것이다. 또 그것은 판가름 날 수도 없다. 이 논쟁 역시 불교의 기본 목적인 깨달음과 그 실천에 종속되어야 한다. 지눌의 돈오점수설이나 성철 스님의 돈오돈수설이 의미있게 되는 것은 철저한 자신의 체험에 근거했기 때문이다. 앞으로의 논쟁에서는 가능한 한 수행적 체험이 밑받침이 되거나 아니면 그것을 충분히 예상하는 논의가 되어야 불교 본래의 목적에 기여할 것이다.

둘째, 수도의 길을 걷는 스님들도 자신들의 수행 체험을 자기 점검의 일환으로 혹은 대중 교화의 차원에서 진솔하게 고백한다는 태도로 논의에 참여해야 한다. 선종에서 언설을 경계하는 것은 언설에 빠지기 쉬운 사람의 마음을 문제삼은 것이지 언설 그 자체를 근본적으로 부정한 것은 아니다. 또 언설은 부정한다고 부정되지도 않는다. 수도하는 마음으로 자기의 경계境界를 솔직하게 드러내는 것 그 자체가 하나의 수도 행위일 수 있기 때문이다. 문제는 언설에 개입하느냐 하지 않느냐가 아니라 수도하는 마음을 얼마나 튼튼하게 가지느냐에 있다.

셋째, 지금 우리의 현실에 맞는 수행 이론을 만들어야 한다. 지눌의 돈오점수설도 성철 스님의 돈오돈수설도 결코 초시대적 보편 이론이 될 수 없다. 오히려 이러한 수행론으로부터 우리가 배울 것은 시대적 과제를 있는 그대로 받아들이고 성의를 다해 해결하고자 하는 그들의 보리심과 자비심일 것이다. 산업 사회 구조를 도외시하고서 그들을 구제할 수행론이 나올 수 없을 것이다. 지금은 지눌이 살았던 불교 사회도 아니며 성철 스님이 수도했던 수도원 교육을 일반화할 수 있는 형편도 아니다. 이 시대의 요구를 정확히 읽고 불교가 무엇을 해야 하며 어떤 방법으로 해결해야 할 것인가를 미리 묻지 않고 돈점 논쟁을 대하면 그야말로 논쟁 자체에 매몰되고 말 것이다.

넷째, 기왕 거론된 돈점 논쟁을 불교 중흥의 발판으로 승화시켜야 한다. 특히 박성배 교수의 돈오돈수적 점수설은 돈오점수와 돈오돈수의 절충설이거나 어설픈 회통론이 아니다. 양자의 장점과 단점을 예리하게 분석하고 그리고 매우 신중하게 취사선택한 현수준의 결론이라 할 만하다. 그러나 아직까지는 선언적 의미로서 혹은 진지한 수도적 태도에서 수용할 수는 있어도 그 내용과 체계를 드러내지 못하는 결점이 있다. 또 그 이론에 걸맞는 숱한 수행 체험이 밑받침되고 있지도 못하다. 이러한 것들은 그 혼자만의 과제가 아니라 우리 모두의 과제일 것이다.

■ 더 읽어 보아야 할 책들

이능화,『조선불교통사』(신문관, 大正 7년)
성　철,『선문정로』(불광출판사, 1981)
보조사상연구원,『보조전서』(불일출판사, 1989)
柳田聖山,『선의 사상과 역사』, 안영길 외 옮김 (민족사, 1989)
성　철,『한국불교의 법맥』(장경각, 증보 1990)
성　철,『돈황본육조단경』(장경각, 1990)
박성배 외,『깨달음, 돈오점수인가 돈오돈수인가』(민족사, 1992)

10. 현대한국철학 논쟁

한국 철학이란 무엇이며 어떤 길을 가야 하는가? 이 문제에 대해 그 동안 드러난 경향을 몇 가지 쟁점으로 나누어 보면 다음과 같다. 첫째는 한국 철학사를 보는 남한의 관념론과 북한의 유물론의 대립이고, 둘째는 '한국' 철학은 특수한 것인가, 아니면 보편을 지향해야 하는 것인가를 따지는 문제이다.

1. 유물론과 관념론 —— 한국 철학사 서술에 나타난 시각의 대립

근대 한국이 당면했던 문제는 식민 통치로부터 벗어나 근대 국가를 세우는 일이었다. 그 과정에서 남쪽은 자본주의적 민주주의를 선택했고, 북쪽은 공산주의를 선택했다. 이 같은 국가관이 철학사 서술에 어떻게 드러나는가를 보자.

북한의 조선 철학사 서술의 관점

북한은 마르크스–레닌주의적 관점에서 철학사를 "유물론–관념론, 변증법–형이상학의 투쟁의 역사"로 보고 있다. 그리고 그들은 "철학사는 유물론과 변증법의 승리의 역사"라고 한다. 이것은 중국의 관점을 그대로 따른 것이다. 이러한 도식이 중국에 처음 소개되었을 때 서양 철학사에 적용되었던 것처럼 중국 철학사에 그대로 적용하기는 어려웠다. 따라서 중국인들은 구체적으로 어떤 사상이 유물론이고 유심론(관념론)인지를 따졌다. 그들이 보기에 불교는 이론의 여지가 없이 세계를 잘못 파악한 유심론이었다. 그리고 주자학은 유물론－유심론의 도식을 적용하기에 가장 알맞다고 보았다. 그래서 그들은 유심론－유물론의 도식으로 주자학의 리와 기를 나누었다. 기氣를 주장하는 사람은 유물론자, 리理를 주장하는 사람은 유심론자라는 것이다.

이 같은 도식은 한국 철학사에 어떻게 적용되었는가? 북한은 삼국 시대부터 고려 시대까지의 지배적 사상인 불교는 현실의 계급 억압에서 오는 고통을 환상으로 보고 종교적 정신 수양으로 그 고통을 벗어나라고 함으로써, 계급 투쟁을 중지하고 현존 질서를 받아들이게 한 이론이라고 본다. 그리고 여기에 맞서는 유물론으로, 있었는지조차 불명확한 고조선 시기의 유물론과 신라 및 고려의 유학과 도교를 든다. 이러한 태도는 억지로 도식에 맞추려는 노력으로 보인다.

그들이 조선 철학사에서 주목하는 것은 조선 시대의 지배 사상인 주자학이다. 먼저 주자학에 대한 견해를 중심으로 유물론과 변증법의 적용에 따른 문제를 보자. 북한 철학사의 특징은 다음과 같다. (1) 변증법적 유물론을 변증법과 유물론으로 나눈다. (2) 관념론－유물론은 리－기의 도식으로, 변증법은 음양陰陽 대대對待의 논리로 이해한다. (3) 변증법과 유물론이 어떻게 발전해 왔는가를 따지는 목적론적 발전사관에 서 있다. (4) 따라서 지주 자본가와 소작인 노동자의 성분을 분석하듯, 철학자와 철학에 유물론과 변증법의 성분이 얼마나 있는지 검사한다. 그 결과 그들의 이론은 유물론에도 변증법에도 문제가 생긴다.

유물론의 문제 철학사가 "유물론과 유심론의 투쟁의 역사"라면, 무엇이 유물론이고 무엇이 유심론인가? 유물론이란 물질이 정신(관념)보다 일차적이며 물질이 정신을 규정한다고 보는 세계관이고, 관념론은 그 반대이다. 따라서 유물론과 유심론을 가르는 기준은 물질과 정신이다. 이 이론을 적용하면서 그들은 리는 관념이고 기는 물질이라고 단정하였다. 따라서 리를 강조한 이황은 유심주의자가 되었고, 기를 강조한 서경덕은 유물론자가 되었다.

그 결과로 주자학 개념틀 안에서 리＝기 관계의 추적에만 힘쓰게 됨으로써 오히려 전통 주자학의 형이상학에 그대로 매몰되었다. 그들은 유물론과 변증법에서 출발했지만 주자학이라는 관념론을 그대로 수용한 셈이다. 마르크스는 사라지고 주자학만 남은 이런 비극은 그들이 리-기 개념을 제대로 파악하지 못하였기 때문이며, 아울러 물질과 관념(정신)의 개념을 엄밀하게 이해하지 못했기 때문이다.

리와 기　신유학의 기본 범주는 리와 기이다. 리는 현상 사물의 본체인 원리 원칙 등을 의미하며, 연구자들은 대체로 그것을 '관념'적인 것으로 본다. 하지만 문제는 기이다. 원래 기는 만물을 이루는 재료이다. 그런데 만물, 특히 인간은 물질과 정신으로 이루어져 있다. 따라서 기는 물질이며 동시에 정신인 것, 즉 생명력을 의미한다. 이처럼 기는 포괄하는 범위가 넓어서, 기의 정신적 측면을 강조하면 극단적 관념론이 되고, 물질적 측면을 중시하면 극단적 유물론이 된다. 그런데 단순히 '기＝물질'이라고 단정한 결과 기 이론을 유물론이라 보게 된 것이다.

그들은 기를 강조한 장재 같은 사람을 유물론자, 주희처럼 리기이원론에 선 사람을 객관적 관념론자, 마음을 중시했던 양명학 계열을 주관적 관념론자로 규정한 중국의 도식을 그대로 받아들인다. 따라서 기를 중심으로 이론을 세운 서경덕·임성주·최한기는 대표적 유물론자가 된다. 그리고 사회 제도와 물자 유통을 중시했던 실학자들도 이들보다 격이 떨어지지만 유물론자이다. 또한 윤휴·박세당 등은 주자학에 반기를 들었다는 이유로 진보적인 사상가가 된다. 그런 반면 이황·이이·송시열·한원진·기정진 등은 객관적 관념론자이다. 이들 유물론자와 객관적 관념론자가 각 시기마다 맞서 있었으며, 유물론이 승리하지는 못했지만 발전했고 관념론은 붕괴했다고 본다.

이런 설명 방식에는 문제가 많다. 대표적 유물론자인 서경덕의 경우 자연을 설명할 때는 유물론자라고 할 수 있지만, 인간을 설명할 때는 전형적인 관념론자이며, 사회에 대한 견해는 정통 주자학자이다. 그는 기본적으로 도가적 은둔자였지 "착취받는 농민들의 이익을 대변한" 사회 개혁가는 아니었다. 또한 그들의 설명은 조선조 중후기의 정치 변동을 전혀 고려하지 않고 있다. 이이 계열은 서인으로서 노론의 송시열 등으로 연결되면서 정통 주자학의 입장에 선다. 반면 이황과 서경덕의 제자들은 동인을 이루며 서인과 맞선다. 어떻게 철학적으로 같은 입장에 선 이황과 이이의 후예가 정치적으로 대립하며, 철학적으로 반대 입장에 선 이황과 서경덕의 제자들이 같은 동인이 될 수 있는가? 또한 이황 이후 윤휴, 이익, 정약용 등으로 이어지는 동인 및 남인 계열은 실학의 경세치용 학파로 연결된다. 어떻게 "봉건적 질서를 이론적으로 안받침하는 데 급급한 완고한 관념론자인 이황"의 후예들이 "유물론적 전통을 계승하여" 진보적인 실학으로 나아가는가? 정통 주자학자들인 노론에 속하며 노론과 같은 정치적 입장을 가진 임성주가 어떻게 조선 후기의 대표적인 유물론자가 되며, 노론에서 나온 북학파들은 진보적인 실학자가 되는가?

이 모든 문제는 변증법적 유물론을 주자학으로 바꾸어 버린 데서 나온다. 즉 그들은 마르크스의 물질 개념을 변증법적 유물론의 입장에 서서 자연 사물에서의 물질로 보았을 뿐, 역사적 유물론 입장에 서서 사회적 생산 관계에서의 물질로 파악하지 못하였다. 마르크스가 말한 물질은 사회·역사의 경우 한 시대의 토대를 이루는 생산력과 생산 관계이다. 예컨대 조선 시대에는 농업이라는 생산력과 지주—소작인의 생산 관계가 있다. 그리고 그 생산은 소작인의 노동으로 유지된다. 그러나 그들은 물질 개념에서 노동을 별로 중시하지 않는다. 다만 주자학의 기 개념이 물질 개념이 된다. 따라서 소작인 노동의 잉여 가치에 존립 근거를 두었던 지주 계층의 입장을 반영하는 주자학 안에서 물질과 정신을 따진다. 리나 기를 말하는 자는 아무리 특이한 이론을 내세워도 결국은 지주 계층 이념을 반영하며, 나아가 대표적인 사상가들이 대부분 지주 출신이기 때문에 지주 지식인 관료의 지배를 옹호하는 이론이 되고 만다. 이런 점을 배제하고 주자학의 이론틀에서 유물론과 유심론을 따지는 것은 공허할 뿐이다.

자연을 기 개념으로 설명하는 자는 유물론자라고 할 수 있다. 하지만 인간 사회를 기로 설명하는 사람을 유물론자라고 할 수는 없다. 그런데 그들은 기론자들의 자연 설명이 유물론적이므로 인간 사회 설명도 유물론적이라고 본다. 그러나 인간 사회를 기로 설명하는 것은 유물론일 수도 있고 극단적인 관념론일 수도 있다. 사실 장재나 서경덕뿐만 아니라 주희나 이황 같은 학자들도 모두 기로 자연을 설명한다. 그런데 그들은 자연·사회·인간에 대한 기 이론의 불연속을 간과하고 기 이론가를 모두 유물론자로 본다. 인간 사회의 설명에서는 서경덕이 기를 말하고 이황이 리를 말해도 결국 그들은 관념론적 입장에 불과하다. 오히려 왕안석이나 정약용처럼 인간 사회를 물질적으로 해석하려는 사람들은 스스로 기론자로 자처하지 않는다. 근본적으로 주자학에 반대했던 사람들은 리나 기 어느 하나를 택한 것이 아니라, 리-기로 보는 도식 자체를 거부했던 것이다.

변증법의 문제 조선 철학사 서술에서 변증법에 대한 언급은 매우 적다. 주로 음양의 논리나 "하나 속에 둘이 있고, 둘 속에 하나가 있다"는 논리와 관련 지어 언급할 뿐이다. 그 까닭은 그들이 역사적 유물론보다는 변증법적 유물론을 중시하기 때문이다. 그들에게 변증법이란 단지 어떤 사상 안에서의 모순 대립에 대한 이론일 뿐이다. '유물론'이란 말처럼 '변증법'도 기존 주자학의 성분을 분석하는 시약試藥이나 표찰에 불과하다. 예컨대 그들은 서경덕이 부채에서 바람이 나오는 것을 유有(부채)와 무無(허공의 기) 사이의 상호 작용으로 설명한 것을 '심오한 변증법적 고찰'이라 한다. 이것은 변증법이 한 사회의 갈등 또는 역사적 변화 과정을 분석하는 논리라는 점을 간과한 것이다.

남한의 한국 철학사 서술의 주된 관점

남한의 관점은 북한에 비하여 다양하다. 그러나 그 주류는 추상적이고 보편적인 관념 체계를 철학의 대상으로 보는 관념론에 서 있다. 물론 남한에는 북한과 달리 별다른 도식이 없다. 오직 한국 철학사의 대상이 되는 철학 또는 철학자들이 제시한 관념 체계와 이론을 그대로 답습하려 한다. 따라서 북한처럼 왜곡이 많지는 않지만 대부분 주자학이나 불교의 관념 체계를 그대로 받아들이고 있기 때문에 그 체계 안에서만 뱅뱅 돌 뿐이다. 그런 이론이 나오게 된 배경과 그 이론이 우리에게 주는 의미에 대해서는 별로 따지지 않는다. 그 결과 그 이론을 왜 연구해야 하는지 알 수 없게 되어 버린다.

어떻게 해서 남한의 철학사가 이렇게 되어 버렸는가? 그 까닭은 철학이란 형이상학적 관념 체계를 다루는 것으로 봄으로써 그런 관념 체계를 제시한 사람과 그런 글만이 연구 대상이기 때문이다. 본래 철학의 본령인 형이상학은 세계관이다. 세계를 설명하기 위해서는 경험을 반성하고 재조직하여 세상을 설명할 수 있는 추상적 개념들을 만들어 내야 한다. 하지만 추상적 개념과 그 개념들을 사용한 이론 체계들은 일반인에게 낯설고 난해할 수밖에 없다. 따라서 일반인들의 이해를 위해 추상적이고 사변적인 개념들을 일상적 체험으로 되돌려 놓으려는 노력이 필요하다. 더구나 그 대상이 과거의 철학이라면 문제는 더 복잡해진다. 오늘날의 체험에 근거하지 않으므로 더욱더 낯설기 때문이다. 따라서 한국 철학사란 일차적으로 그런 노력에서부터 출발해야 한다.

그러나 남한의 철학사 기술에는 그런 노력이 없다. 그들은 일종의 실재론적 입장을 취한다. 과거 철학의 개념들은 불변이며 지금도 존재한다고 본다. 따라서 과거 철학자들에게 그 개념들이 이해된 것처럼 지금 우리에게도 당연히 이해되리라는 것이다. 그들은 역사가 바뀌면 사람들의 의식도 바뀌며, 따라서 과거의 개념들도 지금 우리들에게 이해될 수 없게 된다는 것을 심각하게 생각하지 않는다. 그 결과 그들의 철학사 연구는 관념 계산으로 나타난다.

관념 계산 그들은 대상 철학자들이 남긴 관념 체계를 다루면서, 그 관념과 개념들 사이의 관계를 주로 따진다. 리와 기, 태극과 무극, 사단과 칠정 등은 어떤 관계에 있는가, 그것이 앞서는가 뒤에 있는가 등등을 밝힌다. 그것은 마치 산수에서 더하고 빼거나 곱하고 나누는 것과 비슷하다. 하지만 그 개념들이 이성으로 이해되지 않는 상황에서 그런 식의 계산은 공허하게 마련이다. 그들은 나아가 여러 사상가들의 관념 체계와 논리를 시간적 순서로 배열하면서 설명한다. 그래서 그 사상가들의 관념 체계 사이의 관계, 역사의 흐름에 따라 그런 관념 체계가 어떻게 변천했는지를 실증적으로 밝히려고 한다. 이는 관념을 실증하려는 관념 실증주의라 할 수 있다.

물론 한 사상 체계 안에 있는 개념들의 관계와 그 내적 논리, 사상 체계들 사이의 관계 및 변천을 따지는 일은 중요하다. 그런 것이 없으면 사상사가 될 수 없다. 그러나 그들은 그 관념과 개념들이 담고 있는 의미를 현재의 언어로 해석하기보다는 개념들 사이의 관계만을 산술적으로 따진다. 그 결과 '태극 리기' 같은 개념들의 포함 관계를 따지는, 즉 유개념과 종차 사이의 포섭 관계를 주로 따지는 사전적 설명만 하게 된다.

'본체→현상'의 연역적 설명 이러한 설명은 연역적 설명이다. 형이상학은 세계 전체를 설명하려 한다. 바람직한 것은 하나의 원리로 전체를 설명하는 것이기 때문에, 연역적 방법이 형이상학의 주된 구조를 이룬다. 주자학도 우주론/리기론, 인간론/심성론, 수양론/윤리설, 사회 정치론의 순서로 설명하는 연역적 틀이 주를 이룬다. 물론 이 가운데 몇 가지가 빠지는 경우도 있다. 그러나 형이상학적 원리의 설명은 빠지지 않는다. 그것이 없으면 철학이 아니라고 보기 때문이다. 이러한 방식은 전통 철학자들의 서술 방식과 같다. 물론 그들의 설명 방식에 따라 그들의 사상을 설명하는 것은 객관적인 태도라 할 수 있을 것이다. 그러나 오늘날에도 그런 방식을 따르는 것은 객관적 효과보다는 오히려 과거의 철학에 그대로 파묻히는 결과가 될 가능성이 많다.

　　관념 변천의 역사　남한의 철학사는 대개 관념/개념을 실증적으로 연구하는 실증주의가 주류이다. 즉 자기 철학으로 철학사를 보기보다는 철학사 안에 있는 관념/개념들을 뒤지는 일이 주가 되고 있다. 이는 그들이 세상을 변혁시키려는 입장이 아닌 강단 철학에 서 있기 때문이다. 그들은 대만처럼 형이상학적 관념들이 스스로 역사를 만들어 간다는 확신도 없고, 풍우란馮友蘭처럼 관념들은 객관적으로 존재하며 그것이 시대마다 어떤 형식으로 드러난다고 보는 관념사의 입장에 서지도 못한다. 풍우란은 철학사란 선험적으로 존재하는 관념들의 변화이며, 지식인들은 그 관념을 파악해서 그 시대를 이끈다고 보았다. 역사의 흐름에 따라 관념들을 더 정확하게 파악하게 되었으며, 결국 관념 체계의 발전이 이루어졌다는 것이다.

　　이 같은 입장에 서려면 철학사에 나오는 관념 체계를 정확하게 파악하고, 그것이 어떻게 발전해 갔는지를 밝혀야 한다. 그러나 남한은 철학사의 발전을 인정하면서도 어떻게 발전해 갔는지를 설명하지 못한다. 설명을 위해서는 철학사에 나타나는 형이상학적 관념 체계를 우리의 주관으로 명쾌하게 파악하는 것이 전제되어야 한다. 이런 파악이 안 되는 까닭은 한편으로는 언어 때문이며, 다른 한편으로는 우리의 이성에 대한 확신이 없기 때문이다.

2. 특수성과 보편성 —— 한국 철학의 실체에 대한 시각의 대립

　　이 문제는 한국 철학의 실체가 있는가, 혹은 있어야 하는가에 대한 관심에서 시작하였다. 이에 대한 결론은 그런 관심 자체가 문제이며, 문제 제기가 잘못되었기 때문에 올바른 답이 나올 수 없다는 것이다. 그런 식으로 한국 철학의 실체─본질을 따지는 것을 본질주의 혹은 실체론의 오류라고 한다. 그러므로 이러한 노력이 오히려 한국 철학의 정립을 가로막고 있다.

한국 철학 부재론과 고유론

한국 철학의 정체를 따지는 일은 서구 제국주의의 침략과 더불어 시작되었다. 당시 지식인들의 초미의 관심은 새로운 근대 국가의 건립과 그 국가를 떠받치는 이념에 대한 것이었다. 이 문제는 새로운 국가에 필요한 새로운 인간을 기르는 일이었으며, 나아가 인간·사회·자연을 통합적으로 올바로 볼 수 있는 새로운 세계관을 정립하는 문제였다.

부재론/ 식민사관 이는 일본 제국주의가 제시한 식민사관이 그 바탕이다. 이들은 한민족의 특징을 타율성, 정체성/고착성, 종속성/사대성, 파당성으로 규정하고, 파당을 지어 싸울 뿐 발전할 수 없는 인간이요 국가요 민족이라고 하였다. 오직 외부의 힘으로만 발전하는 타율성과, 외래 사상에서 벗어나지 못하는 종속성과 고착성이 특징이라는 것이다. 따라서 한국인의 주체적인 철학은 없으며 다만 외부에서 들어온 철학이 있을 뿐이다. 예컨대 불교나 주자학은 모두 중국에서 들어왔으며, 실학도 고증학을 들여온 것에 불과하다고 한다. 이러한 이론은 식민지 지배를 합리화시키기 위한 억지이며 날조였다.

고유론/ 민족주의 이 이론은 부재론에 대한 반발에서 시작하였다. 이속에는 외래 사상을 우리 것으로 인정하는 주장과 인정하지 않는 주장이 있다. 후자는 불교·유교·도교 등 중국에서 들어온 것을 뺀 단군 신화나 화랑도 혹은 무속 신앙만을 우리 사상으로 본다. 이는 스스로 초라해지는 길이라 할 수 있다. 그리고 후자는 불교·도교·유교도 우리 삶에 녹아들어 창조적 발전을 했기 때문에 우리 사상으로 인정하는 사람들이다. 그러나 이 가운데는 근대 이후 들어온 서구 사상을 우리 것으로 인정하지 않는 사람도 있다.

서구 보편주의 이러한 고유론과 마주 서 있는 것이 보편주의이다. 이는 초창기 선교사들의 시각으로 나타난다. 그들이 본 한국은 미신과 인습에 사로잡힌 나라였으며, 전통 사상과 철학은 근대 이성 혹은 합리주의의 이름으로 부정되어야 할 대상이었다. 이는 서구 근대의 보편성에 대한 신화적 믿음에서 나온 것으로, 전통 문화에 가해진 급진적 계몽주의의 폭력이었던 셈이다.

실체론의 문제   이 같은 쟁점은 근원적으로 본질주의 혹은 실체론의 잘못을 범하고 있다. 왜 한국 철학의 실체나 본질이 있어야 하며 무엇 때문에 그것을 찾아야 하는가? 이는 열등감의 발로이거나 자기 과시욕의 산물로서 오히려 우리의 삶을 소외시킬 수도 있다. 우리의 이성이나 삶과 상관없이 철학의 실체가 있어야 하는가? 우리의 이성으로 우리의 삶을 사유할 때 우리 철학이 나온다. 그런데 고유한 철학을 만들기 위해 우리의 이성을 사용하고 우리의 삶을 살아야 한다고 해야 하는가? 이는 결국 필요없는 논쟁일 뿐이다.

한국 철학의 특수성과 보편성

앞에서 본 전통 문화 유산을 어떻게 볼 것이냐에 대한 문제는 앞으로 어떠한 철학을 만들 것인가의 문제로 연결된다. 이런 점에서 위에서 말한 시각차는 다시 특수성과 보편성의 문제를 통해 좀더 세련된 모습으로 나타난다.

보편론자들의 주장에 따르면 학문은 보편 타당성을 추구하는 작업이다. 따라서 철학도 '한국'이라는 특수성을 드러내서는 안 된다는 것이다. 철학은 하나이며 보편적인 연구 방법과 대상이 있다는 것, 설사 고유한 방법과 대상이 있다 해도 그 연구 결과로 나온 철학 자체는 보편적이어야 한다는 것이다. 이에 반대하는 특수성론자들에 의하면 한국 철학은 고유한 연구 방법과 대상이 있으며 그 연구 결과인 철학도 고유한 것, 특수한 것일 수밖에 없다.

후자가 우리 현실의 특수성과 역사 전통을 중시하는 반면, 전자는 학문이란 어떤 지역의 현실이나 역사에 매여서는 안 된다고 한다. 후자는 현실적으로 있는 사실에 근거하는 반면, 전자는 학문의 보편성이라는 이상과 당위를 강조한다. 후자가 고유론을 이었다면, 전자는 보편론을 잇고 있다.

연구 방법론　어떤 사람들은 동양 철학 연구 방법은 서양 철학과 다르다고 한다. 예컨대 윤리학의 경우 서양 철학이 선이나 정의 등을 어떻게 규정하고 정당화할 수 있느냐에 관심을 가진다면, 동양 철학은 그것을 얻는 방법인 수양론에 관심을 둔다. 동양 철학은 이론/지식을 제시하는 것이 아니라, 살아가는 지혜를 제시하려는 것이다. 따라서 서양 철학은 이성으로 이해하고 설명하는 길을 택하지만 동양 철학은 직관/체득을 중시한다는 것이다.

그러나 이런 것은 중요한 방법론의 차이가 아니다. 특수한 연구 방법이라도 그것이 동양 철학에만 적용될 수 있는 것은 아니다. 훈고학과 고증학이 동양 철학 연구에 유용하듯이, 해석학·현상학·언어·분석·역사적 유물론이 유용하다면 받아들이면 된다. 중요한 것은 그 방법이 연구에 효과가 있고, 그 결과가 모든 사람들에게 이해되고 받아들여질 수 있느냐이다.

연구 대상에 따른 이론의 타당성 문제　이 문제에서는 주장이 날카롭게 대립한다. 특수성론자들은 한국 철학의 연구 대상은 한국의 전통이라고 한다. 그러나 보편론자들은 '한국'이라는 형용사를 부정한다. 그리고 군이 붙인다면 '한국에서 하는 철학 (활동)'으로 푼다. 철학이란 보편적인 것이며 서양 철학도 지금 우리의 사유를 구성하고 있기 때문에, 비록 완성태로서의 전통은 아니지만 이루어지는 과정으로서의 전통이라는 것이다.

우리 전통이든 서양 전통이든 왜 그런 연구를 하는지를 따지는 문제에서는 관점이 더욱 치열하게 대립한다. 특수성론자들은 우리의 연구가 한국이라는 조건에 매일 수밖에 없기 때문에 우리 현실에 근거한 철학을 해야 하며, 그 결과 특수한 학문으로서 '한국' 철학이 성립한다는 것이다. 그러나 보편주의자들은 학문이 한 계급 한 나라 한 인간에 구속된다면, 그것은 파당적인 이론이지 학문이 아니라고 한다. 그리고 이론 체계로서의 학문이 사회적 존재에 구속되기 때문에, 오히려 보편성을 추구할 필요가 있다고 한다.

전체적으로 특수성론자들이 역사 현실이나 전통을 중시하는 반면 보편론자들은 개방적인 태도로 서양 학문을 받아들이자는 입장이다. 특수성론자들은 서양 이론이 한국에 그대로 적용될 수도 없으며 맞지도 않는다고 보지만, 보편론자는 서양 이론이라도 보편적인 것은 어디에나 적용된다고 본다. 보편론자들에게는 특수성론자들의 태도가 한국이라는 것에 학문을 한정시키는 폐쇄적인 모습이며, 나아가 민족주의를 넘어선 국수주의로 보일 것이다.

하지만 이 논쟁은 공허하다. 그 까닭은 두 주장이 서로 출발점과 도착점이 되기 때문이다. 특수한 이론도 그 도착점은 보편적이어야 하며, 보편적인 이론도 그 출발점은 특수한 곳이다. 중요한 것은 특수성이냐 보편성이냐 하는 추상적이고 형식적인 것이 아니라 인간 사회의 구체적인 문제를 따지는 일이다. 지금 우리의 이성은 무엇인가, 그것의 구체적 표현인 우리의 언어는 무엇인가, 혹은 우리 사회의 현재와 미래는 무엇인가 등을 따져야 할 것이다.

왜냐하면 학문에는 국경이 없지만, 학자에게는 국적이 있기 때문이다. 어차피 철학은 철학자들에 의해 이루어지며, 우리 철학의 수준은 우리 철학자 사회의 수준일 뿐이다. 그리고 이차적으로 일반인의 의식 수준에 달려 있다. 우리가 한국어로 철학을 하는 한 더욱 그렇다. 과학을 예로 들자면 과학은 보편적이지만, 한국의 과학 수준과 미국의 과학 수준이 같을 수 없다. 미국의 발전된 과학이 바로 우리 것이 되지는 못한다. 그것은 언어 문제도 있지만, 지적 소유권의 문제가 더 크다. 진리에 접근하기 위해서는 우리 학문과 미국 학문을 따질 필요가 없다. 그러나 그 탐구의 결과가 바로 우리 학자 사회의 수준을 높이는 것이다.

또한 이론이나 학문이나 보편성을 지향해야 하지만, 그 보편성이 어떻게 얻어지는지를 생각해 보자. 그 보편성은 일차적으로 우리 학자 사회에서 얻어지며, 이차적으로 국제적인 의미를 갖는다. 학자 사회는 일종의 시장이다. 그 속에서 치열한 토론과 경쟁을 통해 이론이 검증이 된다. 중요한 것은 어떤 이론이 보편성을 획득해야 한다는 당위론이 아니다. 그 학자 사회에서 보편성을 얻는 공정 경쟁을 막는 권위주의적 풍토를 제거하는 일이다.

이러한 과정을 거쳐 우리 의식 수준을 반영하는 것이 우리 철학일 것이다. 그 철학이 얼마나 보편적이냐 하는 것은 우리 철학자 사회가 얼마나 활성화되어 있느냐에 달려 있을 것이다. 이런 현실을 빼고, 특수성이냐 보편성이냐를 따지는 것은 공허할 뿐이며, 그것은 문제 제기부터 잘못된 것이다.

■ 더 읽어 보아야 할 책들

이명현, 『이성과 언어』 (문학과지성사, 1982)

김태길 외, 『국민윤리』 (한국방송통신대학, 1985)

심재룡 외, 『한국에서 철학하는 자세들』 (집문당, 1986)

편집부 엮음, 『조선 철학사 연구』 (도서출판 광주, 1988)

정성철, 『조선 철학사』 II (이성과현실, 1988)

侯外盧 주편, 『중국철학사』, 양재혁 옮김 (일월서각, 1988)

부록

1. 주요 철학자 호 및 저서 일람
2. 찾아보기

1. 주요 철학자의 호 및 저서 일람

郭鍾錫 1846(헌종 12)~1919 자 鳴遠, 호 傘宇. 경남 산청 출생. 이진상의 문인. 저서에『傆宇集』이 있음.

權 近 1352(공민왕 1)~1409(태종 9) 자 可遠, 호 陽村. 경북 안동 출생. 權溥의 아들, 이색의 문인. 저서에『陽村集』·五經淺見錄·『入學圖說』·『四書五經口訣』등이 있음.

權命燮 1885(고종 22)~1949 호 春樊. 경북 봉화 출생. 權相翊·郭鍾錫의 문인. 저서에『春樊集』·『觀書謏疑』등이 있음.

權 溥 1262(원종 3)~1346(충목왕 2) 자 齊萬, 호 菊齋. 안향의 문인.『朱子四書集注』를 간행 및 보급. 편서에『桂苑錄』·『孝行錄』이 있음.

權相翊 1863(철종 14)~1934 호 省齋. 경북 봉화 출생. 金興洛의 문인. 저서에『省齋集』이 있음.

權尙夏 1641(인조 19)~1721(경종 1) 자 致道, 호 遂庵·寒水齋. 송시열·송준길의 문인. 저서에『寒水齋集』·『三書集疑』가 있음.

權哲身 1736(영조 12)~1801(순조 1) 자 旣明, 호 鹿庵. 이익의 문인. 천주교 신자. 저서에『詩稿』·『大學說』이 있음.

均 如 923(태조 6)~973(광종 24) 속성은 邊氏, 균여는 휘. 義順에게서 화엄을 익힘. 저서에『普賢行願歌』·『華嚴一乘法界圖圓通記』등이 있음.

亘 璇 1767(영조 43)~1852(철종 3) 속성은 李氏, 법명은 白坡, 긍선은 戒諱. 雪峰日의 법통을 계승. 저서에『定慧結社文』·『禪門手鏡』·『禪門拈頌記』등이 있음.

奇大升 1527(중종 22)~1572(선조 5) 자 明彦, 호 高峯. 전남 광주 출생. 저서에『高峯集』·『朱子文錄』·『論思錄』이 있음.

奇正鎭 1798(정조 22)~1879(고종 16) 자 大中, 호 蘆沙. 전북 순창 출생. 저서에『蘆沙集』·『納凉私議』·『猥筆』·『理通說』등이 있음.

己 和 1376(우왕 2)~1433(세종 15) 호는 得通, 별호는 涵虛, 기화는 諱. 無學에게서 배움. 저서에『顯正論』·『儒釋質疑論』·『圓覺經疏』등이 있음.

吉 再 1353(공민왕 2)~1419(세종 1) 자 再父, 호 冶隱. 경북 선산 출생. 이색·정몽주·권근의 문인. 저서에『冶隱集』·『冶隱言行拾遺』가 있음.

金宏弼 1454(단종 2)~1504(연산군 10) 자 大猷, 호 寒暄堂. 서울 출생. 김종직의 문인. 저서에『寒暄堂集』·『家範』·『景賢錄』이 있음.

金邁淳 1775(영조 52)~1840(헌종 6) 자 德叟, 호 臺山. 서울 출생. 金昌翕의 4세손. 저서에『臺山集』·『篆餘日錄』·『臺山公移占錄』·『朱子大全箚疑問目標補』등이 있음.

金誠一 1538(중종 33)~1593(선조 26) 자 士純, 호 鶴峰. 경북 안동 출생. 이황의 문인. 저서에 『鶴峰集』・『家禮考證』이 있음.

金叔滋 1389(공양왕 1)~1456(세조 2) 자 子培, 호 江湖散人. 경남 밀양 출생. 길재의 문인. 저술은 남아 있지 않으며, 그에 관한 사실은 김종직이 지은 『彝尊錄』에 들어 있음.

金時習 1435(세종 17)~1493(성종 24) 자 悅卿, 호 梅月堂. 법호는 雪岑. 생육신의 한 사람. 저서에 『金鰲神話』・『梅月堂集』・『十玄談要解』・『華嚴法界圖註』・『法華經別讚』 등이 있음.

金玉均 1851(철종 2)~1894(고종 31) 자 伯溫, 호 古筠. 저서에 『甲申日錄』이 있음.

金宇顒 1540(중종 35)~1603(선조 36) 자 肅夫, 호 東岡. 경북 성주 출생. 조식과 이황의 문인. 저서에 『東岡集』 등이 있음.

金 堉 1580(선조 13)~1658(효종 9) 자 伯厚, 호 潛谷. 金尙憲의 문인. 저서에 『皇明紀略』・『己卯錄』・『類苑叢寶』・『松都誌』・『潛谷筆談』・『潛谷遺稿』・『救荒撮要』・『海東名臣錄』 등이 있음.

金允植 1835(헌종 1)~1922 자 洵卿, 호 雲養. 경기 광주 출생. 兪莘煥의 문인. 저서에 『雲養集』・『陰晴史』・『續陰晴史』・『天津談草』・『壬申零稿』 등이 있음.

金麟厚 1510(중종 5)~1560(명종 15) 자 厚之, 호 河西. 전남 장성 출생. 김안국의 문인. 저서에 『河西集』・『周易觀象篇』・『西銘事天圖』・『百聯抄解』 등이 있음.

金馹孫 1464(세조 10)~1498(연산군 4) 자 季雲, 호 濯纓. 김종직의 문인. 저서에 『濯纓集』이 있음.

金長生 1548(명종 3)~1631(인조 9) 자 希元, 호 沙溪. 서울 출생. 이이와 송익필의 문인. 저서에 『沙溪遺稿』・『沙溪全書』가 있음.

金正喜 1786(정조 10)~1856(철종 7) 자 元春, 호 阮堂・秋史. 박제가의 문인. 저서에 『阮堂集』・『金石過眼錄』・『實事求是說』・『阮堂尺牘』・『覃揅齋詩稿』 등이 있음.

金宗直 1431(세종 13)~1492(성종 23) 자 季溫, 호 佔畢齋. 경북 밀양 출생. 김숙자의 아들. 저서에 『佔畢齋集』・『流頭遊錄』・『青丘風雅』・『堂後日記』・『彝尊錄』 등이 있음.

金 集 1574(선조 7)~1656(효종 7) 자 士剛, 호 愼獨齋. 김장생의 아들. 저서에 『愼獨齋遺稿』이 있고, 편서에 『疑禮問解續』이 있음.

金昌淑 1879(고종 16)~1962 자 文佐, 호 心山・躄翁. 경북 성주 출생. 李承熙의 문인. 저서에 『心山遺稿』가 있음.

金昌協 1651(효종 2)~1708(숙종 34) 자 仲和, 호 農巖. 경기 과천 출생. 金壽恒의 아들. 송시열의 문인. 저서에 『農巖集』・『農巖雜識』・『朱子大全箚疑問目』・『四端七情辨』이 있고, 편서에 『江都忠烈錄』・『文谷年譜』 등이 있음.

金昌翕 1653(효종 4)~1722(경종 2) 자 子益, 호 三淵. 서울 출생. 김창협의 동생. 李端相의 문인. 저서에 『三淵集』・『瀋陽日記』・『文聚』가 있음.

金澤榮 1850(철종 1)~1927 자 于霖. 호 滄江・韶護堂主人. 경기 개성 출생. 저서에 『韓國小史』・『韓國繁』・『菘陽耆舊傳』・『校正三國史記』・『重編韓代菘陽耆東史輯略舊傳』이 있음.

金平默 1819(순조 19)~1888(고종 25) 자 雉章, 호 重庵. 경기 포천 출생. 李恒老·洪直弼의 문인. 저서에 『重庵集』·『學統考』·『海上筆語』·『更張問答』·『鵬舍雜錄』·『斥洋大義』· 『海上錄』·『大谷問答』·『龜谷問答』·『蘗山心說淵源』·『雨村午談』·『鷺江隨錄』·『江上散 錄』·『詩說』·『北山問答』 등이 있음.

金 棍 1896(고종 1)~1978 자 而晦, 호 重齋. 곽종석의 문인. 저서에 『益朋堂叢鈔』가 있음.

金興洛 1827(순조 27)~1899 호 西山·病翁. 경북 안동 출생. 유치명의 문인. 저서에 『西山 集』·『困學錄』·『初學箴』·『畏天說』 등이 있음.

南彦經 생몰년 미상. 조선 명종·선조 때의 양명학자. 자 時甫, 호 東岡. 서경덕의 문인. 저서는 현재 전하지 않음.

南漢朝 1744(영조 20)~1810(순조 10) 자 宗伯, 호 損齋. 경북 상주 출생. 李象靖의 문인.

盧守愼 1515(중종 10)~1590(선조 23) 자 寡悔, 호 蘇齋·伊齋. 경북 상주 출생. 李延慶의 문 인. 저서에 『蘇齋集』·『侍講錄』·『人心道心傳注』·『夙興夜寐箴解』 등이 있음.

道 詵 생몰년 미상. 신라 말기의 승려. 속성은 김씨. 전남 영암 출생. 惠徹의 문하에서 선을 배움. 저서로 『道詵密記』·『道詵秘記』·『道詵明堂記』 등 11종이 있다 하나 현재는 전하 지 않음.

道 義 신라 37대 선덕왕(780~785) 무렵~41대 헌덕왕(809~826) 무렵. 속성은 왕씨, 北漢 郡人이라고도 함. 법호는 明寂. 저서에 『禪敎對談』이 있다 함.

無 染 799(신라 소성왕 1)~888(진성여왕 2) 속성은 김씨, 시호는 大朗慧. 태종 무열왕의 8 대손. 저서에 『有舌無舌土說』이 있다 함.

無 學 1327(충숙왕 14)~1405(태종 5) 속성은 박씨. 휘는 自超, 무학은 호. 저서는 없음.

朴珪壽 1807(순조 7)~1876(고종 13) 자 瓛卿, 호 瓛齋. 서울 출생. 박지원의 손자. 저서에 『瓛齋集』·『瓛齋繡啓』가 있음.

朴世堂 1629(인조 7)~1703(숙종 29) 자 季肯, 호 西溪. 전북 남원 출생. 저서에 『西溪集』· 『思辨錄』·『穡經』·『山林經濟』·『南華經註解』가 있음.

朴世采 1631(인조 9)~1695(숙종 21) 자 和叔, 호 玄石·南溪. 서울 출생. 김상헌의 문인. 저 서에 『南溪集』·『範學全編』·『六禮疑輯』·『南溪隨筆錄』·『南溪禮說』·『三禮儀』·『讀書 記』·『時務萬言封事』·『崇孝錄』 등이 있으며, 편저에 『東儒師友錄』·『三先生遺書』·『心 學至訣』·『朱子大全拾遺』·『白鹿規解』·『牛溪續集』·『濂洛風雅』·『退溪語錄』·『潘陽二 先生遺稿』·『栗谷續外別集』 등이 있음.

朴殷植 1859~1926 자 聖七, 호 白巖. 저서에 『儒教求新論』·『王陽明實記』·『韓國痛史』·『韓 國獨立運動之血史』·『朝鮮古代史考』·『東明王實記』·『明臨答夫傳』·『淵蓋蘇文傳』·『渤 海太祖建國志』·『夢見金太祖傳』·『安義士重根傳』·『壇祖事考』 등이 있음.

朴齊家 1750(영조 26)~? 자 次修, 호 楚亭·貞蕤. 박지원의 문인. 저서에 『北學議』·『蕤亭 集』·『明農草藁』·『貞蕤詩稿』 등이 있음.

朴趾源 1736(영조 13)~1805(순조 5) 자 仲美, 호 燕巖. 저서에 『熱河日記』·『課農小抄』· 『限民名田議』·『談叢外記』·『燕巖集』·『燕巖續集』 등이 있음.

朴弼周 1680(숙종 6)~1746(영조 24) 자 尙甫, 호 黎湖. 저서에 『黎湖集』·『讀書隨箚』·『朱

子往復彙編』등이 있음.

朴漢永 1870(고종 7)~1948 법호 鼎鎬, 당호 映湖, 시호 石顚 또는 石顚山人. 전북 완주 출
생. 저서에 『石顚文鈔』·『石顚詩鈔』·『精選拈頌說話』·『拈頌新編』등이 있으며, 玄惺
이 엮은 『映湖大宗師語錄』이 있음.

龍 城 1864(고종 1)~1940 속명은 白相奎, 법명은 震鍾, 龍城은 법호. 전북 남원 출생. 저서
에 『歸源正宗』·『心造萬有論』·『覺海日輪』·『臨終訣』·『詳譯科解金剛經』·『조선글화엄
경』·『龍城禪師語錄』등이 있음.

白頤正 1260(원종 1)~1340(충혜왕 1) 호 彝齋. 안향의 문인.

梵 日 810(신라 헌덕왕 2)~889(진성왕 3) 시호 通曉, 탑호 延徽.

普 雨 1509(중종 4)?~1565(명종 20) 호 虛應·懶庵. 저서에 『虛應堂集』·『禪偈雜著』등이
있음.

普 愚 1301(충렬왕 27)~1382(우왕 8) 太古和尙이라고 함.

徐敬德 1489(성종 20)~1546(명종 1) 자 可久, 호 花潭. 경기 개성 출생. 저서에 『花潭集』이
있음.

徐命膺 1716(숙종 42)~1789(정조 11) 자 君受, 호 保晚齋·澹翁. 저서에 『保晚齋集』·『易學
啓蒙集箋』·『耆社慶會曆』·『皇極一元圖』·『箕子外記』·『啓蒙圖說』·『奎章閣韻瑞』·『道
德指歸』등이 있음.

善 修 1543(중종 38)~1615(광해군 7) 속성은 김씨. 호는 浮休, 선수는 법명. 전북 남원 출
생.

薛 聰 650년 경~740년 경(신라 경덕왕 시기) 자 聰智, 호 永月堂. 원효의 아들.

成 渾 1535(중종 30)~1598(선조 31) 자 浩源, 호 牛溪. 아버지 成守琛과 白仁傑의 문인. 저
서에 『牛溪集』·『朱門旨訣』·『爲學之方圖』등이 있음.

境 虛 1849(헌종 15)~1912 속성은 송씨. 저서에 『境虛集』·『境虛法語』가 있음.

宋時烈 1607(선조 40)~1689(숙종 15) 자 永甫, 호 尤庵. 宋甲祚의 문인이며 金長生과 金集
에게 배움. 충북 옥천 출생. 저서에 『宋子大全』이 있음.

宋翼弼 1534(중종 29)~1599(선조 32) 자 雲長, 호 龜峯. 저서에 『龜峯集』이 있음.

宋浚吉 1606(선조 39)~1672(현종 13) 자 明甫, 호 東春堂. 李珥 및 金長生과 金集에게 배움.
저서에 『東春堂集』·『語錄解』등이 있음.

僧 朗 5세기 말엽~6세기 초엽. 고구려 요동성 출신의 승려. 중국 吉藏의 저술 속에 그의 사
상이 나타남.

愼後聃 1702(숙종 28)~1761(영조 37) 자 耳老, 호 河濱·遯窩. 이익의 문인. 서울 출생. 저서
에 『西學辨』·『河濱集』·『易通義』등이 있음.

安鼎福 1712(숙종 38)~1791(정조 15) 자 百順, 호 順庵. 충북 제천 출생. 이익의 문인. 저서
에 『順庵集』·『橡軒隨筆』·『下學指南』·『希賢錄』·『家禮集解』·『東史綱目』·『天學考』·
『天學問答』·『洪範演義』·『列朝通紀』등이 있음.

安 珦 1243(고종 30)~1306(충렬왕 32) 자 士蘊, 호 晦軒. 경북 순흥 출생. 저서에 『諭國子
諸生文』이 있음.

梁得中 1665(현종 6)~1742(영조 18)　자 擇夫, 호 德村. 전남 영암 출생. 윤증·박세채의 문인. 저서에 『德村集』이 있음.

魚有鳳 1672(현종 13)~1744(영조 20)　자 舜瑞, 호 杞園. 서울 출생. 김창협의 문인. 저서에 『朱子大全箚疑問目』·『杞園集』·『經說語錄』·『五子粹言』·『論語詳說』·『語類要略』·『風雅闓誦』·『對越帖』·『咸從世稿』 등이 있음.

吳熙常 1763(영조 39)~1833(순조 33)　자 士敬, 호 老洲. 저서에 『老洲集』·『讀書隨記』 등이 있음.

王 仁 생몰년대 미상. 백제 근구수왕 때의 博士. 일본에 『논어』와 『천자문』을 전함.

了 世 1163(의종 17)~1245(고종 32)　속성은 서씨, 자는 安貧, 시호는 圓妙. 경남 합천 출생. 저서는 현재 전하지 않으며, 『三大部節要』를 편찬했다는 기록이 있음.

禹 倬 1263(원종 4)~1342(충혜왕 복위 3)　자 天章, 호 易東. 유작으로 시조 2수가 전함.

圓 光 생몰년대 미상. 신라 진평왕 무렵의 승려. 「世俗五戒」를 지었으며, 저서로 『大方等如來藏經疏』·『如來藏經私記』가 있다고 하나 현재 전하지 않음.

圓 測 612(신라 진평왕 34)~696(효소왕 5)　본명은 文雅, 원측은 자. 저서로 『解深密經疏』·『仁王經疏』·『般若心經贊』이 있으며, 그 밖에 『成唯識論疏』가 있다 하나 전하지 않음.

元 曉 617(신라 진평왕 39)~686(신문왕 6)　경북 경산 출생. 저서에 『涅槃經宗要』·『無量壽經宗要』·『遊心安樂道』·『菩薩戒本持犯要記』·『梵網經菩薩戒本私記』·『大乘起信論疏』·『大乘起信論別記』·『二障義』·『十門和諍論』·『判比量論』·『金剛三昧經論』·『法華經宗要』·『華嚴經疏』 등이 있음.

柳夢寅 1559(명종 14)~1623(인조 1)　자 應文, 호 於于堂. 성혼의 문인. 저서에 『於于野談』·『於于集』 등이 있음.

柳成龍 1542(중종 37)~1607(선조 40)　자 而見, 호 西厓. 이황의 문인. 경북 의성 출생. 저서에 『西厓集』·『懲毖錄』·『愼終錄』·『永慕錄』·『觀化錄』·『雲巖雜記』·『亂後雜記』·『喪禮考證』·『戊午黨譜』·『鍼經要義』 등이 있고, 편서에 『大學衍義抄』·『九經衍義』·『圃隱集』·『退溪集』·『孝經大義』 등이 있음.

兪莘煥 1801(순조 1)~1859(철종 10)　자 景衡, 호 鳳棲. 김매순·홍석주·오희상의 문인. 저서에 『鳳棲集』·『洪範演』·『浿東粹言』·『東儒淵源』 등이 있음.

柳麟錫 1842(헌종 8)~1915　자 汝聖, 호 毅庵. 강원 춘성 출생. 이항로·유중교·김평묵의 문인. 저서에 『毅庵集』·『昭義新編』·『華東續綱目』 등이 있음.

有 一 1720(숙종 46)~1799(정조 23)　속성은 천씨, 자 無二, 법호 蓮潭, 유일은 법명. 경기 개성 출생. 저서에 『蓮潭集』(『林下錄』)·『華嚴經私記』(『蓮潭私記』)가 있음.

惟 政 1544(중종 39)~1610(광해군 2)　속성은 任氏, 자 離幻, 호 四溟. 저서에 『四溟大師集』이 있음.

柳重教 1821(순조 21)~1893(고종 30)　자 致政, 호 省齋. 서울 출생. 이항로·김평묵의 문인. 저서에 『省齋集』·『太極圖說大指』·『小大學說』·『三綱五常說』·『三書衍義』·『河圖洛書說』·『易說』·『人物性同異辨』 등이 있음.

柳致明 1777(정조 1)~1861(철종 12) 자 誠伯, 호 定齋. 남한조의 문인. 저서에 『定齋集』·
『禮疑叢話』·『家禮輯解』·『朱節彙要』·『太極圖解』·『大學童子問』·『大山實記』등이 있
음.

柳馨遠 1622(광해군 14)~1673(현종 14) 자 德夫, 호 磻溪. 서울 출생. 저서에 『磻溪隨錄』·
『紀行日記』·『輿地誌』·『東史綱目條例』·『東國歷史可考』·『正音指南』·『紀效新書節要』·
『武經抄』·『理氣總論』·『論學』·『物理』·『經說問答』·『人心道心』·『四端七情』등이 있
음.

尹鳳九 1681(숙종 7)~1767(영조 43) 자 瑞膺, 호 屛溪. 권상하의 문인. 저서에 『屛溪集』·
『華陽尊周錄』이 있음.

尹宣擧 1610(광해군 2)~1669(현종 10) 자 吉甫, 호 美村·魯西. 김집의 문인. 성혼의 외손자.
저서에 『魯西遺稿』·『癸甲錄』등이 있음.

尹 拯 1629(인조 7)~1714(숙종 40) 자 子仁, 호 明齋. 윤선거의 아들. 權諰·김집·송시열
등에게 배움. 저서에 『明齋遺稿』·『明齋遺書』·『明齋疑禮問答』등이 있음.

尹 鑴 1617(광해군 9)~1680(숙종 6) 자 希仲, 호 白湖. 경북 경주 출생. 저서에 『白湖全
書』·『讀書記』·『周禮說』·『中庸說』·『大學章句後說』·『洪範說』·『孝經章句古今文攷異』·
『大學古本別錄』·『孝經外傳』·『中庸章句補錄』등이 있음.

義 湘 625(신라 진평왕 47)~702(성덕왕 1) 唐 智儼 문하에서 화엄을 배움. 저서에 『華嚴
一乘法界圖』·『白花道場發願文』등이 있음.

意 恂 1786(정조 10)~1866(고종 2) 속성은 장씨, 자 中孚·齋號 一枝庵, 당호 草衣, 의순은
법명. 전남 무안 출생. 저서에 『四辨漫語』·『草衣集』·『一枝庵文集』·『東茶頌』·『茶神
傳』등이 있음.

義 天 1055(문종 9)~1101(숙종 6) 속명은 煦, 시호는 大覺國師, 의천은 자. 文宗의 넷째아
들. 고려속장경과 『新編諸宗敎藏總錄』을 완성하고, 『圓宗文類』·『釋苑辭林』·『天台四
敎儀註』·『刊定成唯識論單科』등을 편집하였으며, 『華嚴三本』·『南本涅槃經』·『法華玄
義』등을 번역하였음.

李 柬 1677(숙종 3)~1727(영조 3) 자 公擧, 호 巍巖. 권상하의 문인. 저서에 『巍巖集』·『未
發辯』이 있음.

李建芳 1861(철종 12)~1939 호 蘭谷. 이충익의 玄孫. 저서에 『蘭谷集』이 있음.

李建昌 1852(철종 3)~1898 자 鳳朝, 호 寧齋. 경기 강화 출생. 李是遠의 손자. 저서에 『黨議
通略』이 있음.

李 穀 1298(충렬왕 24)~1351(충정왕 3) 자 仲父, 호 稼亭. 이제현의 문인. 저서에 『稼亭
集』이 있음.

李匡師 1705(숙종 31)~1777(정조 1) 자 道甫, 호 圓嶠. 저서에 『圓嶠集選』·『東國樂府』·
『圓嶠書訣』등이 있음.

李匡臣 1700(숙종 26)~1744(영조 20) 자 用直, 호 恒齋. 저서에 『擬朱王問答』이 있음.

李圭景 1788(정조 12)~? 자 伯揆, 호 五州. 李德懋의 손자. 저서에 『五州書種』·『五州衍文長
箋散稿』가 있음.

李肯翊 1736(영조 12)~1806(순조 6) 자 長卿, 호 燃藜室. 이광사의 문인. 저서에 『燃藜室記述』이 있음.

李 沂 1848(헌종 14)~1909 자 伯曾, 호 海鶴. 전북 김제 출생. 저서에 『海鶴遺書』가 있음.

李德懋 1741(영조 17)~1793(정조 17) 자 懋官, 호 炯庵. 저서에 『靑莊館全書』가 있음.

李德弘 1541(중종 36)~1596(선조 29) 자 宏仲, 호 艮齋. 경북 영천 출생. 이황의 문인. 저서에 『艮齋集』이 있음.

李象靖 1710(숙종 36)~1781(정조 5) 자 景文, 호 大山. 외조부 李栽에게서 배움. 저서에 『大山集』·『陳九條疏』·『敬齋箴集說』·『退溪先生書節要』·『朱子語節要』·『約中篇制』 등이 있으며, 외증손 유치명이 엮은 『大山實記』가 있음.

李 穡 1328(충숙왕 15)~1396(태조 5) 자 穎叔, 호 牧隱. 이곡의 아들. 저서에 『牧隱集』이 있음.

李晬光 1563(명종 18)~1628(인조 6) 자 潤卿, 호 芝峯. 저서에 『芝峯類說』·『采薪雜錄』·『解警語雜篇』·『剩說餘篇』·『昇平志』·『秉燭雜記』·『纂錄群書』 등이 있음.

李崇仁 1349(충정왕 1)~1392(태조 1) 자 子安. 호 陶隱. 이색의 문인. 저서에 『陶隱集』이 있음.

李承熙 1847(헌종 13)~1916 자 啓道, 호 韓溪. 이진상의 아들. 저서에 『韓溪遺稿』·『內則章句』·『日則銘』·『五綱十目』·『家範』·『孔敎敎科論』·『孔敎進行論』·『孔子世紀』·『禮運集註』가 있음.

李 栻 1659(효종 10)~1729(영조 5) 자 敬叔, 호 畏齋. 정시한의 문인. 저서에 『四七附話』가 있음.

李彦迪 1491(성종 22)~1553(명종 8) 자 復古, 호 晦齋. 경북 경주 출생. 저서에 『晦齋集』이 있음.

李元翼 1547(명종 2)~1634(인조 12) 자 公勵, 호 梧里. 저서에 『梧里集』·『續梧里集』 등이 있음.

李 珥 1536(중종 31)~1584(선조 17) 자 叔獻, 호 栗谷. 강원 강릉 출생. 저서에 『栗谷全書』가 있음.

李 瀷 1681(숙종 7)~1763(영조 39) 자 自新, 호 星湖. 저서에 『星湖僿說』·『藿憂錄』·『星湖集續錄』·『四書三經疾書』·『近思錄疾書』·『心經疾書』·『李子粹語』·『李先生禮說』·『觀物篇』·『喪威前後錄』·『百諺解』 등이 있음.

李寅梓 1870(고종 7)~1929 호 省窩. 경북 고령 출생. 곽종석에게서 배움. 저서에 『泰西新編』·『古代希臘哲學攷辨』·『漫錄』·『九經衍義』 등이 있음.

李 縡 1680(숙종 6)~1746(영조 22) 자 熙卿, 호 陶庵. 김창협의 문인. 저서에 『陶庵集』·『近思尋源』·『五先生徽言』·『檢身錄』·『三官紀拾遺』·『尊攘錄』·『四禮便覽』·『宙衡』·『朱子語類抄節』 등이 있음.

李 栽 1657(효종 8)~1730(영조 6) 자 幼材, 호 密庵. 경북 영양 출생. 이현일의 아들. 저서에 『密庵集』·『朱書講錄刊補』·『聖諭錄』·『蒼拘客日錄』 등이 있음.

李齊賢 1287(충렬왕 13)~1367(공민왕 16) 자 仲思, 호 益齋. 權溥의 사위. 백이정의 문인.

저서에『益齋亂藁』・『益齋集』・『櫟翁稗說』・『孝行錄』・『西征錄』・『史略』등이 있음.

李之菡 1517(중종 12)~1578(선조 11) 자 馨伯, 호 土亭. 서경덕의 문인. 저서에『土亭遺稿』가 있음.

李震相 1818(순조 18)~1886(고종 23) 자 汝雷, 호 寒洲. 경북 성주 출생. 저서에『寒洲集』・『理學綜要』・『四禮輯要』・『春秋集傳』・『春秋翼傳』・『千古心衡』・『直子心訣』・『求志錄』・『辨志錄』등이 있음.

李忠翊 1744(영조 20)~1816(순조 16) 자 虞臣, 호 椒園. 저서에『椒園遺稿』가 있음.

李 恒 1499(연산군 5)~1576(선조 9) 자 恒之, 호 一齋. 朴英의 문인. 저서에『一齋集』이 있음.

李恒老 1792(정조 16)~1868(고종 5) 자 而述, 호 華西. 경기 양평 출생. 저서에『華西集』이 있고, 편저에『華西先生雅言』・『華東合編綱目』・『朱子大全箚疑輯補』・『周易傳義同異釋義』・『闢邪錄辨』・『門人語錄』등이 있음.

李獻慶 1719(숙종 45)~1791(정조 15) 자 夢瑞, 호 艮翁. 저서에『艮翁集』이 있음.

李玄逸 1627(인조 5)~1704(숙종 30) 자 翼升, 호 葛庵. 장흥효의 외손. 저서에『葛庵集』이 있음.

李 滉 1501(연산군 7)~1570(선조 3) 자 景浩, 호 退溪. 경북 안동 출생. 저서에『退溪全書』가 있음.

任聖周 1711(숙종 37)~1788(정조 12) 자 仲思, 호 鹿門. 충남 청풍 출생. 李縡의 문인. 저서에『鹿門集』이 있음.

任憲晦 1811(순조 11)~1876(고종 13) 자 明老, 호 鼓山. 홍직필의 문인. 저서에『鼓山集』・『續鼓山集』이 있음.

慈 藏 생몰년대 미상. 신라 선덕여왕 무렵의 승려. 저서에『四分律羯磨私記』・『十誦律木叉記』・『阿彌陀經疏』・『阿彌陀經義記』・『觀行法』등이 있다고 하나 현재 전하지 않음.

張 維 1587(선조 20)~1638(인조 16) 자 持國, 호 谿谷. 김장생의 문인. 저서에『谿谷漫筆』・『谿谷集』・『陰符經註解』등이 있음.

張志淵 1864(고종 1)~1921 자 舜韶, 호 韋庵・嵩陽山人. 경남 상주 출생. 저서에『朝鮮儒教淵源』・『增補大韓疆域考』・『韋庵文稿』・『大韓最近史』・『東國歷史』・『大東文粹』・『大韓新地志』・『大韓紀年』・『逸事遺事』・『農政全書』등이 있음.

張顯光 1554(명종 9)~1637(인조 15) 자 德晦, 호 旅軒. 저서에『旅軒集』이 있음.

田 愚 1841(현종 7)~1922 자 子明, 호 艮齋. 전북 전주 출생. 임헌회의 문인. 저서에『艮齋集』이 있음.

鄭經世 1563(명종 18)~1633(인조 11) 자 景任, 호 愚伏. 경북 상주 출생. 유성룡의 문인. 저서에『愚伏集』・『喪禮參考』・『朱文酌解』・『思問錄』등이 있음.

鄭 逑 1543(중종 38)~1620(광해군 12) 자 道可, 호 寒岡. 조식과 이황에게서 배움. 저서에『寒岡集』이 있으며, 편저에『冠儀』・『婚儀』・『葬儀』・『禊儀』・歷代紀年』・『太極問辨』・『聖賢風範』・『臥龍誌』등이 있음.

鄭道傳 1337(충숙왕 복위 6)~1398(태조 7) 자 宗之, 호 三峯. 이색의 문인. 저서에『三峯集』・

『錦南雜題』·『陳法書』등이 있음.

鄭夢周 1337(충숙왕 복위 6)~1392(공양왕 4) 자 達可, 호 圃隱. 경북 영천 출생. 저서에 『圃隱集』이 있음.

丁時翰 1625(인조 3)~1707(숙종 33) 자 君翊, 호 愚潭. 저서에 『愚潭集』·『四七理氣辨』·『壬午錄』·『辨誣錄』등이 있음.

丁若鏞 1762(영조 38)~1836(헌종 2) 자 美鏞, 호 茶山·與猶堂. 경기 광주 출생. 저서에 『與猶堂全書』가 있음.

鄭汝昌 1450(세종 20)~1504(연산군 10) 자 伯勗, 호 一蠹. 경남 함양 출생. 김종직의 문인. 저서에 『一蠹遺集』·『庸學註疏』등이 있음.

鄭 薀 1569(선조 2)~1641(인조 19) 자 輝遠, 호 桐溪. 정인홍의 문인. 저서에 『桐溪集』이 있음.

鄭寅普 1892(고종 29)~? 자 經業, 호 簷園. 서울 출생. 저서에 『陽明學演論』·『朝鮮史硏究』·『簷園文錄』·『簷園國學散藁』·『越南李商在先生傳』·『朝鮮文學源流考』등이 있음.

鄭仁弘 1535(중종 30)~1623(인조 1) 자 德源, 호 來庵. 조식의 문인. 저서에 『來庵集』이 있음.

鄭齊斗 1649(인조 27)~1736(영조 12) 자 士仰, 호 霞谷. 윤증·박세채의 문인. 저서에 『霞谷集』이 있음.

趙光祖 1482(성종 13)~1519(중종 14) 자 孝直, 호 靜庵. 서울 출생. 김굉필의 문인. 저서에 『靜庵集』이 있음.

曺兢燮 1873(고종 10)~1933 자 仲謹, 호 深齋. 저서에 『困言』·『性尊心卑辨』·『讀心卽理說』·『心問』·『擬義齋箴』·『非共和論』·『順天解』등이 있음.

趙 穆 1524(중종 19)~1606(선조 39) 자 士敬, 호 月川. 이황의 문인. 저서에 『月川集』·『困知雜錄』·『朱書抄』·『聞中雜錄』이 있음.

曺 植 1501(연산군 7)~1572(선조 5) 자 楗仲, 호 南冥. 저서에 『南冥集』·『南冥學記類編』·『破閑雜記』·『神明舍圖』·『革帶銘』·『鷄伏堂銘』등이 있음.

曺漢輔 생몰년대 미상. 조선 유학자. 호 忘機堂.

曺好益 1545(인종 1)~1609(광해군 1) 자 士友, 호 芝山. 이황의 문인. 저서에 『芝山集』이 있음.

知 訥 1158(의종 12)~1210(희종 6) 호 牧牛子, 시호 佛日普照國師. 저서에 『修心訣』·『勸修定慧結社文』·『誡初心學人文』·『眞心直說』·『法集別行錄節要』·『圓頓成佛論』·『看話決疑論』·『華嚴論節要』등이 있음.

蔡之洪 1683(숙종 9)~1741(영조 17) 자 君範, 호 鳳巖. 충북 청주 출생. 권상하의 문인. 저서에 『鳳巖集』·『性理管窺』·『洗心要訣』등이 있음.

崔鳴吉 1586(선조 19)~1647(인조 25) 자 子謙, 호 遲川. 이항복·신흠의 문인. 저서에 『遲川集』·『經書記疑』·『丙子封事』등이 있음.

崔錫鼎 1646(인조 24)~1715(숙종 41) 자 汝和, 호 明谷. 최명길의 손자. 저서에 『明谷集』등이 있음.

崔益鉉 1833(순조 33)~1901 자 贊謙, 호 勉庵. 경기 포천 출생. 이항로의 문인. 저서에 『勉庵集』이 있음.

崔濟愚 1824(순조 24)~1864(고종 1) 호 水雲. 최치원의 28세손. 저서에 『龍潭遺詞』·『東經大全』 등이 있음.

崔 冲 984(성종 3)~1068(문종 22) 자 浩然, 호 惺齋. 저서에 『崔文憲公遺稿』가 있음.

崔致遠 857(신라 헌안왕 1)~? 자 孤雲. 저서에 『孤雲集』·『桂苑筆耕』·『中山覆簣集』·『釋順應傳』 등이 있음.

崔漢綺 1803(순조 3)~1877(고종 14) 자 芝老, 호 惠岡·明南樓. 저서에 『明南樓全集』 등이 있음.

太 賢 생몰년대 미상. 신라의 승려. 諱名이 太賢 또는 大賢, 자호는 靑丘沙門. 저서에 『梵網經古迹記』·『菩薩戒本宗要』·『藥師經古迹記』·『成唯識論學記』·『起信論內義略探記』 등이 있음.

河 崙 1347(충목왕 3)~1416(태종 16) 자 大臨, 호 浩亭. 저서에 『浩亭集』이 있음.

韓龍雲 1879(고종 16)~1944 속명은 裕天, 계명은 奉玩, 법호는 萬海, 용운은 법명. 저서에 『朝鮮佛敎維新論』·『佛敎大全』·『十玄談註解』·『님의 침묵』 등이 있음.

韓元震 1682(숙종 8)~1751(영조 27) 자 德昭, 호 南塘. 권상하의 문인. 저서에 『南塘集』·『朱子言論同異攷』·『經義記聞錄』·『退溪集箚疑』·『儀禮補』·『莊子辨解』·『禪學通辯』·『陽明集辨』·『居觀錄』·『家禮疏義』·『家禮源流疑所錄』·『近思錄註說』·『伊洛淵源錄』·『心經附註箚記』·『春秋別傳』·『古事便覽』 등이 있음.

許 筠 1569(선조 2)~1618(광해군 10) 자 端甫, 호 蛟山·惺所. 저서에 『惺所覆瓿稿』·『鶴山樵談』·『惺叟詩話』·『閑情錄』·『屠門大嚼』·『早年識記』 등이 있음.

許 穆 1595(선조 28)~1682(숙종 8) 자 和甫, 호 眉叟. 정구·장현광의 문인. 저서에 『記言』·『經禮類纂』·『邦國王朝禮』 등이 있음.

許 傳 1797(정조 21)~1886(고종 23) 자 而老, 호 性齋. 경기 포천 출생. 황덕길의 문인. 저서에 『性齋集』·『宗堯錄』·『禮說』·『三政策』 등이 있음.

許 薰 1836(헌종 2)~1907 자 舜歌, 호 舫山. 경북 구미 출생. 저서에 『舫山集』·『四七管見』 등이 있음.

慧 勤 1320(충숙왕 7)~1376(우왕 2) 속성은 牙氏, 호 懶翁, 혜근은 휘. 저서에 『懶翁和尙語錄』·『懶翁和尙歌頌』 등이 있음.

慧 諶 1178(명종 8)~1234(고종 21) 속성은 최씨, 자 永乙, 자호 無衣子, 혜심은 휘. 저서에 『狗子無佛性話揀病論』·『禪門拈頌』·『禪門綱要』 등이 있음.

洪大容 1731(영조 7)~1783(정조 7) 자 德保, 호 湛軒. 서울 출생. 金元行의 문인. 저서에 『湛軒說叢』·『乾淨筆談』·『毉山問答』·『劉鮑問答』·『籌解需用』·『湛軒燕記』·『林下經綸』·『四書問疑』·『三經問答』·『心性問』·『桂坊日記』 등이 있음.

洪奭周 1774(영조 50)~1842(헌종 8) 자 成伯, 호 淵泉. 저서에 『淵泉集』·『學海』·『永嘉三怡集』·『東史世家』·『鶴岡散筆』이 있으며, 편서에 『續史略翼箋』 등이 있음.

洪直弼 1776(영조 52)~1852(철종 3) 자 伯應, 호 梅山. 서울 출생. 저서에 『梅山集』이 있음.

黃德吉　1750(영조 26)~1827(순조 27)　자 而吉, 호 斗湖·下廬. 안정복의 문인. 저서에『下廬集』·『東賢學則』·『道學源流』·『東儒禮說』·『四禮要儀』·『纂言十七篇』·『濂閩文粹』·『朝野信筆』등이 있음.

休　靜　1520(중종 15)~1604(선조 37)　속성은 최씨, 호는 淸虛·西山, 휴정은 법명. 저서에『淸虛集』·『禪敎釋』·『禪敎訣』·『雲水壇』·『三家龜鑑』·『淸虛堂集』·『禪家龜鑑』·『心法要』·『說禪儀文』·『諸山壇儀文』등이 있음.

2. 찾아보기

ㄱ

각성覺性 168
간재艮齋→전우田愚
갈홍葛洪 91, 96, 98
강수強首 128
강일순姜一淳 254
강호부姜浩溥 177
겸익謙益 120
경흥憬興 140
계곡溪谷→장유張維
고봉高峯→기대승奇大升
고수부高首婦 254
고염무顧炎武 35, 64
고운孤雲→최치원崔致遠
고흥高興 117
공자孔子 27~32, 94, 115, 117, 263, 334, 338, 356, 361
곽종석郭鍾錫 226, 414, 423~424
구겸지寇謙之 92, 96
구마라습 鳩摩羅什 121
권근權近 38, 101, 154~156, 180, 207, 297, 299, 347, 355, 377
권부權溥 37, 152, 297
권상하權尙夏 389
규기窺基 86, 134
규봉圭峯→종밀宗密
균여均如 323
긍선亘璇 168~169, 320
기대승奇大升 39, 160, 190, 361~373
기자箕子 115, 282

기정진奇正鎭 40, 220, 225, 227, 396~397, 441
기화己和 166, 215, 320, 334~348
길장吉藏 121
길재吉再 37~38, 154, 157, 179~180
김가기金可紀 100, 129
김굉필金宏弼 157, 179~180
김매순金邁淳 177
김부식金富軾 37, 131
김성일金誠一 180, 182
김숙자金叔滋 154, 157
김시습金時習 100, 159, 214, 297~300, 320
김옥균金玉均 229~230, 238
김우옹金宇顒 181
김운경金雲卿 129
김육金堉 197
김윤식金允植 224~225, 232
김이상金履祥 53
김인문金仁問 123
김인존金仁存 132
김일성金日成 298, 301~305, 307, 309
김일손金馹孫 180
김장생金長生 39, 170, 176, 182, 388~389
김정일金正日 298, 301, 308~309
김정희金正喜 178, 199, 229, 236
김종직金宗直 157, 180
김좌진金佐鎭 256
김집金集 170
김창협金昌協 175, 177, 388~389
김창흡金昌翕 389
김택수金澤秀 184

김평묵金平默 221, 225~226, 419~422
김홍집金弘集 220~221, 232

─────── ㄴ

나가르주나→용수龍樹
나종언羅從彦 53
나철羅喆 255
나흠순羅欽順 373, 375, 377, 379, 383, 385
남당南塘→한원진韓元震
남언경南彦經 184~185
남한조南漢朝 183
노사蘆沙→기정진奇正鎭
노수신盧守愼 373, 375~379, 385
노자老子 90~91, 93~95, 97, 123, 208~
212, 215
녹문鹿門→임성주任聖周
농암農巖→김창협金昌協

─────── ㄷ

다산茶山→정약용丁若鏞
다카하시 고高橋亨 266, 280, 300
달마達磨 140, 321
담시曇始 119
담징曇徵 119
담헌湛軒→홍대용洪大容
대각국사大覺國師→의천義天
덕소德韶 324
도등道登 119
도선道詵 148
도신道信 140
도안道安 168
도암陶庵→이재李縡
도윤道允 141
도은陶隱→이숭인李崇仁
도의道義 140
도증道證 140

도현道顯 119
도홍경陶弘景 96
동중서董仲舒 33, 116

─────── ㅁ

마라난타 119
마명馬鳴 143
마이트레야→미륵彌勒
마테오 리치 205, 401, 403, 411
망기당忘機堂→조한보曺漢輔
매월당梅月堂→김시습金時習
맹자孟子 31~32, 202, 335, 344, 356, 361,
364, 408
면우俛宇→곽종석郭鍾錫
모스E.S. Morse 237~238
모택동毛澤東 36, 69, 306
목은牧隱→이색李穡
묘청妙淸 149, 296
무염無染 141
무착無著 80, 134
무학無學 166
문익文益 324
미륵彌勒 80, 113, 134~135
미수眉叟→허목許穆

─────── ㅂ

바수반두→세친世親
박규수朴珪壽 224, 229, 232, 236
박세당朴世堂 39, 101, 174~175, 190, 193~
196, 208~214, 384, 441
박세채朴世采 39, 170, 177, 188
박영교朴泳敎 230
박영효朴泳孝 229~230, 238
박은식朴殷植 40, 184, 235, 240, 262~264
박정양朴定陽 243
박제가朴齊家 184, 199, 201, 229, 297, 409

박종홍朴鍾鴻　283, 285
박중빈朴重彬　256~257
박지원朴趾源　65, 68, 101, 184, 199, 201, 205, 214, 229, 297, 398, 409
박충좌朴忠佐　180
박치우朴致祐　275
박필주朴弼周　389
반계磻溪→유형원柳馨遠
반고班固　66
백암白巖→박은식朴殷植
백용성白龍城　258
백이정白頤正　37, 132, 152, 297
백학명白鶴鳴　258
백호白湖→윤휴尹鑴
범일梵日　141
범중엄范仲淹　49
법랑法朗　121, 140
법장法藏　139
벽암碧巖→각성覺性
보우普雨　167, 320, 329
보우普愚　166, 320 ,329
보조국사普照國師→지눌知訥

────── 人

사량좌謝良佐　52
사명당泗溟堂→유정惟政
삼봉三峯→정도전鄭道傳
삼연三淵→김창흡金昌翕
서경덕徐敬德　38, 159~160, 164, 214, 226, 295, 297~300, 354, 363, 384, 441~443
서계西溪→박세당朴世堂
서광범徐光範　230
서명응徐命膺　100~101, 208~210
서산대사西山大師→휴정休靜
서일徐一　256
서재필徐載弼　230, 242

석가釋迦　71~72, 75~78, 94, 338
석개石介　42, 50
선수善修　168
설잠雪岑→김시습金時習
설총薛聰　128, 179
성재省齋→유중교柳重教
성철性徹　427~438
성호星湖→이익李瀷
성혼成渾　39, 176, 190, 373~374, 378~382
세친世親　80, 134
소식蘇軾　50
소옹邵雍　50, 56, 159
소철蘇轍　50
소포진簫抱珍　98
손병희孫秉熙　246
손복孫復　42, 50
손숙돈孫叔暾　349, 355~356
손화중孫華仲　246
송경허宋境虛　258
송시열宋時烈　171, 173~177, 179, 182, 187, 224~225, 384, 389, 441~442
송익필宋翼弼　211
송준길宋浚吉　170~171
수암遂庵→권상하權尙夏
수운水雲→최제우崔濟愚
순도順道　118
순암順菴→안정복安鼎福
순자荀子　31, 33, 202, 361
스펜서H. Spencer　239
승랑僧朗　119~123
승륭僧隆　119
신기선申箕善　224~226
신남철申南澈　275
신수神秀　140
신채호申采浩　126, 235, 240, 263, 265, 280, 282
신회神會　327, 431, 433
신후담愼後聃　404, 406~407

─────── ㅇ

아리아데바→제바提婆

아상가→무착無著

안정복安鼎福 199, 384, 402

안향安珦 37, 114, 132, 152, 179~180, 297, 333

야은冶隱→길재吉再

양계초梁啓超 239

양득중梁得中 184

양시楊時 52

양촌陽村→권근權近

어유봉魚有鳳 177, 389

어윤중魚允中 232

언기彦機 168

엄복嚴復 239

여조겸呂祖謙 52~53

연수延壽 324, 328

연암燕巖→박지원朴趾源

열자列子 91

영명永明→연수延壽

오경석吳慶錫 229

오징吳澄 53

왕간王艮 55

왕백王柏 53

왕부지王夫之 35, 64

왕수인王守仁 35, 42~43, 54~56, 58~59, 187~190, 265, 375, 423~424, 442

왕안석王安石 51~52, 443

왕양명王陽明→왕수인王守仁

왕인王仁 117

왕중양王重陽 98

왕충王充 93

왕필王弼 210~211

외암巍巖→이간李柬

요세了世 323, 328~329

요추姚樞 53

용수龍樹 80, 143

우계牛溪→성혼成渾

우암尤庵→송시열宋時烈

우탁禹倬 152, 180, 296

원광圓光 120, 126

원측圓測 85, 133~135, 140

원효元曉 85, 136~139, 143, 429

위백양魏伯陽 96, 99

위원魏源 229, 236

유길준兪吉濬 229~230, 237~238, 267

유덕인劉德仁 98

유몽인柳夢寅 402

유성룡柳成龍 180~182, 185, 187

유신환兪莘煥 227

유인석柳麟錫 223

유일有一 168

유정惟政 168

유종원柳宗元 50

유중교柳重教 226, 414, 419~422

유치명柳致明 180, 183

유협劉勰 90, 123

유형원柳馨遠 181, 199~200, 234, 297

유홍기劉鴻基 229

육구연陸九淵 43, 52~54, 60, 350, 355~356, 423~424

육수정陸修靜 96

윤돈尹焞 52

윤봉구尹鳳九 389

윤선거尹宣擧 187

윤언이尹彦頤 132

윤증尹拯 188

윤치호尹致昊 183, 242

윤휴尹鑴 39, 171, 174~175, 177, 190~194, 196, 376, 384~385, 441

율곡栗谷→이이李珥

의상義湘 85, 139~140, 319, 321, 429

의순意恂 168~169, 320

의심義諶 168

의연義淵 119

의천義天 85~86, 142~144, 323~327, 329~
　　330
이간李柬 177, 388~399
이건방李建芳 184, 189, 264
이건승李建昇 184, 189
이건창李建昌 184, 189
이곡李穀 152
이광사李匡師 184, 189
이광신李匡臣 184, 189
이규경李圭景 100, 229, 297
이긍익李肯翊 184, 189
이기李沂 234
이기경李基慶 405
이덕홍李德弘 180~181
이동李侗 52
이범석李範奭 256
이병도李丙燾 115
이상익李商翼 188
이상재李商在 242~243
이상정李象靖 180, 182~183
이색李穡 37, 153, 155, 165, 243, 333
이수광李晬光 184, 197, 297, 402, 407
이숭인李崇仁 153, 180
이승희李承熙 226, 262
이식李栻 388
이언적李彦迪 38, 159~160, 179~180, 349~
　　360, 363, 375~378
이요李瑤 184~185
이원익李元翼 384
이의철李宜哲 177
이이李珥 38~39, 68, 101, 115, 160~165,
　　170, 174~176, 180, 182, 190, 203,
　　208, 210~211, 224~226, 266,
　　295, 299~300, 354, 373~374,
　　376, 378~382, 384~386, 388~
　　389, 414, 417~418, 423~425,
　　441~442
이익李瀷 65, 181, 199~201, 297, 403, 407,

　　409, 442
이인재李寅梓 267
이재李縡 170, 389
이재李栽 180
이제현李齊賢 132, 152, 333
이종휘李鍾徽 184
이준李埈 177
이지李贄 55, 186, 383
이진상李震相 181, 183, 225~226, 262,
　　396~397, 399, 414, 417, 423~424
이차돈異次頓 118
이찬한李燦漢 188
이충익李忠翊 184, 189, 208
이통현李通玄 144, 326~327
이항李恒 297, 373
이항로李恒老 40, 177, 220~221, 225~226,
　　396~397, 399, 414, 417~422
이헌경李獻慶 404
이현일李玄逸 40, 180, 182, 385~386
이황李滉 38~39, 65, 100, 160~165, 176~
　　177, 180~183, 187, 190, 225~
　　226, 266, 281, 295, 298~300,
　　349~350, 354, 356, 361~373,
　　375~379, 381~382, 388, 414,
　　417~418, 423~425, 441~443
익재益齋→이제현李齊賢
임성주任聖周 40, 226, 297, 441~442
임헌회任憲晦 225

─────── ㅈ

자은慈恩 134
자장慈藏 120
장국상張國祥 98
장도릉張道陵 93, 95
장로張魯 93, 95
장릉張陵 90
장식張栻 52

장원정蔣元庭 98

장유張維 184~186

장자莊子 91, 97, 209, 211~215

장재張載 34, 50, 56, 159, 375, 441, 443

장지연張志淵 115, 234, 282

장현광張顯光 181~182

장형張衡 95

전봉준全琫準 234, 246~249

전우田愚 414, 420~424

점필재佔畢齋→김종직金宗直

정경세鄭經世 170, 176~177, 182

정구鄭逑 39, 173

정도전鄭道傳 38, 101, 161, 154, 165, 180, 207, 297, 299, 333~348, 355

정두원鄭斗原 266

정몽주鄭夢周 37~38, 153~154, 165, 179~ 180, 333

정시한丁時翰 182, 388

정암靜庵→조광조趙光祖

정약용丁若鏞 65, 199~201, 204~205, 219, 234, 297, 403, 409, 442~443

정약종丁若鍾 403

정여창鄭汝昌 157, 180

정이程頤 34, 43, 50, 52~53, 56~57, 375

정인보鄭寅普 183~184, 262, 264

정인홍鄭仁弘 170, 181

정제두鄭齊斗 39, 65, 184, 187~189, 262

정지운鄭之雲 365

정하상丁夏祥 403~404

정호程顥 34, 50, 52, 56, 337, 375

제바提婆 80

조광조趙光祖 38, 157~158, 179

조목趙穆 187

조복趙復 53

조식曺植 180~182, 375~378

조준趙浚 151

조한보曺漢輔 160, 349~360

종밀宗密 324, 326~327, 430~431

주돈이周敦頤 34, 50, 56, 350~351, 355

주자朱子→주희朱熹

주희朱熹 34~35, 42~43, 51~60, 99, 151, 160, 162, 174~175, 186, 188, 191~192, 194~195, 209~210, 226, 334, 350, 354~355, 364, 366~367, 369~371, 373~377, 379, 381~383, 391, 413~416, 418~419, 423, 441, 443

중부中孚→의순意恂

중암重菴→김평묵金平默

지눌知訥 85~87, 142~146, 167~168, 296, 320, 323, 326~328, 330, 427~438

지봉芝峯→이수광李晬光

지엄智儼 139

진량陳亮 53, 60

진제眞諦 134

진회秦檜 52

징관澄觀 318

──────── ㅊ

채지홍蔡之洪 389

천태天台→덕소德韶

청허淸虛→휴정休靜

초의草衣→의순意恂

초정楚亭→박제가朴齊家

최남선崔南善 125

최눌最訥 168

최명길崔鳴吉 184~187

최석정崔錫鼎 186

최승로崔承老 37, 130~131

최시형崔時亨 246

최윤의崔允儀 132

최익현崔益鉉 221, 223

최제우崔濟愚 246

최징후崔徵厚 389

최치원崔致遠 100, 125, 129, 179

최한기崔漢綺 177, 199, 201, 203～206, 229, 236, 297～298, 441
추사秋史→김정희金正喜
추연鄒衍 93
충담사忠譚師 117

─────── ㅌ

태능太能 168
태현太賢 140
퇴계退溪→이황李滉

─────── ㅍ

포은圃隱→정몽주鄭夢周
표훈表訓 140
풍우란馮友蘭 446

─────── ㅎ

하곡霞谷→정제두鄭齊斗
하상공河上公 93
하심은何心隱 186
하택荷澤→신회神會
한용운韓龍雲 85, 88, 258～261, 263
한원진韓元震 101, 177, 208, 212～214, 388～389, 441
한유韓愈 48, 50, 67, 334, 344
한주寒洲→이진상李震相
한탁주韓侂冑 53
한훤당寒暄堂→김굉필金宏弼
허겸許謙 53
허균許筠 101, 184, 186, 383～384
허목許穆 39, 100, 171, 181, 384
허전許傳 199
허형許衡 53
헉슬리T. Huxley 239
현장玄奘 86, 133～134

혜강惠岡→최한기崔漢綺
혜관惠灌 119
혜근慧勤 166
혜능慧能 140～141, 321, 327～328
혜소慧昭 141
혜시惠施 212
혜자惠慈 119
혜철惠哲 141
혜편惠便 119
호굉胡宏 52
호안국胡安國 52
호원胡瑗 42, 50, 53
홍기洪基 168～169
홍대용洪大容 65, 68, 177, 184, 199, 201, 203～205, 215, 229, 297, 299, 398, 407, 409
홍범도洪範圖 224, 252
홍석주洪奭周 101, 208～210
홍영식洪英植 229～230
홍재구洪在龜 221
홍척洪陟 140
화담花潭→서경덕徐敬德
화서華西→이항로李恒老
황덕길黃德吉 199
황종희黃宗羲 35, 64
황준헌黃俊憲 220～221
회재晦齋→이언적李彦迪
회헌晦軒→안향安珦
후쿠자와 유키치福澤諭吉 237～238
휴정休靜 85, 87, 167～168, 215, 320